**权威·前沿·原创**

皮书系列为
“十二五”“十三五”国家重点图书出版规划项目

中国社会科学院创新工程学术出版项目

# 安徽社会发展报告（2018）

ANNUAL REPORT ON SOCIAL DEVELOPMENT OF ANHUI (2018)

主　编／范和生

社会科学文献出版社
SOCIAL SCIENCES ACADEMIC PRESS (CHINA)

图书在版编目（CIP）数据

安徽社会发展报告. 2018 / 范和生主编. --北京：社会科学文献出版社，2018.5（2018.9 重印）
（安徽蓝皮书）
ISBN 978-7-5201-2593-2

Ⅰ. ①安… Ⅱ. ①范… Ⅲ. ①社会发展-研究报告-安徽-2018 Ⅳ. ①D675.4

中国版本图书馆 CIP 数据核字（2018）第 079009 号

安徽蓝皮书
安徽社会发展报告（2018）

主　　编 / 范和生

出 版 人 / 谢寿光
项目统筹 / 邓泳红　郑庆寰
责任编辑 / 张　媛

出　　版 / 社会科学文献出版社 · 皮书出版分社（010）59367127
地址：北京市北三环中路甲 29 号院华龙大厦　邮编：100029
网址：www. ssap. com. cn
发　　行 / 市场营销中心（010）59367081　59367018
印　　装 / 三河市龙林印务有限公司

规　　格 / 开 本：787mm × 1092mm　1/16
印 张：25　字 数：417 千字
版　　次 / 2018 年 5 月第 1 版　2018 年 9 月第 2 次印刷
书　　号 / ISBN 978-7-5201-2593-2
定　　价 / 89.00 元

皮书序列号 / PSN B-2013-325-1/1

## 《安徽社会发展报告（2018）》学术委员会



## 编　委　会

# 主编简介

**范和生**　安徽大学社会与政治学院副院长、教授、博士生导师，安徽大学中青年学术骨干，安徽大学国别和区域研究院院长兼拉丁美洲研究所所长，第二届全国社会工作专业学位研究生教育指导委员会委员，中国拉丁美洲和加勒比友好协会理事，安徽省社会心理学会会长，安徽省社会学会副会长，安徽省老年学学会副会长，中国社会学会理事，中国社会心理学会常务理事，安徽省政府立法咨询员，安徽省计生协会副会长，安徽省社会科学界联合会第七届委员会委员，安徽省广播电台特约评论员，安徽大学社会学一级学科博硕士点负责人。任职以来先后获得安徽大学教学优秀、教书育人奖项八次。出版专著8部，主编各类教材30多部。在《中国行政管理》《北京行政学院学报》《东南大学学报》《人民论坛·学术前沿》《太平洋学报》等刊物上发表论文60多篇，其中在CSSCI（含扩展版）期刊上发表论文30多篇。

主持国家社会科学基金一般项目、国家社会科学基金重大项目子项目等纵向项目6项，参与国家级和省级纵向科研项目10多项，主持省市县各类横向项目20多项，获得安徽省社科联“三项课题”优秀成果一等奖2项、中国社会科学院优秀皮书报告二等奖1项、华东地区优秀图书二等奖1项、安徽省社科联第十一届学术年会优秀论文二等奖1项等各类科研奖项10多项。担任“十二五”“十三五”国家重点图书出版规划项目、中国社会科学院创新工程学术出版项目《安徽社会发展报告》项目主持人、主编，撰写各类资政报告30多篇。学术研究方向：社会学理论与方法、政治社会学、社会心理学、社会治理。

# 序　言

《安徽社会发展报告》作为安徽省重点智库安徽大学创新发展研究院的智库产品，在省内外产生了广泛的社会影响，为安徽大学服务安徽经济社会发展做出了应有的贡献。5年来，省内外数十家主流媒体对《安徽社会发展报告》刊发的研究报告做了大量深度报道。同时，《安徽社会发展报告》多次获社会科学文献出版社颁发的优秀皮书报告奖。《安徽社会发展报告（2018）》经中国社会科学院皮书学术评审委员的严格审查和遴选，最终确定可使用“中国社会科学院创新工程学术出版项目”标识。《安徽社会发展报告》的皮书影响力及综合质量已跃居全国同类皮书前列。

《安徽社会发展报告（2018）》紧扣蓝皮书核心要求“权威、前沿、原创”，对安徽经济社会建设进行了全面、系统和深入的分析，围绕“转型发展、社会治理、文化发展、公共服务、专题报告”五大主题，勾勒出其现状、进展和趋势，并提出了有针对性的对策建议。报告指出，2018年是贯彻党的十九大精神的开局之年，安徽以改革开放40周年为契机，全面加快建设现代化美好安徽。在过去的五年，安徽省紧紧围绕中心工作，积极践行五大发展理念，经济社会发展取得重要成就，经济结构持续优化，基础设施建设成效显著，创新型省份建设取得重大成果，内陆开放高地建设稳中推进，脱贫攻坚战取得决定性进展，生态环境和文化事业发展势头良好，人民的生活水平和幸福感逐年提升。与前五版相比，今年蓝皮书的视野更广，触角更深。

《安徽社会发展报告（2018）》涵盖了安徽社会发展的众多领域，汇集了安徽省社会发展的海量数据，是政府决策和民众了解安徽必不可少的智库产品。安徽蓝皮书已发展成为安徽社情民意的重要研究平台和反映安徽社会发展走向的重要舆论发布中心。安徽大学正在借助这个平台力图实现与安徽地方社会发展的深度融合，真正做到科学研究、学科建设、人才培养与服务地方经济社会发展的有机结合，努力将该蓝皮书打造成直接服务于安徽省各级地方政府决策的智库产品。

《安徽社会发展报告（2018）》的顺利出版，离不开诸多同仁的艰苦努力，在此我向他们表示诚挚的感谢！感谢社会科学文献出版社谢寿光社长，安徽省社会科学界联合会、安徽省社会心理学会、安徽省社会学会的诸位专家为该书出版所做的贡献！感谢校内外专家学者、编辑人员为本书出版提供的大力支持！感谢安徽大学社会与政治学院蓝皮书创编团队为本报告的及时出版所付出的大量心血和艰苦努力！蓝皮书编辑部的陈义平、吴宗友、王云飞、张军、唐惠敏、王中华、耿言虎、金文龙、毛羽丰为本书出版做了大量的编辑、校对和翻译工作，对此本人表示衷心的感谢！

主编　范和生

2018 年 4 月 1 日

# 摘　要

2017年，安徽省深入贯彻落实党的十九大精神，积极践行五大发展理念，经济运行总体平稳，城乡居民共享发展成果，行政体制改革有序推进，重点工程、民生工程稳步推进，高新技术产业稳定增长，科技创新引领世界前沿，精准扶贫成效显著，文化强省建设再上台阶，生态文明建设硕果累累，“县域经济”取得重要进步，乡村振兴战略有序实施，区域经济持续发展。本报告客观反映2017～2018年安徽经济社会发展脉络，对安徽经济社会发展建设中的矛盾和问题进行了实证研究，并探讨新时代安徽经济社会发展的可行路径。

转型发展篇认为2017年安徽省紧紧围绕中心工作，在经济、社会、政治、文化、生态等各方面取得了一系列重要成就。在新时代背景下，芜湖、阜阳等市产业结构持续优化，供给侧改革稳步推进，创新创业势头较好，区域经济发展能力显著提升。社会治理篇选取铜陵城乡社区精细化治理、合肥智慧社区建设、肥东县公共空间视域下的社区治理和当涂县域社会治理实践作为范本，揭示安徽城乡社区治理、智慧城市建设和县域社会治理的新成就。文化发展篇总结了在“一带一路”倡议下徽文化对外传播现状以及不足，指明徽文化对外传播的路径和策略，再次聚焦安徽文化强省建设，既对“十三五”时期安徽区域文化发展与文化强省建设方案做出深入浅出的探讨，又分析了近年来安徽省农村传统文化发展趋势以及传承方式。公共服务篇立足于实践调研，选取南陵县作为样本，探讨县域信息化公共服务能力的提升策略；通过翔实的文献梳理，对安徽省公益性公墓发展面临的问题及对策展开了实证研究；并重点研究了安徽省农村公共基础设施供给问题。篇末通过构建安徽省社会发展指数体系，对2016年安徽社会发展情况进行了精确测算，并对安徽各地市社会发展指数进行了排名，实时把握安徽社会发展动态。

# 目 录

## Ⅰ 总报告



## Ⅱ 转型发展篇



## Ⅲ 社会治理篇

## Ⅳ 文化发展篇



## Ⅴ 公共服务篇



## Ⅵ 专题报告篇



皮书数据库阅读使用指南

# 总 报 告

General Report

## B.1

# 2017 ~2018年安徽社会形势分析与预测

范和生　金文龙*

**摘　要：** 2017 年，安徽省积极践行新发展理念，在经济、社会、政治、文化、生态等各方面取得了一系列成就。经济运行总体平稳，城乡居民共享发展成果；全省深入贯彻党的十九大精神，行政体制改革有序推进；重点工程投入稳步增长，后劲增强带动社会发展；高新技术产业稳定增长，科技创新引领世界前沿；民生工程加速推进，基本公共服务均等化成效显著；“多方合力”攻坚，精准扶贫成绩斐然；文化强省建设上台阶，徽风皖韵唱响海外；生态文明建设精细化，“三大革命”塑新貌；“县域经济”蓄势待发，产权改革引领乡村振兴；区域协调发展升级，中心城市加速崛起。安徽省经济社会发展面临的主要问题包括：经济下行压力大，高质量发展任重道远；科技创新与强省相比仍然有差距；

* 范和生，安徽大学社会与政治学院副院长兼拉丁美洲研究所所长，安徽省社会心理学会会长，教授，博士生导师，研究方向为社会学理论与方法、政治社会学、社会心理学、社会治理；金文龙，安徽大学社会与政治学院讲师，社会学博士，研究方向为经济社会学。

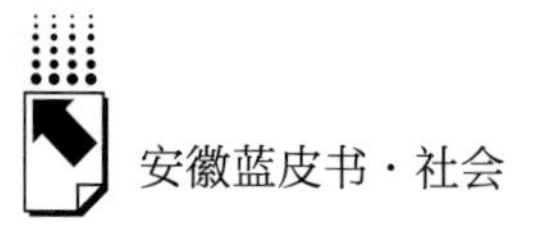


环境质量待改善，环境治理形势依然严峻；物质贫困得到缓解，精神贫困成为“硬骨头”；劳动力资源流出偏多，人口红利分享不足。针对新时期安徽省经济社会发展存在的问题，本报告提出相应政策建议。

**关键词：** 安徽　社会发展　精准扶贫　县域经济　民生工程

## 一　2017～2018年安徽社会发展基本形势

2017年是全面深化改革向纵深推进的关键一年，安徽省上下坚持以习近平新时代中国特色社会主义思想为指导，全面贯彻落实党的十八大、十九大精神和习近平总书记视察安徽重要讲话精神，以实施五大发展行动计划为总抓手，践行新发展理念，经济、社会、政治、文化、生态各方面建设取得骄人成就。2017年安徽省生产总值为27518.7亿元，按可比价格计算，比上年增长8.5%。其中，第一产业增加值为2611.7亿元，增长了4%；第二产业增加值为13486.6亿元，增长了8.6%；第三产业增加值为11420.4亿元，增长了9.7%。三大产业结构比为9.5∶49∶41.5，人均GDP为44206元。[①] 2017年全省实际使用外资金额158.97亿美元（含再投资、留存收益等到位资金），同比增长7.6%。[②] 经过全省上下的努力，安徽省形成了贫困人口数量迅速下降、基础设施大为改善、社会事业不断进步、生态环境日益优化、发展能力不断增强、内外联动双向驱动发展的良好局面。

### （一）经济运行总体平稳，城乡居民共享发展成果

农业方面，2017年，全省粮油肉蛋产量基本保持稳定。粮食实现“十四

① 吴劲松：《2017年全省经济运行情况》，安徽省统计局网站，http：//www.ah.gov.cn/TMP/nav_fbhcon.shtml？d_ID=78728，2018年1月20日。

② 安徽省发展和改革委员会：《2017年1～12月全省利用外资情况》，安徽省发展和改革委员会网站，http：//www.ahpc.gov.cn/pub/content.jsp？newsId=C68C3A99－8184－465D－AEAC－F041C37FE0C5，2018年2月13日。

连丰”，总产量达695.2亿斤，比2016年增长1.7%。出于市场行情以及环保压力等原因，油料、肉类产品产量有所下降。其中，2017年油料产量为208.4万吨，较2016年下降3%；肉类产品产量为242.7万吨，下降0.9%；禽蛋产量较2016年增长4.8%。

工业方面，2017年，全省工业运行平稳、结构优化、效益改善。全省规模以上工业增加值比上年增长9%，增幅比2017年提高0.2个百分点，比全国高2.4个百分点，居全国第6、中部第2位。

制造业，特别是新兴制造业发展迅速，支撑作用显著。为引导制造业振兴，2017年5月2日，安徽省人民政府出台《关于印发支持制造强省建设若干政策的通知》（皖政〔2017〕53号），为推动安徽省制造业做大做强和提质增效指明了新方向。在此背景之下，2017年，全省规模以上制造业增加值增长9.5%，对全省规模以上工业增长的贡献率为93.4%，占全省规模以上工业增加值的比重为87.8%。2017年，全省规模以上战略性新兴产业产值增长21.4%，比上年提高5个百分点，对全省规模以上工业产值增长的贡献率为31.4%，比全省规模以上工业产值增速高5.3个百分点。高新技术产业增加值增长14.8%，对全省规模以上工业增加值增长的贡献率为63.5%，比全省规模以上工业增加值增速高5.8个百分点。高耗能产业增长放缓，2017年，全省规模以上高耗能行业增加值增长7.1%，比上年回落1个百分点。其中，有色金属业增加值增速仅为3%，回落17.8个百分点。①

第三产业方面，2017年，第三产业实现增加值5306.9亿元，第三产业全年完成资产投资15393.8亿元，较2016年增长11%。旅游业蓬勃发展，据统计，截至2017年11月，安徽省营收过亿元旅游企业达到62家，进入中国旅游集团20强的企业2家。2017年，社会消费品零售总额达11192.6亿元，增长11.9%，比全国高1.7个百分点。

总体经济保持高质量增长的同时，安徽省居民收入不断增长，就业平稳，对外开放水平不断提高。2017年，全年城镇常住居民人均可支配收入

① 安徽省统计局：《2017年全省工业增加值增长9%》，安徽省统计局网站，http://www.ahtjj.gov.cn/tjjweb/web/info_view.jsp?strId=7f04717f16db43d9b5e7bb9c0c7d913a&strColId=13786945245845740&strWebSiteId=13781720451562390&_index=1，2018年1月20日。

31640 元，比 2016 年增长 8.5%；农村常住居民人均可支配收入 12758 元，比 2016 年增长 8.9%。物价方面，全年居民消费价格同比上涨 1.2%，涨幅比全国低 0.4 个百分点，比年度控制目标低 1.8 个百分点，总体上控制住了物价过高过快增长。2017 年 1～11 月，全省城镇新增就业 65.1 万人，同比增加 0.65 万人，增长 1%。前 11 个月，全省实现城镇失业人员再就业 18.2 万人，就业困难人员再就业 4.9 万人。[①] 2017 年，全省实际使用外资金额 158.97 亿美元（含再投资、留存收益等到位资金），同比增长 7.6%。[②] 全年进出口总额 3631.6 亿元，增长 23.7%，增幅比全国高 9.5 个百分点。其中，出口 2065.2 亿元，增长 9.8%；进口 1566.4 亿元，增长 48.3%。新备案项目主要集中在医疗健康、教育咨询、仓储物流等现代服务业和机器人制造、医疗设备制造等高端制造业。

### （二）深入贯彻党的十九大精神，行政体制改革有序推进

安徽省上下迅速以不同形式学习宣传贯彻党的十九大精神。安徽省委宣讲团就学习贯彻党的十九大精神开展集中宣讲，做报告 17 场，直接听众 1.5 万人。全省各地市利用丰富多彩的形式，共做宣讲报告 6.3 万余场，直接听众超过 1100 万人。[③] 各基层采取“送学”“助学”“帮学”“自学”“讲学”等举措落实党的十九大报告精神，[④] 推动党的十九大精神在基层落地生根。

按照建设法治政府、创新政府、廉洁政府和服务型政府要求，2017 年，安徽省“互联网＋政府服务”工作有序推进。2017 年 3 月 2 日，安徽省人民政府发布了《安徽省加快推进“互联网＋政务服务”工作方案》（皖政

---

① 安徽省统计局：《我省提前三个月超额完成全年就业目标》，安徽省统计局网站，http://www.ahtjj.gov.cn/tjjweb/web/info_view.jsp?strId=660b527e79d6443ead70ba754a51169d&strColId=13786945727576059&strWebSiteId=13781720451562390&_index=1，2017 年 12 月 26 日。

② 安徽省发展和改革委员会：《2017 年 1～12 月全省利用外资情况》，安徽省发展和改革委员会网站，http://www.ahpc.gov.cn/pub/content.jsp?newsId=C68C3A99-8184-465D-AEAC-F041C37FE0C5，2018 年 2 月 13 日。

③ 王正忠、张紫赟：《安徽：省委书记贴心讲解十九大精神》，中安在线，http://ah.anhuinews.com/system/2018/01/14/007789257.shtml，2018 年 2 月 1 日。

④ 陶小亚：《滨江街道多举措落实十九大报告精神》，迎江区人民政府网站，http://www.ahyingjiang.gov.cn/a/news/jcdt/bj/2018/0111/148401.html，2017 年 12 月 29 日。

〔2017〕25号）。2017年7月11日，安徽省人民政府办公厅印发了《安徽省网上政务服务平台总体建设方案》（皖政办秘〔2017〕162号），确定了“互联网+政务服务”的安徽路线图，具体分为三个阶段：2017年底前，基本建成面向公众、开放共享的省级一体化网上政务服务平台；2018年底前，建成市级一体化网上政务服务平台，省、市平台互联互通，政务服务事项做到“应上尽上、全程在线”，形成全省政务服务“一张网”；2020年底前，建成覆盖全省的整体联动、部门协同、省级统筹、一网办理的“互联网+政务服务”技术、服务和基础数据支撑体系，让政府服务“更聪明”，让企业和群众办事更便利、更快捷、更有效率。

2017年12月20日，安徽省政府公布《安徽省互联网政务服务办法》，对政务服务事项实行清单管理，对电子材料、电子签名、电子签章的应用等做出一系列规定。[①] 截至2017年底，各项工作得到有效开展。以合肥市政务服务网为例，合肥市政府服务网先后开通了人社便民服务e站、工商便民服务e站、公共法律便民服务e站、物价便民服务e站、公安便民服务e站、城乡建设便民服务e站、规划政务服务便民服务e站七大“旗舰店”，为个人和法人提供共计66种办事事项，搭建起一个“门类齐全、信息公开、服务优质、便捷高效”的服务平台，确保政务服务全覆盖，群众办事不求人。[②] 芜湖市以创建新型智慧城市全国标杆为目标，紧紧围绕便民、利民、惠民这一理念，以大数据为基础，以“互联网+”为纽带，大力实施基于社会服务管理信息化的信息惠民工程，实施智慧城市和智慧产业双轮驱动，推进“互联网+政务服务”，逐步形成具有芜湖特色的信息惠民建设模式。2018年1月14日，在“2018首届中国智慧社会发展大会暨第二届新型智慧城市发展高峰论坛”上，芜湖市荣获“2017中国新型智慧城市惠民服务优秀示范城市”。[③]

---

① 安徽省人民政府办公厅：《安徽省互联网政务服务办法》，安徽省人民政府网站，http://www.ahfzb.gov.cn/content/detail/5a39c71ccfd9f3cc05000004.html，2017年12月29日。

② 安徽省加快推进“互联网+政务服务”工作领导小组办公室：《工作快报第108期：合肥分厅旗舰店内容丰富》，安徽省人民政府网站，http://www.ah.gov.cn/UserData/DocHtml/1/2018/1/5/8042203678395.html，2018年1月25日。

③ 安徽省加快推进“互联网+政务服务”工作领导小组办公室：《工作快报第119期：芜湖市大力推进智慧城市建设》，安徽省人民政府网站，http://www.ah.gov.cn/UserData/DocHtml/1/2018/1/19/2764508978668.html，2018年1月25日。

### （三）重点工程投入稳步增长，后劲增强带动社会发展

重点工程有效开展，不但推动相关领域的发展，而且带动整个区域经济、社会的发展进步。2017 年，安徽省重点项目完成投资 14318.18 亿元，为年度计划的 128.02%，对全省稳增长、调结构、惠民生、增后劲发挥了关键作用。

全年竣工投产省重点项目 1698 个，为年度计划的 142.7%，包括合肥轨道交通 2 号线、合肥惠而浦工业园一期、淮北中建机械配件、亳州谯郡堂中药饮片、宿州蓝海煤矿安全高科技产品生产基地、蚌埠年产 100 万套消防电子和逆变器、阜阳恒达年产 3000 吨中药提取物、淮南八公山区废弃煤矿 100MW 光伏发电、滁州立讯电子 FPC 和通信电子生产、六安金寨光晟年产 3000 万套光纤连接器插芯、马鞍山博望区莱特气弹簧、芜湖科尔曼机器人集成应用、芜湖三山区格力精密铸件、宣城高德电力装备制造、皖能铜陵电厂六期改扩建第二台机组、池州安芯高可靠性汽车电子芯片、华能怀宁风力发电、黄山年产 3 亿只 SMD 石英晶体谐振器项目，以及淮北至萧县北客车联络线、芜湖长江公路二桥、北沿江高速公路巢湖至无为段等项目。

全年开工建设省重点项目 2691 个，为年度计划的 109.2%，包括合肥长鑫 12 吋存储晶圆、合肥量子信息与量子科技创新研究院核心区、江淮大众新能源汽车、合肥轨道交通 4 号线和 5 号线、淮北平山电厂二期、亳州美誉制药中药饮片中药提取及配方颗粒、中国电信宿州电信中心、蚌埠凯盛年产 1.5 万吨高强度空心玻璃微珠、阜阳年产 50 万吨二甲醚、淮南万代福镍氢动力电容电池研发生产基地、滁州高教科创城国际科创中心一期、六安宏芯集成电路先进封装测试基地、马鞍山国轩新能源汽车动力电池零部件基地、芜湖华东光电新型光电交互显示、宣城华威高端动力汽车柔性铜箔生产基地、大唐（枞阳）风电开发、池州电子铜箔三期、安庆智能化分拣及冷链物流、黄山西递“自在谷”文商旅综合开发项目，以及安庆至九江客运专线安徽段、芜湖至黄山高速公路等项目。

### （四）高新技术产业稳定增长，科技创新引领世界前沿

2017 年，安徽省规模以上高新技术产业产值比上年增长 20.4%，增加值增长 14.8%，增加值增速比规模以上工业高 5.8 个百分点；高新技术产业增

加值占全省规模以上工业增加值的比重为40.2%，比2016年提高0.4个百分点。全省规模以上高新技术产业对全省规模以上工业增加值增长的贡献率为63.5%。

一是高新技术产业中各领域主导产业快速发展。2017年，高新技术产业中电子信息和家用电器产业增加值比上年增长14%；汽车和装备制造产业增加值比上年增长10.2%；食品医药产业增加值比上年增长13.3%；材料和新材料产业增加值比上年增长19.8%；轻工纺织产业增加值比上年增长28.2%；能源和新能源产业增加值比上年增长33%。

二是国家高新技术企业健康发展。到2017年底，全省共有高新技术企业4310家。当年高新技术企业实现产值9221亿元，申请专利47736项，授权专利23562项。其中，营业总收入亿元以上的高新技术企业1138家，十亿元以上的156家，百亿元以上的8家。

三是高新技术产业载体发展良好。截至2017年底，全省共有20家高新技术产业开发区，其中国家级5家；各类高新技术产业基地49家，其中国家级24家；全省共有科技企业孵化器161家，其中国家级25家、省级59家；全省共有众创空间267家，其中国家级41家、省级98家。2017年众创空间总收入2亿元，众创空间总面积390.7万平方米，累计获得投融资的团队、企业1492个（家）。

值得关注的是，2017年潘建伟院士领导的中国科学院联合研究团队，圆满完成了“墨子号”量子科学实验卫星预先设定的全部科学实验任务。“墨子号”在国际上率先实现了千公里级星地双向量子纠缠分发，并在此基础上实现空间尺度严格满足“爱因斯坦定域性条件”的量子力学非定域性检验等，相关成果以封面标题、封面论文和编辑推荐等形式在《自然》《科学》《物理评论快报》等国际权威学术期刊发表，为中国在世界上继续引领未来量子通信技术发展和量子物理基本问题前沿研究奠定了坚实的科学与技术基础，标志着中国在量子科技若干领域已形成了具有国际领先地位的基础和优势，具备在未来全面占据国际制高点、引领新一轮量子科技和产业革命的可能性。①

① 吴兰：《中国量子信息研究成果获国际学术界高度评价》，中国新闻网，http：//www.chinanews.com/gn/2017/12－22/8407175.shtml，2018年1月15日。

## （五）民生工程加速推进，基本公共服务均等化成效显著

2017 年，安徽省累计投入民生工程资金 940.6 亿元，增长 13.9%，33 项民生工程目标任务全面完成（33 项民生工程具体明细见表 1）。其中，农村道路畅通工程、农村饮水安全巩固提升工程、小型水利工程改造提升项目、农产品食品安全工程、棚户区改造工程顺利完成，美丽乡村建设工程、秸秆综合利用提升工程、水利薄弱环节治理三年行动工程也顺利完成年度目标。发放类项目、保险类项目等 23 项补助类项目及时足额兑现。① 33 项民生工程的顺利实施，极大提高了人民群众的获得感，坚定了人民群众对中国特色社会主义道路的信心。为保持政策的连续性、有效性，2018 年安徽省民生工程项目公开征集民意活动于 2017 年 11 月 27 日起开展，至 12 月 3 日圆满结束。安徽省 33 项民生工程自实施以来受到社会各界的广泛关注、人民群众的广泛欢迎，它的实施对于安徽省民生的保障和改善有着重要的意义。

**表 1　安徽省 2017 年 33 项民生工程清单**

| 类型 | 具体内容 |
| --- | --- |
| 新增实施项目（6 项） | ①水利薄弱环节治理三年行动。<br>②技工大省技能培训工程。<br>③健康脱贫兜底“351”及建档立卡贫困患者慢性病费用补充医疗保障“180”工程。<br>④贫困地区农村义务教育学生营养改善。<br>⑤秸秆综合利用提升工程。<br>⑥医疗卫生人才能力提升工程 |
| 提标扩面项目（5 项） | ①就业扶持工程。根据国家统一部署，将高校毕业生就业见习财政补助标准由 2016 年每人每月 600 元提高到 800 元。<br>②城乡居民基本医疗保险。根据国家统一部署，将新型农村合作医疗、城镇居民基本医疗保险财政补助标准由 2016 年每人 420 元提高到 460 元。<br>③公共卫生服务及妇幼健康、计生特扶。根据国家统一部署，将基本公共卫生服务财政补助标准由 2016 年每人 45 元提高到 50 元。<br>④义务教育经费保障机制。根据国家统一部署，将免费教科书、家庭经济困难寄宿生补助覆盖范围扩大到城乡义务教育学生。<br>⑤高校、中职和普通高中家庭经济困难学生资助。根据国家统一部署，将免除公办普通高中在籍在校建档立卡等家庭经济困难学生学杂费纳入补助内容 |

① 安徽省民生工程办公室：《2017 年 33 项民生工程顺利收官》，安徽省民生工程网站，http：//www.ahcz.gov.cn/portal/zdzt/msgc/gcjz/1516308126258288.htm，2018 年 2 月 18 日。

续表

| 类型 | 具体内容 |
| --- | --- |
| 整合归并项目（4项） | ①原农村五保供养及运行维护、孤儿基本生活保障、生活无着人员社会救助合并为特困人员供养及生活无着人员救助项目继续实施。<br>②原基本公共卫生服务、妇女儿童健康水平提升工程、计划生育家庭特别扶助合并为公共卫生服务及妇幼健康、计生特扶。<br>③新型农村合作医疗、城镇居民基本医疗保险，合并为城乡居民基本医疗保险，作为提标扩面项目继续实施。<br>④原就业技能和新型农民培训并入新增的技工大省技能培训工程 |
| 继续实施项目（22项） | 农村道路畅通工程、农村危房改造、农村饮水安全巩固提升工程、农村居民最低生活保障、特困人员供养及生活无着人员救助、贫困残疾人康复、残疾人生活和护理补贴、城乡困难群体法律援助、美丽乡村建设工程、小型水利工程改造提升、山区库区农村住房保险试点、政策性农业保险、提升农村基层党建与服务经费保障、城乡居民大病保险、城乡居民基本养老保险、城乡医疗救助、社会养老服务体系建设、公共文化场馆开放、农村文化建设专项补助、农产品食品安全工程、棚户区改造、城市老旧小区整治等22项民生工程 |

资料来源：安徽省人民政府办公厅：《安徽省人民政府关于2017年实施33项民生工程的通知》（皖政〔2017〕10号），安徽省人民政府网站，http：//xxgk. ah. gov. cn/UserData/DocHtml/731/2017/1/19/182558985516. html，2018年1月3日。

基本公共服务均等化是指政府要为社会公众提供基本的、在不同阶段具有不同标准、最终大致均等的公共物品和公共服务，是全民共享改革发展成果的体现。经过几年努力，安徽省基本公共服务均等化成效显著。在教育、劳动就业、社会保险、医疗卫生服务、住房及公共文化体育服务等方面均有长足进步。2017年6月29日，安徽省人民政府发布《关于印发安徽省“十三五”推进基本公共服务均等化规划的通知》（皖政〔2017〕96号），确立了均等化水平稳步提高、标准体系全面建立、保障机制巩固健全、制度规范形成体系的总体目标，以及15年基础教育全面普及、劳动就业更加稳定充分、覆盖城乡的社保体系全面建立、基本社会服务体系更加完善、基本医疗卫生服务持续加强、基本住房保障体系不断健全、公共文化体育服务供给能力显著增强、残疾人生活水平同步达到小康八大领域分目标，是指导“十三五”时期全省基本公共服务均等化的纲领性文件，是全面做好全省基本公共服务工作的重要依据。①

① 安徽省发改委：《〈安徽省“十三五”推进基本公共服务均等化规划〉政策解读》，安徽省人民政府网站，http：//xxgk. ah. gov. cn/UserData/DocHtml/731/2017/8/7/445626616019. html，2018年2月23日。

### （六）“多方合力”攻坚，精准扶贫成绩斐然

脱贫攻坚是安徽省2017年重点工作之一。安徽省为保障扶贫措施到户精准，持续开展“重精准、补短板、促攻坚”专项整改行动，脱贫攻坚十大工程均已完成或超额完成年度目标任务。经过几年的努力，安徽省贫困人口从2012年底的679.1万人减少到2017年底的120.2万人，减少了558.9万人。

实现贫困人口脱贫，“造血”机制是关键，为此，安徽省把产业扶贫放在突出位置。截至2017年10月底，全省到户产业扶贫项目户均1.6个，覆盖率提高到89.17%，到村产业扶贫项目实现全覆盖；2875个贫困村实现资产收益村均增收7.3万元，带动85.4万贫困人口人均增收953元；率先实施光伏扶贫，全省光伏累计装机规模达到199.3万千瓦，惠及41.28万贫困户。截至2017年9月底，扶贫小额信贷当年累计发放贷款150.36亿元，全省累计放贷175.88亿元，年增量和增速均居全国第一位，总量居全国第8位，超额完成80亿元的年度任务。此外，安徽省2017年已累计帮扶11.61万贫困劳动者成功就业，其中建成就业扶贫驿站742个，吸纳贫困劳动者就业近万人。

针对安徽省因病致贫、因病返贫人口占全省总贫困人口比例较高特点，省财政已下拨“351”政府兜底和“180”专项补助资金4亿元。截至2017年10月底，全省贫困人口住院85.46万人次，共发生医药费用44.57亿元，综合医保补偿39.23亿元，平均实际补偿比例达到88.02%，较普通参保患者提高约25个百分点，慢性病门诊平均报销比例达到96.77%。

增强脱贫攻坚效果，多部门、多力量“合围”是重点。截至2017年9月底，各级专项资金达到95.54亿元，其中省级16.5亿元，同比增长50%，整合涉农资金119.4亿元。扎实推进县域结对帮扶，帮扶县累计提供帮扶资金2.26亿元，累计完成项目405个。2965家民营企业精准帮扶2533个村，企业实施项目4345个，投入金额20.74亿元。在2017年第四个扶贫日活动期间，全省共认领项目4098个，认领资金5.73亿元，捐款3.19亿元。

### （七）文化强省建设升级，徽风皖韵唱响海外

2017年安徽省文化强省建设迈向新高度。安徽省有着丰富的文化资源，保护、利用好这些优秀的文化资源对安徽省建设文化强省工作有着非常重要的

意义。2017 年初，安徽省文化厅印发《安徽地方戏曲剧种分类保护计划（试行）》，对安徽地方戏曲进行分类指导、分类保护。2017 年 6 月 14 日，梆子戏《春风化雨》等 10 台大戏、庐剧《捐助风波》等 10 台小戏入选安徽省 2017 年戏曲创作孵化计划。入选的戏曲作品主要围绕“中国梦”的时代主题，以脱贫攻坚、美丽乡村、诚信厚德、廉洁从政等题材为重点，思想性、艺术性、观赏性相统一，体现时代精神，彰显安徽特色。①

为宣传好党的十九大精神，让党的十九大精神深入人心，安徽省文化厅组织全省图书馆联盟 120 多个成员馆，在全省各级公共图书馆集中开展“宣传十九大，讴歌新时代”系列活动，以诗歌朗诵、图片展览、知识竞赛、演讲比赛等贴近群众的文艺方式宣传党的十九大精神，共有 8 个系列活动。②

建设文化强省，促进文化产业、文化市场繁荣发展。2017 年，安徽省大力推进文化市场“放、管、服”，与 2013 年相比，安徽省文化厅共下放行政审批事项 13 项。窗口项目办理流程环节由原来的 7 个减少为 4～5 个。承诺审批时限由法定平均 20 个工作日缩短为平均 7～8 个工作日。落实“多证合一、一照一码”，《演出场所经营单位备案》等登记、备案类实现多证合一。所有文化经营场所设立都改为后置审批，其他注册资本限制全部取消。清理规范中介服务、公共服务和行政事业性收费。对新产业、新业态、新模式采取包容审慎监管方式。③

增强文化自信，向海外积极宣扬安徽优秀传统文化，也是文化强省建设的重要内容。2017 年 11 月 21 日，“徽派古建筑保护与再利用讲座”在开罗萨拉丁古城堡举办。来自埃及建筑领域的专家和艾资哈尔大学、艾因夏姆斯大学、哈勒旺大学等高校建筑系教授及学生近 80 人参加活动。④ 2017 年 12 月 3 日至

---

① 安徽省文化厅艺术处：《2017 年戏曲创作孵化计划入选项目签约》，安徽省文化厅网站，http：//www. ahwh. gov. cn/xwzx/whyw/48711. shtml，2018 年 1 月 20 日。

② 安徽省文化厅办公室：《安徽省文化厅组织开展“宣传十九大，讴歌新时代”系列宣传活动》，安徽省文化厅办公室网站，http：//www. ahwh. gov. cn/xwzx/whyw/51478. shtml，2017 年 12 月 3 日。

③ 合肥市文化广电新闻出版局：《安徽大力推进文化市场“放、管、服”》，合肥市文化广电新闻出版局网站，http：//swhj. hefei. gov. cn/4964/4977/201712/t20171214_ 2423455. html，2017 年 12 月 25 日。

④ 安徽省文化厅外事处：《“徽派古建筑保护与再利用讲座”在埃及成功举办》，安徽省文化厅网站，http：//www. ahwh. gov. cn/xwzx/whyw/51581. shtml，2018 年 1 月 14 日。

8 日，由安徽省文化厅和开罗中国文化中心主办、黄山市文化委和歙县文广新局承办的“翰墨清雅，徽风雅韵——中国文房四宝书斋展”在埃及开罗中国文化中心成功举办。[①] 在安徽实施文化“走出去”战略的背景下，安徽省传统优秀戏种黄梅戏已从乡村戏台走上了世界舞台。2017 年 8 月 31 日，安徽省黄梅戏剧院在希腊雅典比雷埃夫斯市政剧院上演经典剧目《天仙配》，[②] 演出受到当地居民热烈欢迎，展现了安徽文化独特的魅力，增进了世界人民对安徽的了解。

## （八）生态文明建设精细化，“三大革命”行动塑新貌

2017 年是全面实施“十三五”生态环境保护规划的重要一年。安徽省适应形势，把握发展机遇，坚持以改善环境质量为核心，以全面实施《安徽省“十三五”生态环境保护规划》为主线，紧紧围绕落实大气、水、土壤污染防治行动计划，完善并运行全省生态环境监测网络，明晰监测事权，深化环境质量例行监测，强化环境质量综合分析，加强环境监测质量管理，生态文明建设成效显著，城乡环境质量日益改善。据安徽省环境保护厅公布的信息，截至 2017 年 12 月底，安徽省大气污染防治重点整治项目完成年度任务的 100%。从各市上报情况看，所有市环境整治均按期完成年度目标任务。[③]

生态文明建设重在精细。2017 年，安徽省先后印发《安徽省生态文明建设目标评价考核实施办法》《安徽省绿色发展指标体系》《安徽省生态文明建设考核目标体系》，建立了对各市生态文明建设情况开展年度评价、五年考核的机制，将考核结果作为党政领导综合考核评价、干部奖惩任免的重要依据。依据“一个办法、两个体系”，安徽省首次开展了生态文明建设年度评价工作。2018 年 1 月 18 日，由安徽省统计局、安徽省发改委、安徽省环保厅和安徽省委组织部联合发布 2016 年全省生态文明建设年度评价结果。根据该指标

① 安徽省文化厅外事处：《中国文房四宝展在埃及圆满落幕》，安徽省文化厅网站，http：//www.ahwh.gov.cn/xwzx/whyw/51876.shtml，2018 年 1 月 14 日。

② 《安徽黄梅戏：走出国门　在海外“落地生根”》，中国新闻网，http：//www.chinanews.com/cul/2017/10-14/8352665.shtml，2017 年 11 月 3 日。

③ 安徽省环境保护厅：《安徽省大气办关于 2017 年 1～12 月份全省大气污染防治工作任务完成情况的通报》，安徽省环境保护厅网站，http：//www.aepb.gov.cn/pages/Aepb15_ShowNews.aspx？NType=2&NewsID=157765，2018 年 1 月 21 日。

体系，排名前5位的市分别为芜湖、黄山、马鞍山、宣城和合肥。这也是安徽省首次发布年度生态年文明建设评价结果，对安徽省建设友好生态、引导绿色发展、加强公众监督具有重要的风向标意义。

广大农村的生态环境也同样受到重视。推进美丽乡村建设，专项整治农村垃圾、污水、厕所（“三大革命”）是安徽省2017年农村环境整治的重点工作。这将全面改善农村人居环境，让农村的山更绿、水更清、地更净。截至2017年9月底，完成全年非正规垃圾堆放点整治任务量149个中的94个；139个乡镇已建成集中生活污水处理设施，166个乡镇进入生活污水处理设施主体工程建设阶段，322个乡镇开展前期工作；73个县（市、区）启动农村改厕，其中包括32个贫困县，开工15.47万户、竣工11.47万户。①

### （九）“县域经济”推动经济发展，产权改革引领乡村振兴

安徽省县、乡两级发展始终受到关注。县域经济在2017年取得重大进展，发展的潜力正逐步显现。根据2017年11月23日中国社会科学院发布的《中国县域经济发展报告（2017）》，2017年全国综合竞争力百强县（市）榜单中安徽省肥东县、肥西县位列其中；在2017年全国投资潜力百强县（市）榜单中，安徽省占13席，仅次于浙江省。2017年1月至10月，39个县（市）规模以上工业增加值增速高于全省水平。② 县域工业用电量增长6.9%，同比提高2.3个百分点。内需较快增长，限额以上消费品零售额增长14.8%，增速高于全省水平3.6个百分点；固定资产投资增长14.7%，高于全省4.6个百分点，占全省比重达48.8%。财政金融形势向好，财政收入增长14.7%，人民币贷款余额增长20.5%，分别高于全省2.5个和6.9个百分点，同比提高1.5个和2.3个百分点。③

---

① 安徽省住房和城乡建设厅：《关于农村环境“三大革命”9月份工作进展情况的通报》，安徽省住房和城乡建设厅网站，http://ahjst.gov.cn/ahzjt_Front/zcwj/20171018/026010_de5cc018-0b97-4745-9505-1486d74853c3.htm，2018年2月25日。

② 《〈中国县域经济发展报告（2017）〉及全国百强县名单在京发布》，中国日报网，https://www.chinadaily.com.cn/interface/360/53005269/2017-11-24/cd_34927548.html，2017年11月30日。

③ 郑莉：《前10月安徽县域固定资产投资增长14.7%》，中安在线，http://ah.anhuinews.com/system/2017/12/07/007764963.shtml，2017年12月9日。

乡村振兴重在农业经营方式转变，产业化、规模化、科技化经营是走向现代农业、振兴乡村的必由之路。2017 年初安徽省土地确权登记颁证工作结束，其政策效果也逐步显现。据统计，截至 9 月底，安徽省在工商部门注册登记的家庭农场达到 7 万家，比 2016 年底增长 28.1%；农民合作社 8.6 万个，增长 12.1%。[①] 2017 年 4 月 12 日，安徽省人民政府发布《关于印发〈安徽省推进农业产业化加快发展实施方案（2017—2021 年）〉的通知》（皖政〔2017〕43 号），为今后 5 年安徽省农业发展指明了新方向。理顺农村产权关系，建构更加合理完善的集体产权制度是推动农村发展、顺利实现农业人口转移的必然要求。在农村集体产权领域，安徽省旌德县、金寨县、繁昌县、来安县入选 2017 年度农村集体产权制度改革试点单位名单。其他各县市农村集体经营性资产股份合作制改革也在稳步推进。有了合理、完善的农村集体产权制度，产业兴旺、生态宜居、乡风文明、治理有效、生活富裕的乡村振兴指日可待。

### （十）区域协调发展升级，中心城市加速崛起

党的十九大报告提出，我国社会主要矛盾已经转化为人民日益增长的美好生活需要和不平衡不充分的发展之间的矛盾。促进区域协调发展是保持区域平衡共进的必然要求。

在经济下行、总体经济增速放缓的情况下，截至 2017 年 11 月，皖江示范区经济运行稳中有进。与前 10 个月相比，工业、投资、消费增速加快，财政收支、进出口、招商引资增速放缓。其中，工业生产增速加快，1～11 月，示范区规模以上工业增加值同比增长 9.1%，比全省高 0.3 个百分点。特别是战略性新兴产业增加值同比增长 21.0%。示范区重点产业中，装备制造业、轻纺产业、现代服务业和高技术产业分别完成投资 3389.9 亿元、1397.3 亿元、1105.8 亿元和 1163 亿元，增长 25.7%、38.1%、19.7% 和 61.9%。前 11 个月，示范区实现直接融资 4529.8 亿元，比上年同期增加 1175.7 亿元。[②]

---

① 安徽省统计局：《解读：前三季度农业生产总体平稳》，安徽省统计局网站，http：//ah.china.com/focus/11182576/20171114/25140677.html，2018 年 1 月 3 日。

② 安徽省发展和改革委员会皖江经济发展处：《2017 年 1～11 月皖江示范区经济运行情况》，安徽省发展和改革委员会网站，http：//www.ahpc.gov.cn/pub/content.jsp? newsId = 8CBEE0CE - 7A47 - 4422 - 9711 - 0A9860B26FCD，2018 年 1 月 28 日。

皖北传统资源型城市较多，面对经济新常态与城市发展转型，皖北各市取得新成就。2017 年，皖北各市积极适应经济新常态，调结构促生产，大力推进供给侧改革，皖北 6 市地区生产总值、财政收入较 2016 年分别增长 8.6% 和 13.9%，全年万元 GDP 能耗水平下降 5% 左右。① 有学者认为，2017 年皖北振兴发展，主要得益于发展质量和效率的提升，工业企业资产负债率下降，新动能加速成长，创新驱动力增强。②

合肥作为安徽省省会城市以及长三角副中心城市，经济社会发展成就卓著。2017 年，合肥市地区生产总值突破 7000 亿元，增长 8.8% 左右；规模以上工业增加值增长 9% 以上；固定资产投资 6350 亿元，增长 5%；财政收入 1251.1 亿元，增长 12.3%，其中地方财政收入 655.9 亿元，增长 6.7%；社会消费品零售总额 2730 亿元，增长 11.8%；进出口总额 238 亿美元，增长 27%；居民人均可支配收入 31800 元，增长 9.2%。③ 高新技术产业增加值突破 1400 亿元，战略性新兴产业对工业增长的贡献率达到 50%。特别是科技创新方面，2017 年合肥市综合性国家科学中心、"中国制造 2025" 试点示范城市建设高位推进，量子科技创新研究院、江淮大众新能源汽车、引江济淮三个全省 "一号工程" 全面开工，合肥在安徽省的经济首位度再度提高，以经济、社会与科技创新带动合肥都市圈、安徽整体经济社会发展。

安徽省区域协调发展得到国家的高度肯定，2017 年 11 月 14 日，中国文明网公布了第五届全国文明城市名单，包括淮北市、蚌埠市、宣城市、安庆市；县级市和县有当涂县、天长市、巢湖市顺利进入全国文明城市；马鞍山市、合肥市、铜陵市、芜湖市经复查确认继续保留全国文明城市称号。这意味着国内城市综合类评比中最高荣誉的 "全国文明城市" 基本覆盖了包括皖北、皖中以及皖南的整个安徽。

---

① 吴劲松：《2017 年全省经济运行情况》，安徽省统计局网站，http://www.ah.gov.cn/TMP/nav_fbhcon.shtml?d_ID=78728，2018 年 1 月 20 日。

② 韩畅：《皖北 6 市 2017 年 GDP 增幅领跑全省》，人民网－安徽频道，http://ah.people.com.cn/n2/2018/0119/c358266-31163508.html，2018 年 1 月 19 日。

③ 合肥市人民政府：《2018 年政府工作报告》，http://zwgk.hefei.gov.cn/zwgk/public/spage.xp?doAction=view&indexno=002991856/201801-00045，2018 年 2 月 24 日。

## 二　新时代安徽社会发展存在的主要问题

2017年，面对错综复杂的国际国内环境，安徽省稳扎稳打，在经济、政治、社会、生态、文化等各方面取得较好成绩，部分领域实现重大突破。面对经济新常态以及中国经济新时代的到来，安徽社会发展中仍然存在一些阻碍进一步发展的问题。

### （一）经济下行压力较大，高质发展任重道远

2017年12月18日至20日在北京举行的中央经济工作会议指出，“中国特色社会主义进入了新时代，我国经济发展也进入了新时代，基本特征就是我国经济已由高速增长阶段转向高质量发展阶段”。这一判断也表明，未来我国的经济增长要从量的增长转向质的发展。

安徽传统优势主要集中在能源、矿产与农业方面，经济新常态的下行压力对安徽传统优势产业所形成的压力依然存在。图1是2012～2017年安徽省GDP增长速度。从图1中可以看到，安徽省从2012年以后GDP增长速度一直处在下降的通道中，经济下行压力依然存在。

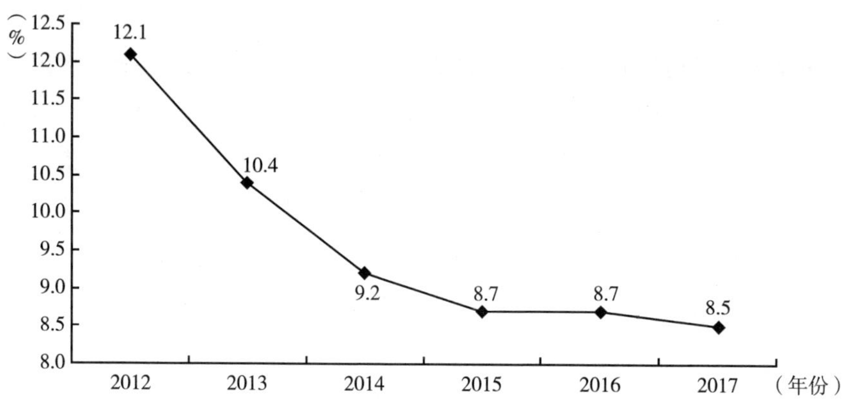


**图1　2012～2017年安徽省GDP增长速度**

尽管全省规模以上高耗能行业增加值增长7.1%，比上年回落1个百分点，但水泥、生铁、钢材以及十种有色金属较2016年均有所增长。以有色金

属为例，2017年安徽省有色业增加值增速仅为3%，回落17.8个百分点，但是总量仍然达到221万吨，比2016年上涨12.8%（见表2）。这说明安徽省“三去一补一降”取得了一定成效，但是仍然面临较大的增长压力。

**表2　2017年安徽省部分产业增长情况**

单位：万吨，%

| 部分工业产品产量 | 绝对值 | 比2016年增长 |
|---|---|---|
| 化肥 | 233.3 | -4.2 |
| 水泥 | 13394.2 | 7.3 |
| 生铁 | 2265.4 | 1.4 |
| 钢材 | 3143.9 | 2.4 |
| 十种有色金属 | 221.0 | 12.8 |

资料来源：根据2017年安徽省统计局发布的数据整理。

与此同时，安徽省作为新兴的后起省份，工业总量发展不充分问题依然突出。截至2017年底，安徽省规模以上工业增加值总量仅居中部第4位；规模企业总数不到浙江的1/2，约为江苏的40%；企业单体规模小，2013～2016年，安徽省规模以上工业企均收入在全国处于倒数第3或第4位，其中2016年为2.15亿元，处在全国第28位。①

## （二）科技创新相比强省仍有差距

根据2018年1月18日国家知识产权局公布的数据，截至2017年底，我国国内（不含港澳台）发明专利拥有量共计135.6万件，每万人口发明专利拥有量达到9.8件。图2是我国每万人口发明专利拥有量排名前十位的省（区、市）。

从图2中可以看到，安徽省每万人口发明专利拥有量迈入国家前十的行列。这是安徽省在科技创新领域的重要突破，但是仅从这项数据也可以看到安徽与其他省份仍然有很大的差距，特别是与同处长三角的江苏省与浙江省相比，两省的万人发明专利拥有量分别为安徽省的2.92倍与2.56倍。

① 徐文章:《安徽省工业经济发展情况通报》，安徽省工业经济联合会网站，http://www.ahgjl.org.cn/main/newsactee.asp? id=809&classid=41，2017年12月28日。

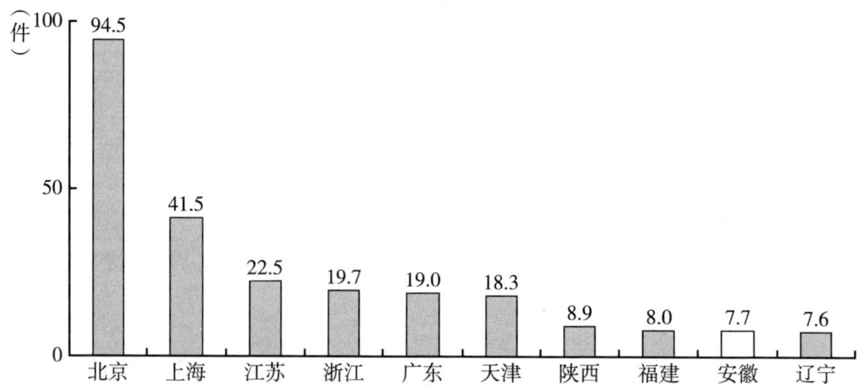


**图 2 我国每万人口发明专利拥有量排名前十位的省（区、市）**

根据国家统计局 2017 年 10 月 10 日所公布的《2016 年全国科技经费投入统计公报》的数据，安徽省 2016 年全年投入的科技研究经费为 475.1 亿元，R&D 经费投入强度（R&D 经费投入总值占地区生产总值的比重）为 1.97%，相较于江苏、浙江两省仍然有很大差距（见图 3）。

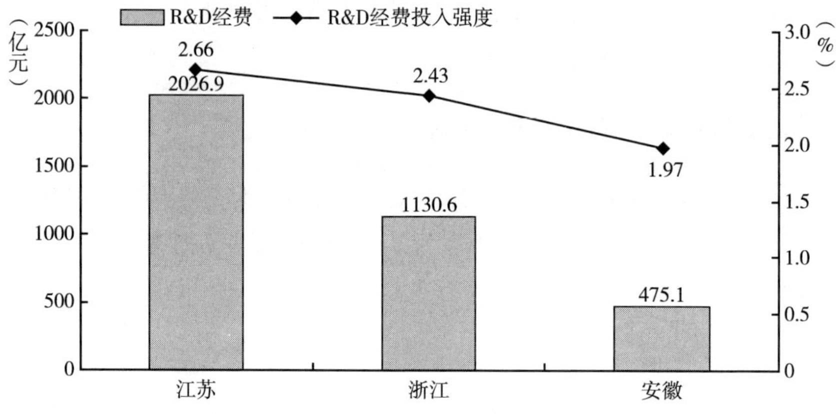


**图 3 2016 年江苏、浙江、安徽 R&D 经费投入情况**

资料来源：国家统计局：《2016 年全国科技经费投入统计公报》，http：//www. stats. gov. cn/tjsj/zxfb/201710/t20171009_ 1540386. html，2017 年 12 月 9 日。

根据全国高新技术企业认定管理工作网的统计数据，截至 2017 年 12 月 18 日，安徽省共有经过认证的高新技术企业 4325 家，位列全国第 7（见图 4）。

安徽省的科技创新能力进一步加强、创新主体进一步增多。但是相比浙江、江苏两省仍然有很大的差距，比湖北也少 852 家。

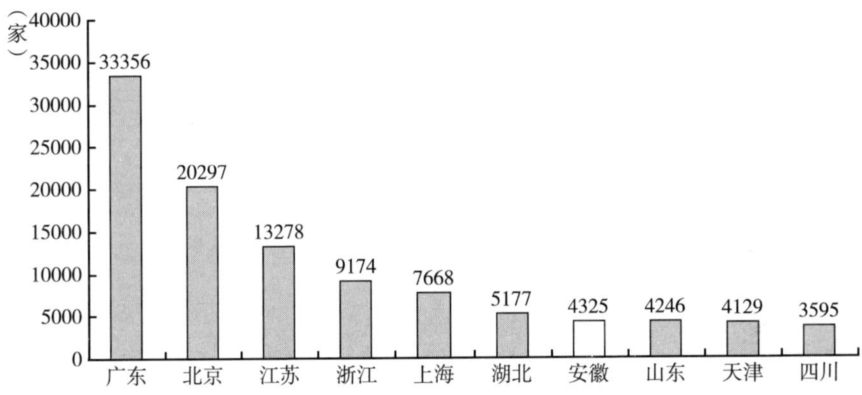


**图 4　2017 年全国高新技术企业数量前十省份**

资料来源：根据全国高新技术企业认定管理工作网公布数据整理，http://www.innocom.gov.cn/，2017 年 12 月 18 日。

## （三）环境质量亟待改善，治理形势严峻

经过多年的努力，安徽省在生态环境治理方面的成绩突出，但是受外部因素影响，安徽省环境治理所面临的形势依然严峻。

从安徽省环境保护厅公布的 2017 年前 11 个月 16 个地级市空气质量的数据来看，只有滁州市的空气质量比 2016 年同期有所改善，其他 15 个地级市空气质量较 2016 年均有所下降。此外，皖北绝大部分地区空气质量较全省平均水平要低，宿州、淮北两市优良天数比例只略微超过 50%（见表 3）。

**表 3　安徽省 16 个地级市空气质量排名（2017 年 1～11 月）**

单位：微克/立方米，%

| 排名 | 城市名称 | 空气质量综合指数 | 综合指数同比变化率 | $PM_{10}$ | $PM_{2.5}$ | 优良天数比例 |
|---|---|---|---|---|---|---|
| 1 | 黄　山 | 3.05 | 1.7 | 49 | 24 | 98.5 |
| 2 | 宣　城 | 4.66 | 5.4 | 72 | 48 | 80.2 |
| 3 | 六　安 | 4.74 | 4.4 | 77 | 44 | 82.3 |

续表

| 排名 | 城市名称 | 空气质量综合指数 | 综合指数同比变化率 | $PM_{10}$ | $PM_{2.5}$ | 优良天数比例 |
|---|---|---|---|---|---|---|
| 4 | 安　庆 | 4.80 | 0.2 | 75 | 52 | 77.2 |
| 5 | 池　州 | 5.19 | 21.0 | 87 | 57 | 70.6 |
| 6 | 滁　州 | 5.24 | -0.8 | 80 | 53 | 63.8 |
| 7 | 马鞍山 | 5.28 | 6.0 | 80 | 47 | 66.8 |
| 8 | 芜　湖 | 5.33 | 6.6 | 80 | 44 | 72.4 |
| 9 | 合　肥 | 5.48 | 1.1 | 77 | 53 | 63.5 |
| 10 | 淮　南 | 5.61 | 10.4 | 106 | 58 | 59.9 |
| 11 | 蚌　埠 | 5.65 | 4.2 | 96 | 58 | 63.8 |
| 12 | 亳　州 | 5.68 | 8.2 | 101 | 59 | 58.0 |
| 13 | 铜　陵 | 5.76 | 3.4 | 85 | 55 | 74.3 |
| 14 | 阜　阳 | 5.79 | 8.8 | 105 | 64 | 64.7 |
| 15 | 淮　北 | 6.02 | 9.1 | 100 | 64 | 53.6 |
| 16 | 宿　州 | 6.09 | 8.2 | 96 | 68 | 51.8 |
| 全省平均 | | 5.26 | 5.4 | 85 | 53 | 68.8 |

资料来源：转引自安徽省环境保护厅公布数据。其中，①空气质量排名采用空气质量综合指数来确定，指数越小表明空气质量越好。②空气质量综合指数是指评价时段内，参与评价的各项污染物的单项质量指数之和（单项指标评价时段内平均浓度与该指标二级标准限值的比值，$SO_2$、$NO_2$、$PM_{10}$及$PM_{2.5}$采用年均浓度二级标准限值，$O_3$和CO采用日均浓度二级标准限值），指数越大表明城市空气污染程度越重。③空气质量综合指数同比变化率指本年度评价时段内空气质量综合指数与上年同期变化幅度，变化率大于0代表空气质量恶化、小于0代表改善、等于0代表持平。

地表水污染问题也不容小觑。根据安徽省环境保护厅公布的数据，2017年第三季度，安徽省地表水总体水质状况为轻度污染。监测的135条河流和37座湖库的321个断面（点位）中，Ⅰ~Ⅲ类、Ⅳ~Ⅴ类和劣Ⅴ类水质断面（点位）比例分别为68.9%、25.2%和5.9%。全省地表水江河水质状况为轻度污染。238个监测断面中，Ⅰ~Ⅲ类、Ⅳ~Ⅴ类和劣Ⅴ类水质断面比例分别为64.7%、28.2%和7.1%。主要污染指标为化学需氧量、总磷和高锰酸盐指数。淮河流域、巢湖均存在不同程度的污染。①

① 安徽省环境保护厅：《2017年第三季度安徽省环境质量状况》，安徽省环境保护厅网站，http://www.aepb.gov.cn/pages/Aepb15_ShowNews.aspx?NType=2&NewsID=157541，2017年11月11日。

从全年的数据看，2017 年全省 $PM_{10}$平均浓度为 88 微克/立方米，比 2016 年（77 微克/立方米）上升 14.3%。15 个市同比不降反升，按上升幅度从高到低排序为：池州、淮南、亳州、阜阳、淮北、黄山、宿州、铜陵、宣城、安庆、马鞍山、六安、芜湖、蚌埠、滁州。2017 年全省 $PM_{2.5}$平均浓度为 56 微克/立方米，比 2016 年（53 微克/立方米）上升 5.7%。10 个市同比不降反升，按上升幅度从高到低排序为：池州、淮北、铜陵、淮南、亳州、阜阳、宿州、安庆、六安、马鞍山。2017 年全省空气质量优良天数比例为 67.1%，比 2016 年（74.3%）下降 7.2 个百分点，除黄山与安庆市分别同比上升 0.8 个和 0.4 个百分点外，其他 14 个市均不升反降。① 今后一段时间内，安徽省环境治理的形势依然严峻。

### （四）物质贫困得到缓解，精神贫困问题亟待解决

2017 年安徽省开展的脱贫攻坚“十大工程”帮助了 96 万贫困人口“摘帽”。经过全省上下的不断努力，安徽省的精准扶贫工作取得了阶段性的胜利。与物质性贫困相对的是精神上的“贫困”。在精准扶贫过程中，部分人员反映，相较于物质上的贫困，精神上的贫困正成为脱贫攻坚路上难过的坎、难爬的坡。

所谓“精神贫困”，主要指部分贫困群众存在的“等靠要”思想，安于现状、甘于贫困、等靠要懒、缺乏信心、不敢尝试、不思发展等。② 尽管通过扶贫人员的积极宣讲与扶持，这部分贫困户已经暂时摆脱贫困，但是一旦“外在力量”消失，这部分群众很容易再次返贫。唯物辩证法认为外因只是事物发展、变化的条件，外因只有通过内因才能起作用。但是在前期扶贫过程中，对精神扶贫工作重视不够，这已经严重影响了精准扶贫工作，成为精准扶贫的绊脚石。

授人以鱼，不如授人以渔，不能让扶贫仅仅只是物质救助，而应该切切实

① 安徽省环境保护厅：《安徽省大气办关于 2017 年 1~12 月份全省大气污染防治工作任务完成情况的通报》，安徽省环境保护厅网站，http://www.aepb.gov.cn/pages/Aepb15_ShowNews.aspx? NType = 2&NewsID = 157765，2018 年 2 月 24 日。

② 李英峰：《“精神扶贫”需要“扶贫精神”》，求是网，http://www.qstheory.cn/zhuanqu/bkjx/2018-01/24/c_1122308636.htm，2018 年 1 月 24 日。

实地深入精神层面。导致精神贫困的原因复杂，受教育程度低、地方风俗等都有可能导致部分群众精神上的贫困。同时，部分地方干部能够很好地贯彻实施物质扶贫，积极帮助贫困户脱贫，但是对于精神扶贫却存在畏难情绪，听到群众说不想脱贫，就无计可施。只有在精神层面上解决了贫困问题，外在“输血”才会让扶贫工作事半功倍，才能防止贫困地区陷入“福利陷阱”。

### （五）劳动力资源流出较多，人口红利分享不足

经济社会发展过程中劳动力资源不可或缺，当前学术界一个比较普遍的结论是，我国的人口红利开始逐渐消失。[①] 安徽省劳动力资源丰富，这是安徽省经济社会发展的优势，但是由于省内劳动力吸纳能力有限，安徽省人口流出现象严重。尽管在“十二五”时期，皖江、皖北、皖西、皖南四大区域发展相继上升为国家战略，中心城市吸纳人口能力增强，全省常住人口城镇化率由2010年的43.2%提高到2015年的50.5%，与全国的差距由2010年的6.7个百分点缩小为2015年的5.6个百分点。流动人口中流向省外的人数占比从2012年的70.04%下降到2015年的67.04%。[②] 但是根据国家卫生和计划生育委员会发布的数据，全国跨省流动人口中安徽省流动人口所占比例为22.55%，[③] 为全国跨省流动人口占比最高的省份。根据安徽省统计局2017年全省人口变动情况抽样调查，2017年安徽省外出人口1057.5万人，外出人口回流8.5万人，与2016年基本持平。[④]

近年来，随着安徽省生活成本不断上升，加上教育、医疗等方面落后于发达省份，劳动力回流趋势有所上升，但并不明显。同时，省内部分县市房价攀升，一定程度上抑制了外出务工人员回流意愿。

---

① 蔡昉：《人口红利与中国经济可持续增长》，《甘肃社会科学》2013年第1期。

② 安徽省人民政府：《安徽省人民政府关于印发〈安徽省人口发展“十三五”规划〉的通知》，安徽省人民政府网站，http://xxgk.ah.gov.cn/UserData/DocHtml/731/2017/6/21/975181355886.html，2018年1月24日。

③ 《安徽跨省流出人口占比22.55%全国最高，近年回流显现》，凤凰网，http://ah.ifeng.com/detail_2015_06/04/3972165_0.shtml，2017年12月15日。

④ 安徽省统计局：《2017年我省常住人口突破6200万》，安徽省统计局网站，http://www.ahtjj.gov.cn/tjjweb/web/info_view.jsp?strId=46628bfbf71b49aaacefa0e389935512&strColId=13786945245845740&strWebSiteId=13781720451562390&_index=0，2018年2月23日。

同时，高层次人才队伍建设与全国其他地区相比也有较大差距。近几年来，全国其他省份均已出台一系列吸引人才的政策，但是安徽省在这个方面步伐相对比较缓慢。特别是同武汉、西安等城市相比，合肥市出台的人才优惠政策力度相对比较小。

作为安徽省重点发展对象的合肥市，聚集了中国科技大学、合肥工业大学、安徽大学等一批在全省、全国，乃至全球知名的大学，但是根据笔者的调研，很多高校的毕业生不愿意选择定居合肥，部分选择定居合肥的高校毕业生也并非因为合肥市的吸引力，而是因为想留在家乡。高校毕业生是人才队伍中的中坚力量，对安徽省未来的经济社会发展、科技创新等有着不可估量的作用，但是目前针对高层次人才的优惠政策，对大学毕业生的政策倾斜力度均较为有限。

## 三　安徽社会发展的对策与举措

2017 年，安徽省社会发展所取得的成绩鼓舞人心，未来的发展更充满机遇。由于各种主客观因素的存在，安徽的社会发展也将充满各种困难与挑战。只有以习近平新时代中国特色社会主义思想为指导，全面贯彻党的十九大精神和习近平总书记视察安徽重要讲话精神，坚定不移践行新发展理念，以实施五大发展行动计划为总抓手，坚持稳中求进工作总基调，牢牢把握高质量发展这个根本要求，着力推动质量变革、效率变革、动力变革，才能实现安徽社会健康稳定发展。

### （一）坚持质量效益并重，筑牢现代化经济体系

我国经济已进入新常态，也到了由高速增长转向高质量发展的新阶段。原来那种粗放型发展模式、靠要素和投资驱动的增长方式已不再适应，需要按照新发展理念来建设现代化经济体系。现代化经济体系强调经济社会发展中的质量与创新。当前，安徽省创建现代化经济体系的首要任务是供给侧改革与加大创新力度。

“去产能、去库存、去杠杆、降成本、补短板”五大任务是习总书记根据供给侧改革提出的。尽管 2017 年安徽在以“三去一降一补”为核心的供给侧改革方面取得了一定的成绩，但是未来仍然要继续做好推进供给侧改革的工

作，优化存量、引导增量、主动减量，优化劳动力、资本、土地等要素配置，加快创新发展，改善市场预期，增强投资有效性，增加公共产品和公共服务，优化供给结构，扩大有效供给，提高供给体系质量和效率，提高全要素生产率，实现由低水平供需平衡向高水平供需平衡的跃升，推动安徽省社会生产力水平整体提升，为率先全面建成小康社会提供强大经济支撑。

做好“三去一降一补”并不是“去工业化”，而是强调对落后产能的淘汰、对过剩产能的化解。因此，在抓好“三去一降一补”的同时，还应该加快发展先进制造业。以先进制造业实现优质、高效、低耗、清洁、灵活生产，即实现信息化、自动化、智能化、柔性化、生态化生产；加快发展智慧经济，抢占创新型产业和智慧经济发展的制高点。

在做好供给侧改革的同时，安徽省要着重为经济发展注入创新活力。创新是提升经济质量、提高经济效率的基础。创新既包括科技方面的创新，也包括制度创新、组织创新、管理创新。安徽省当前有着良好的科技创新与制度创新基础，在未来的一个阶段，应该继承好、利用好现有的创新基础，继续加大对科技、制度创新方面的投入，积极推进产权制度改革，深化国资国企改革，支持民营企业发展。

### （二）引入社会、市场力量，构建新型环境治理体系

现代社会利益高度多元化的趋势，要求在环境治理方面不能仅仅依靠政府，需要积极引入社会力量、市场力量，在全社会参与的框架之下，改变以政府为环境治理唯一主体的固化思维，建构以政府为主导、企业为主体、社会组织和公众共同参与的环境治理体系。明确政府力量、市场力量以及社会力量在多元共治的环境治理体系中的定位。

生态环境是公共物品，政府在环境治理中是第一责任主体。这就要求各级政府从社会经济发展的源头上重视生态文明建设，改变传统的政府绩效考核方式。政绩考核是指挥棒，对于干部任用、政策落实、制度执行乃至治国理政目标的实现都具有导向作用。为了迅速改变中国社会经济的落后面貌，多年来政府的考核都是以 GDP 为标准的。当然以 GDP 考核标准推动社会经济发展，对于我国社会经济的发展有着重大作用。但随着我国经济发展进入新常态，单纯以 GDP 为主要政绩考核标准的负效应也逐渐显现，这突出表现为以牺牲环境

为代价的经济发展。

经济新常态，不但要求经济在量上有所增长，而且需要有质的提高。这对安徽省各级政府而言，是不小的挑战。突出绿色发展并将其作为地方干部考核的指标，将有利于社会、经济朝着更加高质量的方向发展。为此，需要坚定不移地实施《安徽省生态文明建设目标评价考核实施办法》《安徽省绿色发展指标体系》《安徽省生态文明建设考核目标体系》（即安徽省“一个办法、两个体系”），推进绿色发展在安徽省有序展开。

企业作为环境治理的主要主体，既是社会财富的制造者，也是环境污染的主要“制造者”。这要求企业在发展生产的同时积极引入新技术，减少环境污染物的排放；积极承担企业的社会责任，树立良好的企业形象。公众作为环境治理的重要受益主体，应该充分发挥对政府、企业的监督作用，鼓励其发现和举报污染行为，同时也要增强自身环境保护意识，应当主动践行绿色生活方式，减少日常生活对环境的破坏。

### （三）提升中心城市能级，提高城市区域整体效能

城市能级反映了城市经济的集聚－扩散能力和对区域经济发展的推动能力。[①] 提升城市能级是发挥城市功能的重要途径，提升城市能级直接关系到城市的区域与国际竞争力。城市能级的提高，可以带动周边区域经济社会的跨越式发展。

安徽省作为中部崛起中的大省，城市能级的提升对安徽省融入“一带一路”和“长江经济带”、发挥连接东西双向的优势、形成内陆开放型经济高地具有决定性意义。因此，安徽省需要继续强化区域重点、中心城市的城市能级提升，提高区域重点、中心城市对周边的吸引力、辐射力，同时要提高其他类型城市的能级，着力发展县域经济，增强县域作为吸纳农村转移劳动力的蓄水池效应。强化县域对农村的带动作用，将县域作为城乡二元融合的前沿阵地，夯实县域经济这一整个国民经济体系的基础[②]，强化县域这一地方社会文化的

① 韩玉刚、焦化富、李俊峰：《基于城市能级提升的安徽江淮城市群空间结构优化研究》，《经济地理》2010年第7期。

② 李树才：《发展县域经济　着力扬优成势》，《江西社会科学》1997年第1期。

中心，依次形成多层次、多格局的城市发展体系。

在形成合理有序的城市发展体系的同时，需要强化区域内的合作，促进资金、劳动力等生产要素的流动。抱团式发展将是安徽省立足海内外的重要策略。

当前传统的行政区划以及本地主义思维，已经严重阻碍区域内经济的整体发展。各地市应该克服狭隘的"一亩三分地"思维，强化优势资源整合，协调共进，实现"1 +1 >2"的效果，从而提升整体的竞争力。在形成省内一盘棋的基础上，充分调动省内资源，建立健全利益共享和补偿机制，实现"中心带动、边缘跟进"的协调共进的整体发展，将安徽省打造成为长三角地区经济发展的新引擎。

### （四）加强制度平台建设，全面实施乡村振兴战略

"十二五"时期，安徽省在"三农"方面做了一系列工作，安徽省"十三五"规划纲提出要发展现代生态农业，"三农"问题被摆在突出的位置。农村集体土地"三权分置"的顺利实施，使农业经营主体雨后春笋般地涌现，农业产业化水平不断提高，安徽省"三农"工作已经有了较好的物质基础与制度保障。

在市场经济条件下，资源总是流向更有效率的领域，农业是我国经济发展的基础产业但也是弱势产业，不仅需要政府加大对农业方面的投入，特别是资金、科技方面的投入，也需要政府提供更加合理、有序的制度、体制与机制，引导社会资源向农业领域流入。因此，安徽省乡村振兴工作重在制度建设与创新。

一方面，推动公共资源向农业农村优先配置，充分利用社会公共资源，实现农业、农村现代化的公共私营合作制（Public—Private—Partnership，PPP 模式）；另一方面，乡村与城市相比，其优良的生态环境资源是巨大的优势，因此农业、农村现代化，要以农业为基础，努力发展多种产业经营方式，如发展乡村旅游业以及其他能够发挥农村优势资源作用的产业[①]，形成多元、立体的现代乡村社会生产生活方式。

---

① 曹雯：《乡村旅游与农业现代化融合发展的路径》，《农村经济》2015 年第 5 期。

另外，始终把乡村振兴与乡村生态环境保护相结合，优良的生态环境不仅是现代农业的保障，也是乡村多样化经营的基础，因此乡村振兴过程中需要继续保护乡村的生态环境，继续坚定地实施农村垃圾、污水、厕所专项整治“三大革命”。

### （五）激发发展动力，推进全省开放

建设内陆开放高地，提高对内对外开放水平，促进国际、国内要素有序自由流动，激发各种要素活力，增强地区经济发展内生动力，形成拉动经济并带动周边区域发展的增长引擎，[①] 需要以更加积极、务实的态度参与到国内、国际合作。

安徽省作为内陆开放的核心省份，依托广阔的腹地、四通八达的水陆交通，正成为内陆开放的新高地。安徽省一是要围绕成为“一带一路”重要枢纽扩大开放；二是要围绕成为长江经济带重要战略支撑扩大开放，全面提升皖江地区开放水平，加大港口资源整合力度，积极推动组建沿江港口投资运营集团，深化与上海港、宁波港、南京港联运合作；三是要围绕成为长三角新发展的重要增长极扩大开放，努力实现与长三角经济圈互通、互融、互惠。

积极发挥海外华侨的力量，积极引进外资。为外资落户安徽提供财税方面的优惠。在引入外资时，一方面需要重视对高科技产业、资本的引进，另一方面适当引进劳动密集型产业，充分利用安徽省丰富的劳动力资源，发挥人口红利作用。这不但可以提升安徽省利用外资的水平，积极参与国际分工、合作，增加财政收入，还可以提高安徽省的城镇化水平，吸纳更多的农业剩余劳动力，吸引跨省务工人员回流。

参与国际、区域竞争与合作，内功是关键，科技是支撑，建构现代化工业体系是必由之路。借助国家政策东风，安徽省应该更加重视科技创新，鼓励科学技术要素参与分配，形成更加完备的现代化工业体系，增强区域、国际竞争力。

人才的培养应当注意三个方向，第一是注重对科技人才的培养与引进，安

① 杨健燕：《实施开放带动战略，建设内陆开放高地》，中国共产党新闻网，http://theory.people.com.cn/n/2013/1230/c40531-23973450.html，2018年1月25日。

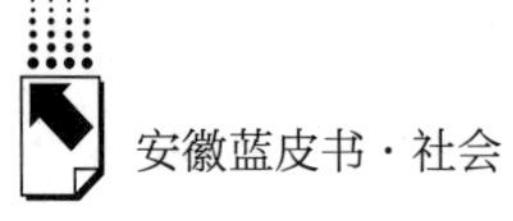


徽省在科技人才的培养与引进上已经取得很好的效果，今后应当继续加大力度培养、引进科技人才。

第二是重视对人文哲学社会科学人才的培养与引进。参与国际竞争与合作，需要了解世界各国的政治、社会情况以及风土人情等，因此需要加强高素质人才的梯队建设，培养、引进一批有国际眼光的人文哲学社会科学人才，重点资助一批国别、区域研究机构，专心研究相关国家的政治、外交、法律、经贸以及语言、文化、劳工、宗教、历史传统等诸领域，并提出相关政策建议，只有这样才能做到“知己知彼”与“互利共赢”。

第三是鼓励以多种形式参与国际交流，官方、民间多主体参与其中。方便高层次人才出国交流，争取举办大型国际赛事、博览会等，做好“窗口”工程，打响安徽名片，扩大安徽在世界的知名度与影响力。

### （六）加强基层党组织建设，强化干部底线思维

面对新时代、新任务，为确保安徽省各项社会事业稳步前进，需要充分发挥基层党组织战斗堡垒作用。党的基层组织是确保党的路线方针政策和决策部署贯彻落实的基础。要以提升组织力为重点，突出政治功能，把企业、农村、机关、学校、科研院所、街道社区、社会组织等基层党组织建设成为宣传党的主张、贯彻党的决定、领导基层治理、团结动员群众、推动改革发展的坚强战斗堡垒。基层党组织需要突出其政治功能，自觉维护中央权威、严肃党内政治生活、坚决贯彻落实党的各项任务。

各级干部领导，需要有底线思维。底线思维强调在坚持原则的基础上勇于担当、勇于奉献。底线思维是一种重要的改革思维，是习近平总书记立足于坚持和发展中国特色社会主义，总结党 90 多年来革命和建设的伟大经验，为实现中华民族伟大复兴中国梦的战略目标，从全局视野和战略高度对各级党政干部的执政思维提出的要求，是当前和今后一个时期推进中国改革开放事业持续前进的重要思维方式。底线思维是推动改革开放的重要思维方式，是各级党政干部必须学习运用的思维方式。

### （七）扶贫、民生常抓不懈，增强人民群众获得感

社会经济发展的成果应该由全民共享，集中体现了社会主义制度的优越

性和以习近平同志为总书记的党中央为实现人民对美好生活的向往而奋斗的坚定追求，是习近平同志民生思想的凝练表达。当前与今后一段时间，安徽省应该着重从精准扶贫与民生工程两个方面入手，提高人民群众幸福感与获得感。

从扶贫方面看，当前安徽省通过多种方式、多渠道对精准扶贫工作做出了重要贡献。但是脱贫攻坚也已经到了啃硬骨头、攻坚拔寨的冲刺阶段，越往后脱贫难度越大，要坚持精准脱贫。安徽省需要保护已有的精准扶贫成果，坚定不移地实施精准扶贫，让贫困户能够脱贫、让脱贫户富裕起来。

另外，如果只重视物质层面的脱贫，而忽略精神层面的脱贫，贫困户自身没有动力摆脱贫困，脱贫后没有动力辛勤劳动，很容易形成不劳而获的社会风气，形成全社会的“福利陷阱”。[①] 因此，今后需要注意从精神、文化层面去引导贫困户，激发他们自身内在的动力，主动脱贫，形成“我脱贫、我光荣”的良好社会风气。这就需要政府通过思想教育、创业培训、典型示范等方式，让贫困群众自觉参与到脱贫攻坚大局中来；需要政府注意精准扶贫工作的方式、方法，以社会主义核心价值观为先导，培养积极向上的社会风气。也只有从物质、精神两个层面双管齐下，精准扶贫工作才能更加有效率。

从民生方面看，应该更加全面地发展社会事业。优先发展教育事业，深化教育改革，推进教育现代化。大力发展普惠性托育服务事业，推动义务教育优质均衡发展，高度重视农村义务教育，普及高中阶段教育，努力让每个孩子都能享有公平而有质量的教育。完善职业教育和培训体系，加快一流大学和一流学科建设。健全学生资助制度，使绝大多数城乡新增劳动力接受高中阶段教育、更多接受高等教育。坚持就业优先战略和积极就业政策，不断提高居民收入水平。全面建成覆盖全民、城乡统筹、权责清晰、保障适度、可持续的多层次社会保障体系，实施全民参保计划，统筹城乡社会救助体系，加快建立多主体供给、多渠道保障、租购并举的住房制度。推进健康安徽建设，深化医药卫生体制综合改革，实施食品安全战略，加快老龄事业和产业发展，全面建立优质高效的医疗卫生服务体系、健康产业体系和养老孝老敬老政策体系。

---

① 曾楠：《西方福利国家政治认同的现实挑战及中国优势》，《国外社会科学》2017 年第 6 期。

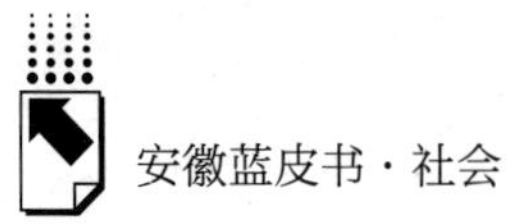


## 参考文献

蔡昉：《人口红利与中国经济可持续增长》，《甘肃社会科学》2013 年第 1 期。

曹雯：《乡村旅游与农业现代化融合发展的路径》，《农村经济》2015 年第 5 期。

曾楠：《西方福利国家政治认同的现实挑战及中国优势》，《国外社会科学》2017 年第 6 期。

韩玉刚、焦化富、李俊峰：《基于城市能级提升的安徽江淮城市群空间结构优化研究》，《经济地理》2010 年第 7 期。

李树才：《发展县域经济　着力扬优成势》，《江西社会科学》1997 年第 1 期。

# 转型发展篇

Transformation and Development

B.2

# 2010 ~2016年芜湖市产业结构优化研究*

朱翠萍　后世慧**

**摘　要：** 本文从芜湖产业结构转型升级角度入手，结合2010 ~2016年七年数据，通过对芜湖2010 ~2016年经济数据的纵向分析以及同区域城市横向比较，发现芜湖产业具有“总量小、增速快、质量不高、发展空间大”的明显特征。因此，发展壮大现代服务业，加速工业转型升级，打造城市特色产业，引进外来优质资源，是提高芜湖经济增长质量和效益、打造芜湖经济升级版的必经之路。

**关键词：** 芜湖　产业结构　转型升级　结构优化

---

* 本文系安徽省统计学会“三项课题”研究成果。

** 朱翠萍，安徽当涂人，芜湖市统计局科长，研究方向为统计分析研究；后世慧，安徽芜湖人，芜湖市统计局科员，研究方向为统计数据分析。

## 一 “十二五”以来芜湖产业结构发展现状及特点

产业结构优化升级是提高经济运行质量和效益、提高产业层次和竞争力的重要途径。“十二五”期间，芜湖人均 GDP 已超过一万美元，工业化已经基本完成。“十三五”时期，芜湖应加快由工业为主向服务业为主、生产为主向消费为主、劳动密集型向知识密集型转变的步伐，加速芜湖产业结构转型。

### （一）“十二五”以来芜湖市三次产业发展情况

2010～2016 年，芜湖市三次产业发展良好，总体呈现“一产保持平稳，二产稳中有进，三产稳定增长”的态势（见图 1）。

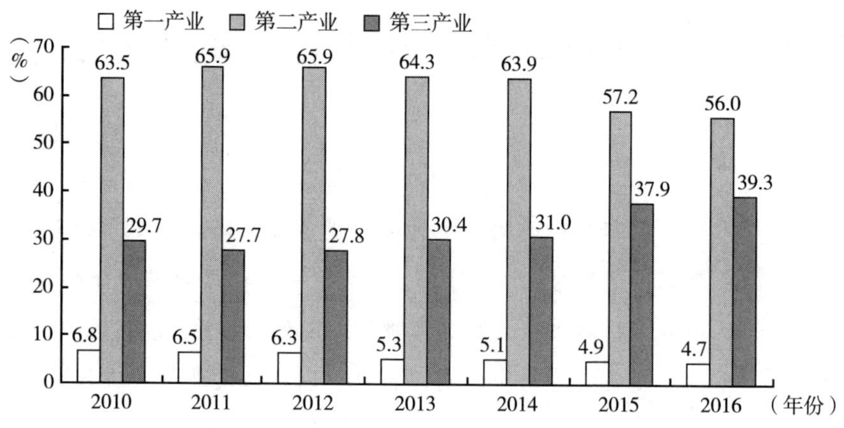


**图 1　2010～2016 年芜湖市三次产业比重**

第一产业平稳发展。芜湖第一产业增加值由 2010 年的 90.97 亿元上升至 2016 年的 126.9 亿元。按可比价计算，年平均增长 4.1%。

第二产业稳中有进。芜湖第二产业增加值由 2010 年的 851.26 亿元上升至 2016 年的 1511.72 亿元。按可比价计算，年平均增长 13.3%。其中，工业增加值由 2010 年的 760.99 亿元增加到 1371.95 亿元，年平均增长 13.9%。

第三产业稳定增长。芜湖第三产业增加值由 2010 年的 398.90 亿元上升至 2016 年的 1060.82 亿元。按可比价计算，年平均增长 10.8%。

## （二）产业结构变化及特点

2010 年以来，芜湖产业结构正在发生深刻变化，新产业、新业态在分化中孕育和成长，通过竞争逐步具有比较优势，日益成为全市新经济增长点和打造芜湖经济升级版的重要力量。三次产业结构比重逐渐改善，经济转型初见成效。

1. 产业结构日益高度化，三次产业比重趋于合理

2016 年，芜湖三次产业增加值比重为 4. 7∶56. 0∶39. 3，与 2010 年相比，第一产业增加值比重下降 2. 1 个百分点，第二产业增加值比重下降 7. 5 个百分点，第三产业增加值比重提高 9. 6 个百分点（见图 2）。

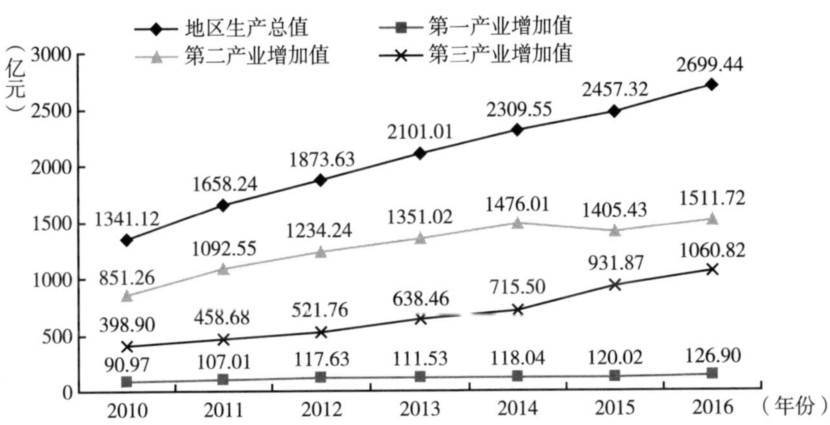


**图 2　2010～2016 年芜湖市地区生产总值及三次产业增加值**

第一产业内部结构逐步完善。“十二五”以来，芜湖第一产业比重呈现逐年下降的趋势，产业内部结构逐步改善。种植业比重逐渐下降，林、牧、渔业比重稳步提高。

第二产业占 GDP 比重趋于合理。一直以来，第二产业特别是工业是芜湖经济发展的主要支撑点，第二产业在芜湖地区生产总值结构中占据最重要的地位，比重一度保持 60% 以上，随着服务业的加快发展以及工业产业结构的转型发展，芜湖第二产业比重从 2010 年的 63. 5% 下降至 2016 年的 56%，下降 7. 5 个百分点。其中工业占 GDP 比重由 59. 4% 下降至 50. 8%，下降 8. 6 个百

分点。

第三产业对经济增长的贡献率稳步提升。2010 年以来，芜湖服务业增加值占 GDP 比重持续提升。2016 年服务业增加值占 GDP 比重为 39.3%，比 2010 年提高 9.6 个百分点，年均提高 1.6 个百分点，保持稳步提高态势。服务业对经济增长的贡献率不断提高。2016 年第三产业对经济增长的贡献率为 43.2%，比 2010 年（23.6%）提高 19.6 个百分点。

2. 工业结构不断优化，新兴产业快速发展

一直以来，芜湖工业坚持走转型发展的道路，工业规模持续扩大，产业结构优化升级，产业布局更加合理。2016 年，全市规模工业企业实现增加值 1478.59 亿元，是 2010 年的 1.98 倍，年均增长 14.6%（按同口径可比价计算）。

轻重工业同步发展。"十二五"以来，芜湖轻重工业基本保持相对稳定比例。2016 年，规模工业中重工业增加值为 1053.79 亿元，占规模工业增加值的 76.1%，较 2010 年下降 0.4 个百分点。轻工业实现增加值 353.80 亿元，占规模工业的 23.9%，较 2010 年上升 0.4 个百分点。

民营经济发展迅速。近年来，随着民间投入的加大，民营经济规模进一步壮大，经济活动显著增强。2016 年，民间投资 2135.47 亿元，比 2010 年增长 2.4 倍，年均增长 22.3%，增速高于全市固定资产投资年均增速 3.1 个百分点。2016 年，民营规模以上工业增加值 1079.12 亿元，占规模工业比重达到 73%；对规模工业增长的贡献率为 85.8%。在民营工业的带动下，2016 年全市民营经济总量达到 1750 亿元，占 GDP 比重为 64.8%，对全市经济增长的贡献率达到 68.5%。

四大支柱产业规模进一步壮大。在"工业强市"发展理念的引领下，芜湖汽车及零部件、材料、电子电器和电线电缆四大支柱产业规模增加值从 2010 年的 518.13 亿元增加到 2016 年的 1005.87 亿元，年均增长 15.2%，对规模工业增长的贡献率保持在 80% 以上。其中汽车及零部件产业年均增长 11.7%；材料产业年均增长 17.9%；电子电器产业年均增长 16.7%；电线电缆产业年均增长 10.1%。2016 年末，四大支柱产业规模以上工业企业数达到 1095 户，占规模以上工业企业的 52.7%。

战略性新兴产业蓬勃发展。"十二五"以来，芜湖战略性新兴产业异军突出，在经济发展中占据一席之地。2016 年末，全市战略性新兴产业规模企业

403 户，比 2010 年净增 223 户；全年实现产值 1371.15 亿元，是 2010 年的 3.8 倍，年均增长 30.3%，增速超过全市规模工业平均水平 14.2 个百分点；产值占全市规模工业的比重为 24.4%，比 2010 年提高 8.8 个百分点。

高新技术产业比重进一步提升。2010 年以来，以奇瑞为龙头的高新技术产业规模继续扩大。全市高新技术产业增加值由 2010 年的 287.85 亿元增加到 2016 年的 823.7 亿元，年均增长 14.6%；占 GDP 比重由 21.5% 提升到 30.5%，提高了 9 个百分点。2016 年芜湖规模以上高新技术产业产值占规模工业比重已经达到 55.2%，在长三角 26 个城市中排第 2 位。

3. 服务业加快发展，现代服务业比重上升

“十二五”以来，随着经济结构转型升级的推进和城市化进程的加快，服务业发展加快，现代服务业和生产性服务业比重进一步上升。

（1）现代服务业快速发展。“十二五”以来，以金融业，商务服务业，科技服务业以及信息传输、软件和信息技术服务业为代表的现代服务业呈现快速发展态势。2016 年，全市现代服务业实现增加值 679.4 亿元，是 2010 年的 3 倍，按可比价计算，年均增长 14.8%，比同期服务业增速高 4 个百分点。现代服务业增加值占服务业增加值比重明显提升，由 2010 年的 57.6% 提高到 2016 年的 64%，6 年共提高了 6.4 个百分点。

（2）生产性服务业比重上升。2016 年，全市以批发业、物流业、金融业、租赁和商务服务业为代表的生产性服务业实现增加值 584.12 亿元，是 2010 年的 2.8 倍，年均增长 11.4%。生产性服务业增加值占服务业增加值比重为 55.1%，较 2010 年提高 2.1 个百分点。

（3）金融业规模扩大。2016 年，全市金融业实现增加值 151.3 亿元，是 2010 年的 4.3 倍，年均增长 11.7%。2016 年末金融机构本外币存款余额 2548.7 亿元，比 2010 年增长 108.3%，年均增长 13%；贷款余额 2491.6 亿元，比 2010 年增长 150%，年均增长 16.5%。

4. 新经济新业态初步发展，网上销售省内稳居第一

从 2014 年国家建立限额以上批发零售业企业网上销售额统计制度以来，初步统计芜湖市限额以上批发零售业企业网上零售额从 2014 年的 22.82 亿元，增长到 2016 年的 99.31 亿元，总量成功超越并大幅度领先合肥（76.14 亿元），年均增长 131.7%，成为芜湖市经济发展中一道亮点。

## 二 芜湖产业结构存在的问题

2016 年，芜湖经济总量不足 3000 亿元。第三产业占比仅为 39.3%，在全省 16 个市中仅排第 10 位，比重低于全国平均水平 12.3 个百分点，低于全省平均水平 1.7 个百分点；第三产业对 GDP 增长的贡献率为 43.2%，低于工业 8.5 个百分点。战略性新兴产业对规模工业增长的贡献率为 45.5%，不足 50%；占比 25.2%，不足 30%；经济外向度为 13.9%，出口外向度为 9.9%，对外贸易总量较小，对经济增长的拉动作用与长三角城市相比尚有较大差距。

### （一）经济总量规模不够大

虽然芜湖经济总量在安徽省内居第 2 位，与长三角地区发达城市的差距在缩小，但是体量上的差距还是比较明显的（见表 1）。

**表 1 2010～2016 年长三角城市地区生产总值**

单位：亿元

| 城市＼年份 | 2010 | 2011 | 2012 | 2013 | 2014 | 2015 | 2016 |
|---|---|---|---|---|---|---|---|
| 上海市 | 17166 | 19196 | 20182 | 21818 | 23568 | 25123 | 27466 |
| 南京市 | 5010 | 6146 | 7202 | 8012 | 8821 | 9721 | 10503 |
| 无锡市 | 5793 | 6880 | 7568 | 8070 | 8205 | 8518 | 9210 |
| 常州市 | 3045 | 3581 | 3970 | 4450 | 4902 | 5273 | 5774 |
| 苏州市 | 9229 | 10717 | 12012 | 13016 | 13761 | 14504 | 15475 |
| 南通市 | 3466 | 4080 | 4559 | 5150 | 5653 | 6148 | 6768 |
| 盐城市 | 2333 | 2771 | 3120 | 3476 | 3836 | 4213 | 4576 |
| 扬州市 | 2229 | 2630 | 2933 | 3252 | 3698 | 4017 | 4449 |
| 镇江市 | 1988 | 2311 | 2630 | 2927 | 3252 | 3502 | 3834 |
| 泰州市 | 2049 | 2423 | 2702 | 3007 | 3371 | 3688 | 4102 |
| 杭州市 | 5966 | 7037 | 7834 | 8399 | 9206 | 10050 | 11050 |
| 宁波市 | 5181 | 6075 | 6601 | 7165 | 7610 | 8004 | 8541 |
| 嘉兴市 | 2315 | 2704 | 2914 | 3163 | 3353 | 3518 | 3760 |
| 湖州市 | 1302 | 1520 | 1664 | 1813 | 1956 | 2084 | 2243 |

续表

| 城市＼年份 | 2010 | 2011 | 2012 | 2013 | 2014 | 2015 | 2016 |
|---|---|---|---|---|---|---|---|
| 绍兴市 | 2800 | 3336 | 3660 | 3987 | 4266 | 4466 | 4710 |
| 金华市 | 2115 | 2464 | 2721 | 2974 | 3208 | 3402 | 3635 |
| 舟山市 | 645 | 774 | 855 | 934 | 1015 | 1093 | 1229 |
| 台州市 | 2433 | 2766 | 2921 | 3169 | 3387 | 3554 | 3843 |
| 合肥市 | 2702 | 3637 | 4164 | 4684 | 5181 | 5660 | 6274 |
| 芜湖市 | 1341 | 1658 | 1874 | 2101 | 2310 | 2457 | 2699 |
| 马鞍山市 | 949 | 1144 | 1234 | 1293 | 1333 | 1365 | 1494 |
| 铜陵市 | 467 | 579 | 621 | 681 | 716 | 721 | 957 |
| 安庆市 | 989 | 1216 | 1360 | 1418 | 1544 | 1417 | 1531 |
| 滁州市 | 696 | 850 | 971 | 1112 | 1214 | 1306 | 1423 |
| 池州市 | 301 | 372 | 417 | 473 | 517 | 545 | 589 |
| 宣城市 | 526 | 671 | 758 | 849 | 918 | 972 | 1058 |

从18个长三角城市（不含安徽省8个城市）来看，除了舟山、湖州外，芜湖GDP小于其他城市，差距最小也在千亿元。

从省内地市来看，芜湖与合肥GDP差距也在逐渐扩大。2010年芜湖与合肥GDP相差1361亿元，相当于合肥GDP的49.6%；2015年芜湖与合肥GDP差距为3203亿元，相当于合肥GDP的43.4%，占比下降6.2个百分点；2016年差距进一步扩大，相差3575亿元，占比也下降至43.0%。

从全国相对发达省份的副中心城市看，芜湖与这些城市的差距更大（见表2）。深圳、苏州、青岛、宁波、唐山、泉州6个城市在该省所处的地位与芜湖在安徽的地位相近，但6个城市2016年GDP均超6000亿元。其中总量最小的唐山市，其GDP达6306亿元，芜湖仅占其42.8%。从占全省的份额看，深圳GDP占广东省的24.5%，苏州GDP占江苏省的20.3%，宁波GDP占浙江省的18.4%，唐山GDP占河北省的19.8%，泉州GDP占福建省的23.3%；芜湖GDP只占安徽省的11.2%，相对低一点的青岛GDP也占山东省的14.9%，高出芜湖3.7个百分点。

**表 2　2016 年全国部分副中心城市 GDP 及占所在省比重**

单位：亿元，%

| 省　份 | 2016 年 GDP | 城　市 | 2016 年 GDP | 占全省比重 |
|---|---|---|---|---|
| 广东省 | 79512 | 深圳市 | 19493 | 24.5 |
| 江苏省 | 76086 | 苏州市 | 15475 | 20.3 |
| 山东省 | 67008 | 青岛市 | 10011 | 14.9 |
| 浙江省 | 46485 | 宁波市 | 8541 | 18.4 |
| 河北省 | 31828 | 唐山市 | 6306 | 19.8 |
| 福建省 | 28519 | 泉州市 | 6647 | 23.3 |
| 安徽省 | 24118 | 芜湖市 | 2699 | 11.2 |

## （二）工业产业层次不够高

“十二五”以来，芜湖产业结构虽然得到了一定优化，但是产业层次偏低，高新技术企业大多停留在制造加工阶段，科技含量相对较低。2016 年，芜湖高新技术产业增加值占规模工业的比重为 55.7%，低于合肥（57.0%）1.3 个百分点；战略性新兴产业产值占规模工业比重为 24.4%，低于合肥 6.4 个百分点。企业研发投入也明显不足。2015 年，芜湖研发投入占 GDP 比重为 2.8%，较合肥（3.1%）低 0.3 个百分点，芜湖的创新能力提升缺少中央科研机构的支撑，国家级企业研发机构也比较少，高校数量与发达地区相比也较少，与芜湖科技创新能力不相符。

## （三）服务业发展明显不足

20 世纪 50 年代开始，世界发达国家服务业占 GDP 的比重相继超过 50%。目前，全球服务业增加值占 GDP 的比重达到 60% 以上，主要发达国家超过 70%，我国的北京、上海超过 70%，杭州超过 60%；全国平均水平也呈现逐年提升的态势，2016 年达到 51.6%。相比之下，芜湖服务业占比不足 40%，远远落后于全国、全省平均水平，服务业发展明显滞后于制造业的发展。

1. 与全国、全省发展水平的差距

从服务业占 GDP 比重看，2016 年，芜湖服务业占 GDP 比重为 39.3%，这一指标全国、全省分别为51.6%和41.0%，芜湖分别低于全国、全省12.3个和1.7个百分点；2010年，全国、全省比重分别为44.1%、33.9%，芜湖为29.7%，芜湖与全国、全省的差距虽然有所减小，但是总体差距依然比较明显。

从投资看，2016年，芜湖服务业投资占全社会投资的比重为43.0%，分别低于全国15个百分点、低于全省10.1个百分点，服务业发展后劲也略显不足（见表3）。但在发展速度上，芜湖还具有一定的优势。2010～2016年，全国服务业年均增长8.3%，全省10.6%，芜湖10.8%，分别高于全国、全省2.5个和0.2个百分点。

**表3　2016年芜湖服务业相关指标与全国、全省比较**

单位：亿元，%

| 指　标 | 全市 | 全省 | 全国 |
|---|---|---|---|
| 服务业增加值 | 1060.8 | 9883.6 | 384221.0 |
| 服务业增加值增速 | 11.0 | 10.9 | 7.8 |
| 服务业增加值占GDP比重 | 39.3 | 41.0 | 51.6 |
| 服务业投资占比 | 43.0 | 53.1 | 58.0 |

2. 与长三角（非安徽）城市的差距

2016年，从服务业增加值的规模看，长三角主要城市大多在1500亿元以上，居前三位的城市分别为上海（19362.3亿元）、苏州（7975.8亿元）、杭州（6768.3亿元），与芜湖经济总量相近的湖州、嘉兴、金华服务业增加值分别达到1057.2亿元、1704.7亿元、1901.3亿元，芜湖略超湖州，占其100.3%，但只有嘉兴的62.2%、金华的55.8%。从服务业增加值占GDP的比重看，长三角各主要城市（除盐城外）均在45%以上，上海、杭州、南京居前三位，分别达到70.5%、61.2%和58.4%；最低的盐城为43.5%，芜湖仅为39.3%，差距较大。从发展速度看，长三角主要城市不仅服务业发展质量高，体量大，发展速度也较为强劲，其中发展最快的杭州市、舟山市增速分别达到13.0%和12.1%。与之相比，芜湖同样存在较大差距（见表4）。

表4　2016年芜湖服务业相关指标与长三角城市比较

单位：亿元，%

| 地　区 | 服务业增加值 | 服务业增加值占 GDP 比重 | 服务业增加值增速 |
|---|---|---|---|
| 上　海 | 19362.3 | 70.5 | 9.5 |
| 南　京 | 6133.3 | 58.4 | 10.2 |
| 无　锡 | 4728.1 | 51.3 | 8.6 |
| 常　州 | 2938.9 | 50.9 | 10.1 |
| 苏　州 | 7975.8 | 51.5 | 9.7 |
| 南　通 | 3231.8 | 47.8 | 10.7 |
| 盐　城 | 1992.2 | 43.5 | 10.8 |
| 扬　州 | 2000.3 | 45.0 | 12.0 |
| 镇　江 | 1825.7 | 47.6 | 10.7 |
| 泰　州 | 1927.9 | 47.0 | 11.4 |
| 杭　州 | 6768.3 | 61.2 | 13.0 |
| 宁　波 | 3996.9 | 46.8 | 8.1 |
| 嘉　兴 | 1704.7 | 45.3 | 9.1 |
| 湖　州 | 1057.2 | 47.1 | 9.6 |
| 绍　兴 | 2181.2 | 46.3 | 6.9 |
| 金　华 | 1901.3 | 52.3 | 10.3 |
| 舟　山 | 609.2 | 49.6 | 12.1 |
| 台　州 | 1942.7 | 50.6 | 8.1 |
| 芜　湖 | 1060.8 | 39.3 | 11.0 |

3. 与省内部分城市的差距

从服务业增加值占 GDP 的比重看，2016 年，省内有 9 个城市占比超 40%（含），黄山、合肥、宿州和池州居前三位，分别达到 51.2%、44.9% 和 42.8%，芜湖低于合肥 5.6 个百分点。从服务业增加值的规模看，芜湖虽仅次于合肥市（2814.85 亿元），但与合肥差距较大，2011～2016 年芜湖服务业增加量分别为合肥的 32.2%、32.0%、34.2%、34.6%、40.5% 和 37.7%（见表5）。

表5　2016年安徽省各市第三产业增加值及占比情况

单位：亿元，%

| 城　　市 | 服务业增加值 | 服务业增加值占 GDP 比重 | 服务业增加值增速 |
|---|---|---|---|
| 合 肥 市 | 2814.85 | 44.9 | 11.6 |
| 芜 湖 市 | 1060.82 | 39.3 | 11.0 |
| 马鞍山市 | 582.48 | 39.0 | 10.7 |

续表

| 城　市 | 服务业增加值 | 服务业增加值占 GDP 比重 | 服务业增加值增速 |
|---|---|---|---|
| 安庆市 | 612.04 | 40.0 | 9.3 |
| 淮南市 | 390.80 | 40.5 | 7.4 |
| 淮北市 | 287.26 | 36.0 | 8.1 |
| 铜陵市 | 338.73 | 35.4 | 9.5 |
| 滁州市 | 490.06 | 34.4 | 11.5 |
| 六安市 | 414.34 | 37.4 | 9.9 |
| 蚌埠市 | 576.69 | 41.6 | 11.5 |
| 宣城市 | 427.93 | 40.5 | 11.1 |
| 宿州市 | 578.80 | 42.8 | 12.3 |
| 阜阳市 | 541.80 | 38.6 | 12.0 |
| 亳州市 | 434.88 | 41.6 | 11.5 |
| 黄山市 | 295.21 | 51.2 | 8.5 |
| 池州市 | 252.04 | 42.8 | 9.6 |
| 全　省 | 9883.60 | 41.0 | 10.9 |

### （四）城市聚集效应不足

芜湖地处合肥和南京两大城市之间，在比较优势下生产要素不断向大城市流动，城市聚集效应明显，芜湖城市发展受二者辐射影响较为严重。2016 年，芜湖最低工资标准为 1350 元/月，合肥最低工资标准为 1520 元/月，南京最低工资标准为 1770 元/月。工资水平较低导致芜湖本地大量劳动力向其他发达城市转移，而在吸引外来人口方面芜湖也远不及合肥和南京。2016 年芜湖市常住人口为 367 万人，户籍人口为 387.6 万人，芜湖为人口净流出城市。2016 年芜湖市固定资产投资为 3006.9 亿元，合肥固定资产投资为 6501.17 亿元，南京固定资产投资为 5533.56 亿元。大量的资本流入合肥、南京，芜湖与两者差距十分明显。2016 年芜湖市高速公路里程 191 公里，合肥市为 453 公里，南京市为 614 公里，交通基础设施的落后导致旅客和货物周转选择合肥、南京而不是芜湖。2016 年芜湖市货运量为 24899 万吨，客运量为 3809 万人；合肥市货运量为 34308 万吨，客运量为 14168 万人；南京市客运量为 16301 万人，货运量为 31558 万吨。

芜湖一直以来采取“工业兴市”发展战略。但是早期的工业发展，更多的是粗放式体量的扩张，对工业产业结构的合理性和服务业发展没有足够重视。这种发展战略在城市发展初期能够快速提高城市的工业化率，城市的经济总量也随之快速增加。随着我国进入经济发展新常态，在大环境的影响下，城市的发展不仅仅是经济总量的提升，更多的是追求高质量的持续健康发展。芜湖已经开始提出“转型发展”战略，但是结构转型不是一朝一夕之功，过去高速发展带来的产业结构不合理问题也需要一定的时间来消化。二、三产业比重不协调，工业产业内部结构不合理，投资结构问题都制约城市的发展。做强工业，做大服务业，培育经济发展新的增长点，其转型发展之路任重而道远。

## 三 芜湖市产业结构转型升级的思路与建议

“十三五”时期是芜湖结构调整、转型升级的重要阶段，加快产业结构调整步伐、大力培育和壮大新经济增长点，对于引领芜湖市经济步入持续健康发展轨道，打造芜湖经济升级版，具有十分重要的意义。

### （一）提升服务业发展水平，提高服务业对经济增长的贡献率

从芜湖目前的发展阶段看，服务业正进入加快发展的新阶段。服务业发展有其自身的规律，投入产出期比工业长得多，市场的形成更加依赖城市整体功能的提升，用抓工业的理念和方法抓服务业发展必然会遇到种种困扰。因此，要把发展现代服务业作为产业结构调整的战略重点，加快形成以工业和服务业双轮驱动的发展模式。

一是合理规划金融、物流、人力资源、广告传媒、电子商务等生产性服务业产业布局。围绕工业产业布局合理规划，形成集聚效应，在服务本地产业发展的同时，不断扩大服务辐射范围，形成区域服务中心，实现跨越式发展。

二是不断完善城市功能，提升城市美誉度，形成对服务业总部和大企业招商的综合竞争力。浙江、江苏均拥有较多超大型服务业企业，除了相关政策支持外，“高大上、白富美”的城市品质是吸引服务业大企业入驻的重要因素。芜湖正致力于打造“精致繁华”的城市气质，必须把提升城市品质与招商引资放在同等重要的位置，才有可能让人才引得进、留得住，而大量人才和中高端消费群体的集聚，正是服务业大企业入驻最关注和看中的。要重视发展楼宇

经济，楼宇经济是总部经济和服务业大企业入驻的重要载体。

三是以打造旅游目的地城市为抓手，促进传统服务业和现代服务业共同提升。芜湖市有靠近黄山、九华山的区位优势，有方特系列公园和半城山半城水的旅游资源，高起点谋划、大手笔布局打造城市旅游，对带动商贸、住宿、客运出租等传统服务业的发展将起到重要作用。

### （二）科学规划产业布局，加快实现主导产业和战略性新兴产业集聚发展

芜湖市经过多年的培育，四大支柱产业已经形成一定的集聚水平，在未来发展中可以引入外部战略投资，推进企业兼并重组，鼓励龙头企业股改，推进企业上市，通过提升支柱产业核心竞争力做大做强；同时可以对四大支柱产业做进一步的产业细分，在特色、集聚上寻求新的突破。

一是加快新兴和高新技术产业发展，促进产业发展提质增效。围绕新一代信息技术、新能源汽车、高端装备、新材料、节能环保、生物医药等新兴产业和高新技术产业发展方向，注重以龙头企业或主导产品为核心，推动产业链向两端延伸，不断完善产业体系，增强产业整体竞争力。完善以企业为主体、市场为导向、产学研相结合的技术创新体系，抢占技术创新和产业发展制高点。

二是加强传统产业改造升级，挖掘传统产业中的新经济增长点。提升传统产业，重点是实现传统产业高端化。要促进芜湖传统产业由主靠资源消耗向创新驱动转变、一般加工向高端制造转变、产品竞争向品牌竞争转变、粗放式经营向集约化经营转变，努力构建芜湖传统产业竞争发展新优势。

三是加快产业集聚区发展，发展特色小镇经济。进一步明晰县域产业发展功能定位，按照各县区产业基础和区位条件，细分战略性新兴产业基地和园区区域，制定配套的招商引资政策，集中市、县区两级招商力量科学分配招商资源，形成各招商载体主动将各类战略性新兴产业有序引入对应基地和园区的工作机制，提高产业集聚效率。

借鉴杭州、嘉兴"特色小镇"建设经验，在全省率先谋划，选择若干有产业基础的乡镇或城区，积极争取省级在土地、资金上的支持，先行先试，稳步推进。特色小镇既可以设在市区内，也可以依托乡镇传统特色产业设在乡镇工业区或者某行政村里，且面积一般不超过3平方公里，体现"小而精"的特色。

## （三）扶持新产业新业态发展，提前布局新经济增长点

在经济运行新常态背景下，传统高投入、高回报的产业增长模式已不可持续。与之相比，新兴产业却孕育着大量新技术、新业态、新模式，成为产业转型发展的强劲增长极。在智能装备发展方面，芜湖目前的机器人产业园、航空产业园已粗具规模；在绿色产业发展方面，芜湖在新能源汽车、节能环保、智能电网等产业都具备一定的基础和优势，要抢占先机，加大投入力度，集聚创新人才，尽快将这些新产业培育成芜湖未来的支柱产业，从而成为芜湖经济新的增长点。

## （四）加快城市基础设施建设，提高城市集聚效应

2016 年芜湖市高速公路里程数在安徽省内城市位列倒数第四，公路货运量位列安徽省内城市倒数第五，这与芜湖市作为安徽省内第二大城市的地位严重不符，芜湖市交通基础设施建设仍需不断加强。同时要加快实施人才战略，让人才引得来、留得住。人才作为生产要素中最重要、最活跃的内生要素，是城市发展的关键。产业转型离不开创新，创新离不开人才。创造良好的创业环境，扶持创业团队，充分给予政策上的支持，让本地人才留在芜湖发展，吸引外来人才到芜湖创业。

## 参考文献

国家统计局：《中国统计年鉴（2017）》，中国统计出版社，2017。

安徽省统计局网站。

芜湖市统计局网站。

安徽省及芜湖市历年经济社会发展统计公报。

# B.3
# “互联网 +”背景下阜阳传统产业转型升级研究*

王 景**

**摘 要：** 传统产业是阜阳市今后一个时期经济发展的主体力量。以“互联网 +”为依托，推进传统产业转型升级，是颠覆阜阳传统经济发展思维模式，破解经济发展动力转换瓶颈，协同经济脱胎换骨式裂变的重要战略抉择和战略途径。传统产业转型升级有多种路径选择，“互联网 +”只是其中的一个选项。按照资源存量调整和生产要素转移要求，根据产业转型升级的“转”与“升”，不同产业“互联网 +”条件下的转型升级路径也不相同。加快阜阳“互联网 +”传统产业转型升级，必须强化要素保障，优化提升服务新水平；推进各类创新，激发创造经济新动能；科学规划引领，塑造转型升级新格局；促进融合发展，构建转型升级新模式。

**关键词：** 阜阳 “互联网 +” 传统产业 转型升级

加快传统产业转型升级既是积极适应经济发展新常态的本质要求，也是打造阜阳经济升级版的战略抉择；既是积极践行“一线工作法”，精准落实“严转提促”的客观要求，也是落实工业化与城镇化“双轮驱动”发展战略，推进“五大专项行动”的具体举措。今后一个时期，以“互联网 +”为依托，

---

* 本文系安徽省统计学会“三项课题”研究成果。

** 王景，安徽阜阳人，阜阳市统计局副局长，研究方向为宏观经济发展。

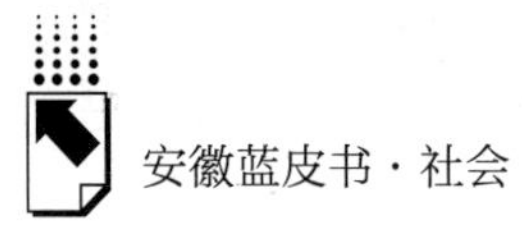


推进传统产业转型升级，是颠覆阜阳经济发展思维模式，破解经济发展动力转换瓶颈，协同经济脱胎换骨式裂变的重要战略抉择和战略途径。

## 一 阜阳市传统产业发展现状与特点

传统产业是阜阳经济的支柱产业，农牧、食品、医药、化工、机械电子、冶金、煤电、纺织、服务业等传统支柱产业，在当前及今后一个时期仍将是阜阳市经济发展的主体力量。近年来，阜阳市主动加快调转促，精准落实“严转提促”，传统产业转型升级初见成效。据测算，2016 年现代新兴产业增加值 250 亿元，占 GDP 的 17.8%，比重比上年提高 1.6 个百分点。非传统产业中，现代农业增加值 55 亿元，占农业的 18.2%；现代工业增加值 84 亿元，占工业的 17.5%；现代服务业增加值 111 亿元，占第三产业的 20.5%。传统产业转型升级呈现以下特征。

### （一）政策措施持续发力

2015 年以来，市政府成立了加快传统产业转型升级工作领导小组，市级层面出台了《阜阳市加快调结构转方式促升级行动计划实施方案》《关于金融服务创业创新的意见》《关于加强科技创新工作的意见》《关于深入推进“互联网 +”现代农业行动的实施意见》，量化细化了各产业、各行业传统产业部分转型升级子方案，明确了转型升级目标、重点任务和具体路径。

2017 年以来，市发改委出台了《阜阳市实施“双轮驱动”战略促进现代服务业发展若干政策》《重大产业区域化布局意见》等文件，市财政局等 8 个部门联合印发了《2017 年阜阳市实施双轮驱动战略促进现代农业发展若干政策实施细则》，市林业局出台了《阜阳市现代林业示范区认定办法》，市商务局印发了《阜阳市推进电子商务进农村全覆盖工作方案》。市委组织部出台了《阜阳市实施双轮驱动战略促进创新创业人才发展的若干政策》和《阜阳市高层次专业技术后备人才队伍建设工程实施办法（试行）》。

### （二）精准投入持续扩张

2016 年阜阳市完成工业投资 391 亿元，是 2012 年的 2 倍。以设备更新为主要形式的技术改造投资完成160.3亿元，占工业投资的41.0%。“十二五”以来，阜阳市累计完成技改投资630亿元，一大批传统企业竞争力明显提升，金种子生态产业园、江淮重卡等重大项目建成投产；华鑫铅业、昊源化工、金种子集团、晋煤中能等企业进入全省百强，华鑫铅业成为阜阳市首家产值过百亿元企业。

针对工业短腿这块短板，出台了《阜阳市实施双轮驱动发展实体经济三年行动计划方案》等文件。加大技改投入，做大做强现代医药、绿色食品、煤电化工、节能环保、装备制造、新材料、新一代信息技术七大主导产业。最终形成以生物制药、化学制药、中药饮片、保健品、药用辅料包材、医疗器械、医药流通为特色，3年内打造千亿元产值的现代医药产业发展基地；突出绿色化、标准化、品牌化，做大做强酿酒、粮油、调味品、果蔬、畜禽、水产等加工业，引导发展农产品精深加工，推动“百亿粮仓”向“千亿厨房”历史性跨越，绿色食品产业产值突破千亿元；以煤基化工新材料和精细化工产品为龙头，煤电化工产业力争产值达千亿元；围绕中重型卡车、专用车辆、无人机、机器人等行业，推动装备制造向智能化、大型化、成套化发展；借助园区平台，延伸产业链条，强化产业配套，推动光电新材料、磁性材料、碳纳米、碳纤维复合材料等新材料产业集聚发展；围绕发展智能终端、新型显示、集成电路、电子设备及元器件等，提升产业层次，加快培育产业集群。采取以奖代补政策，设立三年质量提升行动计划政府奖励专项资金，对企业予以重奖。

### （三）创新引领持续领跑

多措并举实现传统产业转型升级。一是落实税收减免奖补政策。2016年，落实、争取各类科技企业税收减免、创新奖补资金2.63亿元，70%以上都用于传统产业转型升级。二是推进创新载体建设。全年新认定省级创新型试点企业42家，新建省级工程研究中心9家；分别认定省、市级“专精特新”企业40家和183家。三是打造创新发展基地。太和县作为全省首批14个战略性新兴产业集聚发展基地之一，2016年现代医药产业产值151.2亿元，形成国内重要、全省唯一的生物医药研发、生产、销售高地。界首市先后成为国家循环经济示范园区、国家首批城市矿产示范基地、国家动力电池循环利用高新技术产业化示范基地。

## （四）平台建设持续扩容

一是加快园区创新载体建设。目前阜阳市拥有省级高新区1个，国家、省级高新技术产业基地4个。二是强化科研平台建设。建设省级以上工程技术研究中心28个，产业创新战略联盟14个，院士工作站2个。建成省级科技企业孵化器2家，省级众创空间9家。三是密集搭建资金筹集平台。积极搭建“助保金”贷款、“阜兴创新创业”基金、续贷过桥基金、企业挂牌上市“152”工程等平台。四是搭建产学研合作平台。与安徽大学签订了战略合作协议，与中国科学院大学、中国科技大学等知名院校的战略合作正在积极推进。在全省率先成立阜阳创新创业大学，为阜阳市创业者提供集创业培训、测评、实训、孵化、融资于一体的一站式综合服务平台。五是集聚人才发展平台。大力实施“125后备人才工程”，每年拿出200万元中小企业人才培训专项资金，建立企业经营者人才库和企业家培训基地。六是打造“互联网+”平台。2016年末，1300余家电商企业线上运行，阜阳市60%以上的线上工商企业通过第三方平台开展电子商务，30%以上的中小企业通过第三方平台进行商品展示、网上营销。

## （五）转型升级持续向好

一是转型升级势头强劲。2016年，非传统产业增加值增长20%以上，动漫设计与制作、微电影制作、物联网、电子商务等新兴产业迅速发展。二是新型市场主体迅速壮大。2016年，阜阳市新登记各类市场主体6.5万户，增长25.2%，居全省第二。新增市场主体中，第三产业快速增长。三是特色园区功能显现。太和生物医药、颍东清真食品加工、市开发区装备制造、界首再生资源利用、阜南柳编、临泉电子生产等特色产业集聚区粗具规模。2016年，阜阳市规模以上工业增加值550.4亿元，总量由2012年全省第12位上升到第7位，跻身全省中等水平。四是高新技术企业不断涌现。目前阜阳市高新技术企业119家。2016年，阜阳市规模以上工业中战略性新兴产业产值309.8亿元，增长33.8%，比全省快17.4个百分点；高新技术产业产值461.3亿元，增长69.6%，比全省快52.0个百分点。

## 二　阜阳市传统产业转型发展存在的问题

阜阳传统产业转型升级是一项长期性、系统性工作，总的来看，发展势头较好，但也存在转型升级基础薄弱、转型升级要素制约突出、转型升级能力较弱等核心问题。这些制约因素既有政府层面的，也有企业层面的，更多地体现在企业主体上。转型升级基础薄弱，弱在企业规模小、结构层次低、产业集群度低三个层面；转型升级要素制约，突出表现在投资严重不足与人才短板突出两个方面；转型升级能力弱，弱在意识淡薄、创新不足和政府公共服务能力低三个层级。

### （一）转型升级基础薄弱

产业规模小，龙头企业少，带动作用弱。种植业中，现代种植业比重不足3%；养殖业中，现代养殖业比重仅有1/5。2016年末，阜阳市规模以上工业企业1623家，其中八大支柱工业企业1046家，占64.4%，产业发展离散，企业规模偏小。第三产业内部，新兴服务业总量过小。网购、电商、综合体比重不足贸易餐饮业的4%，冷链物流、快递等现代交运仓邮仅占1/7，现代信息传输、互联网服务等高端信息业只占40%，风投、创投、众筹等现代金融业仅占4%，现代设计、咨询、健康服务发展快、起步晚、体量小等。

结构层次低，高附加值产品少，结构调整难度大。农副食品精深加工少，产业链条短，附加值低，品牌效应、集聚效应弱。纺织服装以初级产品、贴牌生产为主，产品结构单一，下游产品少且粗放。化工行业倚重农用肥料，精细化工及化工新材料几乎空白。装备制造业大路货多，技术含量低，碎片化严重，集群效应低。生物医药低端产品比重大，自主知识产权少，自主创新能力弱，驰名商标、名牌产品少。传统产业中高耗能工业比重过大，煤电、化工、再生资源利用三大产业产值占规模以上工业的35.2%，用电量占90%以上。

产业集群度低，区域同质化严重。各行政区域存在企业交叉布局、相互无节制争夺资源配置问题，食品加工与制造、化工、纺织服装、木材加工、家具制造等行业不同程度地存在“小而全”现象。产业同质化竞争现象突出，企

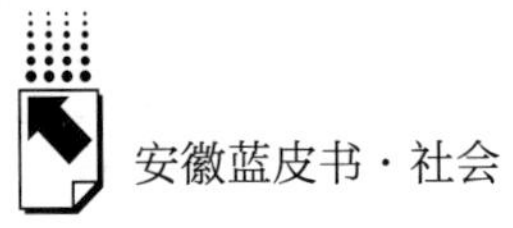


业间分工协作不紧密，缺乏合作创新理念、机制、途径和模式，无法实现资源共享、利益共享。产业链条短，终端产品少，缺乏上下游关联产业配套。

### （二）转型升级要素制约突出

投资严重不足。首先，工业特别是技改投资缺口大。2016 年，阜阳市工业技改投入 160.3 亿元，不到实际需要的 1/5。其次，研发投入不足。2015 年，阜阳市研发投入 7.4 亿元，仅占 GDP 的 0.58%，八大传统工业研发投入仅占销售产值的 0.4‰。1547 家规上工业企业有 R&D（研究与开发）活动的仅 89 家。最后，融资难突出，融资产品、渠道单一。

人才短板突出。高层次领军人才、高技能实用人才缺乏，引进人才扎根难、培育人才留下难问题突出。一方面，高中级科技人员极度匮乏，成为制约传统产业产品换代和产业升级的重要瓶颈之一。2015 年阜阳市八大支柱产业 993 家规上企业平均每家拥有科技活动人员 2 人。另一方面，技术工人对工作待遇和环境等的要求日益提高，稳定性较差。

### （三）转型升级能力较弱

转型升级意识淡薄。现代职业农民短缺，农业生产经营主体小而散、功能弱，龙头企业少、辐射带动力差，多层次、复合型现代农业产业体系尚未建立，转型升级意识依然淡薄。部分工商企业具备发展壮大的基础，但由于思想保守、观念落后，抱团意识差、合作意识弱；一些高耗能企业环保意识更差，有的企业转型升级信心不足，创新没有动力，转型没有魄力，升级缺乏能力，依赖资源和传统产业发展的思维定式没有改变。

自主创新能力不足。农业基础和前沿基础研究几乎处于空白，制约农业发展的核心技术、关键技术比较落后，制种、冷链、保鲜、储运手段还比较滞后。大部分工商企业新技术匮乏，新产业、新产品、新业态、新商业模式开发能力不足。相当一批企业还处于无自主品牌、无研发中心、无专利产品的“三无”状态，抗风险能力很弱，产品科技含量不高，大路货多、高端产品少，初级产品多、终端产品少，人工操作多、智能化生产少。

公共服务能力弱化。主要体现为激励作用不够，政策落实不实，发展环境欠优，政策转化运转能力、战略思维能力、综合协调能力、创新发展能力有待进一步提升。少数部门跟踪指导和服务不够，部门间协调沟通机制不健全。政府引导创新的体制机制不活，主动作为、领跑争先、创新、改革担当、奉献精神和主动服务意识不浓，行业合作、联合攻关作用不够。

## 三　阜阳市传统产业转型发展的路径选择

传统产业转型升级有多种路径选择，产业高端化、信息化、集群化、融合化、生态化、国际化是当今世界传统产业转型升级的六大方向，"互联网 +"只是其中的一个选项。根据阜阳实际情况和中长期发展需要，按照资源存量调整和生产要素转移要求，依据产业转型升级的"转"与"升"，这里仅就阜阳传统农业、传统工业、传统服务业的"互联网 +"转型升级路径分别进行分析。

### （一）"互联网 + 传统农业"转型升级路径选择

当前，阜阳农业资源与要素禀赋存在以下几个特点：一是农产品供给过剩与短缺并存；二是劳动力转移与回流并存；三是土地集约化与碎片化并存；四是传统农业与现代农业发展并存。按照发展趋势，未来农业将根据供给侧改革方向，朝着集约化、企业化、精细化、特色化和生态旅游休闲观赏一体化方向发展。"互联网 + 传统农业"要遵循一业多策、内展外拓、接"二"连"三"、融合精转要求，并着力谋划好对策，搭建好平台，塑造好龙头，培养好人才。

谋划好对策，就是研究制定好农业发展政策，调整好农业生产的地区布局、行业布局、业态布局，按照"一乡一业、一村一品"，精准布局、精准施策。坚持发挥优势、突出特色、相对集中、高产高效原则，围绕龙头企业，突出特色，连片开发，把基地建设与主导产业紧密结合起来，减少低效益重复建设。大力发展农民专业合作组织等新型农村经济组织，有序规范土地流转，培育新型经营主体，实现规模经营，打造产业特色。

搭建好平台，一是搭建好发展平台，围绕加快建设现代农业产业体系、生产体系、经营体系，打造集物联网应用、农产品质量安全监管、农业电子商务、休闲观光农业于一体的"互联网 + 农业"示范区，构建"互联网 + 农业"发展新格局，促进一、二、三产业融合。二是搭建好"互联网 + 农业"

公共服务平台。以农业大数据中心、农业综合服务系统等为核心，围绕农业生产、加工、流通、销售等环节，建设一批要素集聚、政策创新、产业集中的“互联网＋农业”发展平台。推进互联网技术在农产品电子商务编码管理、包装标识、仓储、冷链、物流等环节的应用。三是搭建好农业信息管理与服务平台。以农业大数据中心为重点，整合农业灾害预警预报、执法监管、产权交易等信息资源，建立“互联网＋农业”应用信息系统，提高农业信息化服务水平。

塑造好龙头，一是充分挖掘老企业潜能，扩大新企业引领作用，拓宽融资渠道，重点扶大、扶强、扶优一批成长性好、潜力大的农业龙头企业。二是延展产业链条，拓展发展空间，按照“公司（合作社）＋基地＋农户”和利益共享、风险共担原则，突出重点，支持农业龙头企业推进农产品精深加工，延伸产业链，实现农产品由粗放型向精深加工转变。三是积极培育新业态、新经营主体、新产品、新品牌，充分发挥农业的接“二”连“三”作用。

培养好人才，就是要组建“互联网＋农业”专家队伍，编制发展总体规划，建立长效机制。建设“互联网＋农业”发展人才培训基地，建立一批领军人才和创新团队。扶持“互联网＋农业”项目建设，营造关注、支持、参与“互联网＋农业”发展的良好氛围。

### （二）“互联网＋传统工业”转型升级路径选择

工业发展必须围绕提质、增效、减耗、绿色、低碳、融合，推进供给侧结构性改革，以现有产业为根本，以食品、医药、化工、纺织服装、林产品加工、机械电子、冶金、煤电八大支柱工业为重点，以“互联网＋”为基础，以创新为前提，着力把握网络化、数字化和智能化带来的新机遇，加快制造业转型升级，塑造经济新动能。

阜阳“互联网＋传统工业”转型升级应采用智能化生产、网络化协同、个性化定制、孵化式延伸等模式，重点从企业技术与设备升级、产品升级、品牌升级、管理升级、服务升级若干层面进行。一是从生产端切入，围绕供给侧结构性改革，以“互联网＋制造＋创新”，无中生有，有中创优，创新工艺流程，从生产、生活两个层面梯度创造新需求。二是从产品客户端切入，以“互联网＋个性化”制造，根据不同层次群体需求，开展大规模个性化定制和智能远程监理，提高产品竞争力。三是提供供需对接平台。引导企业创新驱动，推动产业技术创新，强化优势传统产业两化融合和低碳发展；推动各类工业园区、产业集群转型升级；推动生产性服务业发展向产业链两端延伸，促进原始设备制造向原始设计制造再到原始品牌制造的转型，提高整个产品价值链增值能力。

### （三）“互联网 + 传统服务业”转型升级路径选择

以供给侧结构性改革为机遇，精准施策、精准发力，在服务业态、重点领域、发展层次等方面做文章，积极创新服务业发展模式，大力发展现代金融、现代物流、电子商务等重点产业，着力打造城市综合体、商业旗舰店、大型购物中心、商务会展中心、现代物流园等一大批品牌多、业态全、体验佳的现代服务业；充分挖掘“互联网 + 生活”，大力发展智能出行、在线旅游、健康监测、智慧养老等具有创新性、开放性、融合性、集聚性和可持续性特征的新型产业体系。

“互联网 + ”条件下传统服务业转型升级：一要推动生产性服务业专业化、信息化和高端化。依托阜阳特色产业基础和交通区位优势，围绕国家物流节点城市建设，大力推进省级服务业集聚区建设。改革创新金融发展模式，大力发展资本市场，促进金融机构多元化、产品多样化、市场多层次化、业务特色化和服务精细化。加强科技创新载体建设，完善科技服务体系，促进科技服务专业化、网络化、规模化、国际化。推动商务服务信息化、品牌化、规模化，构建门类齐全、结构合理、运作规范的商务服务体系。二要推动生活性服务业便利化、精细化、品质化。促进传统专业市场逐步向商品展示订货中心、批发采购中心、信息服务中心、商品配送中心等新模式转变，引导区域内大型专业交易市场向集聚化、连锁化、便利化发展。打造以高端消费为特征的主题文化休闲、时尚奢侈品购物、康体健身、创意餐饮、主题影院等行业。大力引导社区（家庭）服务向社会化、产业化、网络化方向发展。三要培育发展新增长点，建设现代服务产业新体系。主动顺应互联网、大数据、云计算，实施电商阜阳建设工程，开展“千企触网”行动，发展大型电商平台，全面提升电子商务发展水平。推动“医养融合”服务模式，逐步形成完整的健康养生产业链。发展在线租车租房、体验式购物模式、线上线下社会服务等新业态，

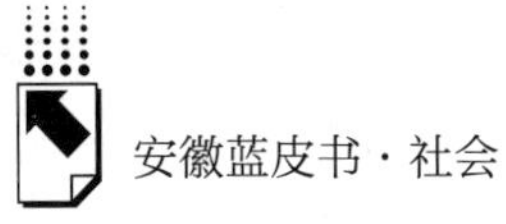


推动互联网文化、传媒和旅游等服务创新。构建“物联网+大数据+客户洞察”三位一体的新型商业模式，探索发展大宗商品交易、动产质押等物联网新业态。

## 四　推动“互联网+”与阜阳传统产业融合发展的对策建议

加快“互联网+”条件下传统产业转型升级既是积极适应经济发展新常态的本质要求，也是打造阜阳经济升级版的战略抉择，更是落实工业化与城镇化“双轮驱动”发展战略，推进“五大专项行动”的具体举措。从政府层面讲，其政策措施主要可从以下几方面着手。

### （一）科学规划引领，塑造转型升级新格局

优化“互联网+”产业布局。加快制定传统产业空间布局规划，促进“互联网+”产业集聚和产业地域集中。一是加快实施工业退城入园。二是打造智能“泉河生态工业走廊”。有重点、分层次推进传统产业分地域集聚和绿色生态智能化改造，推进区域内产业在“互联网+”条件下的大集聚、大发展。

强化“互联网+”错位发展。明确各县市区产业发展定位，按照专业化分工、配套协作原则，合理配置各县市区产业发展资源。强化产业信息公开和风险预警机制，避免同质化恶性竞争。加大存量园区整合提升力度，按照“一园多区”布局、“有园无界”理念，打破行政界限和区域界限，统筹协调，实施环境容量流转。

突出“互联网+”绿色发展。积极推动互联网与传统可再生资源和清洁能源替代产业深度融合，加快淘汰落后产能，推进资源有效利用，引导产业向生态化转型。引进工业设计、咨询或创意中心，为传统产业提供前期的设计策划、技术研发，中期的认证认可、信用评估、融资以及后期的现代物流、销售等服务，构建立体多元的“互联网+”服务体系。

### （二）强化要素保障，优化提升服务新水平

强化政策保障。明确“互联网+”条件下产业发展顺序和产业首位度，

实行重点产业区域整合、分类指导，确保首位突破、首位发展。出台“互联网＋”专项扶持政策，从财政税收、自主创新、品牌战略、兼并重组等方面加大产业发展支持力度，促进产业转型升级。

强化资金保障。设立“互联网＋”传统产业转型升级专项资金。持续谋划和储备一批打基础、促升级的大项目、好项目，推动传统产业调结构、补短板、增动力。突出“互联网＋”作用，探索设立引导基金，设立担保基金，提高“互联网＋”企业融资能力；加快推动企业在新三板、新四板上市，引导企业进入资本市场直接融资。

强化人才保障。一是加强“互联网＋”引智保障。加快推进人才特区工程、海创工程、领创工程等“互联网＋”引智工程；探索开展人才资助方式改革，建立人才项目资助资金激励与约束机制。二是加大培智力度。充分发挥职教平台作用，培育“互联网＋”实用人才；加强人才激励，培养一批懂经济、熟政策、善管理的高层次复合型人才队伍。

强化服务保障。提升电商园区公共服务能力，加快补齐基础设施建设短板，提升项目入驻承载力。补齐公共服务“互联网＋”政务平台短板，推进企业服务电子信息平台“易企网”开发和运行，畅通企业产品设计、技术支持和信息发布渠道。

强化科学调控。探索建立促进“互联网＋”传统产业转型升级的调控机制，推进资源要素高效利用和落后产能整治淘汰进度。进行资源要素配置市场化改革，建立科学的分类考核制度，定期评估，动态调整，激励企业提升质量效益。

### （三）推进各类创新，激发创造经济新动能

加快观念创新。观念与智力创新是创新发展的领头雁和突破口。一要引导行业主管部门、市场服务主体开展观念创新、智力创新、行为创新；二要想方设法推进企业法人代表观念创新、智力创新，采取“走出去”“引进来”等多种方式引领企业创新；三要建立“互联网＋”创新奖励制度，探索实施普惠性技术改造综合奖补政策，引导企业重点投向优质技术项目。

加快创新平台建设。一是着力构建以企业为主体的“互联网＋”技术创新平台。二是完善产学研与“互联网＋”协同创新平台。重点打造一批面向

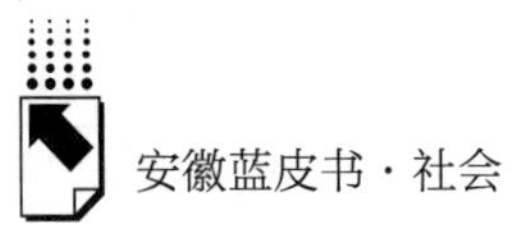


企业的公共生产力促进中心、科技开发中心或科技创新中心等平台，培育一批创客空间、开源社区、社会实验室、创新工场等众创空间。三是构建产业合作与“互联网＋”创新平台。制定行业合作创新计划，打造跨界协同创新生态系统，组织行业共性关键技术联合攻关，建立科研投入共担、科研成果共享机制。四是推进科技创新成果产业化应用。

## （四）促进融合发展，构建转型升级新模式

推进产业内部重组融合。一是推进产业链“互联网＋”融合，促进上下游产业兼并重组，促进生产要素向优势企业、优势行业集中。二是推进产业内“互联网＋”协同发展。鼓励企业与业内龙头合作，进行产品共同研发、设计和生产，带动企业技术升级。探索合伙注册统一商标模式，鼓励产业内同质企业加强协作，抱团发展，通过共同研发、技术攻关，推出统一的“互联网＋”服务平台、统一的新商标或新产品，增强市场影响力。

推进产业之间交叉融合。通过“互联网＋”，构建不同产业间高新技术嫁接改造等方式，加强交互作用、融合渗透，构建新型产业体系。积极推进“互联网＋生物医药技术＋食品加工业”有效融合，重点开发新型功能食品、养生食品，提高产品附加值。推进“互联网＋”工业设计与传统制造业多方位融合，推动设计成果产业化，打造一批工业设计产业园区和工艺美术产业基地。

推进“互联网＋”融合发展。发展以互联网为平台的众筹、众包、众设、众创新模式；发挥“互联网＋”和“大众创业、万众创新”乘数效应，加快众创空间建设，培育传统产业创新创业主体；积极适应市场导向，探索发展基于互联网的云制造、个性化定制、按需定制等新型生产方式，通过线上线下渠道，推进制造模式从大规模生产向大规模定制转变。

## 参考文献

相关文件主要有《阜阳市加快调结构转方式促升级行动计划实施方案》《关于金融服务创业创新的意见》《关于加强科技创新工作的意见》《关于深入推进“互联网＋”

现代农业行动的实施意见》《传统产业改造提升工程实施方案》。

部分研究参考了阜阳市政协专题调研组撰写的《立足“调转促”，加快阜阳传统工业转型升级》。

文中数据主要来源于《中国统计年鉴（2016）》《安徽统计年鉴（2016）》《阜阳统计年鉴（2016）》《2017年阜阳市经济社会发展统计公报》。

# B.4

# 安徽省新生代企业家成长的困境及治理体系研究*

伍万云**

**摘　要：** 新生代企业家是安徽省供给侧改革最有力的生力军，承载着安徽未来经济社会发展的希望。然而，企业发展压力已成为新生代企业家面临的最大难题。如何锻造一支具有爱国情怀、能够建设美丽安徽的新生代企业家队伍，成为我们必须思考的难题。本文在提炼国内外新生代企业家理论研究成果的基础上，走访宣城、芜湖、宿州、淮南、六安五市，通过问卷调查和实地走访等方式，实证分析了安徽新生代企业家成长环境的困境与其影响因素，并从理论与实践层面提出建设性建议。

**关键词：** 安徽　新生代企业家　企业成长困境

改革开放近40年来，安徽省民营企业已进入新老交替阶段。迫切需要新生代企业家加强技术、产品、管理、经营模式等方面创新。当前，由“民企二代”、高层次创新团队、自主创业等组成的一批有抱负、有责任心的新生代企业家群体，正活跃在安徽大江南北，成为安徽省经济社会发展的生力军。加强新生代企业家的培养，有利于促进新生代企业家健康成长，引领区域经济转型升级和可持续发展。2017年9月25日，中共中央、国务院出台了《关于营造企业家健康成长环境弘扬优秀企业家精神更好发挥企业家作用的意见》，明

---

* 本文系安徽省统战部2017年理论创新课题的研究成果之一。

** 伍万云，安徽芜湖人，中共宣城市委党校市情研究所所长，教授，研究方向为民营经济。

确提出："企业家是我国经济社会活动的核心主体——营造企业家健康成长环境，弘扬优秀企业家精神"。① 这为新生代企业家健康成长创造了良好的生态环境，必将迎来新生代企业家发展的春天。

## 一 国内外理论界关于新生代企业家研究综述

### （一）国外理论界关于新生代企业家研究综述

国外理论界对新生代企业家的研究，更多关注企业家的成长背景、发展规律、精神价值，强调企业家培养的科学性、创新性、现实性，以及以商业化手段实现更广义的社会价值等方面。马歇尔提出新生代企业家的组成主要有两部分：一是企业家家族的后代；二是工薪阶层及他们的子女。② 随后的1967年，马歇尔提出成为企业家的决定性因素是后天教育与培养，其中家庭成长环境、学校培养教育、工业技能与管理理念的训练最为重要。Edward Lazear 提出：能否成为企业家的关键，在于他们是否有过大量的不同的工作经历。③ Bruce R. Barringer 在美国对近 100 家中小企业的企业家进行问卷调查，得出结论：大学教育为企业家创办实业提供了管理理念与高科技技能。④ Luca Grilli 通过对高新科技企业人力资本的分析，得出结论：在大学期间学习高科技和相关企业管理方面的知识对他们成为企业家或创新性人才有着正面影响，等等。⑤

综上所述，国外学者主要从企业家来源、天赋与后天条件、学校教育、人力资本与企业管理等不同视角，分析企业家成长环境的共性与差异。阐述了成

① 中共中央、国务院：《关于营造企业家健康成长环境弘扬优秀企业家精神更好发挥企业家作用的意见》，http://www.xinhuanet.com/2017-09/25/c_1121722103.htm，2017 年 9 月 25 日。

② 〔英〕马歇尔：《经济学原理》，商务印书馆，1965。

③ 爱德华·拉齐尔，美国前白宫首席经济学家，小布什经济顾问。

④ 〔美〕Bruce R. Barringer：《创业管理：成功创建新企业（第 3 版）》，机械工业出版社，2011。

⑤ Luca Grilli：《创投企业的资产管理规模、投资数量与创业企业成长性的影响研究》，《中国市场》2016 年第 16 期。

为企业家并非易事，涉及是否有坚韧毅力、大胆创新、敢于担当、诚实守信、遵纪守法、高尚道德、良好教育、永不放弃等多种素养。上述分析为我国新生代企业家成长提供了理论与实践借鉴。现实中，我国有许多企业家后代没有子承父业，这些年轻人选择他们自己喜欢的职业。然而，也有不少企业家后代选择接班，其核心因素正如国外学者所言：天赋与后天培养教育是成为企业家的决定性因素。

### （二）国内理论界关于新生代企业家研究综述

关于新生代企业家概念，目前国内学术界观点各异，尚未形成权威的统一解释。如辜胜阻提出三代企业家划分标准。① 第一代是1978～1992年成长的企业家；第二代是1993～2000年成长的企业家；第三代是2001年至今成长的企业家。第三代就是新生代企业家，他们包括继承父辈产业成长起来的年轻一代企业家和“互联网+”背景下成长起来的创新创业者。钱卫东等从创新体制、优化环境、完善机制、强化培育等八个方面阐述新生代企业家应具备的素质。② 华正学（2014）从寓教利于商、寓义利于利、寓理利于情、寓管利于疏、寓小利于大等中华文化蕴含的从商哲学，阐述“富二代”与“创二代”之间辩证关系及其内涵。庞飞（2016）提出新生代企业家是由子承父业的“民企二代”和自谋职业的青年企业家两部分群体组成，他们正成为新时代中国特色社会主义建设者。

综上所述，政府部门主要从经济社会发展、宏观调控、政策支撑、政治引导等不同视角，提出加快新生代企业家培育是地方经济社会发展的共同课题。国内理论界更多从新生代企业家划分、成长规律、新生代企业家群体素质和能力等不同层面进行论述。

### （三）简要述评

国外理论界更多从经济学假设层面，通过数理模型分析企业家成长规律、

① 辜胜阻：《发展方式转变与企业战略转型》，人民出版社，2011。

② 钱卫东、陈建等：《西南四省、市区域民营经济发展报告》，《中国民营经济发展报告（2009～2010）》，社会科学文献出版社，2011。

科学化管理、企业家精神等相关理论。国内地方政府部门则从行政审批、税收优惠、金融支持、创新驱动、人才支撑、组织关心等不同层面为新生代企业家成长服务；国内理论界主要从风险投资、社会责任、“互联网 +”、职业经理人、新老企业家交替、企业转型发展等层面进行研究。总之，所谓新生代企业家，是指企业家家族后代继承祖业的新一代和自主创业成长起来的新生代企业家，他们是富有朝气、敢闯敢试、具有一定社会责任感的创新创业群体。但理论界对如何培养新生代企业家群体、创造健康向上的成长环境等方面论述不多，而这是本课题研究的重点。

## 二　安徽省新生代企业家社会认知度实证分析

### （一）研究数据来源

安徽省处在承东启西的位置，其新生代企业家成长环境关乎安徽经济社会未来发展。本文选择皖北的宿州、皖中的淮南、皖南的宣城、皖西的六安、沿江的芜湖等五个地市相关县市区作为样本，既有经济发达地区，又有经济欠发达地区，既有山区，也有圩区，基本能代表安徽新生代企业家成长环境。笔者主要通过问卷调查、座谈等方式获得数据，同时，采取个别访谈的形式进行了跟踪调查。研究共发放调查问卷 320 份，实际收回有效问卷 290 份，有效率 90.63%。调查问卷包括五个方面内容：企业家基本信息、新生代企业家教育背景、新生代企业家成长环境、政府扶持新生代企业家政策、新生代企业家参与社会组织等情况。从表 1 看，男性占 71.72%，40 岁以下占 80.34%，体现出新生代企业家中年轻男性占主导地位。他们所经营的企业 47.14% 属于家族企业，其中 7 年及以上企业占 39.47%。

**表 1　新生代企业家调查对象的信息**

单位：人，%

| 新生代企业家 | 分类（类型） | 样本基数 | 占比 |
|---|---|---|---|
| 性别 | 男 | 208 | 71.72 |
| | 女 | 82 | 28.28 |

续表

| 新生代企业家 | 分类(类型) | 样本基数 | 占比 |
|---|---|---|---|
| 年龄 | 20~29岁 | 41 | 14.13 |
| | 30~39岁 | 192 | 66.21 |
| | 40岁及以上 | 57 | 19.66 |
| 受教育程度 | 高中及以下学历 | 11 | 3.79 |
| | 大中专学历 | 121 | 41.72 |
| | 大学本科学历 | 109 | 37.59 |
| | 研究生及以上学历 | 34 | 11.72 |
| | 海外留学 | 15 | 5.17 |
| 父母职业 | 企业家 | 157 | 54.14 |
| | 企业管理者 | 28 | 9.66 |
| | 个体工商户 | 47 | 16.21 |
| | 党政机关、事业单位 | 26 | 8.97 |
| | 专家 | 8 | 2.76 |
| | 其他 | 24 | 8.28 |
| 婚姻 | 未婚 | 35 | 12.07 |
| | 已婚 | 255 | 87.93 |
| 企业年限 | 1年以下 | 38 | 13.10 |
| | 1~3年 | 60 | 21.69 |
| | 4~6年 | 76 | 26.21 |
| | 7~10年 | 46 | 15.86 |
| | 10年以上 | 70 | 23.79 |

资料来源：调查问卷汇总结果。

## （二）数据实证分析

1. 安徽省新生代企业家基本特点

一是新生代企业家学历层次较高，专业素养较好。调研发现：66.21%的新生代企业家年龄集中在30~39岁；96.21%的新生代企业家具有大中专及以上学历，其中研究生及以上学历占11.72%，还有不少有海外留学经历。调研发现：绝大多数新生代企业家具有经济管理、公共管理、企业管理、法律等专业知识背景。二是新生代企业家参政议政的意识较强。从问卷调查看：65.63%的新生代企业家希望参加政府部门组织的各类学习和培训；56.78%的新生代企业家愿意参加政府主导的社会团体组织的各项公益活动；45.21%的新生代企业家希望有机会担任政协委员、人大代表。三是新生代企业家重视人才，特别是创新型团队。53.62%的新生代企业家认为阻碍企业发展的核心因素是缺乏高端人才和科学管理机制；60.12%的新生代企业家重视企业团队建设，在决策中注重团队的作用。四是新生代企业家更加注重自身学习和员工培训。73.64%的新生代企业家非常关注父辈们取得成功的经验，重视父辈提供的各种社会资源和经营企业的视野。与此同时，加强对员工的素质培训，重视企业文化理念的宣传和企业愿景目标的塑造。

2. 安徽省新生代企业家成长面临的压力

在调查中问及“他们能否有能力全面接管企业”时，38.28%的被调查对象表示目前还没有能力接管，说明部分新生代企业家的能力需要进一步磨炼和锻造。从表2看，62.07%的调查对象感到企业发展的最大压力是经营管理，47.24%的被调查者认为缺乏管理经验，27.24%的被调查者认为融资困难，22.76%的被调查者认为缺乏核心技术。从中可以看出，60%以上的新生代企业家能力有待进一步提升。

**表2　新生代企业家成长压力调查**

单位：人，%

| 新生代企业家 | 分类(类型) | 样本基数 | 占比 |
|---|---|---|---|
| 工作经历 | 营销 | 48 | 16.55 |
| | 人力资源管理 | 63 | 21.72 |
| | 财务 | 42 | 14.48 |
| | 企业策划 | 84 | 28.96 |
| | 普通员工 | 17 | 5.86 |
| | 其他 | 36 | 12.41 |
| 能否接管企业 | 完全具备或基本具备 | 179 | 61.72 |
| | 不能或不完全具备 | 111 | 38.28 |
| 主要压力 | 社会舆论 | 48 | 16.55 |
| | 家庭 | 10 | 3.45 |
| | 企业经营管理 | 180 | 62.07 |
| | 社会交往 | 40 | 13.79 |
| | 其他 | 12 | 4.14 |

续表

| 新生代企业家 | 分类(类型) | 样本基数 | 占比 |
| --- | --- | --- | --- |
| 面临的主要问题 | 管理经验缺乏 | 137 | 47.24 |
| | 融资困难 | 79 | 27.24 |
| | 缺乏核心技术 | 66 | 22.76 |
| | 其他 | 8 | 2.76 |

资料来源：调查问卷汇总结果。

3. 安徽省新生代企业家内生动力的调查

结合问卷调查，笔者从学习与培训、企业类型与区域分布、企业家成长背景与经历等不同层面对安徽省宣城、芜湖、宿州、六安、淮南五市新生代企业家成长环境进行分析。从数据整理情况看，96.21%的新生代企业家具有大中专及以上学历，5.17%的新生代企业家具有海外留学经历；23.64%的新生代企业家在企业基层工作过，31.03%的新生代企业家从事传统制造业，20.12%的新生代企业家现经营战略性新兴产业和高新技术产业，其中，高新技术企业主要集中在芜湖、宣城等国家级经济技术开发区。从新生代企业家成长背景看：40.12%的新生代企业家有在企业基层工作和自主创业的经历，这有利于他们加强对一线员工的了解，增强他们以人为本的经营理念。走访发现，"企二代"在继承父辈立志图强的拼搏精神基础上，表现出"敢闯敢试"的勇气。

当被问及"企业遇到经营困难时如何应对"，绝大多数新生代企业家回答是加强学习、咨询专家、寻求政府帮助。问卷调查数据显示：53.42%的被调查者主要学习经济管理、国内外经济形势、专业技术、同行发展趋势等知识，也有学习法律知识、人际关系等内容，均占18.96%。从学习途径看：培训学习（41.28%）、交流学习（34.25%）、书本学习（23.67%）相对较少。对于培训的形式，他们更倾向于到同行业代表性企业实地考察，专业培训更多选择企业管理、行业发展现状等短期培训班（见表3）。

**表3　新生代企业家面对困难内生动力调查**

单位：人，%

| 新生代企业家 | 分类(类型) | 样本基数 | 占比 |
| --- | --- | --- | --- |
| 党员 | 是 | 179 | 61.72 |
| | 非党员 | 111 | 38.28 |

续表

| 新生代企业家 | 分类(类型) | 样本基数 | 占比 |
|---|---|---|---|
| 企业类型 | 战略性新兴产业 | 48 | 16.55 |
| | 高新技术产业 | 10 | 3.45 |
| | 传统制造业 | 89 | 30.69 |
| | 服务业 | 40 | 13.79 |
| | 其他 | 103 | 35.52 |
| 学习和培训途径 | 书本 | 69 | 23.67 |
| | 上网 | 134 | 46.38 |
| | 培训 | 119 | 41.28 |
| | 交流 | 99 | 34.25 |
| | 其他 | 7 | 2.36 |
| 企业性质 | 家族企业 | 137 | 47.24 |
| | 合伙企业 | 66 | 22.76 |
| | 有限责任公司 | 41 | 14.14 |
| | 股份有限公司 | 8 | 2.76 |
| | 其他 | 38 | 12.76 |

资料来源：调查问卷汇总分析。

当问及“企业遇到困难是否需要政府扶持”时，91.32%的新生代企业家希望得到政府支持。从满意度调查看，规模以上企业的新生代企业家对资金扶持、税收优惠等的满意度为66.38%，规模以下企业的新生代企业家对政府部门办事效率的满意度为41.32%。这说明规模以上企业的新生代企业家对政策支持比较满意，而规模以下企业的新生代企业家对政府办事效率、政策支持的满意度不高。

## 三　安徽省新生代企业家发展困境及其因素探析

### （一）新生代企业家群体发展困境

1. 家族式亲情管理模式有待破解

现行“富二代”或“企二代”，其企业管理模式绝大多数仍沿袭家族式管理模式，部分新生代企业家仍沿袭金钱与权力至上价值观。企业主要岗位都是

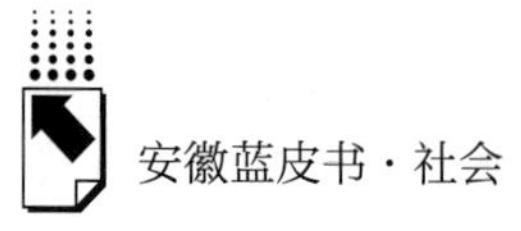


自家亲人。调查发现：有些年轻企业家认为有钱有权能解决一切问题，在个人、集体、国家利益发生冲突时，他们首先考虑个人的得失。问卷调查显示：当企业或个人遇到麻烦和问题时，38.12%的被调查者选择找关系。

2. 现实利益意识强，敢闯敢试精神亟待培养

63.21%的被调查者仍以父辈人际关系为依靠，开拓市场的意识不强，特别是年轻的女企业家缺少创业意识和冒险精神，存在小富即安、家庭第一位的思想。32.65%的被调查者习惯滚雪球式发展，决策缺乏闯劲和魄力。调查还发现：23.65%的被调查者认为他们后代不愿意接管其企业或他们不想让其子女接管其企业，这些问题值得思考。

3. 缺乏基层实战经验，综合素质有效提升平台不多

问卷调查显示：16.87%的新生代企业家大学毕业或海外留学归来就直接接管企业。由于他们缺乏企业实战经验，市场应变能力不够，在企业遇到经营风险、资本运作等困难时往往难以驾驭。座谈时，部分新生代企业家提出：希望政府部门能在资本运作、人才驾驭、商机识别等方面提供培训机会。

4. 单打独斗现象明显，群体抱团意识需要增强

调查显示：当问及“企业发展最担心出现的问题”时，67.32%的被调查者选择企业的决策失误和战略规划。在经济全球化、信息网络化、人才扁平化和国际国内竞争日益激烈的大背景下，企业单打独斗或相互恶性竞争已无法适应市场环境的变化。虽然部分新生代企业家有抱团发展的想法，但现实中缺乏抱团的激励机制，如果决策失误，企业可能有灭顶之灾。

### （二）新生代企业家群体发展困境因素探析

1. 战略层面新生代企业家培养规划有待完善

一是尚未对新生代企业家进行全面摸底调查，更未建档并提供跟踪服务。目前宣城、芜湖等市工商联或统战部每年举办1～2期新生代企业家培训班，但并没有根据新生代企业家代际传承中存在已经接班、深度历练、初步接触、尚未接班等多种形态的复杂性，以及承接沪江浙产业转移来的新生代创业者的流动性进行分类培训。二是培养体制机制不完善，存在“多头管理”现象。目前，淮南、宿州等市工商联、海联会、新联会、组织部的非公有制企业党建、共青团系统的青联会等多个系统在做新生代企业家培训工作。新生代企业

家具有年纪轻、学历高，涉及的专业及行业类型多样等特征，是多个部门或组织的工作对象，需要参加各种活动，而这些活动的内容有时相似度较高。三是对新生代企业家的培养缺乏足够的刚性关注。在现实中，人们普遍认为新生代企业家培养是家族和企业个体的私事，政府部门没有从战略层面制定新生代企业家培养规划，也未纳入有关部门目标管理的“责任清单”。

2. 新生代企业家群体成长的社会氛围营造亟待加强

一是新型的政商关系有待加强。在高压反腐态势下，有些官员为了不出事，宁愿不干事，懒政和怠政问题较为严重。调查中发现：政府及有关部门存在选择性服务现象，貌似在管，其实都不管，缺乏有效的评估和问责机制。保障和维护企业合法利益的政策连贯性不够，政府的承诺有时兑现不了，影响了新生代企业家发展的积极性。二是“多个婆婆管一个媳妇”的交叉管理模式有待破解。走访发现：新入户的企业审批中各种要件、程序和环节还较多，一件小事要企业跑好多遍，报个项目要盖多个章。我们在调研中发现：有的惠企新政策出台后，部门对其研究不透，难以执行到位。群众评价宣城市“百名科长考评”、芜湖市“公共服务单位考评”等效能建设效果有所减弱。

3. 政治引导有效性、针对性亟须增强

一是政治参与途径相对较少。调研走访发现：引导新生代企业家最有效、最直接的政治形式是让其在参政议政、建言献策中接受教育。但就目前情况来看，新生代企业家政治参与的渠道有限，在人大、政协和工商联等方面的政治安排数量不够。二是设置的政治教育内容缺乏针对性。近年来，宣城、六安等市采取赴革命老区开展党性锻炼、举办企业管理知识专题讲座、组织实地考察交流等多种形式。但在内容设置上与普通党员培训或企业家培训没有明显区别，未能根据新生代企业家的特点设计有针对性的课程，影响了教育引导的实效。

4. 新生代企业家群体整体素质有待提高

一是部分新生代企业家缺乏吃苦耐劳的精神。“企二代”是在父辈们的庇护下发展起来的，他们缺乏父辈们艰苦创业的精神，有的甚至贪图享受。二是部分新生代企业家诚实守信、遵纪守法意识淡薄。当企业出现资金链、担保链、经营不善等问题时，少数企业不是想方设法破解难题、依法依规办事，而

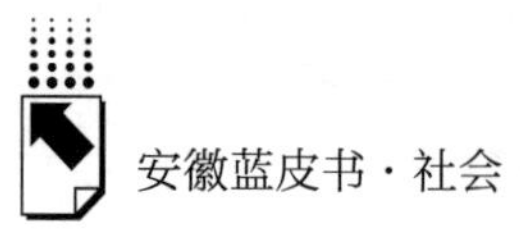


是采取“跑路”、转移财产的方式逃避债务。三是部分新生代企业家缺乏社会责任意识和自律意识。

## 四 安徽省新生代企业家成长治理体系的构建

### （一）加快制定新生代企业家培养规划，提升适应市场经济发展的能力

1. 建档立卡，不断更新新生代企业家数据库

与开发区、乡镇以及经信委、市场监管、税务、人社等涉企部门做好协作配合，定期就落户安徽的创业者进行梳理统计，同时，将有接班意愿的、初步接触企业的、深入企业历练的、已接班的“企二代”纳入新生代企业家数据库，并实时更新。

2. 将新生代企业家培养经费纳入地方政府财政预算

安徽经济转型升级能否如期推进，关键看能否培养出一批社会认可的优秀新生代企业家。因此，建议对各部门培养新生代企业家的经费进行整合，变“多头管理”为政府统战部门统一管理。

3. 拓展教育培训手段

在培训内容上，应突出社会主义核心价值观政治引导、专业知识更新、现代管理理念拓展、法律法规教育、商业机会准确判断力、重大决策科学研判力、国家政策调整和国际经济环境变化的果断应变力等内容，分类、分行业、分层次进行培训。在培养途径上，探索新生代企业家论坛或沙龙、俱乐部以及老带新、政府帮扶、专家会诊把脉等方式，通过相互交流、专家点评等形式，让新生代企业家感受到温暖，激发他们的自信心。

### （二）搭建平台，构建有利于新生代企业家成长的环境

1. 探索建立“企业家群英馆”，打造新生代企业家联谊交流活动中心

依托微信群、QQ 群、微博等载体，做到上下联动、左右互动，形成全省新生代企业家共同交流、相互合作、共谋发展的良好社会氛围。

2. 探索建立省内外新生代企业家传帮带交流平台

按照政府引导、自愿参加的原则，着力创造新生代企业家与省内外著名企

业家、成功企业接班人的结对交流互动机制，促进新生代企业家健康成长。

3. 搭建资源信息共建共享网络服务平台

定期组织发改、经信、财税、国土、科技、人社、金融等相关职能部门负责人，通过政策解读与集中座谈等形式，围绕项目报批、产业政策扶持、各种要素资源制约等涉及企业发展的问题，面对面与新生代企业家交流，落实责任清单。

4. 搭建与高校、科研院所产学研互动平台

探索设立新生代企业家创投基金，为他们开展创业创新追圆“中国梦”提供有力保障。

### （三）营造尊重新生代企业家创新创业的社会氛围，构建社会认同机制

1. 营造平等的竞争环境

在制定和实施产业、人才、资金等政策方面，要对新生代企业家一视同仁。要建立健全适宜新生代企业家发展、保护企业家财产权的法律法规和制度体系，净化市场环境，减少垄断、恶性竞争和不当竞争。建立健全新生代企业家发展风险监控机制，加强新生代企业家法律法规宣传引导教育，为其聘用法律顾问，使其开展的各项商业活动始终处在法律允许的范围之内，真正做到依法依规经营。加强社会舆论监督，鼓励新闻媒体既要宣传依法依规经营的新生代企业家，又要敢于曝光新生代企业家中存在的违法违规行为。

2. 构建尊重新生代企业家创造、宽容其失败的良好社会认知氛围

通过打击非法致富的新生代企业家，保护合法经营的新生代企业家，逐步消除社会公众对新生代企业家为富不仁的认知偏见，塑造良好的新生代企业家社会公众形象。

3. 营造有利于新生代企业家成长的正面舆论氛围

充分发挥电视台、网络媒体、报纸杂志等舆论的导向作用，广泛宣传新生代企业家的先进典型事迹，不断提高新生代企业家社会地位。要建立新生代企业家正向激励机制。政府每年要对纳税大户、热心公益事业、依法依规经营、诚实守信的新生代企业家进行表彰，展示他们的风采。

### （四）加强社会主义核心价值观教育，增强新生代企业家对党和政府的信任

1. 探索统分结合的政治引导体制

建立统战部牵头，工商联主抓，人大、政协、党派团体、政府相关职能部门和社会各界人士共同参与的政治引导体制。定期研究、部署和总结新生代企业家政治引导工作，尤其要对各部门各领域新生代企业家政治引导活动进行梳理和整合，在实现政治引导的基础上，尽量减少同质性的活动安排，最终形成有分有合、统分结合、协调推进的工作格局。

2. 构建以社会主义核心价值观为导向的政治激励机制

在人大代表推选、政协委员推荐、劳动模范评选等方面，适当增加新生代企业家指标。加强新生代企业家党组织建设。把新生代企业家党组织建设纳入地方党委党建目标考核，探索派驻新生代企业家企业党代表制，把新生代企业家发展融入民族复兴的伟大实践。

3. 建立健全培养制度

举办党性教育专题培训班，开展革命传统、守法诚信、艰苦创业、勇挑重担等党性教育，增强其国家使命感和民族自豪感。深入开展法律顾问服务，引导企业把守法诚信作为安身立命之本，依法经营、依法治企、依法维权。引导新生代企业家积极投身光彩事业，自觉履行社会责任，树立良好的社会公众形象。

### （五）深化简政放权改革，千方百计为新生代企业家做好服务

1. 狠抓新生代企业家“降成本工程”，建立健全涉企收费负面清单责任制

加强市、县、乡三级政府服务窗口和政府网络服务平台权力清单、责任清单落实情况的督查，严惩“不作为、乱作为”等行为，真正做到涉企收费进清单，清单之外无收费。积极推进政务服务全程电子化“多证合一”登记改革，逐步实现群众和企业到政府办事“最多跑一次、多次是例外”。

2. 强化干部作风建设

全力以赴从税收、环保、资金、人才、土地等方面为新生代企业家发展提供优质服务。建立健全新生代企业家优胜劣汰考评制度，进一步完善新生代优

秀企业家评比办法，促进新生代优秀企业家脱颖而出。

3. 进一步强化政府依法依规的执行力

规范和完善新生代企业家知识产权保护制度，坚决打击非法侵犯知识产权犯罪行为，弘扬依法依规保护知识产权的正能量。依法严厉打击危害新生代企业家生产、经营秩序的违法犯罪活动，引导新生代企业家建立健全规范的现代企业制度。法院应加大案件执行力度，提高案件执行效率，确保新生代企业家财产权不受侵犯。

## 参考文献


中共中央、国务院：《关于营造企业家健康成长环境弘扬优秀企业家精神更好发挥企业家作用的意见》，http：//www.xinhuanet.com/2017 - 09/25/c_ 1121722103.htm，2017 年 9 月 25 日。

〔英〕马歇尔：《经济学原理》，商务印书馆，1965。

〔美〕Bruce R. Barringer：《创业管理：成功创建新企业（第 3 版）》，机械工业出版社，2011。

Luca Grilli：《创投企业的资产管理规模、投资数量与创业企业成长性的影响研究》，《中国市场》2016 年第 16 期。

辜胜阻：《发展方式转变与企业战略转型》，人民出版社，2011。

钱卫东、陈建：《西南四省、市区域民营经济发展报告》，《中国民营经济发展报告（2009～2010）》，社会科学文献出版社，2011。

# 社会治理篇

**Social Governance**

# B.5
# 铜陵市城乡社区精细化治理实践与发展研究

夏美武*

**摘　要：** 推进国家治理体系和治理能力现代化，离不开城乡社区治理的精细化。近年来，铜陵市坚持把推进基层治理体系和治理能力现代化作为城市发展的重要内容和保障，不断推动城乡社区基层治理创新，取得了十分丰富的理论、制度和实践成果，创造出“铜陵模式”和“铜陵经验”。总结和分析铜陵市城乡社区基层工作的经验、问题与对策，具有一定的典型意义。

**关键词：** 铜陵　社会治理　城乡社区　精细化

* 夏美武，铜陵学院副校长，教授、博士、硕士生导师，安徽省暨安徽大学高等教育研究所特聘研究员，安徽省政治学会副会长、安徽省社会心理学会副会长，主要研究方向为社会治理、政治生态、高等教育。

在推进国家治理体系和治理能力现代化过程中，城乡治理体系和治理能力建设是一个重大的时代课题。党的十八届三中全会提出，要完善和发展中国特色社会主义制度，推进国家治理体系和治理能力现代化。2017 年 4 月 3 日，中共中央、国务院出台《关于加强和完善城乡社区治理的意见》，提出“全面提升城乡社区治理法治化、科学化、精细化水平和组织化程度，促进城乡社区治理体系和治理能力现代化”。党的十九大报告提出：打造共建共治共享的社会治理格局，提高社会治理社会化、法治化、智能化、专业化水平等。这些都为我国加强基层社会治理进一步指明了改革与发展方向。

国家治理体系和治理能力现代化的本质是为了适应社会发展的要求，而城乡社区是社会治理的基本单元和缩影，是撬动社会治理的支点。改革开放以来，我国社会结构发生了巨大变化，需求主体愈加多元、社会心态日趋多样、社会矛盾复杂性日益凸显，导致城乡基层治理面临许多新情况、新问题和新挑战。在我国社会形态广袤性、多样性、异质性和复杂性并存情况下，各基层社区如何因地制宜，改革创新，形成具有自身特色的精细的、协同的、法治的、有机的、弹性的城乡社区治理体系，不仅关系到落实党的路线方针政策的“最后一公里”问题，还关系到党和国家的长治久安以及国家治理现代化的实现。近年来，作为国家资源转型示范市的安徽铜陵，在社区治理精细化方面进行积极探索，其实践经验具有一定的样板意义。

## 一　铜陵市城乡社区精细化治理的现状分析

近几年来，铜陵市顺应时代发展，把推进基层治理体系和治理能力现代化作为城市发展的重要内容，以社区综合体制改革为切入点，积极推进社区运行体制扁平化，实现重心下移、力量下移、资源下移。重点围绕“为居民服务、给社区减负、让群众做主、推多元参与”的工作思路，不断创新体制机制，积极推动城乡社区治理由传统粗放向精细化、科学化迈进，积累了一系列理论成果和实践成果，探索创造出“铜陵模式”和“铜陵经验”。城市社区建设基本实现了从“四有”（有人办事、有钱办事、有地方办事和有章理事）到“四优”（设施优等、管理优化、服务优质、环境优美）的转变。

近年来，除了捧得享誉全国的“区直管社区”“均衡教育”“循环经济发展”“初始提名权”等一系列改革“金字招牌”外，城乡社区工作连续五年获得省对市“社区建设及管理”目标考核第一，连续六年获得省民政厅对各市民政业务综合评估第一，居家和社区养老改革年度绩效考核在全国获得先进市，成为“宽带中国”示范城市和全国“互联网+智慧城市”百强城市，义安区成为“全国农村幸福社区建设示范区”和“全国农村社区治理实验区”，并在全国第二批公共服务标准化试点考评中获优秀等次。具体成效包括以下几点。

一是初步形成了协调有序的社区建设推进机制。加强顶层设计，成立了社区建设领导小组，设立日常办事机构，出台文明和谐幸福社区建设、城市社区居民自治规范、城乡社区协商等10多个规范性文件。加强政务服务事项梳理和流程再造，在全省率先编制完成并公布1643项权力事项，城市社区治理政策体系基本建立。

二是初步形成了多元高效规范的社区运行机制。2011年全面撤销街道办事处，变“市—区—街道—社区”四级管理为“市—区—社区”三级服务，铜陵市现有城乡社区455个，其中城市社区80个，农村社区375个。2014年在全市社区开展“三减一加强”减负增效专项行动，多元主体共同治理社区的体制机制正在形成。

三是初步形成了扁平快捷的群众需求服务机制。出台《关于深入推进简政放权放管结合优化服务改革专项实施方案》等一系列文件，城乡社区服务中心已实现全覆盖，城市社区每百户居民社会服务和活动用房面积达32.5平方米，位居全省前列。以“2881890”社区服务热线为代表的社区市场化服务走向集约化规范化。社区志愿服务常态化，社区普遍成立志愿服务站，2016年被民政部确定为“第二批全国社会工作服务综合示范市”。

四是推动信息化与社区服务管理的深度融合。构建了“四张清单，一个平台”的政府权力网上运行体系。建设社会服务管理信息化“六易”平台，“易办事”模块通过在社区设置功能统一的前台统一综合受理窗口，集中受理居民服务需求。构建“互联网+政务服务”的保障体系，“一号一窗一网”服务模式基本实现。全市已有民政、残联等7个部门122项服务事项上线运行。2016年11月，市本级9类1643项权力事项全部上线运行，县区5833项权力事项全部入库。

五是初步形成了一支高素质的社区工作者队伍。目前市辖区社区工作者总数1243人，其中本科及以上学历占比25.5%、大专占比39.1%，平均年龄36.5岁。社区工作者专业化、职业化水平逐步提高。

## （一）存在问题与原因

从铜陵市来看，其城乡社区治理已经探索出一条新路子，精细化治理形成了较好基础，但与国家治理体系和治理能力现代化对基层社会治理的要求相比，与现实社会治理中存在的问题相比，总体水平还有待提升，制度体系还不完善，居民参与社区治理的能力还不够强等，具体不足可概括为“五大短板”。

1. 短板一：多元共治不力，治理协同化不够

党政齐抓、政社互动、三社（社工、社区、社会组织）联动等机制尚未真正形成，分权合作模式尚不完善，党委、政府、社会、居民“四位一体”的共建共治共享治理新格局没有建立，如何扭转社区治理中基层政府与居委会唱“二人转”的局面，是一个亟待解决的难题。与发达地区相比，铜陵社会组织发育不良，社会工作专业服务机构数量偏少，专业性和服务供给不足，作用没有得到充分发挥。据统计，截至2016年底，铜陵市注册登记的市级社会组织297个，但符合免检的只有5个，基本合格、不合格及未参加年检等非正常活动的就达46个。全市社区工作者仅千人。而上海社区工作者达4.7万人，其中本科及以上学历占82%。县区对社区社会组织的培育发展支持力度不够，常态化的购买社会组织服务机制还未形成。基层干部工作存在路径依赖，主要还是依赖政府行政体制和行政资源。人们对社会工作认知度低，社会力量参与不足，基层社区居民缺乏应有的城市公共性精神，超越个人利益的公共参与度偏低、动力不足问题突出，政府“唱独角戏”，“少数人在干，多数人在看”的尴尬现象依然普遍存在。有的公民虽有参与热情，但参与能力不足。社会参与的支持性法律法规尚未健全，社会工作难以介入治理核心事务。据不完全统计，约80%的人仅仅将社区视为居住场所，缺乏良好的社区互动体验。社工服务没有走向“专”和“精”，品牌和特色没有形成，主体性功能作用发挥有限，社会治理功能作用虚化。

随着社区类型和邻里关系由熟人社会转变为陌生人社会，传统的街道居

民、单位大院、农家村落，已转变为商品房、回迁房、房改房小区，居民之间“同在一个屋檐下”却相闻不相识，平时缺少交流渠道，社区凝聚力下降，相当比例的城市居民“躲进小楼成一统”，即使有少数社区居民参与，也多以个人利益的得失为出发点。铜陵城市公共交通衔接不够发达紧凑，出行结构与质量改善有限，公共空间响应、优化滞后于实际交通需求。比如，铜陵高铁站、附近机场与市区的交通衔接不畅，出行方式的选择性有限，出行品质与结构尚待改善。2018 年初，安徽遭逢几十年不遇的暴雪冰冻，导致高铁动车大面积延误，火车站一方虽然精心调度，全员备战，较好地保证了旅客的乘车需求。然而，美中不足的是，由于火车到站时间不准点和不确定，连接车站与市区的公交车及出租车就不能及时协同跟上，而因为积雪太厚，私家车外出困难，不少乘客只能选择步行。多年以来，火车站附近黑车猖獗、出租车不按里程计价等问题，长期得不到解决。另外，从文化角度来看，市民对城市精神、情感、文化价值的作用和变化认识也不够充分，导致城市公共性相对不足、社会认同度不高。现阶段存在一个不争的事实是，城市社区内部结构在不断分化，利益主体日益多元。再加上外来流动人口包括外籍人口的不断涌入，各种价值观念相互交织、错综复杂，出现了文化价值多元化、多样化甚至是碎片化趋势。对此，基层处于被动状态，有效应对不足。

2. 短板二：信息资源共享不足，数据壁垒和“数据孤岛”广泛存在

尽管铜陵市政府信息化建设已历经 20 多年，形成了相对完备的政府业务网和政府公众信息网，出台了智慧城市建设方案，并成功入选“宽带中国”示范城市和全国“互联网 + 智慧城市”百强城市、“智慧城市建设百家优秀惠民城市”，“中国·铜陵”门户网站荣获 2015 年中国“互联网 + 政务”优秀实践案例 50 强和全国地级市“政府透明度领先奖”第一名等殊荣，但“互联网 + 社会治理”模式还不够完善，在线办事程度及全市通办率不高，“五数工程”（数基、数脑、数融、数创、数盾）还有很长的路要走，移动新媒体管理服务不到位。已经开展的智慧城市建设还没有很好地服务于产业转型升级和资源型城市转型，服务的网络化、信息化不够，没能实现很好的统一。另外，个人信息的普遍数字化与网络化，也加速了传播风险，加大了社会治理难度。

“互联网 + 政务服务”建设不仅仅是一项庞大的系统工程，实际上更是一场改革，涉及县区和全市所有部门，在业务梳理与流程再造、体制创新、各部

门繁杂的业务系统接口开发等方面，协调整合难度非常大。目前信息数据资源80%以上都掌握在政府部门手里，但由于数据资源分散于政府各个部门，信息共享的法则、机制与主体意识多方缺位，各部门投入建设的信息系统，往往为各部门独有而缺乏有效整合，数据共享难度大，各部门业务系统打通任务艰巨。不少部门存在着重信息轻数据、重储存轻开放的传统观念，尤其是一些部门数据库及业务系统是部门垂直部署的，数据共享及业务系统打通需经上级部门授权，协调难度更大；还有不同部门的数据标准、系统接口等不一样，造成数据无法联通；有的出于工作机密考虑，不愿共享，大量有价值的数据资源不能发挥应有作用；有的虽然政府投入资金建设了信息系统，但因为缺乏数据资源而造成浪费；有的过分强调数据开放可能带来的风险，导致数据开放的范围和水平不够。有些部门虽然也开放了一定的数据，但数据开放不“接地气”，开放的都是一串串的抽象数字和概念，普通百姓要么看不懂，要么不会用，有的数据经过加工，成为无法利用的“死数据”，有的平台更新缓慢甚至停滞。

总之，与信息时代发展要求相比，铜陵市的信息开放内容仍有限，开放渠道少，开放界面不够亲和。部门之间数据壁垒尚未彻底打通，一座座“数据孤岛”广泛存在，很多数据长期处于“沉睡”状态，甚至与世隔绝“深藏闺中”。不少地方办事人员到处跑腿，原因就在于数据在各部门之间没能互联互通，数据传输还存在储多“断路”。比如，高铁动车实时运行状况，只能到车站大屏幕前才能看到。政府政务网中办事服务、互动交流栏目实际应用不多，“一号申请、一窗受理、一网通办”的基本公共服务事项网上办理比例不够高，类似房屋报修、交通违章缴费等，都没有实现网上登记办理。另外，还有不少部门和单位，信息安全意识不强，对个人信息重采集使用轻保护加密。政府对大数据的管理、密级标准、数据安全等也缺少明确规定。

3. 短板三：治理精细化不够，“城市病”不同程度存在

虽然铜陵城市人口规模无法与大城市相比，“城市病”可能没有北上广深等大城市人口高度集聚、房价畸高、交通拥堵、环境污染、资源高额消耗等显性“病症”，但隐性问题仍然突出。现代社会的开放性、流动性导致社会关系和居民交往的复杂性和不确定性，传统的粗线条的社区治理模式已难以实现预期目标，治理中的“最后一公里”往往成为“断头路”。虽然铜陵市几年前就开展了大社区建设，但治理重心偏高、治理粗放的局面尚没有得到根本扭转，

改革中对治理效果和微观流程关注不够，治理中一刀切、针对性不强的问题仍无处不在。宏观上看，存在着“三强三弱现象”，即行政力量依然强，社会力量依然弱；城乡硬件设施较强，社会治理等软件较弱；城市治理能力较强，农村治理能力较弱。微观上看，城市行路难、停车难、垃圾不分类、街头“牛皮癣”、工厂污染偷排放、宠物扰民、楼道堆物、僵尸自行车、绿化带种菜、邻里矛盾等问题，都不同程度地广泛存在。以上现象，反映了铜陵市基层治理中长期存在着“看得见的管不着、管得着的看不见”的体制痼疾。比如，看病难问题相当突出，看病难不仅在于医疗设施等硬件上，还在于好医、名医难求，人民医院一家独大，且周边交通环境差，经常拥堵，医院内部也是车位难求，医院门前不是断头路，就是单行道。几年前，虽建设了人民医院东部分院和南部分院，但由于后续分流政策配套没跟上，局面没有得到根本扭转。另外，随着人们生活水平的不断提高，越来越多的市民养起了宠物，但有不少市民在外出遛狗时，任由宠物狗随意拉撒而不清理，狗粪里含有大量致病菌和各种寄生虫卵，若不及时清理，很容易成为潜在的传染源。这既造成了环境污染，也影响到市民的外出行走。宠物管理，看似小事，但小宠物关系治理上的大事情，反映着城市治理的水平，甚至影响到国家文明城市的创建，在一些发达国家政府对此都有较为严格的管理处罚等规定。在小区物业管理方面，也存在着管理不到位、法规不完善、市场发展粗放、常态化沟通平台缺失等问题。不少小区无物业管理，也无人过问，背街小巷整治死角多，涉房监管机构存在监管盲区。小区楼内公共卫生无人管，楼道里堆满垃圾，墙上小广告“满天飞”，小区停车位经常被抢占等。2018 年初，被安徽电视台曝光的铜陵桥南加油站卫生脏乱差现象，凸显了铜陵基层社会治理存在的盲区，严重影响到铜陵形象。城市卫生管理本质上属于社会管理范畴，解决这一问题，根本上有赖于城市管理体制和模式的改革与创新。另外，主城区特别是老旧小区休闲活动场所少，仅有的空地不是被占道经营，就是被绿化，人的活动场地受到挤压。现有的螺蛳山公园、笔架山公园等，已成为老年人活动最为集聚的地方，但公园管理没有跟上，在公园摆摊设点的现象随处可见，噪音扰民无休止，广场环境有待净化。城市园林绿化管理建设有待进一步加强，虽然出台了《铜陵市城市绿化条例》，但毁绿占绿现象仍时有发生，行业管理和行政执法联动机制还没有真正建立，等等。

4. 短板四：系统治理思维有待强化，依法治理尚显不够

随着社会发展和互联网技术的兴起，社会流动性和异质性、非均衡性大大增强，社会治理变得高度复杂与不确定，仅凭历史经验，打“突击战”、搞“一阵风”式的治理开始失效，必须运用系统思维和法治思维，提高城乡治理的主动性和常态化水平。在2017年的全国文明城市创建中，复查一结束，仅时隔几天，创建前后的铜陵城区面貌恍如两世，甚至在暗访期结束后，城市面貌还不如创建前。另外，在社会发展与治理中不平衡现象明显，存在城市好于农村、新城优于老城、硬件胜于软件、管理强于治理等现象。在机制改革中，虽然推进了行政审批和公共服务分离，但执行中制度走样，没有彻底地实现治理和服务重心下移，社会资源、管理服务没能有效优化整合和打包下放。所有社区虽然都设立了综合服务中心，但服务功能单一，服务能力不足，便民服务体系没有一体化，而承担行政审批职责的部门，政务服务主动性不强，还停留在“我提供什么服务，你享受什么服务”的被动服务阶段，依然存在权力“任性”现象。一些社区仍然难以脱离“社区工作行政化”困境，承担的行政事务数量居高不下。随着城市经济结构、产业布局、党员流向出现新变化，少数基层党组织领导核心作用发挥不突出，职责与资源不匹配。城市环境与市民素质互为镜鉴、互相映照，市里主干道虽有头戴小红帽、手持小红旗的志愿者，但存在形式化倾向，很多志愿者只是象征性地站在那里，而在纠正行人和非机动车闯红灯等不文明行为、帮助或引导行人、协助路面垃圾清理等方面，作用发挥有限。交警路面执勤不到位，“中国式过马路”陋习随处可见，“快递小哥”依然“横冲直撞”，应急车道、消防通道经常被占用等。

此外，近年来，铜陵城市人口流动性增大，结构愈加复杂，人口管理难度也不断加大，特别是对于流动在城乡之间的“两栖人”的管理服务显得不足。户籍差异和区域差异，导致城市户籍与农村户籍、本市户籍与非本市户籍在住房、养老、医疗等领域的冲突，这不仅不利于公民基本权益的实现，也不利于高素质产业工人的培育和稳定。据省统计局公布的2017年全省人口变动情况抽样调查结果：铜陵市常住人口为160.8万人，年末全市户籍人口170.85万人，城镇化率为55.79%，流动人口增长迅速，老龄化趋势十分明显。这些不同结构、类型和需求的人口，聚居在有限的城市空间里，会进一步加大城市治理的难度。总之，铜陵市物质文明和精神文明的创造性成就集中体现在城市更

新发展过程中，其在环境特征、空间特质和文化特色等方面呈现趋同化倾向，恢复城市的宜居性和多样性，扭转城市环境衰退、空间无序现象，仍有大量工作要做。

5. 短板五：农村社区服务成短板，乡村振兴任重道远

随着城市化进程加快，农村封闭格局逐渐被打破，农村问题日益呈现多样性和频发性特点，城乡社区发展不平衡现象较为突出。一方面，公共资源在城乡间分布不均衡，农村社区基础设施和公用设施相对较差，枞阳县脱贫攻击任务艰巨，乡村“空心化”现象仍在蔓延。尤其是刚刚划入辖区的枞阳县和市辖区相比，其基础设施欠账更大，在服务设施、精细化管理、服务理念、队伍建设等方面均存在一定差距。而市级财政自 2015 年以来投入的资金大幅减少，县区投入积极性又不高。虽然低收入家庭的住房保障实现了应保尽保，但仍有少数棚户区（城中村）改造难度较大。贫困户住房安全问题未能得到及时有效保障，部分建档立卡贫困户因实施农村危房改造时间较长，现有住房再次成为危房。另一方面，村镇公共服务供给能力和水平不足。全市现有 18 个城市社区服务设施不达标，110 个农村社区没有服务大厅，60 个农村社区服务中心不足 300 平方米。但城市管理目前普遍实行的是城乡合治模式下的区域型建制，治理者对非城市区域的农村和“城中村”等“里子”治理力度不够。随着城镇化的加速，农村产业化发展，农村社会治理面临着一系列新挑战，比如，在乡村振兴过程中，如何对下乡的资源进行分配并提供公共服务，成了农村社会治理的焦点和难点。如何保证资源、资金在各主体中有效平衡，这涉及条线部门和地方块块的矛盾化解。当前农业依靠资源消耗的粗放经营方式还没有根本改变，环境污染和生态退化趋势没有得到有效遏制，绿色优质农产品供给不足。在处理废弃物时仍有“上山下乡”或“退城进郊”现象发生。

当前，在工业化、市场化和城镇化的影响下，农村社会治理的环境和形势已经发生了深刻的变化，农村社会的发展变迁也在持续推进。中国乡村社会已经迈入后乡土中国时代，虽然地缘关系、熟人社会和家庭农业等依然存在，但村落及其社会经济结构与诸多制度安排等都已不同于传统乡土社会，流动性已经成为当前乡村社会的重要特点。在当前时空伸缩条件下，铜陵的社会治理实践仍然习惯于将农村与城市隔绝分治，缺少场所的弹性与延伸性，特别是在处理法理与礼俗关系、制度建设与治理实践关系等方面，存在着大量的模糊空间

甚至空白地带。比如，随着多数农民选择入城生活，政府为此加大对农村的财政补贴力度，提高村干部待遇，推行一系列惠农政策，但是，对村干部的要求及管理没及时跟上，乡村“微腐败”、治理失控等时常发生。如何把下拨的资源精确地分配到每个人身上，保持公开公平公正，考验着基层管理者的智慧。另外，随着城市的规模扩张，城区面积不断扩大，导致原先的农村变为城市、农民变成市民。在形式上让农村变成城市相对简单，但让新市民真正融入城市生活，在行为习惯、文明素养上做到与城市共同成长，仍有漫长的路要走。

铜陵市社区治理实践取得了不少成绩，但也存在不少的问题，这些问题既有共性，也有个性，可以说基本反映了我国基层社会治理中存在的普遍问题。从面上来看，我国基层社区治理存在的问题，主要还是在城乡二元结构转型过程中集中产生的，虽然问题现象主要反映在城市和乡村两头，但矛盾的根源是在城乡二元结构转换过程中产生汇集、异化和失衡而导致的。比如，在社会转型过程中，出现了数量庞大的城乡“双栖人”或“两居人”群体，他们平时基本上在城市工作和生活，但每逢农忙或春节，都要回归农村。这批人居有定所，也居无定所；既是城里人，也是乡村人；他们既没有完全融入城市，也没有完全脱离农村，在城乡之间呈非对称性人员流动，基本上过着城乡“双栖人”“两居人”的生活。他们属于社会新阶层成员，既可以算是新生代农民工、城市产业工人，也可以是学生、临时短工、商贩、个体经营者等。这部分群体数量众多，他们季节性、规模化地在城乡之间往返游走，成为中国社会现象的一大奇观，并深刻反映着中国社会的时代变迁，不仅改变和影响着社会结构，还推动和决定着中国城镇化快速发展的进程，关系着新时代中国乡村振兴战略的实现。受这部分人员钟摆般迁徙影响，基层社会治理捉襟见肘，无论钟摆摆向哪边，都会产生明显的附带效应与次生性问题，比如“城市病”“空心村”的产生，春运大迁徙、交通拥挤、公共服务供给不力、大学生就业难、资源环境恶化、城市贫困、农村耕地荒芜、人才匮乏、城乡文化的碰撞与冲突、城市记忆的遗忘与新乡愁的出现等。城乡结合部一般是“双栖人”主要活动场域，受传统治理模式影响，城乡结合部几乎成为基层社会治理中的盲区与灾区。城乡结合部治理中出现的问题，虽然表现形式与区域不同，但症结还是归于人员在城乡之间的非对称性和非均衡流动。当前，在城乡一体化发展进程中，社会治理须做到有的放矢，应努力瞄准好“双栖人”这个移动的“靶子”，综合施策，精细疏导，有效“泄洪”。一定意义上说，只有解决好城乡“双栖人”的相关民生问题，实现从农民到市民、从市民到乡贤的双向、对称性转化，解决现代社会治理问题才有希望。

加强城乡社区精细化治理，推进治理体系和治理能力现代化，是一项系统工程，需要综合治理、整体推进、久久为功。近年来，铜陵市社会治理工作的探索与实践，给我们的启示是：一是必须牢固树立以人民为中心的发展思想，坚持民生导向，尊重群众主体地位，充分发挥群众主体作用。二是必须坚持党的领导，充分发挥基层组织的主导作用。三是必须坚持多元共治，广泛发动社会各方面力量有序参与。四是必须坚持改革创新，尊重群众首创精神，鼓励基层大胆创造。五是必须坚持依法治理，把强化法治保障作为重要的发力点。

## 二　城乡社区精细化治理的逻辑内涵与时代要求

社会治理不是简单的国家治理的拷贝，它是一项复杂的系统工程，既有其特定的内涵和外延，也是一个有机、协调、动态和整体的制度执行系统，可谓牵一发而动全身。作为社会治理基石的城乡社区要实现治理精细化，必须遵循其内在逻辑和发展规律，从治理理念、治理体系和治理能力等方面进行总体谋划，综合运用科学思维、法治思维、整体思维，找到治理的基本逻辑。

### （一）城乡社区精细化治理的逻辑内涵

中共中央、国务院在《关于加强和完善城乡社区治理的意见》中提出，要“全面提升城乡社区治理法治化、科学化、精细化水平和组织化程度，促进城乡社区治理体系和治理能力现代化”。精细化治理是一场管理革命和思维革命，是国家为适应执政环境变化，化解政府面临的治理困境，准确了解公共需求，精确提供公共产品和公共服务的管理创新模式。精细化治理是对粗放型发展的转型升级，这是一场管理上的增量式变革。精细化治理是社会管理区别于社会治理、碎片化治理区别于系统性治理、经验式治理区别于现代化治理、线性治理区别于多元治理的重要标志。

推进基层社会治理精细化，具有特定的理论内涵与内在逻辑。治理现代化本身就包含着治理精细化、社会化、协同化、法治化与智能化。精细化是治理现代化的内在要求，协同化是治理现代化的主体特征，法治化是治理现代化的必要保证，智能化是治理现代化的重要手段。因此，实现精细化治理，须以专业化为前提，以协同化为保证，以智能化为手段，以现代化为目标，以法治化为保障。精细化治理就是将精细化理念引入管理中，综合应用现代管理理论和现代信息技术，实现各治理主体共同参与社会公共事务的过程，相对于粗放式管理，具有“规范化、数字化、协同化、精益化”的特点。精细化治理要求各要素之间不是孤立的、割裂的，而是相互驱动、一体多元、相辅相成的。它由注重过程导向转为结果导向，其内涵是追求精益求精、流程准确、细而不繁、严而不苛，是将精细规划、精细建设、精细运行贯穿治理全过程，以实现社会治理真正“无缝隙化”。

1. 精细化是国家治理现代化的必然逻辑

精细化是科学化管理题中应有之义，是治理能力的集中表现。现代治理拒绝经验化、粗放式的管理模式，要求治理的理念、制度、手段和技术全面精细化。随着中国社会主要矛盾的转变，城市系统的运行管理越来越复杂，对城市治理的要求也越来越高，以往粗放式治理、运动式治理、一刀切的方法已经行不通了，城市治理需要一场“供给侧结构性改革”。精细化治理是通过规则的系统化和具体化，运用程序化、标准化和数据化的手段，使组织管理单元精确、高效、协作和持续运行的管理方式。[①] 从国家治理现代化角度看，关键是把握好四大精准环节。即精准研判，以做到科学、民主、高效决策；精准平衡，以做到统筹、协调、全面布局；精准施策，以做到及时、准确落实；精准调控，以做到防范风险、补齐短板。[②]

2. 协同化是社会治理精细化的必由之路

社会治理本身就具有主体多元、依据多类、方式多样等特征。城乡社区治理不应是政府一家独大，而应是公共部门、私人部门、第三部门、普通公民的合作治理。当前，在依法确立党委政府在社会治理中的领导和主导地位的同时，尤其要注意依法保障社会和公民在其中的参与权和积极性，形成政社协

---

① 汤兆云：《社会治理精细化的现实路径》，《光明日报》2016 年 1 月 13 日。

② 李捷：《世界性三大治理难题与习近平总书记治国理政新理念新思想新战略》，《红旗文稿》2017 年第 19 期。

同、官民共治、共建共享的治理格局。尤其是城乡社区治理，越往基层，协同性要求就越高。“社区事务具有鲜明的关联性特点，社区是一个关联主义的空间。”但是，“当今中国，一个联动的、跨界的、合作的社会治理体系，还没有完全建立起来。”① 而强调城市治理要素之间的整体协同，是对碎片化、条块分割治理的一次革命。“社会体制创新要求不断调整优化多元治理主体之间的关系，推进社会治理精细化要以多元主体协同化治理为基础。”② 所以，政府必须构建新的治理体系，纳入政府、公众、社会组织等多元主体，实现立体化、全方位合作治理模式。此外，智慧城市建设也是以资源融合为着力点进行的，它需要跨界重组业务流程，实现业务和流程融合，推进技术融合和信息资源兼容并通，以保证提高数据横向统筹能力，保证推进跨部门协同作战。

3. 智能化是社会治理精细化的必要手段

现代信息技术是智慧治理的技术基础，智慧治理的本质就在于依托新技术、汇集众智实现精细治理。社区精细治理离不开信息技术的循证支持和对问题的精准识别辅助。“大数据”的运用是实现“精准性”社区治理的典范，以量化分析、实时分析、智能分析为特征的大数据、云计算等技术，为创新社会治理的理念、方式、载体、机制等提供了新机遇。现代信息技术的出现，预示着城市治理的精耕细作时代来临，实现了从技术上“攻克”治理的“粗线条化”。大数据技术已经像血液一样遍布城市的智慧政务、智慧交通、智慧医疗等各个系统，政府完全可以将低价值的数据转换成政府治理能力，实现“数据”治理，让城市管理从经验转向科学。③

4. 法治化是社会治理精细化的必要保障

从精细化与法治化关系角度看，精细化治理一定是法治化的。它是将绣花功夫落实到治理链条中的。“城市的精细化治理应置于合法有效的法规、规范、标准的框架之下，这是实现精细化治理的基础。”④ 当前，网络化与城镇化冲击着传统社区治理基础，城乡社区治理正面临着风险社会带来的巨大挑战，尤其是风险社会带来的不确定性与不信任性，熟人社会已经向陌生人社会

① 刘建军：《社区治理是撬动社会治理的支点》，《北京日报》2017年9月11日。

② 孙涛：《推进社会治理精细化的五个维度》，《学习时报》2017年2月27日。

③ 李昌禹、杨昊：《城市治理，为了生活更美好》，《人民日报》2017年12月27日。

④ 李昌禹、杨昊：《城市治理，为了生活更美好》，《人民日报》2017年12月27日。

转变。传统社区治理基础逐渐失去权威作用，通过互惠关系、声望机制等维系起来的道德基础和信任纽带逐渐瓦解。在国家治理体系现代化的影响下，现代社区治理必须另辟蹊径，而社区治理法治化已经成为解决治理风险与挑战的必然抉择。① “随着国家现代治理体系建设的日益完善和近年来信息化、网络化的不断发展，未来法治化、智能化将是城市精细化治理中不可或缺的方面。”②

### （二）城乡社区精细化治理的时代要求

1. 大数据驱动城乡社区治理精细化

大数据是推动社会转型和社会进步的重要战略引擎，也是实现国家治理体系和治理能力现代化的重要战略资源。从时代发展来看，新技术改革带来城市群的进一步扩展、无人工厂的大量出现、社会关系的日趋复杂化、社会治理难度的加大等，大数据时代的来临及其发展，对社会治理精细化提出了强烈需求，精细治理是智慧治理的必然要求。另外，将大数据融入城市治理也是精细化治理的一种有益探索，通过海量数据的掌握，为社会治理的精准分析、精准决策、精准服务提供了可能。因而其在精细化治理中具有引导性和关键性作用，是驱动社会治理创新的强大动力与有效手段。大数据的意义，即在于能够为政府管理的精细化、科学化提供帮助，从而创新行政理念和工作方法，不断提升社会服务能力。通过对大数据的挖掘分析，能够找出社会运行的潜在规律，帮助政府部门突破既有的逻辑思维和决策习惯，在问题与对策间建立新的联系，从而为决策提供有价值的参考。

“随着现代信息技术的出现，城市这台机器，其零部件和整体都有了精细生产、调试和维修的可能。”③ 大数据、互联网、云计算改变了信息的书写主体和传播的层级渠道，信息资源在政府、企业、社会组织与个体之间的跨界分布更加广泛和便利，信息来源、传播速度、分享渠道愈加多样化，公众获得资讯更加快捷和及时，人们每时每刻都置身于舆论与新闻的前沿，每个人既是信息受众，又是信息源。大数据的广泛运用，不仅赋予了企业和社会组织参与社

① 胡业勋：《通过软硬法制推进社区治理法治化》，《中国社会科学报》2017 年 10 月 18 日。

② 李昌禹、杨昊：《城市治理，为了生活更美好》，《人民日报》2017 年 12 月 27 日。

③ 夏志强、谭毅：《城市治理体系和治理能力建设的基本逻辑》，《新华文摘》2017 年第 23 期。

会治理的新筹码，提升了人们对个性化、多样化公共服务的需求层次，还意味着社会治理环境的异质性、不稳定性、回应性增强，导致政府原有单向度的管理方式和决策方式开始失效，社会治理固有权力格局的基础开始瓦解，政府不再是治理结构中的唯一主体和单方面提供者，而是公共价值的推动者。这就要求政府必须打破传统的、静态的、管制式的、碎片化的管理模式，推动社会治理主体之间形成伙伴关系，调动各种社会力量协同参与社会治理。因此，现代信息技术是智慧治理的技术基础，精细治理是智慧治理的必然要求。

2. “两化叠加”驱动城乡社区治理精细化

中国现在的治理既要面对现代化的问题，又要面对后现代化的问题。现代化阶段主要解决管理问题，后现代化阶段主要解决服务问题。而目前，管理提升任务普遍没有完成，服务更未跟上。要解决“两化叠加”所导致的社会压力和“社会断裂”问题，需要注意强化细节管理和流程管理，改变重体制轻机制的习惯。①

在“两化叠加”中，我国城乡建设中暴露出的许多问题事实上是经济空间与社会空间、环境空间的冲突，社会上频繁发生的“邻避事件”就是这种冲突的突出反映。客观上讲，与过去发展阶段相适应，中国城市治理的思路也在随着社会转型发展而不断升级，前 20 年的城市发展主要是增量扩张、经济导向，重视圈地开发，追求的是高大上和高规格，管理中“大手大脚”，也由此导致一系列“城市病”的出现。现在的城市治理已经开始重视存量优化，开始更多关注城市中社会发展、民生需要和生态环境保护等问题，需要重视和回应人民对民主、价值、尊严及公平正义等的多样化诉求。

另外，随着城市化、劳动力流动和住房商品化进程加速，基层社会的异质性和多样性越来越明显，治理对象的异质性和多样性进一步增强，由此对治理的精细化要求就变得更高。这就必然倒逼社会治理理念、治理内容和治理目标产生相应变化，需要不断提高城乡社区治理的理论水平、专业能力和科学含量，治理中要更多考虑城乡发展中的细节。因此，传统的以经济主打的城市管理，必须转向政治、经济、社会、文化、环境有机协调的综合管理，需要将经

---

① 朱光磊：《两化叠加：中国治理面临的大难题》，《中国改革论坛·公共治理》2016 年 10 月 24 日。

济发展与社会、生态、文化等协同推进。主动适应当前社会主要矛盾的变化，凡事都应多考虑老百姓的切身利益，坚持以人民为中心，以满足老百姓对美好生活的需求为中心。

3. 全面深化改革驱动城乡社区治理精细化

随着改革进入攻坚期和深水区，很多改革都是牵一发而动全身，各项改革、各领域改革之间的关联性日益增强，利益调整越深刻，阻力也会越大。这就要求在制定重大改革方案时，必须树立整体思维，善于从全局的高度厘清整体改革和各项具体改革的关系。在制度制定时要互留接口，在目标取向、时间节点上相互衔接，在任务落实和责任分工上尽可能精细化、精准化。所谓“上面条条线，下面一根针”，基层城乡社区是党和国家大政方针贯彻落实的“最后一公里”，直接关系到居民群众的切身利益，事关社会稳定。我国开展社会治理的一个重要经验就是推进治理层级下移，将治理重心由上转向下、由“条”转向“块”，实现扁平化和网格化，尽可能把资源、服务、管理放到基层。这种治理方式的变革，对“绣花”功夫要求就更高，对治理的精细化和跨界协同要求就更高。“绣花”不仅需要抓小抓细，还要跨界协作，需要具有全新的包容性和开放性，需要加强政府内部、政府与企业、政府与社会、政府与民众之间的协商、协同与合作。这就要敢于突破狭隘的利益藩篱，善于从大局出发，让局部利益服从整体利益，做到政府不同部门、不同政策之间的“整合行动”与“步调一致”，真正形成联动集成。

4. 政府管理实践驱动城乡社区治理精细化

推行精细化治理，是国家行政体制改革和流程再造的要求，其不仅能够促进政府职能转变，而且是政府提升行政效率的内在动力，同时也是构建高效政府、服务型政府的必然要求，是实现政府善治的必经之路。建立“精细化政府”是社会分工日益精细化的必然要求，同时也是政府流程再造，提升政府效率，实现社会治理精细化的重要手段。① 当前，面对新时代新任务提出的新要求，党与国家机构设置和职能配置同统筹推进“五位一体”总体布局、协调推进“四个全面”战略布局的要求还不完全适应，同实现国家治理体系和治理能力现代化的要求不完全适应。治理现代化的重要前提是政府管理精细

① 刘银喜、任梅：《精细化政府：中国政府改革新目标》，《中国行政管理》2017 年第 11 期。

化、职能分工精确化、公共服务精准化，为此，政府的组织结构与权责体系就要建立得更为精细，各治理主体的责任权限就要更为细化，对公共需求的识别就要更为精确，各行为主体都要有更为完善的制度安排、更为规范化的权力运行和更为精细化的活动行为。科学和理性取代传统大包大揽、粗放式、经验式的管理模式。过去单纯从政府角度出发、以维稳为目标的管理，开始围绕关注服务对象，转向以公众需求为核心，聚焦服务效率和公众满意度。

另外，现代技术的发展，也为政府改革创新提供了条件保障，为高效科学的量化分析提供可能。以大数据和云计算为技术手段的精细治理，能更好地服务于政府管理服务、畅通信息渠道，推进“互联网+政务服务”，建立完善利益诉求、表达及监督机制，使政府部门可以更好地、因地制宜地实现公共服务的有效供给，所以说，这也是解决公共服务“最后一公里”难题的必然选择。

## 三　铜陵市城乡社区治理的未来趋向与路径选择

哈佛大学经济学家爱德华·格莱泽在《城市的胜利》一书中，把城市称作“人类最伟大的发明与最美好的希望”，它可以让我们变得“更加富有、智慧、绿色、健康和幸福”。作为一座以铜立市的资源型、工业型城市，铜陵的城市品牌该怎么打，“城市名片”到底是什么？从历史和现实维度看，铜陵市无论是人口规模、城市功能定位、经济体量，还是城市影响力与知名度，都被定位在四五线城市，但对于新时代170万铜陵人民来说，如何继续“开山取宝、凿石求金”，化腐朽为神奇？如何进一步推陈出新、创新发展、更上一层楼？需努力处理好“三重关系”，着重于“两个下功夫”。重点是处理好“小”与“大”、“依铜”与“不唯铜”、“硬件”与“软件”的关系。无疑，铜陵是小城，但对铜陵城市经营管理者来说，不能自甘做小，而要树立辩证思维，坚定以小博大的勇气，继续弘扬建设“精致大气之城”的城市发展理念。

一方面，要抓“小”，在做实上下功夫。主要是指树立“精品意识”，强化“绣花理念”，弘扬“铜都精神”，着力打造小而美、小而优、小而精、小而强的现代铜都。一是要走多样化、特色化城市发展之路，善于从小处着手，在治理上落小落细落实。二是要深化制度创新，推进治理体系和机制改革，对城乡发展做到精当规划、精致建设、精明增长、精细管理。三是要以“抓铁有痕、踏石留印”的工作作风，因地制宜，务实前行，落地有声。

另一方面，要抓“大”，在做强上下功夫。这种“大”，是指心胸上大气度、视野上大开放、境界上大格局、行动上大手笔、品质上大提升、改革上大担当，努力打造有根基、有韵味、有文化、有品牌、有特色的铜都新形象。其主要包括五个方面：一是创文化品牌，做好铜文化这篇“大文章”。倾力打造“世界铜艺之都”。重点是丰盈千年底色的铜文化，融入“桐城派”之源的枞阳文化，以顺利建成铜文化创意产业园区为载体，将铜文化的城市名片推向世界。二是重平台建设，培育和争创一批具有国家示范性、世界影响的“大项目”。比如争创国家创新型城市、中国领军智慧城市、国家公共文化服务体系示范区、国家产业转型升级示范区、全国质量强市示范市，打造国家级铜基新材料产业基地，建设全国电子材料产业基地等。三是创新驱动，打造高端人才集聚、具有国际水准的“大学城”，坚持内培外引，瞄准一流，统筹产业、教育、科技资源深度融合，努力建设国家创新型城市。四是探索推行具有全国性影响的“大改革”，着眼国家治理体系和治理能力现代化建设，推动若干项犹如1992年“醒来，铜陵”的大讨论活动、探索建立犹如雄安新区的新城镇化红利分配机制。五是争取多承办一批国际性、全国性的“大活动”，通过举办大型活动，检测和倒逼城市建设与管理等前端环节，完善城市治理体系，提高治理能力，全面改善城市面貌。

当前，要充分利用好大城市产业外迁、人口逆流、非核心功能外移的时机，通过“大文章”“大项目”“大学城”“大改革”“大活动”的推进，创新体制机制，坚持转方式、补短板、促协同、惠民生，推进精治、共治、技治、法治，打好治水、治气、治污、治废、治堵、治乱攻坚战，努力扩大城市的外向度和联合影响力，提高城市的容纳能力和承接能力，搭建好连接与吸引资源、能力的平台，以此带动产业发展，以及人才、资本、技术等资源要素的汇聚，实现铜陵城市品质、“颜值”的进一步改善，社会治理体系与治理能力的明显提升，对外窗口与影响平台的明显扩大。

### （一）提升治理“温度”，打造理想之城和美丽乡村，努力让人民生活更幸福

城市是一种最为经济的人类生活方式，但人是城市的根本，也是乡村振兴

的根本。而人并不是单纯的经济动物，而是情感动物，城市的核心不是高楼大厦和丰富的物质资源，而是生活在其中的人。对于人来说，其不仅需要物质上的满足，而且更需要在城乡生活中感受到温暖、安全和幸福。习近平总书记在中央城市工作会议上强调，“做好城市工作，要顺应城市工作新形势、改革发展新要求、人民群众新期待，坚持以人民为中心的发展思想，坚持人民城市为人民。这是我们做好城市工作的出发点和落脚点。”因此，治理城乡社区，一是要以人民至上。要回到以人民为中心的价值取向上来，把人民对美好生活的向往作为社会治理的目标追求，让城乡社区工作回归本源。要始终坚持治理为民、治理惠民，在城市建设发展中，树立“精明增长”发展理念，合理确定城市边界，框定城市总量，限定城市容量，把铜陵“山水之城、创新之城、文化之城、生态之城”彰显得更加充分，让“城市的胜利”真正变成“人的胜利”。

二是要补齐民生短板。民生是社会治理的“指南针”，社区居民是社区工作的着眼点和落脚点。要让群众的获得感看得见、摸得着，所有治理都应重在解决关系居民群众切身利益的实际问题，促进居民自觉参与，使社区居民共享治理创新成果。要立足人民向往和社会主要矛盾的转化，把社会治理与补齐民生短板紧密结合，紧扣“衣食住行、生老病死、安居乐业”的现实生活要求，统筹解决好产业、就业、教育、医疗、养老、住房、环境、交通等热点难点问题。要善于从群众身边的小事实事入手，注重城乡建设的持续性和宜居性，要以“一枝一叶总关情”的情怀保护山水田林湖草生命共同体。在城市规划中要做到“目中有人”，把行人优先、公交优先、自行车优先摆上重要位置，为居民骑车散步、逛街购物、餐饮会友、休闲娱乐提供方便。要以工匠精神抓好“厕所革命”、停车管理、社区提质等。

三是要突出人文绿色。削弱冰冷、隔膜的城市文化，让城市能够“深呼吸”，尽量把城市的人性化、人情味、人文精神体现出来。在农村人口向城市集聚过程中，不能要地不要人，要让“家民工”进城有通道、有保障，能享受均等化城市公共服务。铜陵作为一座老工业城市和资源型城市，必须努力把产业、城市和生活高度融合在一起，走低碳绿色的现代产业发展之路，加大全国首批产业转型升级示范区建设力度，以产业延伸和产业替代相结合发展新兴产业，以科技创新促进产业向中高端转型升级。重点是构建以突出铜产业链延伸为基础，以优先发展最有潜力的铜基新材料、先进装备制造、节能环保产业等新兴战略性产业为关键，大力发展现代服务业和文化产业的现代产业体系。

四是要坚持城乡一体发展。要按党的十九大报告要求，实施乡村振兴战略，坚持农业农村优先发展，建立健全城乡融合发展体制机制和政策体系，加快推进农业农村现代化。实现这一战略，需要做好统筹规划，需要多措并举、协同推进。比如，建立耕地轮作休耕等农业生物资源保护与利用体系，建立工业城镇污染向农业转移防控机制、农业废弃物利用制度，以及改革完善农村基本经营制度、农村集体产权制度等。启动实施新的“上山下乡”工程，推进城乡人员对称性流动，构建良性的城乡治理体系。既要鼓励农民、大学生返乡创业，鼓励“资本下乡”，也要鼓励城市退休官员、专业技术人员、商人等“衣锦还乡”，组成新乡贤，造福桑梓，以此建立城乡相互吸纳机制和城乡精英循环机制，同时还能有效释放就业“安全阀”，缓解农村“三难”（上学难、看病难、获得技术和人才难）、解决城市养老资源供给不足等问题。

### （二）实施基层“增能”，让“小社区”调动“大机关”，使政府不再唱“独角戏”

城乡社区是社会治理的基本单元，是社会治理的一个缩影。铜陵市城乡社区建设应根据《中共中央国务院关于加强和完善城乡社区治理的意见》，从居民需求出发，以满足群众利益诉求，建设和谐有序、绿色文明、创新包容、共建共享的幸福家园为目标，积极创新社区治理体制机制。

一是要进一步推动治理重心下移和事权物权人权下放。要在 2011 年铜陵市大社区组织机构改革的基础上，进一步合理界定政府、市场、相关主管部门与事业单位、社会组织之间的关系，把过去完全由政府承担的社会管理权能，交给基层组织和自治组织实施，把完全由政府实施管理的事务，部分交给社会组织管理。要深度整合社区建设资源，深化“四联四促”共驻共建工作机制，不断提升服务居民、促进社区建设的能力。要进一步创新基层管理体制，建立健全社区党组织、社区居民委员会、业主委员会和物业服务企业“四位一体”议事协调机制，整合优化公共服务和行政审批职责，推动治理重心下移，尽可能把资源、服务、管理下放到基层，让“小社区”调动“大机关”。为社区做强后台刚性工作支持，尝试成立行政审批局，将分散在众多不同单位的审批职责归并到一个部门，让1枚印章取代多枚印章，真正做到“小社区”覆盖基层“大需求”，精准服务“小需要”。加大资金投入力度，引导县区以资金配套的形式加大投入，完善社区服务设施建设。要健全投入保障制度，创新投融资机制，加快形成财政优先保障、金融重点倾斜、社会积极参与的多元投入格局。推动成立社区发展基金会，建设资源集聚的综合性平台。政府应成为社区基金会成立的推动者、引领者，从宏观政策上支持社区基金会的发展。社区基金会自主依据章程确定组织结构和运行模式，居民是基金会成立的发起者，驻区单位是社区的有机组成部分，也是社区基金会必不可少的资源。

二是要注重加强基层党组织建设，为社区“强筋壮骨”。围绕建立基层党组织领导、基层政府主导、多方参与、共同治理的城乡社区治理体系，切实发挥基层党组织的战斗堡垒作用，发挥“头雁效应”。抓党建促治理，突出政治能力，提升组织力，把加强基层党的建设、巩固党的执政基础作为贯穿社会治理和基层建设的主线，确保城乡社区治理始终保持正确发展方向。实施城乡带头人队伍整体优化提升行动，推广向农村村一级党组织选派第一书记的成功经验，在城市社区也建立选派第一书记工作机制。创新干部培养使用机制，畅通智力、人力、技术、管理下移社区通道，组织实施高校毕业生社区成长计划，统筹考虑社区工作者管理工作，探索构建社区工作者统一的职业化薪酬体系，以吸引高校毕业生、农民工、机关企事业单位优秀党员干部到社区任职，让城乡社区成为有奔头、有吸引力的地方。探索机关党组织和党员到社区“双报到”、小区“先锋堡垒”孵化行动。让机关企事业单位党组织和在职党员统一到社区报到，鼓励企事业单位与社区党组织共同开展组织生活会和学习教育活动，开展结对共建活动。鼓励结对单位党员通过上门走访、会议座谈、建“微心愿墙”等方式，倾听群众诉求，一起谋划工作，共同解决街坊“小事”。同时，将党员服务社区建设、服务居民群众，作为党建工作考评的一项内容。

三是要为社区减负，让社区专心“本职”工作。找准社区治理的时空坐标，既不能像西方那样由业主组成“私人政府”，也不能让政府“剃头挑子一头热”，而要推动行政工作社区化，保证社区事务按照全面准入、依法进入的原则执行到位，推进把减考核、减台账作为工作重点，引导县区转变思想观念，促使招商引资、行政执法、企业安全生产等工作的真正退出。继续完善社区服务设施建设，解决部分农村社区服务设施不达标的问题。要建立社会组织参与社区服务机制，促进向社会组织购买服务常态化。可率先在绿化管养、小区物业、清洁安保、决策咨询等方面，采取由政府出资向市场购买专业化的公共服务的模式，以利于公共服务的专业化和精细化。为推动机关党建资源下沉社区，解决辖区单位参与积极性不高、社区号召力不强、资源不够等问题，进一步打造“一门式办理”“一站式服务”的综合服务平台。可创新建立街长制和小巷管家，重视对核心区背街小巷的整治提升专项行动，推动城市管理向街巷延伸。

四是要打造多维、多主体、多元的社区共同体。建立社会协同、公众参与、法治保障的现代城乡社会治理体制，大力孵化和培育专门的社会工作服务机构，力争实现县（区）社会组织孵化器全覆盖。加大对专业社工机构的培育扶持力度，进一步完善社会工作服务网络，深化社会工作专业人才队伍建设，提升专业社会工作服务供给水平。要依法有序调动社区治理的多个影响因素和多条实现路径，引导社区各类组织积极发挥作用，特别要重视社会工作进农村参与社会治理。创新居民参与社区事务的机制，支持和帮助居民群众养成协商意识、掌握协商方法、提高协商能力，推动形成既有民主又有集中、既尊重多数人意愿又保护少数人合法权益的社区协商机制。鼓励和支持建立社区老年协会，搭建老年人参与社区治理平台。积极引导驻社区机关企事业单位、其他社会力量和市场主体参与社区治理。探索将居民群众参与社区治理、维护公共利益情况纳入社会信用体系。运用法治思维和法治方式，建立健全以人为本、兼顾个体化和差异化的利益保护机制，寻求各方利益的最大公约数，形成人人参与、人人尽力、人人共享。形成政府有形之手、市场无形之手、市民勤劳之手同向发力的良好格局，让治理从过去的“靠政府”变为“靠大家”，使群众行动从“要我做”变为“我要做”。

五是要推动建设“社区通”平台，以扩大服务求支持。发展的最终目的，还是保证老百姓的安居乐业，推动治理重心下移，关键是要提升基层社区服务功能，扩大社区公共服务供给。比如，针对老龄化社会的来临，鼓励设立家庭综合服务中心，加强养老照料中心、养老驿站、青少年服务站建设，推进养老服务标准化、精准化发展，逐步实现全覆盖，让自理、半自理老年人在家门口就能吃上健康餐，还能休闲娱乐。对不能自理的老人，应当安排专门的照护人员提供上门助浴、助洁、紧急救助等服务。进一步整合医疗资源，在社区建立卫生服务中心，将市、县、区医院组成一个医疗联合体，通过医疗联合体建设，让优质医疗资源向郊区和农村转移。在医联体内，居民可以不用去排队挂专家号，就可享受智慧导诊、预约挂号、专家坐诊、方便用药、检验检测、药费结算等多项便民服务。同时，开展家庭医生签约服务试点，对一些出门不便的签约老人，真正实现家庭医生上门检查治疗。小区物业管理水平，是一个地方施政水平的具体体现。目前，在城乡治理中，小区物业管理不规范、不到位，已成为城市居民日常生活中的一个“痛点”，为此，应当在社区探索设立环境和物业管理委员会，将物业管理纳入干部施政考核。

### （三）实施“织网”工程，打破“数据孤岛”，让城市大脑变得更加“聪明智慧”

随着城市越来越大，街道越来越密，人口越来越多，单纯依靠传统手段已难以解决社会治理问题。因此，如何构建新的社会治理模式，新技术的影响至关重要。“人工智能的发展可能会给未来的城市治理带来新的方案，也会对未来的城市提出新的挑战。因此，未来的城市治理需要人们对人工智能的解决方案和挑战作出全面的回应。”① 党的十九大报告对建设网络强国、数字中国、智慧社会都做出了新部署。围绕人民群众日益增长的美好生活需要，打造智慧城市，织好服务百姓“一张网”，做好“互联网+政务服务”，让城市成为互联互通有机体，力促“六变”，即把便民服务“慢跑”变“快跑”、“长跑”变“短跑”、“多处跑”变“一处跑”、“路上跑”变“网上跑”、“接力跑”为“齐步跑”、“群众跑”变“干部跑”。政府数据是所有数据中质量最高的部分，这些数据的开放不仅能够有效提升社会运行效率，探寻其潜在运行规律，还能为企业提供创新“原材料”，激发巨大的商业价值。

为此，一是要突破数据瓶颈，使政府数据放得开。对于政府部门，需进一步强化“大数据意识”，牢固树立信息化的决策思维。制定相关法律法规，明确界定“开放数据”和“不开放数据”的边界。根据国务院《促进大数据发展行动纲要》，建立政府数据统一开放平台，按照领域、行业、部门、主题、服务等对数据进行分类，在保障国家秘密、商业秘密和个人隐私的前提下，最

① 李玉：《提升城市精准治理能力》，《中国社会科学报》2017年11月6日。

大限度地开放政府数据，凡跟社会、市民、法人、社会管理相关的部门都要进行数据开放。进一步推进电子政务外网与人社专网、卫计专网等部门业务专网的安全对接，继续完善全市政务信息资源分类、编目、注册、共享工作。通过共享交换数据、电子证照库建设，大力提升政务服务能力与水平。进一步推动权力清单的运行及公共服务平台的应用，推动权力清单向县、区延伸。

二是要让数据开发“接地气”，让开放数据用得上。抓住办事难点，开放真正能用的数据，让“数据多跑路”，让群众少跑腿，保证群众诉求顺畅传达，政务信息精准投放，服务能力全面提升。授予用户利用数据的权利，要开放那些完整、原始性、可机读、非专属、可供社会化再利用、高价值的数据，并配备实用翔实的元数据条目，以帮助用户用好数据、用对数据。在制定政府数据开放规划和决策时，多从用户的实际需求而非政府部门的自我判断出发，以应用的形式呈现给大家，努力解决好与公众日常生活黏合度的问题，让“用数据的人”有更多获得感。可尝试公布“不见面”和“见一次面”审批服务事项清单，让更多政务服务最多“见一次面”办结。利用物联网技术，尝试给每一个井盖、每一盏路灯、每一个垃圾桶一个“身份证号”，与监控中心电脑相连。一旦哪里出了问题，可以及时发出报警。

三是要加强信息资源兼容并通，实现数据价值增值。围绕难点、痛点和盲点，搭建数据融合与数据治理平台，开发数据共享、分析研判等深层次功能，实现大综治、大安全、大市政、大环保、大城管。重点推进业务融合、数据融合、技术融合，建立跨层级、地域、系统和业务的协同管理服务系统，通过实时采集城市运行的体征数据和状态变化数据，实现人与人、人与物、物与物等全范畴链接、无缝对接，努力打造一套感知灵敏、信息全面的城市神经系统。加快推进电子证照库和统一身份认证系统建设，建立实体服务和虚拟政务相结合的便民服务“一张网”，真正实现一个平台管理、一条热线接入、一个软件访问。倡导无卡、无证、无现金的智慧城市品质生活，集成电子身份证、社保卡、银行卡、公交卡等各类城市 IC 卡，通过整合教育、医疗、交通、养老、电商购物、行政审批等资源，打造城市通行证。推进建设“虚拟智慧城市”展馆，融合升级城市云数据中心，构建大数据服务支撑平台、ICT 应用使能平台和城市运行管理平台。建设“网上政务厅”，处理好线上受理和线下服务的关系，实现行政审批和公共服务全程电子化。推进建设智慧医疗，通过手机

APP，让老百姓看病只需点“健康宝”，便可进行预约挂号、医保支付、电子病历、远程坐诊等，足不出户就能享受专家诊疗。推进建设智慧路灯，实现公共 WiFi、智能充电桩、环境监测、紧急报警、寻人寻物功能等。

四是要保证数据开放有章可循，使开放的数据管得住。政府数据开放本质上是建设开放型政府理念的延续与深化。为保障数据和隐性安全，必须加强对数据开放法律、政策的修订完善和技术保护，使数据开放共享既有法律保障，又可以用技术手段管控。要制定和完善信息基础设施、电子商务、信息安全、个人信息保护等方面的法律法规，明确信息资源的责任主体和监管主体。为避免重复提交材料和证明，建立群众网上办事全程留痕制度，下次再办理时可直接下载应用。

### （四）出台“精细”标准，缝密“治理针脚”，用工匠精神实现精细化治理全领域覆盖和全流程控制

标准化是实现城乡社会治理精细化的关键问题之一，可以使各项工作有标准可依，使治理过程可量化、可追溯、可考核。为此，在推进铜陵城乡社区精细化治理过程中，要以标准化为突破口，完善基层治理和公共服务的标准和操作规范，理顺治理走线，缝密治理针脚，以保证办事有人、办事有章、办事有钱、办事有责、办事有界。通过细化治理责任，精准对接服务内涵，把关键的城乡治理细节沉淀下来，固化为一种常态化、格式化的城乡管理机制。

为此，要根据已确定的城市品牌与定位，加强城乡社会治理标准化体系研究，研究出台《铜陵市城乡社区精细化治理标准》，探索建立符合本地实际的通用标准体系。通过标准建设，制定相关制度规章，成立工作小组，制定定额标准，细化办事流程，建立经费保障和考核奖惩机制，并覆盖社会治理的各个领域，重点包括社区建设标准化、管理执法标准化、电子政务标准化、信息采集标准、公共服务标准化等。要重视强化治理的主体责任，明确治理的范围、职责、标准。制定城乡治理精细化标准，做到全覆盖，要能包括市政设施、环境卫生、生活服务、城管执法、智慧城市、安全生产等方方面面。要考虑到各项目的治理目标、标准、流程、分工、职责、奖惩、信息公开等，做到全领域覆盖、全时段监控、全过程控制、全手段运行。打造“数据铁笼”，通过全流程电子监察，实现事前、事中、事后的全面监察，把事前、事中、事后监督更

加紧密地结合起来，对擅自设定许可事项、违反许可条件和程序、超过许可时限、违规收取费用等问题，进行自动警示、及时纠正。进一步落实“网格化”社会治理中的人、岗、责分管共治问题，健全市、县、区网格化指挥中心设置，动员社会力量开展精细化巡查和督查，确保社区发现的事件，经过指挥中心能即时分拨、部门能及时处置。要通过治理流程精准再造，对治理全过程进行逐项梳理和分析诊断，补足治理环节漏洞和加强风险点防控，使各个操作过程规范、清晰，要求准确、严密，保证每个细节精准到位。要坚持问题导向、需求导向，紧紧依靠居民、服务居民、造福居民，依法有序调动社区治理的多个影响因素和多条实现路径，引导社区各类组织积极发挥作用，让标准经受得住检验，符合群众要求，以防止脱离实际。在标准建设中，可采取试点示范方式，比如，在主城区建设精细化治理示范街，打造精细街区样板工程。通过标准化治理，实现城乡治理白天晚上一个样、天晴下雨一个样、节假平时一个样、大街小巷一个样。

### （五）以实现“善治”为目标，打通法律服务“最后一公里”，建立高位协同平台

法治是善治的前提，没有法治就没有社会治理现代化。在人情关系复杂的社区乡村，法律是最具有普遍约束力、最具说服力和公信力的特殊行为规范。随着公民社会不断培育发展，每个人几乎都变成了信息交流的终端，原有行政化单一管理模式已经失效，为此，应不断增强法治在社区治理中的权威地位。在城市基层社区要针对民众参与少、社区公益低、权益保障不力和农业转移人口不能有效覆盖等问题，在农村要重点针对地方宗族势力、黑恶势力兴起、“两委”关系紧张等问题，健全完善居民自治法律法规，建立综合治理法治体系。要树立依法治理理念，加大农村普法力度，提高农民法治素养，强化法治在维护民众权益、规范行为、维护公平正义、化解矛盾等方面的权威地位。要以完善乡村公共法律服务体系为重点，增强法治在乡村治理中的地位，推进综合行政执法改革向基层延伸。进一步开展“一村一警一律师”载体建设，打通法律服务“最后一公里”，让群众切实感受到法律的存在，认知法律的尊严，增强对法律的信仰。

为强化主动快速处置，可进一步整合各类预警应急信息平台，完善应急联

运和综合服务管理指挥中心建设，将“公安110”升级为“政府110”，建立城市综合管理高位协同平台。即将各种热线、“110”等化繁为简，用“110”一个号码对外，简化群众诉求通道。同时，打破部门界限，整合应急、公安、司法、城管、民政、工商、质检、卫计、环保等单位职能和资源，让管理中心横向联结全市所有职能部门，纵向贯通全市所有社区。在执法上打破多头管理、权责不清的藩篱，组建综合执法队伍，社区一支队伍管执法，实现全域联运。建立完善“一长五员”网格化处理机制，让网格长、网格员、督查员、信息员、巡察员和联络员的工作轨迹，实时反映在综合服务管理指挥中心的大屏上。

### （六）涵养“城市气质”，培育“绣花”治理文化，增强人们对社区的归属感和精神寄托

基层社会治理精细化“始于规则、终在文化”，其最高境界是形成被广泛认同的精细治理文化。城市作为一种政治、经济和文化存在形态，被赋予了丰富的思想文化和价值内涵，本身就是一种独特的文化现象，其空间和环境承载着历史文脉关系、市民集体记忆和美好人居形式。因此，城市其实是一种文化的大熔炉，而“绣花”文化不仅仅指追求所谓的科学理性和精细化，强调操作的合理化和程序化，其还要追求社会治理的弹性与张力。

为此，在治理实践中，要努力将社会治理与历史传承、当下关注和未来发展关联起来，注意超越纯技术化的狭隘层面，防止社会治理陷入纯粹的工具理性和技术理性之中而产生价值迷失。要以培育和践行社会主义核心价值观为根本，大力弘扬中华优秀传统文化，用愿景目标激发家国情怀，培育心口相传的城乡社区精神，增强居民群众的认同感、归属感、责任感和荣誉感。要重视在治理中注入公共理性精神，培育道德审慎和伦理判断的伦理旨趣，把社会治理上升到构建人类命运共同体的高度加以观照。为发挥道德教化作用，引导社区居民崇德向善，尝试建立社区道德评议机制，及时发现和宣传好人好事，用一系列“最美人物”树立精神标杆，用身边小事教育身边人。以文明出行、有序排队、清洁家园等文明行为为切入口，广泛开展“人人讲文明、做有礼铜陵人”活动。加强城乡社区公共文化服务体系建设，提升公共文化服务水平，因地制宜设置村史陈列馆、文化公园、“漂流书亭”等特色文化展示平台。在

社区环境改造中，要注意留住铜文化根脉和城市记忆，深入挖掘文化内涵，多建设和营造有利于人们观察与学习、沟通与合作，促进思想撞击、文化交流与科技创新的城市环境。

通过社区治理和城乡建设，使人们不仅获得简单的物质意义上的满足，而且获得唤起人们内心的创造力，帮助人们摆脱与公共生活世界相背离的陌生感、疏离感和无助感，让市民对铜陵产生归属感和精神寄托，最终达到自我完满、人际和谐意义上的精神愉悦和价值实现。

## 参考文献

汤兆云：《社会治理精细化的现实路径》，《光明日报》2016 年 1 月 13 日。

李捷：《世界性三大治理难题与习近平总书记治国理政新理念新思想新战略》，《红旗文稿》2017 年第 19 期。

刘建军：《社区治理是撬动社会治理的支点》，《北京日报》2017 年 9 月 11 日。

孙涛：《推进社会治理精细化的五个维度》，《学习时报》2017 年 2 月 27 日。

李昌禹、杨昊：《城市治理，为了生活更美好》，《人民日报》2017 年 12 月 27 日。

胡业勋：《通过软硬法制推进社区治理法治化》，《中国社会科学报》2017 年 10 月 18 日。

夏志强、谭毅：《城市治理体系和治理能力建设的基本逻辑》，《新华文摘》2017 年第 23 期。

朱光磊：《两化叠加：中国治理面临的大难题》，《中国改革论坛 · 公共治理》2016 年 10 月 24 日。

刘银喜、任梅：《精细化政府：中国政府改革新目标》，《中国行政管理》2017 年第 11 期。

# B.6 合肥市方兴社区建设的“智慧模式”*

方兴智慧社区建设研究课题组**

**摘　要：** 通过智慧社区建设进而实现“智慧城市”的发展目标，是新时代中国社会治理体制与机制创新的基石，也是解决中国基层各种社会问题的重要途径之一。街道级的合肥市包河区方兴社区，秉承多元共治、居政分离、智慧治理的原则，以“一委一会一中心”三位一体的组织架构为体制基础，科学地运用“智慧”，将刚性的城市管理与柔性的社会治理有机综融，创立了基层城市治理的“大综管”模式。生动地开展了智慧型社会服务与社区文明建设，打造“一站通”社会服务管理平台，建立睦邻生活馆，开通多渠道服务终端，全方位提升服务效率与精准性，加强智慧化的道德文明建设。积极创新智慧经济服务机制，搭建智慧创客平台，开发智慧农贸系统，实施精准的智慧帮扶。方兴智慧社区建设业已初步形成科技含量高、治理高效、管理到位、服务精细的新格局、新模式，成为合肥市智慧社区建设的样板。本报告总结了方兴社区“智慧型”社会治理的显著特点，也客观地分析了方兴智慧社区建设中存在的问题，并提出了相应的对策建议。

**关键词：** 合肥　智慧社区　社会治理　方兴社区

---

* 本文系合肥市包河区方兴社区同安徽大学社会与政治学院合作研究课题的中期成果。本文的有关数据主要源于笔者在方兴社区做深度访谈时所获取的第一手材料以及方兴社区发布的相关文件等，特此说明，文中不再逐一标注。

** 课题负责人是安徽大学社会与政治学院吴宗友教授、张军副教授，安徽大学2017级博士研究生罗胤斌、安徽大学吴宗友教授系本文执笔人。

将大数据为核心的信息技术融入城市社会治理，经由智慧社区（Smart Community）建设进而实现“智慧城市”（Smart City）的发展目标，是社会治理创新的重要路径。中国城市基层社会虽然因各地本土情况的差异和历史文化背景的多样而呈现形式各异的治理问题，但是在信息时代，这些问题的解决大部分都可以借力于智慧社区建设。党的十九大报告强调新时代社会治理要“智能化”，因此在党的领导下通过智慧社区乃至智慧城市的建设，将政府、市场、社会组织①以及其他社会力量以信息技术为基础而有机、高效地整合起来，才能够真正实现社会治理多元主体协同共治。合肥市滨湖方兴社区②（街道级）早在2015年5月成立伊始，社区的决策者就把智慧社区建设作为社会治理创新实践的重点方向。经过两年多积极的探索与努力，方兴智慧社区建设业已初显成效，积累了鲜活的经验，引领着合肥市社区建设“智慧创新”的生动实践。

## 一　方兴智慧社区建设的积极探索

合肥市方兴社区成立于2015年5月，是继“滨湖世纪社区”之后合肥市第二个街道级“大社区”，为包河区政府直属事业单位，正科级建制。方兴社区位于滨湖新区中部，西起庐州大道，北达锦绣大道，东至上海路，南临方兴大道。辖区面积11.8平方公里，规划人口30万人。辖区涵盖省级政务中心办公区、生活区和景观区，形成了完整的省级政务功能区。成立伊始，方兴社区就在全市率先确立了智慧社区建设的发展思路，并同安徽大学社会与政治学院进行“校－地”合作，积极从事智慧社区建设的创新实践。智慧社区建设是一项系统工程，其目的是借助“智慧”最为快捷地方便居民生活，最低成本地进行高效的基层社会治理，最大可能地满足居民多元化的社会需求，最大范围地实现信息资源的共享，最大限度地促进社会阶层的融合以减少社会冲突。2015年，方兴社区在全省率先出台《合肥市智慧方兴试点社区建设发展规划

① 除特定用法外，本文中所使用的“社会组织”是指相对于初级群体的次级组织形式，包括了经济生产组织、政治目标组织、融合组织及模式维持组织等。

② 本文“方兴社区”“智慧社区”“大社区”等概念中的“社区”，均指通常意义上的城市街道，而非一般意义上的小区或居民区。

（2016—2018 年）》，努力推进“平安社区、智慧小区、智慧城管、智慧政务、智慧医疗、智慧教育、智慧商务、智慧交通、智慧景区”九大工程，将网络化、信息化和智能化作为智慧社区建设的基本方向，以平安法治社区、智慧创新社区、睦邻美丽社区、生态低碳社区和国际化先行社区的“五型社区”为建设目标，以期将社区打造成一个“管理层级最少、管理成本最低、管理效率最高、居民生活最优”的先进社区。

2017 年 8 月，合肥市专门成立“数据资源局”以统筹全市的数据资源开发、智慧城市建设、数字经济发展等工作，目前，重点建设政府大数据平台、互联网 + 政务平台、智慧型市民综合服务平台。合肥市在智慧城市建设过程中，选取位于包河区的合肥市滨湖新区作为智慧城市示范建设区，并将方兴社区定位为合肥市智慧社区建设试点单位。以此为契机，街道级的方兴社区进一步改革传统的街居管理模式，从智慧行政、智慧治理、智慧服务和智慧经济四个方面开展了一次全新的城市社会治理现代化尝试。

### （一）智慧行政

为探索基层社会治理的新路径，推进智慧社区建设，方兴社区在管理体制上实行“一级管理、居政分离”，改变原有的“区－街道－社居委”三级管理模式，使大社区直接面对居民，减少管理层级，推进扁平化管理和走动式服务，促进社区治理体系和治理能力的现代化。为了有效实现资源整合、发挥治理效果，方兴社区秉承“多元共治、居政分离、居民自治”的原则，建立了“一委一会一中心”三位一体的组织架构。

方兴社区党委由中共合肥市包河区党委直接领导，它作为区域性党委，承担统筹引领社区治理以及社会服务的各项工作。根据方兴驻地省直单位多的实际情况，方兴社区充分发挥社区党委的统揽作用，以共建形式挖掘、整合各方资源，以开放思维构建了大党建工作格局。第一，实施智慧党建工程。在辖区范围内广泛推广“两微一端”——通过微博、微信加强宣传，提升基层意识形态工作质量；通过“智慧方兴”手机客户端专栏“党员 E 家”与基层党员及居民进行对接。第二，社区党委在社区服务中心隶属的 14 个网格管理区域内分别建立党支部，动员网格区域内的党员，巩固并加强党在社区的工作基础。第三，方兴社区党委主动与辖区各单位党组织开展结对共建，共搭建各类平台48个，通过开展基层上党课、“党员一线行”等方式充分发挥“三在”（在职、在地、在册）党员在基层治理中的先锋模范作用。第四，方兴社区党委与致公党包河总支、民革包河总支合作，开展共建社区老年学校、法律服务进社区、政协委员进社区等活动，加强社区党委与民主党派之间的交流与合作。

方兴社区党委以“关心社区建设、热心公益事业”为基本要求，于2015年10月成立了安徽省首家由党建引领的共治理事会——方兴社区共治理事会，打造“公意引领、多元共治”的社会治理新格局。《方兴社区共治理事会成立章程》指出，“共治理事会由从事和关心方兴社区建设、热心于社区公益事业的单位和个人自愿组成，按照章程在包河区方兴社区范围内开展活动，是具有联合性、非营利性、公益性的社会组织”，主要职能在于发展社区公益事业，开展社区公益活动，整合社区资源，推动社区共治。目前，共治理事会已有47名个人会员和37个单位会员。共治理事会设理事长1名、副理事长5名、理事23名。理事会下设秘书处，设秘书长1名，其最高权力机构是会员大会。共治理事会内设民意征集委、项目运作委、秘书处、财经管理委和民主监督委五个专门工作委员会，设专委主任4名。社区共治理事会的成立意味着公益事业将交由社会力量主办，基层政府不再大包大揽。共治理事会自成立以来，先后开展了道德讲堂、爱心助学、爱心助困、地质科普、睦邻节、趣味运动会、社区春晚等公益活动，成为社区共治的主要阵地。

方兴社区根据居政分离的原则，成立社区服务中心，将原来由居委会承担的行政服务事项全部上收至大社区，居委会回归服务本质。社区服务中心是区政府直属的事业单位，也是政府在社区实施管理与服务的载体。社区服务中心实施“走动式”办公，采用前台受理、后台办理的“一站式”服务方式，构建直接面对居民的高效服务模式。依据管理体制扁平化要求及智慧社区建设规划，社区实行“大部制”，打破传统上工作职责与权限的划分，在一定程度上重新分配了利益，突出了不同层级、不同部门之间的协调与配合。根据这一指导原则，社区服务中心创新工作流程，优化办事手段，对体制、政策以及治理机制等方面进行了系统调整，只设立了综合协调部、群众工作部、社会事务部和城市管理部，这相对于传统街道，部门机构大为精简。社区工作人员实行“一岗双责”，确保责任到人，从而使管理和服务不打折扣。

“一委一会一中心”的体制架构，体现了社区党委在社区治理过程中的核心领导和决策者地位，保障了以“共治理事会”为代表的民间力量的参与度，突出了社区服务中心行政管理与社会管理服务的职能，富有成效地构建了党委和政府引导、支持、激励下的社会治理多元主体协同共治的组织形式，既权责分明又三位一体。在当前中国社会力量还未真正发育成熟的情况下，该体制设计充分考虑了中国国情，兼顾了当前现实和未来发展方向：如果没有党委与政府的主导作用，多元共治的基层社会治理局面无法形成；但是，与传统的体制相比，该体制中党委、政府的重要功能之一是积极培育、扶持和壮大社会力量，使其逐渐能参与到基层社会治理的过程中来，与此同时，政府的部分角色将慢慢抽离出来，为实现“居政分离”奠定坚实基础。

这样的体制设计如何能够在实践中真正可行？如何能够高质量、高效率地完成机构与人员皆数倍于己的传统街道所承担的繁重工作任务？其答案当然是：能！这缘于工作理念与手段的创新——智慧社区建设。2015 年方兴社区成立伊始，就积极开发试用社区内部 OA 系统，建立个人电子勤政档案，实现了办公无纸化和自动化。该系统的主要功能体现在四个方面：第一，“刷脸”考勤。日常考勤采用面部识别的方式，系统会自动将考勤数据汇总成个人考勤表，以供查阅，并为考核提供依据。第二，“留痕”考绩。OA 系统全面记录、公示社区干部日常的工作计划、工作进展、工作成果等，使社区干部的所有工作活动都在监督之下。第三，“线上”考评。勤政档案每季度在线公示 1 次，并开展网上评议，评议结果直接呈现在 OA 系统中，从而充分发挥 OA 系统奖励先进、鞭策后进的作用。第四，后勤管理的信息化。社区工作人员通过 OA 系统申领各种办公物资后，后台会形成数据汇总，对每个部门申领的物资进行数据分析，从而有效避免浪费，节约开支。OA 系统保证了社区内部管理的精简高效，实现了科学治理、精细服务。勤政档案利用现代科技手段使社区每一个工作人员都在监督之下，每一项工作的推行都能追源溯流，将社区工作人员的业绩完整地呈现出来，有效杜绝了庸政、怠政、懒政现象。除了机构内行政管理的智慧化以外，精简高效的行政体制得以确立还取决于社区治理等对外服务的智慧化。

### （二）智慧治理

2014 年，包河区创新建立了以区级平台为枢纽、街镇中心为支撑、村居工作站为基础、信息化为依托的三级综治维稳信访中心，形成社会管理的三级体系，有效维护了区域社会的和谐稳定，保障了经济快速发展，此模式被中央级媒体誉为“包河模式”，并在全省推广。2015 年 5 月，方兴社区综治维稳信访工作中心正式运行，在基层社会治理中发挥了重要的作用。在此基础上，2016 年 9 月，方兴社区大胆创新、精心筹划，于下半年正式成立方兴综合管理中心。中心围绕“工作机制一体化、城市管理精准化、公共服务系统化”的要求，在“不打破现有行政管理体制，不突破现行法律框架，不改变各部门的行政管理职责，不增加额外的行政编制”的前提下，围绕“智慧方兴、首善社区”的总定位，突破传统管理与治理路径，依托“智慧”力量，以精准服务管理为具体要求，创造了独具特色的以信息技术为支撑、以力量整合为保障、融城市管理与社区治理于一体的大综管模式，推进了社会协管力量的有效整合与统一管理，解决了各类管理信息的集中采集与共享难题，实现了社区柔性治理和刚性管理的协调与联动。大综管模式的主要特征和作用如下。

1. 突出三个整合，实现低成本高效率

大综管模式实现了三个维度的系统整合。一是资源整合。中心根据“协同管理、委托管理、参与考核”的原则，整合执法力量，形成执法合力：对派出所、交警中队、特巡警大队、运管部门等市垂直执法单位实施协同管理；对城管大队、市场监督管理所等区属执法单位实施委托管理；对于路政管养、绿化养护、环卫保洁等协管单位，中心参与对其的考核，考核结果作为这些部门招标项目款项支付的主要依据。二是职能整合。社区将综治维稳信访工作中心、社区指挥调度中心和“一站通”社会管理服务大厅的各种职能统一整合到方兴综合管理服务中心，形成统一调度指挥、统一受理处置、统一考核通报的局面。三是人员整合。中心对派出所、交警、城管等不同部门的辅助执法队员，实行人员统一录用、工资统一发放、装备统一管理、业务统一培训。

通过三个整合，各执法单位之间的联系不再松散，而是紧凑互助，使职能重新分配、成本降低，提高了工作效率。各服务管理部门不再“单兵作战”，“联勤联动”的工作方式成为方兴社区的治理常态，有效形成了执法管理服务合力。而执法辅助人员也由“一岗一责”向“一岗多责”转变：综管员需要对服务区域内的所有事情负责，并对问题分层处理。市容环境、交通秩序、环境保护、路政园林、信访维稳、治安防控、安全生产、市场监管、物业管理、打击传销等十项原本分属不同部门的职责被统合至一个中心，从而形成管理合力，提高了工作效率。据统计，中心建立以来，与先发地区江苏省政务中心所在地宁海路街道相比，每平方公里管理服务人数减少约87%；与传统街道相比，每平方公里管理服务人数减少约67%，实现了低成本高效率。

2. 提高科技含量，实现全面覆盖

包括上述大综管模式创新在内的智慧社区建设目标的实现，离不开科学技术的有力支撑。方兴社区自成立以来，先后引入桌面办公平台、政务服务终端、移动办公平台等技术，加强天网工程、数字城管系统建设，并对这些科技进行整合，不断提高社区科技含量，优化治理方式。

首先，融合平台，提高效率。社区目前拥有七大平台系统——综治维稳信访中心、城市管理局考评管理系统、数字城管、天网工程、12345热线平台、可视化指挥调度平台、滨湖智慧路灯管理系统等。此外，社区还拥有521个天网工程探头、538个居民区探头、194部移动手持视频和3台车载视频等4类视频系统，社区将这些平台和系统全部融合成一个平台——社会治理一体化综合服务系统平台，从而实现了“一个平台受理、一个平台分流、一个平台反馈、一个平台考核”。

其次，设“二”抓“一”。“二”是指设置二维码，辖区范围内共设置了1393个二维码点。二维码的作用主要体现在三个方面：第一，它是工作的对标点。社区每个特定区域都有一个二维码，不同区域的重点管理标准和内容有所不同，综管队员巡查时通过扫描二维码，就能了解该区域的工作重点，使工作有的放矢。此外，每个二维码点可因时因地动态调整。第二，它是社区居民的监督点。社区居民可以随时通过扫描二维码对管理和服务质量进行监督和反映，实现问题线索的“掌上反映”。第三，它还是队员的约束点。综管队员在扫描二维码时，平台会同步记录，实现对综管队员巡查频率、时间、轨迹的有效监督。“一”则是指社区一张图，辖区按照不同性质被分为核心区、居民区、景区和空置地4个片区和14个网格，设置了1149个巡查点，串联20条巡查线路，实现了对人、事、地、物、情等的精准定位和精准管理，使社区管理各类信息通过一张图详尽地显示出来。

3. 提升信息化水平，实现智慧治理

依托信息化的科技手段，大综管模式使治理更加高效、全面、迅速。

第一，定期摸排信息，实时组织上报。社区对辖区各类矛盾信息坚持每日排查、实时上报，综管队员与网格信息员通过手持终端，分级分类向平台实时报送摸排的各类矛盾纠纷信息和信访隐患，平台根据信息的级别和事态发展进行分级处理。对重大事件要迅速响应处置，将其不良影响降至最低；对苗头性、倾向性、群体性问题要尽早、尽快解决，将问题化解在萌芽状态。2017年以来，社区共排查调解各类矛盾纠纷100多起，成功化解了多起较为严重的群体性事件。

第二，利用视频资源，侦破刑事案件。坚持科技强警，积极开展“探头站岗，鼠标巡逻”实践，加强对辖区重点部位、重点场所、重点路段的管控，通过视频巡查，筛查可疑车辆、可疑人员。2017年以来，视频信息为公安机关成功破获多起刑事案件提供了大量线索和证据，还曾一举端掉多个盗窃团伙。

第三，开展派单扫码，加强治安巡控。社区依托网格化管理，在辖区内设置20条巡查路线、350多个重点治安巡查点，并设置二维码，对巡查路段、巡查时段、巡查地点、巡查频率、巡查标准进行自由组合，实行全路段、全时段、全方位、全覆盖巡查，真正做到了无死角巡查，实现了信息化与网格化有机融合，加强了社会面的治安防控。

第四，处置涉稳事件，实时指挥调度。充分发挥“雪亮工程”的优势，依托天网工程、社区探头、车载视频、移动手持终端等各类视频工具，实时传输现场画面，为指挥中心实现快速处置提供坚实的决策依据。

第五，维护市容秩序，实现城市常态管理。依托科技支撑、平台调度，社区做到了“车辆乱停乱放，10分钟处置”“乱摆摊设点，10分钟清理”“市政园林缺损，10分钟上报”，使城市管理实现常态化、精细化、制度化。

智慧化的大综管模式有力提升了社区的精细化管理水平和能力。方兴社区辖区内既有设施齐全的中高档商品房小区，也有设施落后、老年人口较多的回迁小区，这种现状是社区治理的一道难题，尤其是回迁小区的治理成为方兴社区成立之后不可回避的工作重点，社区在此方面着力甚多。比如，为回迁小区安装智能门禁系统，并将系统与中心数据库相连，强化源头管理，保障小区居民生活安全；对小区实施“旅栈式”服务管理，推行“方兴一卡通”，通过一人一卡实现身份识别，系统后台实现“人来登记、人走注销”，全面记录人员出入小区的信息，避免了社会闲散人员给小区带来的治安隐患。尤其是在居民区出租客管理方面，通过租客出行的打卡记录可实现对辖区流动人口的管理，更重要的是，如果租客在打卡上有什么异常行为，后台会自动报警，管理中心及时响应，进行上门排查，对发现的问题及时处置。此种做法使辖区内的非法传销活动大为减少。

截至2017年12月，方兴社区通过“大综管”实体调度指挥平台累计上报案件36466件，综管队员自行处置100%，其他部门派单处置80%；数字城管平台案件2909件，案件处理率在全市名列前茅；辖区四类可防性案件发生率为合肥市最低。在实践中，大综管模式真正实现了“十分钟管理全覆盖、全方位零距离服务”，使各类事件得到有效处置，有效破解了城市管理中的诸多难题，以较低成本实现了管理效率、标准和水平的大幅提升，成为包河区社会治理的一张名片。

如果说技术是智慧社区建设的载体，那么数据就是智慧社区建设的核心。缺少数据支撑的智慧社区建设不过是镜中花水中月。为了有效实现人口信息源头采集，社区引进科大讯飞“一网清数据平台”，该平台利用手机终端安装的社管通APP实现信息的采集与查询，社区网格员使用手机终端完成社区人、房、事、物、情、组织等六大类信息的采集上报工作，完成中心的派单任务，查看网格统计数据以及上下班打卡信息等。通过“一网清数据平台”，网格员可以熟悉和掌握网格内的各种信息，而且该平台也为社区治理和服务提供了不可或缺的基础数据。

由此可见，方兴智慧社区在全市率先成功地创造了基于数字化信息技术的社区管理大综管模式，以“整合资源聚合力、综合治理促和谐、精准服务铸品质”为目标，打破条块分割，有机地整合了城市治理的行政资源与社会资源，将硬性的“管理”与柔性的“服务”融为一体，形成了理念特色独具、实际绩效显著的城市社会秩序有效治理的新模式。

### （三）智慧服务

#### 1. 打造一站通社会服务管理平台，提升服务效率

为了方便社区居民办理各项事务，方兴社区在社区服务中心打造了一站通社会服务管理平台。该平台集成公安、民政、人社、计生、司法、教育、房

管、妇联、残联等单位各类行政审批以及在社区办理的各项事务，整合了政务服务中心办事项、权力清单办事项和部门办事项，真正实现了“一站受理、一点办结”。各单位之间实现数据共享，让社区居民少走路，从而最大限度降低了社区居民办理各项事务的时间成本，将政务服务延伸到社区，做到“服务到门”，从而提高了社会管理运行效率，提升了政府公共服务水平。社区居民所办事项由综合窗口受理后，通过后台数据的流转，将业务流程逐级向上提交，使数据的跑动代替人员的跑动，整个业务办理过程，群众只需去社区一次。

2. 关爱特殊群体，实行精准服务

辖区内现有 8 名严重精神障碍患者、6 名社区矫正人员、5 名邪教人员等特殊人群以及 219 名残疾人、189 名高龄老人、109 名低保户、107 名空巢老人等弱势群体。针对这种情况，方兴社区先后开展了贫困残疾人康复民生工程、困难家庭救助帮扶工作，要求网格信息员对这些特殊群体定期上门走访，了解他们的需求，尽力解决他们日常生活中遇到的问题，而且要通过扫描二维码，将走访结果反馈至平台，做到“线下有服务，线上有记录”，实现精准管理、精准服务。通过强化科技支撑，社区对辖区特殊人群、弱势群体实现了有效的服务管理，对各类事件实现了有效处置，对各项目单位实现了有效监管，形成了全覆盖全方位体系。比如，困难群体在社区便利店使用社区发放的信息卡购物时，可享受一定的折扣优惠；向贫困的残疾人员发放药费补助；对残疾儿童进行抢救性康复等。

3. 建立睦邻生活馆，打通线下联系

为保证社区社会服务的质量与效率，社区在辖区 5 个居民区分别设立了 6 个睦邻生活馆，打通了居民与社区的线下联系。睦邻生活馆由各居民区党支部统筹运营，还集结了工会、共青团、妇联、社会组织的力量，它既是社区为居民服务的重要载体，也是社区居民互助、活动的公共空间，更是基层社区治理现代化和居民自治的可靠平台。睦邻生活馆的主要职责有：组织各类公益活动、孵化培育社区社会组织、筹备小区业委会、推动居民自治、打造熟人社区、发掘居民骨干、构建和谐邻里关系、引进专业服务、与小区物业开展合作与协商等。因为各居民区存在较大差异，所以各睦邻生活馆的工作重点也有所不同。如在回迁小区康园实施“滨湖 E 家人”社会融合项目，关爱回迁小区居民；在高档商品房小区高速时代城打造“微治理”模式，调动居民自治的积极性，破解“高楼冷漠症”；在回迁小区瑞园开办老年学校、道德讲堂、残疾人庇护工厂等。

4. 实行项目化运作，培育、引入各类社会组织

2015 年 8 月，包河区成立社会组织创新园，旨在构建社会组织良性发展生态公益圈，并分别在常青街道、包公街道、滨湖世纪社区、方兴社区建立了孵化基地。社会组织力量的壮大是社会力量充分参与社会治理过程的先决条件，而且社区精简机构、减少人员的做法势必意味着将一部分工作内容以项目化运作和政府购买服务的方式完成。自成立以来，孵化基地先后培育了方兴社会组织联合会、万科蓝山幸福邻声关爱团、佳源邻里关爱团等社区社会组织，开展活动上百项；引入了合肥市爱邻社会工作服务社、合肥市庐阳区实创公益发展中心、安徽省儒林图书有限责任公司等 13 家社会组织，实施项目 25 个，为社区居民提供了丰富而又专业的服务。值得注意的是，社区购买服务时并不是以社区为整体向社会招标，而是以各居民小区为基本单位进行的，也就是说，即使是不同居民区同样的项目，其运作者都可能不是同一家社会组织。这种做法有利于加强这些社会组织之间的竞争，提高服务质量，也便于社区对这些社会组织进行评价与比较。

5. 加强道德文明建设，提升居民素质

方兴社区以“智慧方兴、首善社区”为总目标，在建设现代化社区的同时，十分重视营造和谐的社区共同体。方兴智慧社区建设将“智慧”作为手段，实施以社会主义核心价值观为统领的家风家训建设项目，进行了道德文明建设一系列新的尝试，创造出许多新的载体、新的机制、新的文化符号。具体措施如下：第一，根据各个居民区不同特点打造独具魅力的品牌，如在瑞园南区西侧外墙设置“家风家训”墙，在康园南区东侧外墙开辟安全文化长廊，在万科蓝山小区外围道路宣传廉政文化，打造“诚信街”，形成“一居一品”特色居民区。第二，为提升群众日常生活的幸福感和获得感，社区推出“暖心”系列，在每周一推出“暖心一句话”；在每周二、周四推送“暖心图片”；在周六、周日分别推送“暖心小故事”“暖心微视频”充满温度的微“暖心”，倡导人人感恩生活、睦邻友爱。第三，在辖区每栋居民楼设立“红黑榜”宣传栏，对楼栋里正面的和典型的人与事进行红榜赞扬，对反面则予以黑榜披露，从而达到追求高尚、曝光丑恶的效果。第四，依托社区各睦邻生活馆，开

设爱和科学暖心屋。暖心屋主要承担开展心理健康服务活动，开设心理健康大讲堂，排查社区居民心理健康状态，分等级建立居民心理健康档案等功能。

6. 开通多渠道服务终端，全方位服务居民

网络时代的到来，彻底改变了人们的生活工作方式，智慧社区建设高度重视网络对社会产生的巨大影响。2015 年 4 月，开通以“包河区方兴社区”为名的微博，成为发布消息、线上互动的途径。2015 年 6 月，“智慧方兴”（bhfxsq）微信公众号正式启用，作为社区为辖区居民提供公共服务的新型媒体平台。公众号不仅仅以传统消息推广的路径为辖区居民带来为民服务信息、政策法规、好人好事等，更以线下活动、线上互动的方式加强居民与社区的沟通交流。更具特色的是，2016 年 5 月，“智慧方兴”手机客户端上线，该客户端对方兴社区所掌握的各种资源如医院、商家、公共服务、政策文件等进行整合，为辖区居民提供各方面的服务。目前，客户端共有社区动态、邻里互动、便利生活、党员风采、政务服务、滨湖能量 6 个模块。随着客户端的不断完善，其功能将会越来越多，而且在不久的将来，客户端将与社区服务中心的办事平台融合，真正将智慧服务下沉到每一位居民。

## （四）智慧经济

1. 搭建创客平台，推动社区治理产业化

作为安徽省第一家真正意义上的智慧型社区，方兴社区与科大讯飞合作投资 200 余万元建成社区治理创客中心，按“1 +3 + x”思路（“1”即营销社区治理理念，“3”是硬件、软件和社区治理人才资源三个支撑，“x”为文化引导），与中国社会科学院、安徽大学、合肥工业大学共同成立社区治理研究室，为社区治理中的难题提供解决方案。引入科大讯飞、软通动力、安徽合创邦客研究中心等创新型企业，为智慧社区治理方案的实施提供技术支持；引入爱乐乐团、华夏茶书院、青春包河文创中心等文化团体，开展培训、讲座、演出活动，传递优秀传统文化和创意文化，引导辖区居民在社会生活上融入社区大家庭。

社区治理创客平台成立了交易中心、运营中心、服务中心、呼叫中心、展示中心，其目的在于落地智慧项目，普惠辖区居民，形成智慧产业。社区治理创客平台的建立，是方兴社区“智慧社区”建设至关重要的一步。创客平台

除了致力于智慧产业创业孵化外，还涉及智慧社区治理、智慧社区O2O两大业务领域，一方面借助方兴社区的区位优势和辐射效应，通过平台搭建、借力引智，以“营销社区治理理念，引导智慧产业发展”为目标，以技术手段破解基层社区治理中的各种难题，提升基层社区治理能力为突破口；另一方面立足服务居民，适应社会发展，提高居民智慧素质，让居民享受便捷服务。2016年，该创客中心被中国社会科学院列为国情调研基地。目前，方兴社区与软通动力正在围绕社区民生大数据进行深度合作。

2. 开发智慧农贸系统，开展精准帮扶

方兴社区在传统农贸市场改造中坚持运用信息化手段建立了一个现代化的农贸市场信息化管理体系，引进了智慧农贸系统平台。该平台囊括了商户信息公示系统、触摸查询公示系统、客流采集系统、多媒体发布系统，同时支持与现有的市场系统对接，如智能电子秤、视频监控系统等，打造一个囊括各个系统的平台。平台以“信息公示、交易溯源、联网监测”三大功能为核心，对农贸市场实施全方位的监控，大大提升了管理、服务和监管能力。

方兴社区在引导居民对“智慧”的创新性使用过程中，正在尝试通过一定的奖励措施，以康园小区菜市场为试点，引导辖区居民和服务提供者在日常生活的基本消费中（主要是食物消费），使用统一配置的消费卡完成交易，这样社区有关部门就可以通过采集交易数据，既能为农贸市场的产品供给决策提供依据，也能精准掌握辖区内每个家庭的每月平均生活消费状况，包括日常生活消费的食物种类等，据此分析家庭的基本生活水准以及收入情况，再联合社区人口采集系统，实现对辖区困难居民的精准帮扶。未来，方兴社区还将争取获得燃气、水电等相关部门的授权，更全面地了解辖区居民的消费水平。

总之，街道级的方兴社区，目前主要围绕智慧行政、智慧治理、智慧服务和智慧经济四个方面着手“智慧”建设，在社区治理现代化上进行了卓有成效的尝试。作为全省首个智慧社区，方兴也不负众望，仅两年多的时间里，就赢得了广泛的赞誉，多次被市委、市政府表扬；其创新举措及实践成果还赢得了《人民日报》的高度肯定；先后获得了全国综合减灾示范社区、安徽省科普示范社区、合肥市安全社区、合肥市优秀志愿服务创新案例奖、合肥市卫生先进单位等多项荣誉及奖励。

## 二　方兴智慧社区建设对基层社会治理创新的实践价值

2015 年 5 月以来，方兴智慧社区建设遵循以人为本的宗旨，把维护社区居民的根本利益作为出发点和落脚点，以居民的服务需求为导向，采取了一系列创新举措，各项工作稳步推进，基层社会治理效果显著，初步形成了科技含量高、治理高效、管理到位、服务精细的新格局、新模式，成为全市智慧社区建设的样板。其“智慧”建设有效整合了政府、社会组织、居民、市场等主体，取得了明显的治理成效，为中国城市基层社会治理、居民自治、多元共治实践提供了有益借鉴。

### （一）科技筑基，提升社区智慧水平，增强社区治理能力

智慧社区建设的目标之一就是让现代科技覆盖整个社区。这对社区管理者来说，可以有效降低人工负荷、提高工作效率；对社会组织来说，可以提高其生存、壮大的能力；对社区居民来说，可以随时享受到智能化带来的便捷。方兴智慧社区从其建设之初，就不断用现代科技武装整个辖区。无论是大综管模式的有效运行，还是社区服务中心的高效服务，抑或是居民服务的精细化，都离不开现代科技的支撑。方兴社区先后引进或合作开发了 OA 系统、智能门禁系统、APP 客户端等科技成果，整合了现有的城市管理局考评管理系统、数字城管、天网工程、12345 热线平台、可视化指挥调度平台、滨湖智慧路灯管理系统、视频系统等城市管理工具。

这些现代化科技在维持社区正常运行过程中发挥了不可替代的作用。第一，大幅度降低人力资源成本。虽然方兴社区目前只有 75 名工作人员，这个数字大大低于传统街镇工作人员的数量，但却仍然高质量、高效率地保证了社区各项工作顺利开展，其中现代科技功不可没。第二，构建了真正的安全社区。如前所述，一人一卡的智能门禁系统，加强了对辖区居民尤其是租客的管理。如果居民或租客打卡出现异常，比如长时间不出门，或者出入过于频繁，就会引起社区及物业的关注。门禁系统的监控作用还有效杜绝了传销等不法组织的滋生空间，保障了居民的社会安全。2016 年，小区治安发案率同比下降

68%。第三，为居民提供更加便捷的社会服务。社区服务中心“一站式”服务改变了传统的办事方式，将复杂的流程交由系统，降低了居民的办事成本。新上线的手机客户端“智慧方兴”则为居民提供医、食、住、行全方位的服务，贯彻了党的十八大提出的“服务型政府”理念。

### （二）创新城市社会治理手段，提升社区治理水平，唤起民众参与热情

与传统城市社会治理手段相比，方兴智慧型大综管模式具有明显的优势：第一，改变了以往社区管理中“看到管不到”的难题，打破原有的条块分割，重新分配岗位职责，将各种执法力量整合到一起，统一行动。大综管模式不仅将城管、交警、公安等力量有效整合到一起联合执法，避免了相互推诿与扯皮现象的发生，也节约了人力、物力、财力等治理资源。第二，坚持“方兴综管+”理念，破除原有不合理的治理边界，将各种公共管理服务纳入大综管体系中，综管人员一人多责，既是执法人员，也是服务人员，对辖区内车辆违停、环境卫生、交通秩序、绿化养护等方面的问题进行全局统揽，从而实现了“什么都要管”、“什么都能管”、管理精准化，尤其是在关注特殊群体、关爱弱势群体方面的优势更为明显。这项智慧化的改革举措，促使区域性公共资源得以优化配置与共享。第三，利用综管“多位一体”平台，综管队员与社区居民可以通过各种途径上报问题，拓宽了整治信息的来源渠道，加强了社区居民与综管队员之间的互动与联系，实现了社会力量的多元协同共治，使问题能得到及时发现和尽早处置。第四，中心工作人员与一线综管队员线上线下相互配合，实现信息实时上报、实时记录、实时处理，真正做到了“十分钟管理全覆盖、零距离服务全方位”，确保了社会管理资源利用效益的最大化。第五，智慧化的大综管同时也是现代社会治理理念的大宣传，其富于成效地提升了社区居民的社会意识与社区认同感，唤起了居民的参与热情。大综管模式有效改变了原有的碎片化管理模式，采用综合化管理模式，这一智慧综管探索为基层社会治理现代化开辟了一条新的道路，走在全省乃至全国前列。

### （三）改变传统治理理念，引领社会治理的现代化

随着“单位制”淡出人们的视野，街居制成为城市基层社会管理的主要

方式。在一定时期内，街居制实现了对城市几乎所有社会成员的管理和整合，维护了社会稳定，巩固了基层政权。但是随着我国经济转轨和社会转型的加速，基层社会发生着变化，街居制也陷入了管理困境：街居制与社区的很多功能互相重叠，二者之间的矛盾日益突出；居委会因承担繁重的行政性任务而无暇顾及居民自治；社区资源被街道截留等。因此，城市基层社会管理迫切需要一次新的变革，以解决基层社会中出现的各种问题和矛盾，于是社区制应运而生。社区制在管理理念和方法上都与传统的城市基层社会管理有很大的不同，它精简了行政层级，优化了组织结构，提高了办事效率，节约了办事成本。目前，因采用的指导理论不同，中国的“社区制”主要有行政型模式、自治型模式和混合型模式三种形态。

随着信息技术的不断变革，在国外率先形成了社区建设的“智慧模式”，“智慧社区”概念诞生了，这是基层社会治理理念的一次重大升级。智慧社区建设的核心在于依托现代信息技术，将各种信息转化为数据并进行分析和处理，使社区治理的各项工作变得更高效、更精准、更方便。方兴社区作为安徽省智慧社区（街道）的试点，在其建设过程中，构建信息平台，破除信息壁垒，畅通信息渠道，强化基础设施，让数据在传统意义上的“条、块”之间充分流动、共享，转变了观念，更新了治理模式与服务方式，精简了人员，降低了成本，提高了效率。比如，由于综合运用各种智慧手段，充分发挥信息资源有机整合与人力资源优化配置的基础性作用，方兴社区城市管理的大综管模式才得以高效运行，大大降低了城市管理成本，促使公共服务以及公共产品的供给更加贴近居民需求，保证了城市的有序与和谐，赢得了市民的认同和参与。鉴于现代基层社会治理的方向是居民自治与多元共治的有机融合，因此智慧社区的建设就不是基层党委和政府的独角戏，而应将大数据支撑下的智慧治理理念渗透到社区的每个角落，形成在党的带领下社会力量和政府的“大合唱”。随着方兴“平安社区、智慧小区、智慧城管、智慧政务、智慧医疗、智慧教育、智慧商务、智慧交通、智慧景区”九大工程的不断推进，在这个11.8平方公里的城区内，社区居民的日常生活方式将彻底改变，人们的生活世界将无处不洋溢着“智慧”，这里正在成为信息时代基层社会治理现代化的一个典范。

## （四）发挥基础作用，助力智慧城市建设

2008 年 IBM 公司提出"智慧地球"概念，次年基于"智慧地球"概念，IBM 又提出"智慧城市"这一概念，并给出了"智慧城市建设是未来的主要发展方向"这一前瞻性论断。同年 9 月，IBM 与美国爱荷华州迪比克市合作，开展美国同时也是世界上第一个智慧城市项目。中国关于智慧社区的研究出现于 2009 年之后，并伴随着中国城市社会治理探索的不断深入而展开。智慧城市的实施，将进一步深化中国的行政管理职能改革，也将显著地助推国家治理能力和治理水平的大幅提升。

社区是城市的细胞，智慧城市建设的顺利推进有赖于智慧社区建设的充分实践。因为社区是城市最基本的组成部分，社区是城市各种功能的实际承载者，其治理手段的智慧化水平体现了一座城市的智慧发展阶段，换言之，社区"智慧"是城市"智慧"的前提与基础。目前，开展智慧城市建设的地区也都在这方面做出了各种探索。相对于智慧社区建设，虽然智慧城市建设的体量更大，涉及城市的产业、交通、环境、民生、医疗、教育、行政治理、资源配置、防灾减灾、信息共享、系统共生等诸多方面，且其中某些方面是社区难以承担的职责。但是，总体而言，要想实现整个城市的智慧化，就必须以社区为治理单元进行实实在在的数字化、智能化实践，这是智慧城市建设的内在逻辑。

## （五）培育熟人社区，营造社区共同体

费孝通先生在《乡土中国》中指出，中国传统社会是一种熟人社会，人与人之间存在特定的私人关系，这种关系将人与人联系起来，从而构成一张张关系网。这种依亲情和地缘因素而建立起来的社会关系充满了熟人社会特有的温情，"阡陌交通，鸡犬相闻"的生活方式在中国延续了数千年。然而，随着全球化与商业化的发展，陌生人社会逐渐成为城市生活的常态。社区邻里之间充塞着冷漠与防备的社会情感，即使是多年的邻居也往往是熟悉的陌生人，而这种社区状态显然不利于社区凝聚力和感召力的培育。

为了打破一扇扇防盗门所造成的社会空间壁垒，让社区居民开门互动，彼此信任，进而互助互爱，打造一个多元化的现代都市熟人社会，方兴在智慧社

区建设过程中，积极利用信息技术，借助多种信息平台的社会整合与社会意识唤醒功能，辅以线下的多种途径，构建邻里新空间。这是信息“智慧”对现代社会空间所具有的重要构建功能的生动体现。方兴社区的具体举措主要有：第一，定期开展由社会组织承接的居民活动，丰富社区居民的业余生活，拓宽社区居民参与社区自治的渠道，如开展高速时代城居民自治服务项目、蓝山佳源居民自治服务项目、康园睦邻生活馆服务项目等。第二，培育社区社会组织，成立邻里关爱团及各种文艺团体，社区社会组织不定期开展公益性质的志愿活动，增强社区居民的归属感，如组建万科蓝山小区金色年华、高速时代城小区邻里关爱团和佳源巴黎都市小区彩虹团等文艺团队。第三，针对回迁小区老年人较多的现实，开办老年大学，开设各种兴趣班，使老年人老有所乐、老有所学、老有所安。第四，加强对特殊家庭的抚慰，方兴社区发动社区社会组织的力量，采取积极措施，为特殊家庭提供帮助，减轻其生活压力，如开设残疾人庇护工厂、与特殊家庭结成帮扶对象等。第五，在中国传统节日如端午节、中秋节、重阳节、春节等开展各种活动，弘扬中国传统文化。

方兴社区在信息“智慧”助推下所实施的这些举措，以社区居民为主体和中心，关注居民的生存状况，满足居民的需求，彰显了社区的人文关怀。从一定意义上说，人文关怀是现代基层社区治理的终极目标。所以，在智慧社区建设过程中，应坚持中国传统文化积极因素与现代社区治理的有机结合，改善邻里关系，让优秀的传统伦理在现代社区中落地开花，为社区居民营造一个充满亲情的社会生活世界，提高社区居民的归属感和认同感。

### （六）发展社会组织，壮大共治、自治力量

强大而又多样的社会组织和具有参与自治意识的社区居民，他们是实践“党委领导、政府主导、多元参与、居民自治、良性自治”的基层社会治理基本原则所必不可少的两大要素。方兴社区同样借力“智慧”手段，采用多种举措，在这方面取得了显著的效果。

在居民共治方面，为有效动员辖区各种力量：第一，借助共治理事会，方兴社区初步整合了辖区内的社会资源；第二，试点“政协进社区”项目，与包河区政协合作开办瑞园小区的老年大学，包河区政协负责为老年学校提供优质师资，此外，包河区政协还组织政协委员开展各种公益活动。

在居民自治方面，2016 年 5 月，方兴社区与安徽乐邦慈善基金会按照 1∶1 共同出资成立“乐治方兴”专项基金，成立安徽省首个以 PPP（Public—Private—Partnership）模式组建的居民自治专项基金，旨在引导社区居民开展自治活动。这是方兴社区“五社联动”——“社区 + 社会组织 + 社会工作 + 社会资本 + 社区自治”社区治理模式的一块重要拼图，也是实现居民自治的重要途径。虽然项目运作的资金由政府和基金会提供，但是，资金的用途由社区居民决定，是社区自治的具体体现。目前，基金会主要致力于开展与居民自治相关的各种微公益项目，内容涉及小区维护、楼栋自治、小区文化营造、组织孵化、志愿服务等多个类别，如情暖佳源、爱心衣橱、美食汇·邻里情、群众大舞台等，以此激发居民参与自治的意识，吸引、动员辖区居民积极参与，挖掘、培养居民骨干，释放基层活力，做实社会公益，培育基层公益力量，推进居民自治，最终将居民自治、社区志愿服务、社会组织培育、社会救助等融合起来，形成一个统一的社区综合服务体系。截至 2017 年 12 月底，社区已培育民间草根组织 18 个，开展活动 40 余次。“乐治方兴”专项基金除了为社会组织和微公益项目提供资金支持外，下一步将与专业机构开展合作，引入专业指导，增强公益项目开展能力，提升社会组织的服务能力，壮大社会组织力量。

### （七）引进社会工作者，提高服务专业化、智能化程度

在社会工作专业人才队伍不断壮大的背景下，方兴社区管理队伍中先后引进了 3 名社会工作专业高层次人才，同时引进社区的社会组织中，其 7 名驻点工作人员，也都来自社会工作及相关专业。

作为专业化服务的提供者，社会工作者在方兴社区“五社联动”自治模式中占有不可或缺的一席之地。社会工作者主要为社区居民提供以下服务：协调物业与业主之间的关系、维持睦邻生活馆日常运营、培养居民骨干、整合小区资源、调解居民纠纷、协助社会组织开展活动、参与社会组织的考核、引导居民自治、帮助成立草根组织、提供个性化的社会工作服务等。社会工作者都是年轻人，是“智慧”的忠实信徒与积极践行者，他们在服务中能根据大社区智慧建设的总体要求，将专业化与智能化高度融合，生动地诠释了党的十九大报告提出“打造共建共治共享的社会治理格局……提高社会治理社会化、法制化、智能化、专业化水平”的题中应有之义。

## 三　方兴智慧社区建设中存在的隐忧及其对策建议

方兴社区在智慧社区建设过程中取得了丰硕的成果，为我国基层社会治理现代化的探索提供了有益参考与借鉴。但是，其建设仍然处于起步阶段，受一些因素的影响，需要社区上下勇敢地积极应对一些挑战，努力解决建设中所遇到的问题，确保智慧社区建设顺利推进，逐步走向完善。

### （一）体制保障有待健全

从国家顶层设计来看，虽然已经先后发布了《“十二五”智慧城市建设战略合作协议》《智慧社区建设指南（试行）》《关于促进智慧城市健康发展的指导意见》等规划和指导性文件，但是，体制保障不健全的问题依然突出。这就意味着，在街道级社区中展开的社会治理创新实践会有不可避免的制约存在。例如，方兴社区目前只有综合协调部、群众工作部、社会事务部和城市管理部四个行政部门，可是省、市、区仍然采用传统的体制——多个业务垂直系统的架构，这些垂直系统之间虽有联系，但总体来说仍然是一个个孤立、分散的“信息孤岛”，这导致方兴智慧社区建设不得不承受由此产生的各种不便，造成部分数据无法在社区内自由流动。换言之，当前方兴的智慧社区建设实践只能在有限的范围内进行，在一定程度上解决特定问题，如果无法获得体制上的有力保障，这些实践很难更加深入地推进和完善。

因此，基层社会治理如果要取得预期效果，体制机制的改革必不可少。党的十八大报告提出，要按照建立中国特色社会主义行政体制目标，深入推进政企分开、政资分开、政事分开、政社分开，建设职能科学、结构优化、廉洁高效、人民满意的服务型政府；党的十九大报告更进一步指出，为适应新时代中国特色社会主义现代化，要进一步深化机构和行政体制改革。这些思想都为指导建设服务型政府提供了明确的行动方向和目标。在此思想的指导下，应根据国家战略发展需要，围绕智慧城市、智慧社区建设目标，完善顶层设计，加强规划引导，建立健全法律法规体系，强化政策支持，使各地区社会治理的智慧实践顺利开展。

### （二）“智慧型”人才匮乏，现有一线工作人员的综合素质有待提升

智慧社区的各种科技手段只是基础建设，人才是社区治理与公共服务的指挥者、实施者，是智慧社区建设的灵魂。智慧社区建设对人才的综合素质要求很高，不仅要求智慧社区建设一线的工作人员需要懂得与计算机有关的各种技术，还要求其精通社会管理相关的知识、政策、法律法规，因此引进复合型人才是方兴智慧社区建设的关键之一。方兴社区现有工作人员大多承担着繁重的行政性事务，长期处于超负荷工作状态，而且部分人员的综合素质尚达不到智慧社区建设的要求，具有创新性思维的专业人才更是严重缺乏。于是出现了对电子服务终端设备的操作不熟练，对系统的理解不够深入，对智慧社区的认识存在偏差等问题。因此，如果要进一步推动智慧社区建设，就需要：第一，加强与相关企业、科研机构的合作，加大人才的培养与引进力度；第二，鼓励并创造条件为在职人员提供培训和学习机会，不断提高他们的专业技能和服务水平；第三，要以智慧管理、智慧服务倒逼社区工作人员努力提高信息技术的应用能力，提升“智慧”意识；第四，配套做好人才的服务工作，完善人才激励制度，提高工作人员福利待遇，为其创造一个发挥才能的空间，从而使其能扎根社区、安心工作。

### （三）智慧社区共治与自治机制尚待进一步完善，共治力量亟待发掘培育

智慧社区治理应当是政府和社会多元主体共同合作、协商共治。方兴社区虽然积极引导各类社会组织和个人参与建设智慧社区，但社会参与机制仍不够科学与明晰，参与面还比较窄。目前，有关科技类市场服务组织主要通过招标方式进驻社区开展专业服务，这增加了它们参与智慧社区建设的市场成本，加之其他方面的原因，导致其参与的热情不高，在一定程度上影响了方兴智慧社区建设的步伐。此外，一些社会组织与方兴社区在智慧社区建设的理念上也存在一定差异：社会组织尤其是具有市场属性的组织大多以获得利润为最终目的，将重点放在各种产品——硬件与软件的市场效益上；方兴社区则以实现高效社会治理与服务为目标，而非营利。因此，方兴社区从这类组织所购买的有

关智慧社区产品或服务，在实际应用以及消费过程中，存在着明显的局限性和片面性，不能完全满足智慧社区建设的需要，影响了这类组织与方兴社区有效沟通的效果和智慧社区建设多元共治局面之达成。这需要双方构建更加灵活的合作机制，整合更加务实的合作理念。

此外，方兴智慧社区的建设资源目前主要掌握在社区服务中心（政府）手中，居民委员会和各类公益性社区组织依然是配角，以居民为主体的社会力量以及其他社会资源还没有被充分调动起来。在自治方面，当前除了少数社区社会组织，大部分社区居民尤其是朝九晚五的上班族还没有深入参与到智慧社区建设中来。同时方兴社区是省政务文化中心，大量省直机关以及高端机构驻于此地，它们是方兴社区多元共治所需要的重要潜在资源，但遗憾的是其参与度很低。

政府、社会、市场、个人这四大主体的职责分配与协同合作是社会治理创新的核心。必须构建科学的机制以及进行必要的体制改革，保障四者的合法地位，促进各自社会治理潜能的充分释放，实现四方力量的良性互动，从而使社会治理顺利进行。在社会、市场、个人力量还相对弱小时，政府更要明确自己的正确定位，在发挥主体作用的同时，充分做好对其他力量的发掘、引导、培育和激励工作。当四方力量都成长起来并充分参与到社会治理进程中，理想的智慧社区才会出现。

### （四）居民的“智慧素质”有待大力提升

智慧社区建设是信息科学与技术发生革命性变革而走向社会生活世界的成果。换言之，智慧社区建设需要社会大众在信息技术的认知、信息传播与使用的能力、网络社会的道德伦理与社会责任等“智慧”素质方面，具备一定的基础。因此，针对辖区内社会阶层较为复杂、收入差距较大、文化与价值观分异较为突出、受教育程度差异显著的社会现实而言，如何针对社区居民文化素质与信息能力的提升进行积极干预，就是必须面对的现实问题。

方兴社区拥有康园、瑞园这两个超大型回迁小区，总人口接近25000人，居民以回迁户为主，分别约占65%、76%，他们从农业文明“时空移民”至现代城市文明中虽然已有数年，但长期养成的诸多生活习惯无法朝夕改变，进而与城市生活的文明要求发生严重冲突，这种状况在中老年人身上体现得更为明显。康园、瑞园这两个小区老年人的占比较高，均在17%以上。他们对于智慧化产品、服务的理解能力有限，缺乏对智能终端和应用系统的操作能力，他们更喜欢停留在过去的生活方式中，这在一定程度上影响了智慧社区建设的落地效果。此外，从社区社会组织的成员构成来看，与社区联系紧密的大多为退休及无业人员，这些人群对新技术的接受程度有限。万科蓝山、高速时代城两个商品房小区入住率仅为40%左右，佳源巴黎都市小区的入住率也不过58%左右，这意味着能适应智慧社区建设的居民并不多。此外，在方兴社区的居民构成中，租客也占了一定的比例，这也是居民智慧社区建设参与度不够理想的因素之一。

由此可见，方兴社区居民对智慧社区的认知还需要一个艰难的发展过程，居民的“智慧素质”建设面临严峻考验和挑战，需要各方力量开展长期、细致而又深入的工作才能促使其逐渐达到较为理想的水平。当前可以通过以下“智慧素质”建设路径提升居民的“智慧”能力：第一，政府、社会组织、居民骨干等社区建设主体应加大社区的科普力度，提高社区居民科学素养；第二，培养居民自主学习能力，搭建自主学习平台，帮助其树立终身学习理念；第三，大力营造智慧型生活以及相应的智慧型人际交往、社会融合的氛围，改造人们的观念意识，形成人人爱智慧、用智慧、乐智慧、创智慧的积极的社会共识；第四，加强社区科普志愿者团队建设，提供各种机会为志愿者“充电”，帮助他们掌握先进科技，提高志愿者的综合素质，让他们有效推动辖区居民智慧素质的提升工作。

## 参考文献

Sotiris Zygiaris, Smart City Reference Model: An Approach to Assist Smart Planners to Conceptualize a City's Smart Innovation Ecosystem. *Journal of Knowledge Economy*, 2012 (1).

王喜富、陈肖然：《智慧社区：物联网时代的未来家园》，电子工业出版社，2015。

中国电信智慧城市研究组：《智慧城市之路：科学治理与城市个性》，电子工业出版社，2011。

逄金玉：《“智慧城市”——中国特大城市发展的必然选择》，《经济与管理研究》2011年第12期。

# B.7

# 公共空间视域下的社区治理研究*

## ——基于合肥市肥东县的实证研究

王云飞　黄　敏**

**摘　要：** 社区治理旨在提供满足社区居民文化生活和精神生活的公共产品，而文化、精神生活是在一定的公共空间中展开的。由于缺少公共活动空间，社区居民休闲、娱乐和交往的场所相对缺乏，导致社区居民普遍存在漠视公共事务的态度，社区建设缺少凝聚力。强化社区治理成效，一方面要充分利用既有的公共空间，营造良好的居民参与氛围，另一方面可根据不同社区的条件建立新的公共空间，对于那些正在规划中的社区，则要充分考虑留出土地用于公共空间的建设。本文试图通过对合肥市肥东县店埠镇镇南社区、肥东县撮镇义和社区、肥东县长临河镇罗店社区以及肥东县桥头集镇复兴社区等的居民进行问卷调查和访谈，对调查结果进行分析处理，探寻居民参与社区治理的困境及其成因，并提出通过公共空间建设加强社区治理的相关举措。

**关键词：** 公共空间　社区治理　公共事务　居民参与　肥东

社区是整个社会的缩影，社会中的各种复杂关系和问题都会通过社区反映出来。社区治理是指在社区范围内各主体包括政府机构、社区自治组织、非营

---

* 本文系安徽省肥东县委政策研究室重点委托课题“社区公共空间交往视角下的社区治理研究”的研究成果。

** 王云飞，安徽大学社会与政治学院副教授，博士，研究方向为农村社会学、法律社会学；黄敏，安徽省肥东县委政策研究室主任。

利组织、市场组织、社区居民以及政党等多元主体在法治化、规范化的前提下，组成社区治理互动网络，共同管理社区公共事务的过程。党的十九大报告指出："提高保障和改善民生水平，加强和创新社会治理"。社会治理是社会建设的一项重大任务，也是国家治理的重要组成部分。推进国家治理体系和治理能力现代化的一项重要工作，就是推进社会治理体系和治理能力的现代化。城乡社区是社会治理的基本单元，也是社会治理体系中的基础部分。党的十八大以来，党和政府更加重视城乡社区在社会治理中的重要作用，注重完善城乡社区治理体系。公共空间，从表现形态看，可分为现实的公共空间和网络上虚拟的公共空间。现实的公共空间概念又有广义和狭义之分，本研究将在狭义上运用公共空间这个概念，即现实公共空间，包括街道、广场、公园、绿地、停车场、体育场地等免费供居民公共活动和使用的室外空间。研究表明，公共空间是影响居民幸福感的重要因素。充分认识并重视作为基本公共服务体系重要内容的公共空间建设，可以对社区治理产生意想不到的效果。在大力推进肥东县创新发展过程中，肥东县委、县政府在城乡治理方面采取了多种有效举措，在公共空间治理方面也积累了一定的实践经验，这些都为调研提供了很好的资源，也为探讨公共空间与社区治理的关系提供了参考范本。

## 一　研究方法与基本情况

肥东县共有社区142个，其中农村社区130个，城镇社区12个。全县331个村（社区）活动场所面积全部达到200平方米以上，其中500平方米以上的92个，占27.8%；1000平方米以上的18个，占5.4%。店埠镇12个城镇社区现有管理服务用房面积12484平方米，平均面积达1040平方米。本研究主要选取样本点乡镇进行抽样调查，采取实地调查研究的方法，分别对肥东城关镇和其他乡镇的社区进行研究。选取的社区主要是合肥市肥东县店埠镇镇南社区、肥东县撮镇义和社区、肥东县长临河镇罗店社区、肥东县桥头集镇复兴社区以及张集镇、梁园镇等社区，并对所调查的社区进行分类，将其分为城关镇较为成熟的社区、乡镇集镇社区以及农村社区等。

本研究采取问卷法、结构访谈和非结构访谈法收集数据。研究选取社区中人群密集地点发放自填式问卷，选取乡村人口分散的地点进行半结构式访谈。

调查对象涉及不同年龄段、不同职业、不同身份的人群。问卷由调查员现场发放，现场回收，累计发放问卷 140 份，整理并剔除无效问卷 19 份，获得有效问卷 121 份，回收率 86%。从问卷整体的质量来看，样本质量较高，数据代表性较强。调查对象多为中年、老年群体，其中最小年龄是 20 岁，最大年龄是 77 岁，平均年龄 48.39 岁，标准差 12.921。偏度是 -0.068，在（-2，2）之间，因此斜度数据比较合理；峰度为 -0.622，在（-2，2）之内，数据较合理。调查对象中，男性有效百分比为 42.50%，女性为 57.50%，调查对象男女比例基本持平。在调查的居民中，文化程度为本科及以上的仅占 15.9%，高中及大专的占 15.9%，初中的占比 48.7%，小学及以下的占比达到 19.5%。文化程度的巨大差别影响居民对社区公共空间的认识和通过社区公共空间参与社区治理的能力。在选择的样本社区中，文化程度、年龄等的差异导致当前社区治理中居民参与度不高，对社区公共空间的认识不足，对它的重要性不了解甚至存在误解。

各样本社区的数据显示，居民居所附近拥有小型广场的占 42.5%，有健身场所的占 33.6%，有小区绿地和凉亭的占 33.6%，有图书室的占 59.2%，有庙宇的占 9.7%，有祠堂的占 11.5%，有棋牌室的占 26.5%，有集市的占 15.9%。可见，社区内公共空间整体相对缺乏。调研显示，社区建设中，政府及社区忽视了对公共空间资源的充分利用，忽视通过公共空间作为切入点思考社区治理模式创新。

此外，在调研过程中，调查员通过走访社区住户以及在问卷填写过程中选取典型个案，对他们进行深度访谈，最终整理出访谈记录 10 份。由于选取样本社区的局限，数据显示的问题与访谈中的内容有一定的偏差。对于这些偏差将根据对数据的逻辑分析给予说明。

## 二　社区治理理论和实践概述

传统的中国社会秩序是以家族为中心、以伦理为基础、以乡规民约为规范指导的乡村社会秩序。乡村治理遵守熟人社会中共同体的价值规范。西方社会是将宗教、法律等作为整合社会秩序的基本规范的。随着我国城市化进程的加快，传统以伦理为基础的乡村社会逐渐趋于解体，在城镇发展起来的具有现代社区特征的社区需要新的治理思路和新的治理方法。由于社区与现代人的生活密切相关，关于社区的研究早就进入了西方和中国研究者的视野。

## （一）国内外社区治理研究

1. 国外社区治理研究

1887 年，德国社会学家斐迪南·滕尼斯（Ferdinand Tönnies）最早引入“社区”概念。此后在理论研究的同时，社区实践也在发展，社区实践过程即社区治理过程。典型的社区治理理论有新地方主义下的网络化社区治理理论，英国政治学教授格里·斯托克（Gerry Stoker）认为新地方主义是一种新兴的治理原则，要求的不是简单地将权力下放给正式的地方政府，而是积极地将地方居民纳入其社区的治理之中。随着公民参与社区事务的意识和能力的提高，美国学者理查德·C. 博克斯（Richard C. Box）教授提出公民治理下的社区治理模式，认为借助社区治理的平台，公民代表可以更多地获得权力，承担起公共事务管理，成为“公民管理者”，同时，社区广大公民能够表达对社区发展的利益要求和期望，从此形成新型的代表制度。在政府与公民社会的关系方面，吉登斯指出“根据情况的不同，政府有时需要比较深入地干预公民社会的事务，有时候又必须从公民社会中退出来”。这些认知都贯彻在政府职能转变和社区治理当中。西方还有学者从社会资本的视角对社会治理进行研究。

自 19 世纪末以来，西方率先开展了社区治理研究，形成了比较完善的理论体系，社区治理实践中也创造了具有区域和文化特点的模式，如澳大利亚的“自治型”、欧洲的“社区城市化”、以色列和日本的“混合式”以及新加坡等发展中国家的“行政主导型”等社区治理模式。

2. 国内社区治理研究

1933 年，费孝通先生首次引进“Community”概念，民政部 20 世纪 90 年代初重提社区概念，倡导社区服务。2000 年民政部颁发《关于全国推动城市社区建设的意见》，标志城市社区建设进入新阶段。关于社区治理研究，有的以社会变迁宏观背景为切入点，有的从治理观念和治理结构层面切入，有的从具体政策及城乡社会发展的特点介入，等等。

有学者从社会变迁角度指出，1949 年以来城市基层社会管理体制的革新与转变、城市基层社会组织的发展与变化，使得城市基层社会管理体制从单位制到街居制再到社区制转变。从治理模式看，有学者认为我国的社区治理模式包括政府主导的行政型、政府与社区的合作型和社区主导的自治型。从社区建设主体角度，有学者将其分为政府、社区组织和社区居民委员会三个层次，认为社区建设就是处理好三者之间的关系。也有学者从政策和社会发展角度认为，“公共治理”是城市社区建设理想的路径选择。也有从“农村经济发展”角度研究经济发展背景下的农村社区建设。有通过“新农村建设”的个案研究把新型农村社区建设作为推进统筹城乡发展的结合点。还有从“城乡一体化”视角，认为社区建设不仅是农村社会化发展的内在要求，也是推进城乡一体化的外在要求，等等。

社区研究初期，主要在社会学层面。随后政治学、行政管理学和经济学等学科也进入社区治理理论和实践研究。社区的实证研究居多，多为个案调查，研究着力点主要集中在社区自治和社区服务方面，综合性研究成果较少。研究中还没有从“公共空间”视角的相关成果，为此，本报告通过分析公共空间与社区治理的关系展开研究。

### （二）社区建设和治理的实践

我国社区建设和社区治理实践的成果主要是一些治理模式的创新。根据各种模式的特点，大致可以分为政府主导、社区自治以及社区服务三种类型。

政府主导型：政府的社区治理目的在于提高居民生活质量，维护社会稳定。政府主导实行“两级政府、三级管理”“条块结合、以块为主”的管理模式。该模式为了适应城镇社区的现代化治理，将政府权力逐级下放，重心下移到街道，强化街道的管理功能。政府负责制定社区的发展规划、建设和管理制度；制定和实施治理政策；协调社区内企业、志愿者和社区成员参与社区建设和治理工作；检查、监督社区建设实施情况等。政府主导形式是准政府型的。基本特点就是政府行为与社区行为的紧密结合，政府对社区的干预较为直接和具体，并在社区设有各种形式的派出机构，在社区管理方面的行政性较强，官方色彩浓厚。当前，我国实行这种模式的城市主要有上海、北京、天津、杭州等。

社区自治型：在社区管理体制上，由社区居民和辖区单位的代表共同组成社区管理委员会，每年定期召开社区成员会议，讨论社区的重要事项。作为社区成员会议的执行机构，建立社区协商议事委员会。在社区成员会议闭会期间行使社区事务的协商议事职能，建立社区党组织，即“领导层”，并形成由楼长、单元组长、居民代表、社区志愿者等组成的工作网络。其主要特点是政府行为与社区行为的相对分离。政府对社区的干预以间接的方式进行，通过制定各种法律法规来规范社区内个人、组织等不同集团的行为，协调社区内各种利益关系，社区内的具体事务则完全实行自主自治。但社区的发展和规划仍由政府来编制并提供财政支持以保证实施，规划过程体现自上而下与自下而上相结合的原则，在必要的时候举行听证会征询社区成员的意见。

社区服务型：社区建设主要体现在社区的服务、文化、教育、环境、互助以及治安六个方面。区、街道、居委会等成立社区并建立三级组织机构，即区成立社区建设指导委员会，街道成立社区建设协调委员会，居委会成立社区建设管理委员会。建立区、街道、居委会三级社区服务中心，赋予社区更多的管理职能和服务内容，寓社区管理于服务之中，以此增强社区成员的凝聚力，体现社区发展的自力更生原则。

## 三　社区治理与公共空间关系的研究背景

社区是社会最为重要的构成单位，只有社区和谐了社会才会和谐，所以说社区治理是建立和谐社会的基础。近些年来，中央到地方的各级党委和政府都对社区建设非常重视，特别是党的十八大和十九大都对此提出了要求。本报告选取肥东县所辖乡镇的部分社区为研究对象，对肥东县在社区治理方面的政策和措施进行梳理，由此探讨社区治理的绩效，并将这种治理绩效与公共空间建设联系起来加以分析。

### （一）社区治理和社区建设的政策依据

社区治理是政府与社区组织、社区居民共同管理社区公共事务的活动。党的十八大明确将社会管理与民生并列为社会建设的重要内容，提出“加快形成党委领导、政府负责、社会协同、公众参与、法治保障的社会管理体制，加快形成政府主导、覆盖城乡、可持续的基本公共服务体系，加快形成政社分开、权责明确、依法自治的现代社会组织体制”。党的十八大报告指出，加强社会建设要在改善民生和创新社会管理中实现。社会建设的重点、难点都在社区。其中社区居民参与是难点中的重点。基层民主建设强调“发挥基层各类组织协同作用，实现政府管理和基层民主有机结合”。社区的居民参与是实现这一目标的重要因素，也是深化民主改革的重要内容之一。建设基层民主，促进居民参与社区治理的过程需要协调政府、居民、社区组织三方的关系，政府仍然起主导作用，动力是社区居民，即政府领导下的多方参与，实现社区共同治理。

党的十八届三中全会确立了全面深化改革的总目标，明确提出“创新社会治理体制”、“改进社会治理方式”、推进“城乡社区治理”等改革任务，形成了从国家治理、社会治理到社区治理一体贯通、一脉相承的治理体系，为推进社区治理创新指明了方向。

党的十九大报告提出，要提高保障和改善民生水平，加强和创新社会治理，打造共建共治共享的社会治理格局。加强社区治理体系建设，推动社会治理重心向基层下移，发挥社会组织作用，实现政府治理和社会调节、居民自治良性互动。加强社会治理制度建设，完善党委领导、政府负责、社会协同、公众参与、法治保障的社会治理体制，提高社会治理社会化、法治化、智能化、专业化水平。

在我国，城镇社区的治理以公益事业服务为方向，如发展社区卫生，繁荣社区文化，美化社区环境，调解社区纠纷；倡导互助精神，树立健康社会风气，建立良好人际关系，为的是将社区建设成为管理民主、治安良好、环境优美、文明和谐的美好状态。注重城镇社区建设和发展，创新社区管理与发展方式，为建立和谐城镇社区打下良好的社会基础。

## （二）公共空间与社区治理密切相关

### 1. 公共空间的内涵

从城市空间角度来看，城市公共空间是属于城市的外部空间，即室外的、位于建筑之间的空间，同时具有明显的公共性，是承载城市公共人际交往的主要场所。从功能活动角度来看，承载城市公共生活职能和内容的场所就是公共空间，它既有可能是室外的，也有可能是室内的。通俗地说，公共空间表现为公共活动场所，如居委会、草坪、广场、公园、停车位、集市（街道）、阅览室、篮球场、棋牌室等，也包括了公共厕所和公墓。

从文献梳理中可以看出，关于社区治理的理论研究在不断地深入，社区实践也在很多层面展开。随着物质生活水平的提高，人们对精神生活品质的追求也越来越高。资料显示，长期以来，包括肥东县在内的全国范围内的社区建设中，无论是城市社区还是乡镇社区都忽略了社区公共空间的建设。近些年，关于城市公共生活的相关报道中不断出现关于广场舞扰民问题，其实质就是社区公共空间缺乏的问题；而乡镇留守群体的文化、精神生活匮乏，与缺少公共活动空间也不无关系。本调研正是基于社区公共空间的状况及其对社区居民生活的影响而展开的。

2. 公共空间建设的主体缺位

之所以要强化社区治理建设，一方面是因为社区治理是社会稳定的基石，另一方面是因为一个好的社区生活环境能够提高居民的生活品质，从而提高幸福感。社区公共空间中的环境是社区居民赖以生存的地方，公共空间环境的建设和改善需要社区治理，而社区治理又需要一定的主体来参与完成。如果在社区治理中仅仅依靠社区领导甚至地方政府作为主体，那么便会出现社区居民这个重要主体的缺位，这样，不仅挫伤社区居民参与治理的积极性，而且社区治理的成果难以维持。

随着市场经济的发展，人们在追求物质生活过程中忽视了对精神世界的建设，无论城市社区还是农村社区，居民和住户的流动性强，居民之间关系淡漠，社区的共同体意识缺乏，社区治理主体缺位等，都对社区的文化建设起到阻滞作用。面对公共空间中的事务，人们往往还是秉持传统观念中的“各人自扫门前雪，哪管他人瓦上霜”。社区治理应该充分发挥公共空间的作用，消除传统那种只管自我算计、不顾公共利益的消极观念，调动社区内各方面的资源参与到社区建设中。

3. 公共空间的精神文化生活单一

社区治理的一个重要内容便是社区居民的文化生活和精神生活。公共空间是人们进行交流、沟通的重要场所，通过交流能够提高社区居民的凝聚力，增强对社区的认同感，也使人们的文化、精神生活更丰富多彩。社区公共空间对构建社区文化起重要作用，它能够突出社区文化个性，强化社区的文化认同和社区文化自豪感，这种文化氛围中形成的集体意识和公共精神使得居民能够超越个人私利而关注公共利益。而当前社区的硬件建设中缺少公共活动空间，社区居民便缺少交往的场所，其不仅影响居民的文化、精神生活品质，而且由于信息交流的不畅，很多公共事务无法进入社区居民视野，难以调动居民参与公共事务的热情，同时，因缺乏沟通，人们彼此之间存在隔膜，自然难以获得所谓的文化认同和归属感，社区便缺少凝聚力。研究社区的公共空间功能发现，一方面应充分利用既有的公共空间，另一方面可根据不同社区的条件建立新的公共空间，对于那些正在规划中的社区，则要充分考虑留出土地用于公共空间的建设。

不同地域、不同文化习俗和不同社区居民构成等形成不同的社区特点，这些特点体现在日常活动的公共空间中，比如公共休闲娱乐空间、街头巷尾、居委会场所等，这些活动场所“闲聊”的话题是社区文化、习俗和关注焦点的体现。因此，研究社区治理不能不考虑公共空间。

### （三）肥东县社区治理的相关情况

#### 1. 肥东县社区管理工作分析

肥东县政府网站的目录下有一个栏目是“信息公开”，在下面有一个子目录“社区管理”，这个目录收集该县所有社区近两年来在社区管理方面的工作信息，自 2016 年 7 月 26 日第一条信息到 2017 年 12 月 29 日最后一条信息，共发表 944 条信息。分析这些来自于社区的信息发现，绝大多数都是与社区管理和社区服务相关的内容。关于社区建设方面主要是社区党建。没有社区建设的理论和实践探索，也没有报道根据社区居民的要求而进行的相关社区建设。

与社区公共空间相关的报道也都围绕着文明创建，集中在环境整治方面的临时性活动，比如，2016 年《群力社区：齐心协力治理社区绿化》《定光社区：整治沿线商铺，还居民畅行通道》；2017 年的报道中有《花园社区：整治毁绿种菜，恢复青青草地》《镇西社区：美化环境创和谐》等。应当说，肥东县的社区服务工作非常细致、深入。另外，在政府服务方面，全县社区管理和服务用房平均面积达 500 平方米，各社区除设立“一站式”办事大厅，保证为社区居民提供便捷、规范的行政服务外，还有党员活动室、村民议事室、社区卫生室、警务室、人口计生服务室、图书阅览室、文化娱乐健身室、老年活动室、青少年活动室等配套服务设施建设。店埠镇一心社区、石塘镇阚东村等5个村（社区）参加合肥市农村标准化示范社区创建活动，进一步加强社区基础设施建设，完善社区服务功能，实现城乡社区基本公共服务均等化。报道中提及的“党员活动室”等即属于社区内的公共空间。

但是，通过对所有报道的分析研究可以发现，其缺少社区本身的制度建设内容，更没有触及社区公共空间的制度建设，也未能反映社区居民对公共空间的需求。

2. 肥东县社区管理的政策和实践

党的十八大以后，肥东县委、县政府非常重视辖区内的社会综合治理工作。早在2014年，肥东县政府的相关政策显示，该县从社会管理的层面，以平安肥东、法治肥东、和谐肥东建设为中心，以维护社会和谐稳定为重心，以深化社会治理创新为主线，提升社会治理整体水平。2017年9月8日，肥东县采取八项有效措施加强城乡社区及村级综合治理，规范基层工作管理，维护社会稳定：坚持季度检查通报制；进一步优化村级事务流程；建立“阳光村务”维权监督平台；加强村（社区）民政力量建设；举办“廉洁村官”评选活动；推广城乡社区协商制度；开展以村民小组或自然村为基本单元的村民自治试点；参与农村标准化示范社区创建活动。

这些政策中谈到的“社会治理”是“社会管理”政策内容中的一个提法，尚未形成一个概念。2015年1月10日在肥东县第十六届人民代表大会第四次会议上提出“社会治理不断深化”这一说法。但是，关于“社会治理”的概念内涵以及和“社会管理”的区别在相关资料中并没有表现，事实上这两个概念交替使用了。另外，相关资料中还鲜有“社区治理”的概念。

虽然“社区治理”在文件中少见，但实际上自2014年以来，社区治理的具体实践已经在一些社区展开。该年度店埠镇的镇南社区就进行了社区治理的创新性探索，通过建立“小中心大工作站”新型服务实体，实施“一站式”服务管理机制，创新社区治理模式，为的是将社区的服务功能落到实处。2015年4月初，肥东县店埠镇塘林回族满族社区等25个农村社区成为合肥市农村标准化示范社区建设创建单位。

3. 肥东县政府关于社区建设的举措

2017年12月，肥东县人大提出的《关于加强社区建设的议案》（以下简称《议案》)。《议案》分析了社区存在的问题，在此基础上对肥东县政府提出六项建议，分别是：加大对社区教育和培训的投入；制定社区长效宣传机制；加强社区队伍建设；加大改制企业生活区改造力度；加强业委会筹备和成立指导；加强社区建设领导。根据《议案》的要求，肥东县政府制定了六项措施具体落实。这些措施包括：一是着力加强组织领导，由县政府主要负责同志担任组长，统一协调全县的社区建设工作。二是不断完善服务功能，强化社区服务平台建设。三是逐步提高社工素质。将村（社区）“两委”成员培训纳入全县干部教育培训总体规划。四是持续加大财政投入。将村级组织基本运转经费和服务群众专项经费纳入县级财政预算，为村级组织提供坚实的经费保障。五是积极创新社区民主管理，积极推进以村民小组为基本单元的村民自治试点工作。六是稳妥解决重难点问题，结合 2017 年全县开展的城市管理提升年行动，出台相关规定，加强老旧小区综合治理和后续的物业管理工作。

总之，据调查分析，肥东县乡镇的社区治理模式大多属于政府主导型，政府主导对政策制定和落实、社区治理的成效显著，但是社区公共空间的布局以及公共空间的建设有待规划和落实。

## 四　公共空间缺乏状况下的社区治理绩效考察

公共空间视角下社区治理绩效考察的指标主要在于其公共性职能的发挥，即公共空间是否能够满足社区居民的需求、公共空间的利用率和利用的有效性、公共空间在提高社区居民的生活品质和幸福感方面的作用等方面。

### （一）既有社区居民的公共空间需求无法满足

调研的社区中，有的是城镇的传统型社区，即在城镇自然演进中逐步发展起来的社区，如店埠镇镇南社区；有的属于回迁户社区，这些社区中的居民楼分配方案打破了传统自然村落以家族为单位的社会结构，比如循环经济工业园的义和社区；有的是撤区并乡后，由原有乡镇所在地改造而转化的社区，如桥头集镇的复兴社区；有的属于农村行政村改制后的社区，主要是以自然村为社区的组成单位，如梁园镇的漕河社区等。

1. 社区居民活动空间不足

每一种类型社区，因为其历史沿革和现实需求不同，居民的要求也不尽相同。但是，在对公共空间的需求方面所反映的问题具有一定的共性。比如，传统社区囿于城市发展规划的历史因素，没有考虑到公共空间的建设。41.6%的城镇居民反映与邻居之间的交流、交往都是互相串门；农村社区的交往87.9%以上都是相互串门。不仅居民正常生活、休息和娱乐的空间缺乏，而且也缺少一个可以寄托精神信仰的地方。现有的公共活动场所无论在数量上，还是在管理、维护上都根本无法满足居民的需求。调查中的社区几乎都缺少居民活动的公共广场，而居民希望有一些公共场所的比例为65.5%。草坪面积和居民人口比例较低；缺少娱乐、休闲的公园；缺少体育运动的球场；城镇社区的公共厕所不足或者没有；等等。

根据调查，无论城镇社区还是农村社区，都存在停车位严重不足问题。受访中95.4%的城镇社区居民反映停车位紧缺；农村社区的停车位不足主要体现在节日期间，比如清明节、冬至以及春节等回乡祭祀和探亲访友等活动集中的时期，车位紧张比较突出，且乡村道路十分拥堵。

2. 既有公共空间管理困难

公共空间有限，但是很多公共空间属于刚性需求。就是说，在既有公共空间绝对缺乏的情况下，减缓空间缺乏压力的手段只有强化社区治理。调研显示，从社区公共空间的利用状况可以看到社区治理的绩效并不好。但是，在访谈中，店埠镇镇南社区、循环经济工业园的义和社区等干部和居民反映许多属于公共性质的空间被乱堆乱放的杂物占用，公共环境差、车辆随意占道以及垃圾无法清理等。受访居民中，78.6%的居民反映，公共空间出现了“非公共性”的状况，并且无人制止。但是，在公共空间绝对缺乏的情况下，完全依靠制定有效的政策和精致的管理手段来解决问题是难以实现的。如果要取得治理绩效，那么社区治理人力投入的成本就会很高。

3. 传统的空间需求难以得到满足

在调研过程中可以看出，各种类型的社区都存在不同的公共空间需求。比如，老的城镇社区都没有将电影放映场所、各种信仰群体所需要的活动场所、家族聚会所需要的场所纳入社区建设的规划当中，因而显得公共空间极度缺乏。比如，合肥循环经济园的辖区内有几个行政村，十几个姓氏家族，这些姓氏家族缺少属于自己家族的活动空间。另外，在长临、梁园、桥头集等镇的社区中，同样也缺少这样的传统的公共场所。

社区公共空间无法满足居民需求，包括绝对无法满足和相对无法满足。绝对不足是因为在规划和设计过程中根本就没有相应功能的公共空间；相对不足是因为社区管理的因素。无论是绝对不足还是相对不足，公共空间的缺乏都必然影响到社区的治理绩效。

## （二）公共空间中的社区治理作用不明显

社区治理本质上是在公共空间里的治理行为。治理绩效也是在公共空间中展现出来的。之所以说是“治理”而不是说“管理”，是因为治理的内涵是全体居民都参与到其中的一种自治形式。而“管理”是自上而下的，完全由党和政府主导的追求社会秩序的形式。将管理和治理区别开来，不是文字游戏，而是参与社区建设的主体地位问题。社区治理是多元主体参与的治理。

### 1. 社区治理的居民参与度不高

社会治理是在一定地域，即农村社区或者城镇社区内的社会治理。社会治理也是在一定空间之中的社会治理。没有公共空间，居民也就没有参加公共事务的场所，也不可能培养出社区生活的公共精神。无论城市社区还是乡镇社区，人们的政治生活都只能是在一定的公共空间中展开的。公共空间是交流各种信息的场所。这些信息大的涉及政治、经济、文化等层面的内容，小的涉及社会生活、家长里短等一系列现实问题。问卷数据表明，有 9.8% 的居民每年参加 5 次及以上社区事务，有 22.3% 的居民每年参加 3 到 4 次的社区事务，34.8% 的社区居民每年参加 1 到 2 次，33% 的居民从不参与。

在肥东，由南部的长临镇罗店社居委到北部的古城镇广兴社居委，社居委所在地的公共空间基本上都是具体的社区服务场所，如阅览室等基本上处于闲置状态。除了棋牌室，社区居民之间几乎没有其他公共活动的场所。如果从现代社会的治理理念来看，正在发挥作用的、现有的公共空间并不能培养居民的公共精神。如果公共精神不能培养起来，那么居民只能是“各人自扫门前雪”，社区呈现的只能是一片散沙状态。那么建设和谐社区的目标也只能是一句空话。

### 2. 公共空间信息传播的负面效应

公共空间信息传播是一把双刃剑。公共空间有的是公众政治生活的场所，有的是自发的娱乐、休闲活动场所。不同的公共空间中所传播的信息是有差别的。作为政治生活空间的场所传播的是党的路线、方针和政策，在这类公共空间中，宣传国家的意识形态、地方性的法律法规以及地方性的社会事务，目的是提供人们认识、理解和贯彻方针、政策的平台，培养有社会责任感的公民和具有公共精神的居民；作为自发的公共空间所传播的信息则具有更强的随意性。在这种随意性中，会产生一些有意无意的错误信息，从而造成不良的社会影响。肥东县乡镇社区中缺乏能够让居民自发聚集的公共空间。村委会所在地大多设有容纳100人左右的会议室。这类会议室多为党员活动室，普通居民使用率很低。居民对方针政策、法律法规的传播和理解的渠道往往不是通过这些公共空间获得的。

当然，自发的带有某些功能性的公共空间中的信息传播，如果不能加以正确的引导，那么这些空间中的信息就会起到负面的社会效果；反之，则能够发挥正面积极作用。从培养现代观念和道德建设的角度看，充分利用公共空间的特性能够更好地体现出社区治理的绩效。

3. 公共空间对家庭、家族乃至社区和谐的整合能力欠缺

公共空间中有一些重要的地方，这些地方涉及家族和宗族的祠堂、寺庙和教堂等精神活动场所。这些带有公共性的空间，本可以在政府相关机构的指导下，发挥更好的社区治理功能，但是公共活动场所并没有被很好地利用。这样，一方面失去了传统文化中整合社区凝聚力的手段，另一方面甚至使家族内部的公益精神都难以养成。比如属于宗族和家族的邻里纠纷、夫妻不和、老人赡养不力等事务，往往只能政府出面才能解决，由此增加了政府在社区治理上的成本。

另外，具有私密性的家庭宗教场所的形成，会增加治理的成本，也会增加治理的难度。结果是投入的精力大，但是治理的效果却不明显。还有，这些宗教场所的活动，如果失去了公共性，那么私人空间的信仰和信息的传播会导致对政策理解的误读和偏差，从而影响到社区治理的绩效。

### （三）现有公共空间对居民生活品质影响不大

公共空间存在的功能，一方面是满足居民的生活需求，另一方面是满足居民的精神需求。居民对生活品质的评判往往是根据精神层面的认知表现出来的。生活品质直接影响到一个人对人生和社会生活的态度。这种态度有的是积

极健康的社会心理反映，有的则表现为消极的心理状态。它反映的是一个社区的文明程度，以及居民安居乐业的程度。

1. 公共空间与人的心理需求

从心理学的角度而言，每个人都有社会交往的需求，在一个没有公共活动空间的状态下，人就会产生孤独感，精神就会感到压抑，严重时就会产生心理疾病。归纳起来，心理问题与轻松感、公平感、安全感、幸福感、归属感和同情感等的缺失是有一定关系的。分析这些缺失，都或多或少地与缺少沟通、交流有关。

社区范围内，缓解心理疾病最为直接的手段便是建立一些社区交往平台，让老年人、中青年及儿童等，都有一个适宜交流的地方。大多数老年人在温饱问题解决之后，便开始追求精神生活。65 岁以上的老年人中，66.7% 的受访者表示只有在与人交往中才不会感到孤独，25.6% 的受访者因家务事、农活或者经营活动等，很少参加公共活动。年轻人中，61.8% 的受访者对是否参与公共活动表现出无所谓态度。年轻人有更多的娱乐和休闲方式，是否有公共活动场所并不影响他们的生活品质。但是无论是年轻人还是少年儿童，社会交往所培养的是一种自我调节的能力，这种能力会在未来的社会生活中渐次表现出来。所以说，缺少公共空间的现状正在或者即将影响到人们的心理健康。

社会交往空间的缺乏，对于老年人生活品质的影响是直接现实的，而对于青少年来说，如果不能在日常生活中充分的社会化，那么必然难以适应社会的变化，从而最终会影响到人的心理和生活品质。

2. 公共空间与社区的文化需求

社区文化是中国特色社会主义文化的组成部分，社区文化建设直接关系到社区居民的幸福安康。调查显示，现有社区均缺少具有公共性质的文化生活。就是说，现有的社区公共空间还不能够满足居民的文化生活需求。

调查显示，无论城镇社区还是农村社区，都有一些带有休闲作用的运动器材。这些器材多在社居委办公地点附近。农村社区的这类公共设施几乎成为一种摆设，利用率很低。调查数据显示，11.5% 的农村社区居民使用过这些器材，比如长临镇罗店社居委、梁园的曹村社居委等远离自然村，居民使用运动器材锻炼身体要走很远的路；城镇社区中的公共设施利用率较高，达 80% 以上。广义上说，在这些公共空间中利用运动器材锻炼也算是一种文化活动。但是农村地区的这种公共空间没有得到很好的利用。狭义上说，广场舞不是文化

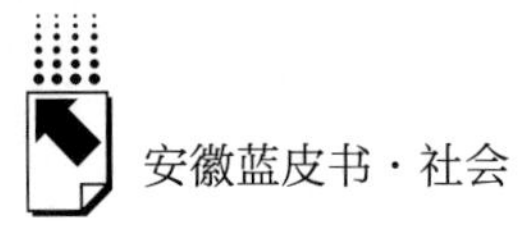



活动，茶余饭后的运动也不能称为文化活动。文化活动是一种文化精神的传承，在表面仪式活动中携带的是一种价值观念，这类文化活动使得人的精神面貌得以提升。从这个意义上看，城镇社区的这类场所也没能充分实现调适社区居民的文化心理、提高生活品质的目标。

## 五　关于公共空间建设与社会治理的思考

公共空间建设需放在大的社会背景之下来考察。改革开放以来，一方面社会结构发生了深刻的变化，另一方面变化过程中物质生活水平从“物质匮乏”走向“物质丰裕”。人们从对基本生活的物质层面追求转变为精神生活的满足。应该注意到，这种转变过程对人们观念和人格塑造形成了复杂影响。这些影响既表现为对现代的拥抱，又表现为对传统的依恋，即双重的人格特点。社区治理的对象是一个个具体的人，根据社会变迁过程中人的复杂性来组织社会资源是最好的选择。从抽取样本的社区发展情况看，肥东县的绝大部分社区都具有上述特点。因而从公共空间的视角来规划社区公共空间建设，应该以上述变化为依据。

社区治理的终极目标是家庭和睦、社区和谐、居民幸福。一个社区如果这几个方面都得到了满足，那么就说明该社区具有较高的文明程度。具有较高文明程度的社区精神风貌必然是积极向上的，社区的生态就会进入一种良性循环，这种良性循环的状态便是社区长期和谐的文化基础。

### （一）重视以休闲、娱乐为目的的公共空间建设

休闲娱乐方式直接展现的是社区生活的品位，不同的娱乐方式建构出风格迥异的社区集体气质。从已经建成和正在建设的社区情况看，肥东县所有的社区都以现代社区建设为目标，所以社区建设过程中休闲娱乐场所的规划必然成为一个重要考量指标，这个指标正是基于物质丰裕时代这一背景的。物质丰裕时代的公共空间建设有别于物质匮乏时代社会对精神生活的态度。

1. 物质丰裕时代的公共空间功能需求

传统社会的社会生活建立在物质匮乏的基础上，而现代城镇社会建立在物质丰裕的基础之上。由于中国社会处于转型期，传统社会的解体与现代社会的

形成是一个同时进行的过程。

正是因为传统社会生产力不发达，所以生产的产品不能满足人们基本生存的物质需要，人们所追求的是物质生活的满足。物质生活的满足追求的主要是自然空间的扩展，比如对土地、河流、湖泊和海域等地域空间的追求。行动的背后是家族和宗族的力量，要凝聚这种力量必须利用传统的公共空间。传统社会的公共空间是以血缘为基础而组织起来的社会存在，比如宗祠、家庙等形式。传统社会治理的场所往往正是在这些以血缘为纽带建立的公共空间中实现的。随着生产力的高度发展，我国社会物质文明取得了巨大的成就，标志着物质丰裕时代的到来。人们物质生活水平的提高伴随着城市化进程同时出现。在这一背景下，与过去相比，人们社会生活的空间发生了转化。这个转化明显的标志便是传统建立在农业文明基础上对自然空间的追求，转向城镇社会的娱乐、休闲等方向的追求。娱乐休闲方式是社区文明程度的体现。

2. 物质丰裕时代社区公共空间的建设目标

现代城镇社区居民所追求的生活方式，由传统社会追求温饱转向为现代社会追求生活品位。社区建设正是要通过契合人们社会生活需求的主题转变来组织社会资源。所以，在城镇社区建设的时候要充分考虑需求的变化。在社区建设的规划过程中，要留出符合现代社会社区建设所需求的公共空间用地。

应该注意到，社区公共空间的建设应该立足于每个地区所处的社会发展阶段。从肥东县抽取的样本社区看，以农村社区为代表的传统社会和以城镇社区为代表的现代社会的公共空间建设动力、目标和条件是不一样的。农村社区公共空间依然以实用为主，比如乡间道路、自然村的公共停车场所。城镇社区需要的是停车位、娱乐休闲和运动场所。

当前的社区建设有两个取向：一是满足与生活相关的空间建设，一是满足居民生活品质追求的空间建设。正如所有的社区一样，肥东县的社区建设和发展很不平衡，农村社区的公共空间建设目标定位应为满足生活需求；城镇社区公共空间的目标应是在规划中的社区留出功能性的公共场所；既已建成的社区，则必须充分地发挥和利用现有公共空间的功能。

### （二）重视满足居民精神需求的公共空间建设

一个成熟的具有现代特征的社区，其居民每日使用的公共空间必然是完善的。人们在功能完善的公共空间中展示修养，塑造人格，进而建构个体的精神品质，同时传承优良的文化传统。然而调研显示，人们参与社区公共事务的意识淡薄，广泛存在这样的想法：社区治理是居委会的事，我们不必关心；社区治理是有文化、有知识的事，我们不懂；我们都要工作，都要养家糊口，生活负担很重，这些事务的管理让那些闲暇的人、有钱的人去管理就行了，我们没时间去管理、去参与。这些都表现出一种传统的人格特质，即事不关己，高高挂起。

一个人的人文素质、公共精神、参与意识一定程度上是在社区的公共空间中培养起来的。然而，从当前的情况看，人们对社区治理中公共空间功能的理解并不全面。在调研过程中，绝大多数调查对象说不出需要什么样的公共空间需求——哪怕向他们解释了什么是公共空间。在这种情形下，居民能够认识到存在一个与社区精神生活相关的公共空间是难以想象的，更不用说去理解公共空间对于社区精神文明建设以及社区文化建构的重要性。

对公共空间的需求是一种意识，这种意识潜藏在人的内心深处。在长期缺少公共活动空间的状态之下，一方面居民不了解社区建设中提供的公共空间是一种必需的公共产品，另一方面社区居民即便有建设公共空间的意识，也没有参与渠道，不能有效参与社区规划建设。我国从居民点的规划到社区治理都属于政府主导型，考虑到社区居民大多缺乏公共空间意识，所以满足社区精神生活的公共空间必须在政府的前瞻性认识下进行规划和建设。完善的公共空间建设体现的是政府具有前瞻性的社会服务，公共空间的建设只有在政府主导下才能够得到发展。

满足精神需求的公共空间建设需政府支持。对于可见的实用性的公共空间建设容易形成共识，无论是政府层面的资金，还是社会资金都容易筹集。但是，对于精神层面的公共空间建设，一方面不能体现出即刻的受益，另一方面运行时的效果并不明显。这样，在社区建设时容易被忽略，同时也难以获得建设必需的资金支持。所以，关于满足精神需求的公共空间建设需要政府引导和支持。

政府引导首先在于政府观念的转变，如果不能够把社区治理和社区的长远建设联系起来，就不可能有一种更长远的视野、更加开明的胸怀以及更加明确的责任意识，也就不可能制定有利于社区公共空间建设的方针政策。满足精神需求的公共空间建设主要表现在以社区图书馆（不是现在的社区阅览室）为标志的规划和投入上。阅读既是文化建设，也是文化的习惯。阅读是心灵的陶冶，也是文化的洗礼。满足精神需求的最主要表现便是社区图书馆，以及与图书馆融为一体的文化休闲场所。相关数据显示，世界上年均阅读量最高的是俄罗斯人，平均每人每年读书 55 本，日本人每人每年读书 40 本，韩国人每人每年读书 7 本，而中国人平均每人每年阅读量不及日本人的 1/10。如果说阅读在社区治理中有作用的话，那就是“文化治理”的功能。阅读的习惯是可以通过公共空间培育的，并且可以在公共空间中得以传承。当然，如果喜欢阅读，那么任何场合都可以是阅读的场所。

社区图书馆及其配套设施的建设，没有直接可见的效益，即便有长远的效果，也无法确认。所以类似图书馆这样的公共空间建设必须通过政府制定政策加以扶持、开展活动加以引导，并且在政府预算中要保证有一定比例的资金投入。调查显示，90% 以上的社区阅览室处于闲置状态。一方面阅读、休闲和娱乐的空间不足，另一方面又表现为空间闲置。当然，空间不足的直接办法便是规划用地，以及资金的筹集和投入。而充分利用既有空间，则属于社区治理的范畴。类似图书馆这样的公共空间，可引进社区内外的志愿者参与管理。

### （三）重视以传统文化为依托的社区公共空间建设

传统的中国社会中存在两种具有公共性质的活动空间，一种是自发聚集的空间，一种是人为设计的空间。存在于乡村社会当中自发聚集的公共空间是那些与每日生活相关的地点，比如池塘或者水井边洗衣、淘米和洗菜的地点；休闲时聚集的地点，比如“村头的那棵老槐树”；还有便是自然形成的集市，等等。传统社会中人为设计的公共空间，在村落之内的有家族的祠堂，还有就是道观、寺庙等具有宗教色彩的地方。正如上述，人们在社会转型过程中形成了双重人格特点，即既是传统的，又是现代的。由此，社区建设时要根据这种人格特点来满足人们的需求。这既是一种人文关怀，又是弘扬文化传统的一种方式，同时也是一种社会治理的方法。

#### 1. 家族和宗族活动对社区治理的影响

无论农村社区还是城镇社区，都有一些以家族为基础而存在的社区。这种特征比较突出的有回迁户社区，以及城乡结合部发展起来的传统型社区。家族势力在社区中的存在，一方面对村民自治中的选举具有一定的负面影响，另一方面对于社区内公共事务的建设又具有积极影响。社区治理就是要让家族和宗族在社区建设中发挥积极因素，克服消极因素。

家族和宗族是以血缘为基础的社会组织形式，是传统社会得以维系的基础，在传统社会中履行着社会救助、社会保障以及社会稳定的功能。现代社会的功能趋于完善就是将国家和政府无法履行的、本来就属于社会的许多功能再次让社会组织来承担，这也是一种社会化的过程。这个社会化过程是简政放权的一种形式，即属于社会的事务让社会来解决。当然，这种解决方式不能削弱党的领导，不能对既有的社会秩序造成不良影响，不能影响社会的发展和稳定。

城镇化过程以及农村社会的中心村建设过程中，都要考虑到传统社会中的家族资源对社会的整合功能。这个整合功能集中体现在家族的宗祠和家庙当中。当然，这类活动空间也可以原村民小组为单位来提供。提倡传统文化建设、弘扬优秀的传统文化的核心内容就是维护以孝道为基础的伦理秩序。然而，文化之所以得以维系是与一定的社会组成相联系的。就是说，如果在提倡传统伦理和孝道建设的时候，不去考虑这些价值所依托的背景，那么就不可能产生预期效果。家族、宗族活动的地点就属于传递传统价值的公共空间。

2. 以家族和宗族为中心的公共空间建设

社区内以家族和宗族为中心的公共空间建设，是为了弘扬传统文化，为了培养社区内的公共精神，为了增强社区内政治、经济和文化生活中的行动力。公共空间的建设不仅表现在物的层面的宗祠、家族活动场所等上，还应该表现在公共空间的治理上。就是说一方面要建设外在具有符号意义的传统建筑物，另一方面要充分发挥在这些建筑物所覆盖的公共空间下，大到对党和国家政策的落实，中到社区内邻里之间和睦关系的建设，小到家庭成员之间的纠纷处理等功能。

从物的层面的公共空间看，要在政策允许的范围内，在兴建小区时，要考虑到生活在社区内的家族和宗族需要有一个可以处理邻里之间、家庭之间事务的场所。从调研情况看，现在的社居委往往都被一些公共事务所占用，并不能提供足够的空间让小区处理简单事务。肥东县大社区人数可达7000人，小的社区也有2000～3000人，但是社区干部大概在7人左右，其中两个分别是计生专干和留守儿童专干，人手严重不足。所以应在集中居住的小区内以家族为单位分别留给一些适当的活动空间，这个空间可以是住宅楼的一套公寓房。或者在小区兴建时，设计更为合理的空间。这样做可以将社区内家长里短的事务分解出来，让社会自行解决。如果条件许可，在规划的时候，应该考虑到社区内家族公共活动的用地。

调研发现，居民对社区内公共事务的参与程度很低。据调查，居民对社区公共事务提出意见和建议的情况中，22.3%的居民很少提出，52.6%的居民在涉及自身时才会提出，17.9%的居民从不提出，只有7.2%的居民经常提出他们的意见和建议。由此看出，居民对社区公共事务的参与度偏低。居民普遍对社区建设的认同感和归属感较低，热情不高。分析其中的原因发现，主要是没有参与的渠道。社区治理如果没有广大居民的配合和参与，无论如何也不能实现其目标。调研发现，大多数社区有或多或少或大或小的公共活动的空间，但是这些公共空间中的设备基本上处于闲置状态。或管理跟不上，或没能充分利用。因此，公共空间的建设也要激发社区居民充分参与到公共事务当中。

总之，传统社会、转型社会和现代社会的大背景下，社区建设的主题内容不尽相同。社区公共空间的建设既要随着时代特点的变化，考虑其轻重缓急以及建设和治理的主要着力点，又要本着以人为本的精神合理对社区进行规划、建设和治理。当然，正是当前社区的类型特点，使得社区必须在政府政策的引导和指导下，以公共空间为社区治理的切入点，从而发挥公共空间的功能，在以公共空间为依托的社区治理中既满足人们休闲娱乐的需求，又满足人们的精神需求，同时也能满足调动社区居民参与社区公益的积极性，从而建立一个新型的符合时代特征的和谐的现代社区。

## 结　语

公共空间建设与社区治理密切相关。从肥东县的社区治理情况看，政府制定的政策在社区治理和社区发展中得到了很好的贯彻执行。但是，若从公共空间这一视角来考评社区治理的绩效，那么，应该说社区治理过程中还没有充分发挥公共空间的功能。社区治理不能是一些空洞的口号。所有的治理手段都只能在一定的空间中实施。我们不能把口号标语贴到每一个居民家中，也不能到每个家庭宣传方针政策。我们必须通过公共平台来传递信息，而这个公共平台应该是多元化的。这就是已经存在于社区里的各种公共空间，以及必须建设的公共空间。从社会发展的角度看，公共空间的建设还未充分满足社区居民的多样化需求，因此，弥补这些不足将是肥东县和其他类似市县今后在社区治理中需要努力的方向。

## 参考文献

格里·斯托克、游祥斌：《新地方主义、参与及网络化社区治理》，《国家行政学院学报》2006 年第 3 期。

〔美〕理查德·C. 博克斯：《公民治理：引领 21 世纪的美国社区》，孙柏瑛等译，中国人民大学出版社，2005。

〔英〕安东尼·吉登斯：《第三条道路：社会民主主义的复兴》，郑戈译，北京大学出版社，2000。

《肥东县“十二五”期间加大社区建设，提升居民幸福指数》，http：//ah. people. com. cn/n/2015/1204/c358339 -27248927. html。

《信息公开——肥东县人民政府》，http：//www. feidong. gov. cn/government. asp。

《深化改革谱写社区建设新篇章》，http：//www. ahmz. gov. cn/list_ Show. asp? id = 26048。

《肥东县人民政府办公室关于印发肥东县加强乡镇（园区）、村（社区）民政力量建设工作实施方案的通知》，http：//www. hefei. gov. cn/xxgk/zcwj/xqzfwj/201709/t20170920_ 2345500. html。

《肥东县镇南社区创新社区治理模式，提供“一站式”服务》，http：//news. hefei. cc/2014/0704/024298784. shtml。

《深化改革，谱写社区建设新篇章》，http：//epaper. hf365. com/hfwb/html/2015 - 07/13/content_ 118150. htm。

《肥东县认真办理代表议案　切实加强社区建设》，http：//renda. hefei. gov. cn/8521/8525/201712/t20171218_ 2425389. html。

《创新举措，将全民阅读进行到底》，http：//www. sohu. com/a/136572479_ 600852。

**B**.8

# 县域社会治理创新的当涂样本

陈　勇*

**摘　要：** 县域层面的社会治理创新，是应对当前基层社会问题挑战的必然选择，事关国家的长治久安和民众的安居乐业，是对国家能否在基层实现治理体系和治理能力现代化的重大考验。本文以安徽当涂县为考察样本，该县依托“平安当涂、法治当涂、活力当涂、幸福当涂”战略，在打牢基石、规制保障、动能接续、价值依归四个方面着力经营，取得了较显著的社会治理创新成效。针对县域社会治理的固有困境，本文就当涂社会治理创新的提升路径提出参考性建议：学习其他地区社会治理的成功经验；转变政府的观念和角色；推动社会组织等多元主体的协作；发挥市场资源助推作用；等等。对当涂样本的考察，或对总体的县域社会治理创新的探索具有一定的启示意义。

**关键词：** 县域社会治理　社会治理创新　当涂县

完善中国特色社会主义的社会治理体系，是实现国家治理体系和治理能力现代化的重要一环。习近平总书记在党的十九大报告中强调要“加强和创新社会治理，维护社会和谐稳定，确保国家长治久安、人民安居乐业”，并“推动社会治理重心向基层下移”。“郡县治，天下安。”社会治理创新战略任务的顺利完成，最终将取决于全国2000多个县（市）对中央精神的践行与地方经验的探索。本文以当涂县为研究样本，总结该县在社会治理创新上的实践探索，也针对如何进一步加强县域社会治理创新的可能路径做一个尝试性的探

* 陈勇，南京大学在读博士，安徽师范大学法学院讲师，研究方向为社会治理、行政管理学。

讨。一叶知秋，以当涂样本来观照我国县域社会治理创新的总体现状和前景，或有见微知著的启示意义。

## 一　社会治理：理念与县域样本

在西方的语境中，“治理”（Governance）意味着政府分权和社会自治，社会治理（Social Governance）以社会中心主义和公民个人本位为依归，在“本质上是理性经济人为基础的社会自我治理”。① 基于历史和国情的差异，中国的社会治理则强调党的领导、政府的主导和社会多元主体的参与。在我国，社会治理是指政府、社会组织、企事业单位、社区以及个人等多种主体通过平等的合作、对话、协商、沟通等方式，依法对社会事务、社会组织和社会生活进行引导和规范，最终实现公共利益最大化的过程。②

### （一）社会治理理念在我国的缘起

中央关于社会治理思想的提出，既是对现实中社会问题和矛盾凸显的响应，也是理念层面不断更新的体现。

1. 现实层面

自改革开放以来，中国社会发生了前所未有的多维度深刻转型，即从农业社会到工业社会、从计划经济到市场经济、从单一性社会到多样性社会、从人治向法治的转型。相对而言，西方的转型是在漫长的一两个世纪时间里，完成从传统社会向现代社会的过渡，具有长期性和单一性；中国则既面临从传统到现代的转型，又面临作为社会主义国家进行自我革命所带来的转型，而且整个过程“被积压在一个相对有限的时空当中”，具有剧烈性和双重性。在此背景下，中国社会转型催生出一系列社会问题，其复杂性和特殊性均远甚于西方社会。这其中既包括客观层面的结构性、变迁性社会问题，也包括主观层面的观念性社会问题（见表1）。

---

① 王浦劬：《国家治理、政府治理和社会治理的基本含义及其相互关系辨析》，《社会学评论》2014 年第 3 期。

② 社会治理，MBA 智库百科，http://wiki.mbalib.com/wiki/社会治理。

表1　当今中国社会问题的类型与具体体现

| 层面 | 类型 | 具体体现 |
| --- | --- | --- |
| 客观层面 | 结构性社会问题 | 人口结构、贫困、城乡关系、劳动就业、少数民族 |
| | 变迁性社会问题 | 腐败问题、住房、教育、公共安全、环境问题、社会保障、人口迁移、农民工问题、独生子女问题、群体性事件 |
| 主观层面 | 观念性社会问题 | 意识形态、消费主义、诚信缺失、精神疾病、自杀 |

注：此分类部分借鉴了王强的思路，并做了修正和补充。参见王强《社会问题和社会失范的类型、成因、对策雏议》，《中共南宁市委党校学报》2004年第2期。

应对这些复杂多样且带有急迫性的社会问题，仅靠单一的政府力量显然是不够的，协同多元社会主体力量进行社会治理创新也是势之必然。

2. 理念层面

社会治理理念的成形，是依循“社会管理－社会治理”路径演化而来的。从中华人民共和国成立到20世纪80年代初，国家的战略规划通常以“经济－政治－文化”为基本架构，尚未将“社会”作为一个基本维度纳入。自1982年“六五”计划开始增设社会发展的内容，2002年党的十六大正式将“社会更加和谐”列为实现全面小康社会的目标之一。在此理念引领下，2004年党的十六届四中全会首次提出要加强“社会建设”，2007年党的十七大进一步将其提升到“四位一体”① 的战略高度。在此过程中，“社会管理”理念首次在1998年提出，2002年中共十六大报告将其提升为政府的四项主要职能之一。2013年，中共十八届三中全会发布的《中共中央关于全面深化改革若干重大问题的决定》（以下简称党的十八届三中全会《决定》）首次提出“社会治理”理念，并对社会治理体制创新进行具体部署，将推进国家治理体系和治理能力现代化作为全面深化改革的总目标之一。

从“社会管理”到“社会治理”，不是简单的一字之易，而是治理理念和模式的深刻变化：主体方面由单一性转为多元性，社会管理主要强调政府的统管作用，社会治理则强调政府、事业单位、社会组织和公民个体等多元主体的

① “四位一体”是指党的十七大提出的我国现代化建设总体布局，即经济建设、政治建设、文化建设、社会建设四位一体。

共治；路径方面由单向转向双向，社会管理更多地强调政府自上而下地对社会事务进行管控，社会治理则是在政府主导下，行政机制和社会机制并行，倡导自上而下和自下而上的良性双向互动；手段方面由简单转向综合，社会管理主要依靠政府的行政权力，社会治理则综合应用权力、市场、法律、文化和习俗等多种手段。

### （二）县域社会治理及样本——当涂

县是我国最基本的行政单位，自秦在全国推行郡县制以来，已有近两千年的历史。有关数据表明，目前全国人口除少部分居住于大中城市外，大部分是生活于县域中的。① 县一级作为承上启下的关键环节，是发展经济、保障民生、维护稳定、促进国家长治久安的重要基础；习总书记非常关注县域治理，他强调县一级工作做好了，党和国家全局工作就有了坚实的基础。②

基层是解决社会问题、处理矛盾纠纷的第一道关口，因此县域层面的社会治理还具有一般性特征之外的基层层面的独有特征。有研究者总结，县域作为中央领导和基层治理的连接点，是政府权力的神经末梢，处于容易引发社会问题的敏感区域，是新时期社会治理创新的重点和难点所在。③ 本文即以当涂县为样本来展开讨论。

当涂，位于安徽东部，坐落于长江下游南岸，自古就因地缘的军事价值和丰饶的物产而闻名遐迩。据县志所载，当涂自古就以“密迩金陵、冠山履湖、大江环抱”险要之势，素为兵家必争之地，也因“温和的气候，丰饶的土地，充足的水源”④，孕育成典型的江南鱼米之乡。现如今，当涂也因处于长三角经济圈与皖江城市带交会处，其地理位置的重要性被赋予了新的时代意义，被打造为安徽省“重要的沿江沿边县、东向发展的桥头堡”⑤。近几年，当涂经济社会发展成就喜人，县域综合实力进一步增强，始终走在全省“第一方阵”

---

① https：//zhidao. baidu. com/question/493425008272740292. html.

② 《习近平强调县域治理　告诉你县委书记如何当》，中国共产党新闻网，http：//cpc. people. com. cn/xuexi/n/2015/0828/c385474 - 27527624. html。

③ 丁宏：《全民共建共享视角下江苏县域社会治理现代化》，《唯实》2017 年第 2 期。

④ 鲁道生主编《当涂县志》，中华书局，1996。

⑤ 当涂县人民政府官网，http：//www. dangtu. gov. cn/SortHtml/1/6943845411. html。

前列。

与此同时，伴随着当涂经济社会的转型，前文述及的一些社会问题也渐次凸显。当涂作为和基层接近的行政单位，必须直接应对群众的利益诉求和各种社会问题，接受“面对面”的考验；而安徽省作为典型的中部省份，资源的不足也是现实的困难，亟须创新体制机制，将政策支持及人、财、物等资源更多地投向基层。问题繁多、资源不足，必然对当涂的社会治理创新提出方方面面的挑战。

## 二 当涂社会治理创新的实践探索

在中国发展总体进入新常态，各项改革进入深水区的背景下，如何确保社会既充满活力又和谐有序，对中央和地方的社会治理能力都提出了更高要求。党的十八届三中全会《决定》将创新社会治理体制提升到重大战略的高度，为县域社会治理创新确立了指导原则。2016 年当涂县政府工作报告提出要“提升社会治理水平”，“加快推进社会治理体系和治理能力现代化建设”。通过打造“平安当涂”“法治当涂”“活力当涂”“幸福当涂”，在打牢基石、规制保障、动能接续、价值依归四个方面，铺开了县域社会治理创新的当涂图景。

### （一）平安当涂——社会治理创新的牢固基石

保一方平安历来是社会治理最基本的、第一位的要求。习总书记指出：“平安是老百姓解决温饱后的第一需求，是极重要的民生，也是第一位的发展环境。”党的十八届三中全会《决定》要求“全面推进平安中国建设，确保人民安居乐业、社会安定有序”。为此，当涂县将打造“平安当涂”摆到了突出位置，做了方方面面的努力。

在社会治安方面，当涂县公安局大力开展“铸安”行动：规范信访秩序；积极创建和谐社区；重拳打击恶势力团伙，破获“黄赌毒”案件；建立前端高清防控点、视频防控中心，成立三级视频巡查队伍，打击犯罪，行动成效显著。据统计，当涂 2011 年的犯罪人数比上年下降 87.8%，2014 年全县刑事案件立案数则同比下降6.58%，2015年的命案破案率达100%①；交通事故发生率持续下降，2014年交通事故死亡人数同比下降16.98%②。

在安全生产方面，县委、县政府要求各单位“牢固树立红线意识”，严格落实安全生产“党政同责、一岗双责、失职追责”和“一票否决”制度，严格执行重大隐患挂牌督办制度。县安委会每年都开展安全生产“七进”活动③，营造了人人想安全、人人抓安全的浓厚氛围。近年来，全县生产安全事故起数和死亡人数逐年下降，未发生一起较大以上生产安全事故，未发生安全生产“一票否决”情况。

在食品安全方面，据中国网报道，当涂县在2015年将创建全省食品安全示范县列入《政府工作报告》的重点工作，组建了当涂县市场监督管理局，在全县8个乡镇设置了食品药品监督管理所，分级承担食品安全监管工作。重点开展了农村食品市场、肉及肉制品、食用油等食品安全专项整治。当涂县在2016年初被省政府授牌命名为全省首批食品安全示范县，成为马鞍山市唯一获此殊荣的县④。

“平安当涂”建设保障了全县社会整体安定和谐又充满活力，获得了民众的积极评价，当涂有关部门问卷调查显示，该县群众的安全感和治安状况满意率都超过90%⑤。

### （二）法治当涂——社会治理创新的规制保障

党的十九大报告指出：“全面依法治国是国家治理的一场深刻革命”，在关于社会治理和法治两者关系这一议题上，习总书记也指出，“要广泛开展依法治理活动，提高社会治理法治化水平”。为全面落实依法治国基本方略，《当涂县“十三五”期间依法治县纲要》适时出台，2016年的当涂政府工作报告进一步确认将全面推进依法治县，弘扬公平正义，坚持依法行政，“法治当

① 刘观林主编《马鞍山年鉴（2016）》，安徽师范大学出版社，2016，第61～62页。

② 刘观林主编《马鞍山年鉴（2015）》，安徽师范大学出版社，2015，第410～411页。

③ “七进”活动指进学校、进机关、进社区、进企业、进农村、进家庭、进公共场所等。

④ 《马鞍山市当涂县荣获“全省食品安全示范县”》，中国网，http：//jiangsu.china.com.cn/html/2016/ahnews_0107/3264487.html。

⑤ 《当涂县扎实推进平安当涂建设》，当涂县人民政府官网，http：//www.dangtu.gov.cn/DocHtml/1/2011/11/9/201111092144255080.html。

涂”建设由此全面铺开。

其一，坚持依法执政和依法行政。《当涂县依法行政和法治政府建设规划(2016—2020 年)》确立的总目标就是把政府工作全面纳入法治轨道，用法治思维和法治方式履行职责，确保到 2020 年把当涂基本建成较全面的法治政府。当涂县委县政府对现阶段主要任务进行了具体部署：依法全面履行政府职能，健全依法决策机制，提升制度建设水平，严格规范公正文明执法，全面推进政务公开，强化行政监督和权力制约，依法化解社会矛盾，加强依法行政能力建设，加强组织领导和工作保障，等等。

其二，保护群众利益，打击违法犯罪。当涂县坚持司法为民，围绕社会敏感热点问题主动作为，重点抓好恶意拖欠农民工工资、金融犯罪、小区物业管理纠纷等方面司法案件①；畅通表达渠道，实行网上受理信访制度，全力维护群众合法合理利益诉求。在打击犯罪方面，健全稳定风险防控体系和公共安全治理体系，形成点线面、网上网下、人防技防物防相结合的稳定风险防控和妨害公共安全依法打击机制②。

其三，加强法治人才队伍建设。习总书记在 2017 年 3 月视察中国政法大学时强调“一支高素质的法治工作队伍”对法治中国建设的重要意义。当涂县大力培养、引进法治人才，为推进依法治县提供人才支撑。法院系统被要求强化学习教育、严格内部管理，推进党风廉政建设，充分发挥党组织的战斗堡垒作用和党员的先锋模范作用，加强法院干部队伍建设，同时努力打造一支忠诚、干净、有担当的干警队伍。

其四，加大宣传教育力度，增强当涂社会的法治观念。2016 年，当涂县制定《关于在全县公民中开展法制宣传教育的第七个五年规划（2016—2020年)》，要求以法治方式化解社会矛盾。当涂县要求县各级领导干部强化法治意识，敦促相关机构抓好法制宣传教育。该县组织了多种形式的宣传活动，为贯彻中央宣传部、司法部《关于在公民中开展法制宣传教育的第七个五年规

① 《杨善斌在县法院调研时强调：围绕中心服务大局为建设法治当涂作出更大贡献》，当涂县人民政府官网，http：//www. mas. gov. cn/index. php？ c = content&m = detail&_ id = 591e3d8052c4cc893edcd498。

② 雷云：《新常态下加强县域社会治理的认识与思考》，中国共产党新闻网，http：//dangjian. people. com. cn/n1/2016/0108/c117104 - 28028186. html。

划（2016—2020年）》，当涂的“七五”普法活动全面启动。近年来，当涂县全民法治观念和法律素养明显增强，全社会遵法、学法、守法、用法的氛围日益浓厚。

### （三）活力当涂——社会治理创新的动能接续

社会能否健康良性运转，取决于是否具有良好的动力机制和平衡机制，动力机制用于释放社会发展的能量，动力机制若失灵，中国特色社会主义就会失去活力，就无法保持发展进步。社会治理创新正需要动力机制提供强大的动能来源。2016年的当涂政府工作报告将“活力当涂”建设设定为今后五年的目标任务之一，在夯实根基和激发活力两方面下足功夫。

首先是努力打下雄厚的物质基础。近年来，当涂县坚持工业强县战略，致力于打造经济繁荣的“活力当涂”。在新常态的严峻形势下，当涂的经济“调转促”工作仍取得重大进展，当涂连续5年进入全国百强县行列，2017年更是前进到第72位。难能可贵的是，当涂“经济强县”建设不再依赖传统的粗放增长模式，而立足于建设动力强劲的“创新当涂”，实现了对科技、制度和文化等领域的多方位覆盖。目前，该县“双创”氛围浓厚，拥有一批创新型人才、科研机构和企业。据2016年当涂政府工作报告的数据，该县年均新增高新技术企业5家、高新技术产品30个，高新技术产业增加值突破100亿元。

其次是在社会层面激发蓬勃活力。党的十九大报告中强调要“打造共建共治共享的社会治理格局”。其中“共建共治共享”的主体，包括政府、社会组织和人民群众。传统的社会管理模式依赖僵硬的行政管制，事无巨细、大包大揽，在一线人、财、物等资源紧张的情况下，屡屡让基层工作人员疲于奔命却又“吃力不讨好”，其缘由正在于将社会组织和群众视为纯粹被管制的客体，未充分激发其活力，无法形成政府和社会的良性互动。

意识到问题症结所在之后，当涂县委、县政府在两方面加以改进：一是从自身改革入手，2016年当涂县政府工作报告强调深化行政管理体制改革，在简政放权、放管结合、优化服务等方面持续推进，健全“3+2”清单制度体系[①]。二

① 所谓“3+2”清单制度，指“权力清单、责任清单、涉企收费清单”3单建设加上“中介服务、公共服务”2项服务的改革模式。

是激励社会组织的协作和人民群众的参与，当涂县2014年制定了《社会组织直接登记管理暂行规定》，遵照省委办公厅《关于加强和创新社会组织建设与管理的意见》，当涂与全省各地一道，力争到2020年建成一个布局合理、结构优化、功能完善、作用明显的社会组织体系。

### （四）幸福当涂——社会治理创新的价值依归

经济社会发展的终极目的是国家的长治久安和人民群众的幸福生活，这是党和政府一切工作的价值依归。习总书记所阐述的中华民族伟大复兴中国梦的内涵中，“人民幸福”正是三大评判标准之一。社会治理作为一种手段，归根到底是服务于这一根本价值。当涂县在2016年县政府工作报告中将打造“幸福当涂”作为五大政府工作目标之一。

首先，在发展规划和资金投入上对民生倾斜。2016年当涂县政府工作报告提出要“突出抓好社会民生，共享转型升级、加快发展新成果”，加大民生投入，实施民生工程。为此，县财政局调整和优化支出结构，压缩一般性支出，严控“三公”经费支出，加大对民生支出和重点项目的保障力度。在全县累计40.57亿元的财政支出中，民生类支出占比达80.2%。2015年，当涂县实施了31项民生工程①，在截至2016年的近五年中，当涂累计实施民生工程57项，投资达115亿元。

其次，将提高群众的满意度和幸福感作为工作的出发点。“幸福当涂”理念被融入当涂城乡一体化建设中，不再刻意将农村建得像城市一样，而是要把城市建设得更像城市、农村建设得更像农村②，使其成为一座富有江南水乡特色、充满现代化气息、宜业宜居的中等城市。此外当涂还举办多种形式的社会活动服务民众，比如启动“践行雷锋精神，助推幸福当涂”志愿者服务月活动，为群众提供安全出行、医疗保健、法律咨询等方面的服务③，获得良好的

① 《当涂县财政工作概述　优化支出保民生》，朱长才主编《安徽财政年鉴（2016）》，时代出版传媒股份有限公司、安徽人民出版社，2016。

② 《加快统筹发展　打造幸福当涂——访当涂县县委书记操隆山》，当涂县人民政府官网，http://www.dangtu.gov.cn/DocHtml/1/2011/11/9/201111092317483718.html。

③ 《“践行雷锋精神，助推幸福当涂”志愿者服务活动全面启动》，当涂县人民政府官网，http://www.dangtu.gov.cn/DocHtml/1/2012/3/7/7933713619014.html。

社会反响。

"幸福当涂"建设极大提升了民众的获得感、满足感和幸福感。近几年当涂的城乡居民收入持续走在全省县级前列，文化事业日趋繁荣，人民群众的精神文化需求得到有效满足，当涂县也成功创建了全国文明城市①。随着该县"将当涂打造成为人民群众全省最富、保障水平全省最高、公共服务全省最优、生活环境全省最好的县城"计划的稳步推进，人民群众的幸福感必将进一步提升。

## 三　当涂县社会治理创新提升路径

在社会治理创新问题上，当涂在取得显著成绩的同时仍面临不少制约因素：就内在层面而言，经济建设一手硬、社会治理一手软的问题依然不同程度地存在，政府、市场和社会在社会治理中的角色定位仍未完全厘清，协同作用未充分发挥出来。就外在层面而言，当涂作为中西部省份的一个县，物质基础仍不是特别雄厚，新形势下的社会治理经验也相对欠缺；县域层面社会治理的固有特征也带来挑战，必须直面形式多样的特殊的基层社会问题。在此背景下，可通过哪些可行性路径加以应对呢？

### （一）他山之石：成功经验的学习

向拥有成功社会治理经验的地区学习，不失为一种有效途径。下文列举的案例都在社会治理创新上取得了良好成效，有以宏观布局见长的，有以技术应用取胜的，也有些以方法独特而出彩的。他山之石，可以攻玉，这些成功经验值得当涂虚心学习和借鉴。

1. 在宏观布局方面，调整发展观念，处理好政府、市场和社会组织之间的关系

近年来，珠三角地区很多县市逐渐淡化了单纯的 GDP 主义的发展理念，一些新的指标逐渐成为衡量社会发展健康状况的重要依据，比如有没有社会冲突与大规模群体性事件、经济建设是否绿色环保、老百姓是否满意等。② 这些

---

① 《活力　创新　绿色　法治　幸福——解读当涂未来五年发展的五个经纬度》，人民网，http：//ah. people. com. cn/n2/2016/0620/c358342 - 28533074. html。

② 郑永年：《中国模式还能撑多久?》，http：//blog. sina. com. cn/s/blog_ 486c68b30102v1my. html。

地区既有强大的市场力量，政府又注重分权于社会，如整个广东省的服务型社会组织都比较发达，尤其是广州、珠海、顺德等地很注重培植社会组织，为其提供广阔的发展空间。珠海的医疗纠纷处理得较好，其也得益于政府和社会组织的良好合作关系。①

桐乡市作为浙江嘉兴的一个县级市，其“三治合一”建设也颇有可借鉴之处。所谓的“三治”指法治、德治、自治，“三治合一”的要旨在于以法治“定纷止争”，以德治“春风化雨”，以自治“内消矛盾”②。通过法治配置政治资源，通过文化道德的涵化来规范人们的意识和行为，通过社会自治组织来配置社会资源。北京大学俞可平教授对该模式给予了高度评价，认为其体现了权力的重新配置，是政府的一种自我革命；突出了社会组织的自治，重塑了社会道德规范，构筑了一种新型的政府与社会关系，助推了社会的自我管理和治理。

2. 应用现代信息技术手段，提升社会治理质量

成都成华区的“智慧治理”模式是彰显现代信息技术手段作用的极好样板③。为了应对城市化加快、流动人口剧增等因素给基层治理带来的挑战，成华区通过政府数据共享、治理信息化、服务智能化，构建“大联动、微治理”的“智慧治理”新模式，协同式地为居民提供服务。该区的社会服务、城市管理水平大幅提升，社会不稳定因素被极大地遏制或消除。成华区在成都市居民幸福感测评中荣登榜首，正是对该模式成效的最好褒奖。

大连的综治信息化平台是另一个善用现代信息技术手段的范例。该平台利用“互联网+”大数据技术，形成了涵盖 19 个大项 150 个小项的综治业务模块，实现了综治专项工作业务范围全覆盖，能高效率地进行人口管理，应对突发事件，对社会治安防控工作大有助益。大连的社会治理由此走向智慧化、立体化、平台化、服务化，工作效率和服务水平显著提高，为民众提供了更优质的公共服务。

---

① 郑永年：《社会治理探索广东须先行一步》，《南方日报》，南方网，http://gz.southcn.com/g/2014-12/30/content_115335413.htm。

② 孔越、张潘丽：《桐乡“三治”：看一个县域如何创新社会治理》，《嘉兴日报》，嘉兴在线网站，http://www.cnjxol.com/xwzx/jxxw/szxw/content/2016-06/23/content_3665744.htm。

③ 该案例素材参考了王礼鹏《社会治理创新的地方经验及启示》一文，刊于《国家治理》2016 年第 21 期。此外还包含该小节下文中成都成华区、大连、山东曲阜、东莞等几个地区的案例。

3. 县域社会治理的创新贵在方法的因地制宜、推陈出新

近年山东曲阜“以儒治乡”模式引起专家和媒体的关注，其可贵之处在于立足本地独特的文化资源，探索“文化治理社会”的新路径。作为孔子故里，当地政府积极将儒家文化资源运用于社会治理，针对基层社会矛盾集中而复杂的形势，大力推进“彬彬有礼道德城市”建设，创造性地将“礼之用、和为贵”“德不孤，必有邻”的优良思想传统融入社会矛盾纠纷工作机制中，在405个自然村建立“和为贵”调解室和“民情夜会”制度，探索诉讼渠道之外的柔性化解途径，以春风化雨的方式促进了社会的和谐稳定。

东莞根据本地特有的人口问题复杂、公共服务难度大的实情，建立“同城共享”的积分体系，其精华在于“以贡献赢得积分，按积分享受服务”。让流动人口和本地人口共享改革发展成果的同时，又能凭借风险预警积分机制，化解各种社会矛盾纠纷；还能通过文明行为记录建立有针对性的奖惩制度，对个人、企业和社会组织的信用情况进行监管。在这种模式下，党政群、社会、市场的资源和力量得到充分激发，基层社会治理能力得到极大的提升。

## （二）政府角色：由管到治的转换

历史事实表明，源自计划经济时代的“管制”式行政是不适应新形势要求的。党的十九大报告在涉及加强社会治理制度建设时强调要“完善党委领导、政府负责、社会协同、公众参与、法治保障的社会治理体制”。在新型的社会治理体制中，政府不再是单一的管制角色，而要实现政府、社会、市场的多元主体共治；不再是行政意志任意专断，而强调在法治的框架下追求“社会化、法治化、智能化、专业化”。在观念和制度两个层面，政府在社会治理中的角色必须转换。

1. 观念层面

首先是摒弃执政者的精英主义偏见。有研究者认为这种偏见体现在三个方面：一是轻视甚至漠视群众的创造性作用；二是对群众的对立化、妖魔化；三是变质为官僚主义，延缓甚至阻碍社会治理创新。[①] 抱有这种偏见的政府官员往往在实际工作中不相信、不依靠群众，党的群众路线也就得不到真正的落

① 张雪梅：《新时期社会治理创新的制约因素与民主路径解析》，《社会主义研究》2014年第1期。

实。群众被视为完全被动的被管制者，在那样的观念引导下，自然也就无法激发民意、民智、民力在社会治理创新中发挥主体作用。政府唯有摆脱这种精英主义偏见，摆正角色位置，才能真正激发群众和社会在社会治理中的活力。

其次是强化服务意识。随着我国经济和社会结构的深刻转型，就业、人口、资源、环境等方面对公共服务的需求日趋增加①，凭政府一己之力是无法应对这些挑战的。在多元主体共担社会治理责任的格局中，政府必须树立“服务为先”的观念，完成从“官本位、政府本位、权力本位”向“民本位、社会本位、权利本位”的转变，更好地创建服务型政府。

最后是确立边界意识。政府要摆脱旧式的“全能政府”的观念，那种“管得过多，统得过死”的刚性行政体制不仅没有取得好的治理效果，反而让政府在疲于奔命的同时，使社会的活力被极大的抑制。党的十九大报告强调要“打造共治共享”的社会治理格局，执政者要在“政府、市场、社会”三者之间厘清边界，该管的要管，不该管的要充分放权，以实现党的十九大报告所期许的“政府治理和社会调节、居民自治良性互动”的社会治理效果。

2. 制度层面

首先，对 GDP 主义倾向的政绩考核制度进行改革。以往过度偏向经济增长的政绩考核制度使得 GDP 主义观念主导了政府官员的思想和政策选择，粗放式的经济增长往往是以冷落民生、破坏环境、过度消耗资源为代价换来的。更严重的是，GDP 主义往往通过政府动员的方式，对社会领域进行强力扰动，造成过度市场化、货币化，教育、医疗、房地产等领域因此深受其害，出现学者所描述的“经济增长越快，社会越不稳定”的不正常现象。

其次，深化审批制度改革，夯实服务型政府制度基础。党的十九大报告指出，“转变政府职能，深化简政放权，创新监管方式，增强政府公信力和执行力，建设人民满意的服务型政府”，深化审批制度改革，不仅给政府做“减法”，给市场做“加法”，也要加大行业协会和社会组织的培育力度，发挥其自律管理以及在社会治理中的协作作用。以推进国家治理体系和治理能力现代化，激发市场活力和社会创造力，为社会治理创新提供坚实制度基础。

---

① 张雪梅：《新时期社会治理创新的制约因素与民主路径解析》，《社会主义研究》2014 年第 1 期。

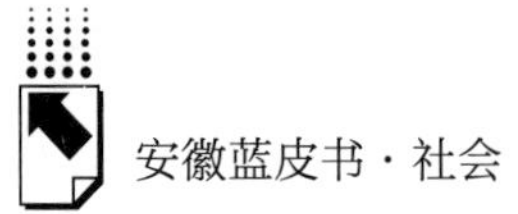



## （三）社会组织：重要主体的协作

长期以来，政府之外的主体在社会治理中严重缺位。习总书记在党的十九大报告中强调要提高社会治理的“社会化”水平，“社会协同”成为创新社会治理体制的重要特征，总书记还明确指出要“推动社会治理重心向基层下移，发挥社会组织作用”。总体而言，充分调动包括社会组织在内的社会力量参与到社会治理中，有助于促使社会从被动社会变为主动社会。在社会治理中，社会组织能充当民生需求的扫描仪、公共服务的递送者、诉求表达的传声筒、公共冲突的调节器①。

为充分发挥社会组织在社会治理中的作用，中央和地方正积极向政策化、制度化的方向推进。党的十八届三中全会《决定》提到要激发社会组织活力，为此要加快实施政社分开，推进社会组织明确权责、依法自治、发挥作用；适合由社会组织提供的公共服务和解决的事项，交由社会组织承担；支持和发展志愿服务组织；限期实现行业协会商会与行政机关真正脱钩，针对四类社会组织②重点培育和优先发展，成立时直接依法申请登记。2017 年 5 月 24 日，中共安徽省委办公厅、省政府办公厅印发《关于改革社会组织管理制度促进社会组织健康有序发展的意见》，通过一系列有力措施来优化社会组织健康有序发展和积极发挥作用的社会环境。根据安徽省社会组织发展五年规划，安徽将力争到 2020 年在全省建立健全统一登记、各司其职、协调配合、分级负责、依法监管的具有安徽特色的社会组织管理体制，社会组织总数达到 3.6 万个。

《马鞍山日报》关于“淘管家”服务社的报道正是这方面一个鲜活的例证。作为一家志在提供养老服务的公益性社会组织，“淘管家”和当地政府建立了默契的合作关系，依托街道和社区开展各项社会服务工作。它通过承接政府的服务项目，获取项目补助资金，政府则履行服务监督责任。这种社会力量参与养老服务的新模式，破解了以往“政府出钱办、群众围着看”的困局，社会组织提供更专业化的贴心服务，让政府实现了由“养老”向“管养老”的职能转变③，更是让老百姓获得了实实在在的利益。

① 谢舜：《发挥社会组织在社会治理中的重要作用》，《广西日报》2014 年 4 月 22 日。

② 这四类社会组织包括行业协会商会类、科技类、公益慈善类、城乡社区服务类社会组织。

③ 黄洪涛、李姗姗：《公益性社会组织服务老人作用凸显》，《马鞍山日报》，当涂县人民政府网站，http：//www.dangtu.gov.cn/4500162/4737192.html。

### （四）市场力量：外部资源的助力

习总书记在党的十九大报告中强调要“使市场在资源配置中起决定性作用”。在社会治理领域，如何充分发挥市场机制的作用至关重要。有研究者认为，市场主体是现代化的社会治理三大主体之一，是社会治理最主要的资源配置者，对市场配置资源功能的善加利用，能够促进社会治理各主体间的分工和配合，优化经济社会秩序，提高社会发展效率。[①]

关于市场力量对社会治理的正向助推作用，相关研究认为主要体现在以下几点：一是为社会治理提供物质基础。市场经济通过推动企业发展、政府职能转型、利益主体的多元化，催生了公民社会进而形成了以“政府、市场、社会”为主体的社会治理架构。二是有助于完善社会组织架构。社会组织的出现顺应了工业化时代社会化大生产和社会分工的需要，后者也反过来推动了前者的大发展。市场经济的发展为社会组织的顺利运行提供了制度规范基础，二者合力推动社会进步。三是通过对上层建筑的反作用推动了社会治理的创新，市场经济的成熟拓展了民众自主行动的空间，增强了其政治参与的效能感和参与社会治理的积极性。四是市场的发展增强了社会法治意识。历史事实表明，市场经济的发展客观上推动了法治的进步和完善，最终将个体、政府、市场、社会的行为纳入法治框架，为社会治理打下坚实的规制基础。

政府购买服务是利用市场机制服务社会治理的重要途径，安徽省政府办公厅出台《关于政府向社会力量购买服务的实施意见》，计划到 2020 年，基本建立比较完善的政府购买服务制度。当涂近年加大了政府购买服务的力度，根据县政府公布的 2016 年政府购买服务目录，这类业务包括基本公共服务、社会管理性服务、行业技术性服务、行业管理性服务、政府履职所需辅助性服务和其他服务 6 个大类，并细化为 52 个以上的小类，涵盖面甚广。当涂县财政在编制 2017 年部门预算时，针对政府购买服务预算涵盖的服务项目又做了新的扩展，涉及预算资金达 10888 万元[②]。这反映了当涂县在利用市场力量服务社会治理方面迈开了更大的步伐。

---

① 李恒全：《增强社会治理主体的协调性》，《光明日报》2016 年 4 月 6 日。

② 当涂县人民政府官网，http：//www.dangtu.gov.cn/DocHtml/1/2017/4/11/84404579156252.html。

## 四　结语

县域层面的社会治理创新，是应对当前基层社会问题挑战的必然选择，既面临一般性的挑战，也面临基层社会治理的独有困境。在习近平新时代中国特色社会主义思想的指引下，基层的社会治理创新实践必将取得更大的成就，也必将推动国家整体层面的社会治理创新再上新台阶，最终实现国家治理体系和治理能力的现代化。当涂县的社会治理创新实践，是展示这一过程的一个很好的窗口。该县依托“平安当涂、法治当涂、活力当涂、幸福当涂”战略，通过打牢基石、规制保障、动能接续、价值依归四个方面的经营，取得了较显著的社会治理成效。但仍存在诸多短板，可在学习其他地区成功经验、转变政府观念和角色、推动社会组织参与协作、发挥市场资源助推作用等方面进行提升。

**参考文献**

鲁道生主编《当涂县志》，中华书局，1996。

郑永年：《再塑意识形态》，东方出版社，2016。

齐睿：《创新县域社会治理体系　提高县域社会治理能力》，《西部大开发》2016年第3期。

刘贤军：《县域社会治理的关键点》，《中国党政干部论坛》2016年第3期。

张雪梅：《新时期社会治理创新的制约因素与民主路径解析》，《社会主义研究》2014年第1期。

马俊达：《利用市场的倒逼机制完善社会治理的资源配置》，《中国社会报》2014年1月27日。

王礼鹏：《社会治理创新的地方经验及启示》，《国家治理》2016年第21期。

王浦劬：《国家治理、政府治理和社会治理的基本含义及其相互关系辨析》，《社会学评论》2014年第3期。

李恒全：《增强社会治理主体的协调性》，《光明日报》2016年4月6日。

# 文化发展篇

**Cultural Development**

## B.9

# 全球化语境下徽文化对外传播策略研究*

路　华**

**摘　要：** 在全球化语境下，作为中国传统文化的重要组成部分，徽文化应走向世界，增强国际影响力。结合“中国文化走出去”战略，徽文化对外传播可通过多样化、层次化和品牌化的内容，以受众为主体的多元途径和叙事方式，官方与民间共同协作的队伍等，打造全方位对外传播格局，在展现徽文化独特魅力的同时彰显其时代意义，塑造安徽品牌，提高安徽“软实力”和竞争力，进而从地域文化方面进一步增强中华文化的国际影响力。

**关键词：** 徽文化　“走出去”战略　全球化　对外传播

---

* 本文系安徽省社会科学创新发展研究课题“全球文化背景下‘中国文化走出去’战略与徽文化对外传播研究”（2017CX056）的成果。

** 路华，安徽蚌埠人，安徽工程大学外国语学院讲师，硕士，研究方向为英汉对比与翻译。

徽文化的全称是古徽州文化，主要指歙州在北宋宣和三年（1121），改名为徽州后，其境内一府六县，也就是歙县、休宁、婺源、绩溪、祁门、黟县，尤其在明清两代，具有鲜明时代特色与地域特色的文化。作为历史时期特别是明清以来徽州境内孕育形成的文明程度较高的区域文化，徽文化是中国传统文化的重要组成部分，在中国文化史上具有重要地位。而文化是国家“软实力”极为重要的体现，在世界呈多极化趋势、经济全球化进程不断深化的今天，我国越来越重视国家形象的塑造，而其有效途径之一就是通过文化进行对外传播。党的十七大报告中也提到了“文化软实力”这一概念，并强调在“当今时代，文化越来越成为民族凝聚力和创造力的重要源泉，越来越成为综合国力竞争的重要因素”，因此要“提高国家软实力”。在全球化的宏大现实语境下，推进“中国文化走出去”成为新形势下中国国家战略之一。近年来，安徽省响应国家“提高软实力”的号召，在“中国文化走出去”战略指导下，积极向世界推介徽文化。

## 一　徽文化对外传播的现状

安徽省委、省政府早在1997年就提出了与徽文化相关的战略口号，要“打好徽字牌，唱响黄梅戏，建设文化强省”，随后，于1999年成立了安徽大学徽学研究中心，作为教育部首批人文社会科学重点研究基地之一，这一徽学研究中心对徽文化研究起到了积极的推动作用。之后，安徽省和黄山市也分别成立了以徽学为研究对象的徽文化研究会。徽学以研究徽文化为主旨，得到了人们广泛的认同，广大海内外学者都越来越重视徽学的研究，各地的徽学会纷纷成立，挖掘整理出大批与徽文化相关的历史文献，涉及徽州教育、徽州民俗、徽州商帮、徽派建筑、徽州戏曲、徽州三雕、新安理学、新安医学、新安画派等，徽文化逐渐走向世界，学者们从不同的视角探讨和研究徽文化。

在徽文化对外传播的理论研究方面，学者们结合不同的侧重点进行了探讨，如有学者以旅游利用与文物保护为例，探讨徽文化在经济全球化冲击下，要借助旅游东风传承和发展，认为徽文化具有可持续发展性，既能满足当今安徽省社会经济和文化发展的需要，也具有能够满足人民群众心理需求的价值。还有学者从徽文化“和谐、善治、功效”的基本价值出发，探讨徽文化的教化功能，认为徽文化对弘扬中华文化、建设中华民族共有的精神家园、提高社会各阶层的人文素养、塑造安徽的区域品牌、促进安徽的经济发展等都具有重要的现代意义。蒋兆雷和黄洪雷则结合传播学理论，探讨安徽如何实现从文化资源大省向文化强省的跨越，认为做好徽文化传播，要提高徽文化传播者的素养，创新徽文化传播的内容形式，这是加强安徽文化强省建设的重要途径。而任良耀、陈春萍和陈铭通过调研，总结出徽文化对外传播的具体途径，即官方交流为主、学术交流和民间交流为辅，认为要发挥多方面的积极性和各个渠道的应有作用，徽文化对外传播才能取得更好效果。学术理论研究涉及徽文化的来源、发展、历史、内容、特色、地位、价值、对外传播途径和意义等。

在徽文化对外传播的实践方面，安徽省各界都在通过种种途径努力对外推介徽文化。如2009年设立“皖南国家旅游文化示范区”，创建了旅游与文化相结合的发展模式。2011年，安徽省更是提出了“徽文化，让旅游更精彩”的口号，进一步弘扬徽文化，推动文化、旅游融合发展，吸引境内外的游客通过旅游这一途径感受徽州传统文化与生态自然环境的交互融合，直观感受和体验徽州文化的巨大魅力，使旅游成为徽文化对外传播的一个有效渠道。另一种推介徽文化的方式是举办各种节日和庆典活动，如“黄山国家旅游节”“国际徽商论坛”“徽文化节”“黄山民俗文化旅游节”“黄山民间艺术节”等节庆活动的举办，吸引了海内外的众多宾客，独特的徽州民俗文化给海内外宾客和游客留下了深刻的印象，也进一步推进了徽文化的对外传播。除此之外，自20世纪90年代以来，安徽省举办各种徽学学术讨论会30余次，国际性学术讨论会8次，有众多来自不同国家和地区的学者参会，影响广泛而深远。此外，安徽省内还有高校和学术机构创办了多种学术期刊和集刊，如《徽学》《徽学通讯》《徽学文化研究》《徽州学丛刊》等，以发表最新的徽学研究成果。这些都一定程度上促进了徽文化的对外传播和国际交流。

## 二　徽文化对外传播的不足

尽管安徽省各界都已认识到加快徽文化对外传播的重要性，意识到这可以促进安徽文化强省的建设，也取得了一定的成果，但在徽文化的对外传播方面，依然存在若干不足，具体问题如下。

第一，在西方社会知名度低。文化的跨界传播受到众多因素的制约，在这众多因素中，对传播效果起到决定性作用的是接受方自身的本族文化这一主观因素。因此，不同国家、民族和文化观念之间存在差异，就造成文化传播中存在一定的信息损耗现象。而在西方社会，人们普遍带着固有的偏见看待中国，就更加剧了这种损耗。这一情况也存在于徽文化的对外传播中。徽文化的对外传播多以旅游、表演、展览等为主要展现和宣传方式，这些活动以安徽省官方主办或官方支持为主，虽然得到了很多国内新闻媒体、社会媒体的及时报道，但在表面热闹的背后，实际在西方的主流媒体、主流社会、主流文化中报道不多，知名度不高。

第二，缺乏文化价值的输出。对外输出的文化产品在内容上与西方社会的接受程度和习惯还有一定的距离，如展示徽州民俗文化的一些表演，往往只被观众认为是“有趣”。还有一些把徽州传统文化中的奇异部分作为宣传和推介的主体，满足了一些外国人对别国文化的“猎奇”心理，但是因对文化的“猎奇”而产生的兴趣，并不代表着对这种文化的“接受”。而只有当自身的文化价值观得到广泛的传播和认可的时候，其才具有文化“软实力”。这些“有趣”“新奇”的表演缺少与徽文化核心价值的有机结合，无法传播其文化思想中的精髓所在，也就无法达到价值输出这个层次，缺乏文化思想价值输出。

第三，缺少大众化接受形式。从目前来看，对徽文化进行系统研究的成果多以精英化的理论研究为主，如以徽学研究为主旨的一系列论文和丛书的发表和出版。但在文化的对外传播中，大众化的受众接受模式才能提高文化的影响力。在文化的传承和传播中，大众化的传播内容和形式是广大受众喜闻乐见和容易接受的，文化的影响力才能得以拓展和实现。目前的徽文化对外传播，因尚未形成成熟的文化产业市场体系，其文化产品未能完全体现徽文化的独特魅力和风采，文化产业从而缺乏市场核心竞争力。此外，也未能建立系统全面的徽文化对外传播机制，缺少将精英化的理论研究成果转化为普通民众所容易接受的形式。这些都影响了徽文化的对外传播效果。

第四，表达技巧尚有待提高。中西方由于种种不同，无论是在意识形态，还是在文化背景方面，都存在着巨大而明显的差异，由此容易产生文化隔阂和文化折扣，而这常常影响了我国传统文化对外传播的成效。如徽文化的一些对外传播翻译作品采用中国化的语言和思维方式，不太注意用国外受众习惯的话语来表达，用西方受众可以接受的方式推介徽文化，从而使得国外受众觉得套话、空话较多，引起了受众的文化反感和排斥。还有一些对外传播作品中存在译文行文不畅、晦涩不通、错译漏译等现象，质量不佳的翻译作品也会引起国外受众错读，从而引起误解，限制了徽文化对外传播的效果。很多徽文化对外传播的作品在表达技巧上都存在待改进的地方。

整体而言，徽文化的对外传播得到了安徽各界的重视，取得了一定的成效，但也存在一些现实问题和不足，如何有效地将徽文化推介到世界，让徽文化“走出去”，仍有待进一步的分析研究和相应策略的探讨总结。

## 三　徽文化对外传播的策略思考

在全球化语境下，徽文化作为中国传统文化的重要分支，要做到“走出去”，就应积极探索与拓展对外传播的策略和具体路径，以提升国际影响力。结合前文已分析的现状和不足，可从对外传播的内容、途径和队伍三个方面进行进一步的探讨。

### （一）徽文化对外传播的内容

在当前经济全球化、文化多元化的背景下，中国要在激烈的国际竞争中立于不败之地，作为国家“软实力”体现的文化“走出去”已成为重要的影响因素之一。而顺应当今时代环境的对外传播理念、强化传播内容的信息服务功能，既要明确目标受众的多元化，并有针对性地展开信息服务和信息传播活动，又要考虑受众的文化背景和文化差异，避免信息误导而造成受众对传播内容的排斥。要正视文化差异，以受众所能接受的方式向其传播文化。文化对外传播的效果如何，能否取得一定的成功，很大程度上取决于受众的反应，取决于受众能否接受所输入的文化信息内容，并因此产生一定的文化认同。如果受众对某种文化仅仅只是表达了欣赏或赞叹，这并不是文化认同。文化认同体现为受众从内心深处接受和认可这种文化的内在价值，进而将这种认同融入自身的价值观体系中。因此，想要获得西方受众的接受和认同，徽文化对外传播所展示的文化内容不仅要体现独特性，还要具有价值普遍性，即具有人们所公认的普世价值。

1. 对外传播内容的多样化

目前对外传播的徽文化，以旅游、文物、古迹、非物质文化遗产展览等为主，这些虽体现了徽文化的独特性，得到了西方受众的欣赏和赞叹，但在西方受众眼里，这些仅仅是“中国地方性的奇观”“有趣的东方奇景”，而无法在精神价值层面被西方受众认同，因此，目前的徽文化对外传播内容，其影响力是有限的。

在现实的文化对外传播中，不同国家和地区之间的文化和信息接收习惯存在很大的区别，而广大受众也因不同的社会阶层、文化背景、教育程度、宗教信仰等而具有不同的价值观和个人兴趣。受众价值观和兴趣的差异化导致了受众群体的多元化。面对具有不同文化价值观和趣味的多元化受众，徽文化的对外传播内容也应多样化，既要感性直观地对外传播徽文化，也要选取和传播一些具有针对性的内容题材，如体现人类共同价值观的人性、情感、教育、艺术等内容。推进西方受众以旅游的方式亲身体验徽文化的独特魅力，就是感性直观地传播徽文化，给受众以直观的视觉感知，从而更加容易接纳这种外显的文化元素。安徽省丰富的自然资源，如作为世界自然与文化遗产的黄山等名山大川，形成了徽文化特有的旅游传播资源，这些景区内自然与人文景观一脉相承，徽文化的影响无处不在。独特的旅游资源吸引了西方广大的游客，众多游客通过旅游这一载体直观感受徽文化的魅力，而旅游业的繁荣则可以进一步促进徽文化的对外传播。此外，体现徽文化精神内涵和内在价值的徽州民俗和村落、徽派建筑、徽州戏曲、新安医学、新安理学、新安画派等，都具有鲜明的徽州特性和极高的文化价值，同时也是人类共同主题——人性、艺术的体现，这些都具有普世价值的主题，具有人类社会所共享的精神和价值信念，是国外受众想听、想看、想了解并能够接受的内容，将这样的内容有针对性地对外宣传和推广，容易得到受众对其艺术价值和现实价值的肯定，从而促进徽文化的对外传播。

2. 对外传播内容的层次化

全球化语境下，文化对外传播注重受众的主体性地位，从“传者中心”转向“受众中心”。想要得到西方受众的认同，实现徽文化的真正“走出去”，就不能仅仅停留在徽文化独特性的展示层面，而要更深层次地发掘出既有徽州特色又有现实价值的徽文化内容，以得到受众的理解和认同，实现真正的跨文化传播。

作为徽文化重要组成部分的徽商精神和徽式教育，既体现徽文化核心价值内涵和精髓，又具有一定的现实价值和借鉴意义，值得进行深层次的内容发掘和宣传。徽商精神是指徽州商人为社会普遍认可和称道的价值取向、道德风范、思想品格，是徽州商人遵循的文化传统和其心理特征、思想情感等的综合反映。徽商奉行“君子爱财，取之有道”的古训，讲究“诚信贾道”“财自道生，利缘义取”，认为诚信是商人立命之基，以义为利是生财之道。徽商精神“以诚信为本，以义为利”，这正符合当今社会重视诚信这一价值观念，具有现实价值，同时也容易得到西方受众对重诚信这一价值观的认同。徽商的另一主要特征是“贾而好儒”，徽商大多有较高的文化素养，知晓诗书，好学不倦，具有儒商的形象，而这是与徽式教育分不开的。徽式教育是徽文化中已成体系的一种教育观，是在徽州文化底蕴基础上形成的一种教育思想和教育方法的综合概括和成功模式，取得了令人瞩目的教育成果，不仅使徽州在封建社会的科举考试中取得成功，如休宁县是“中国第一状元县”，还使得徽州人才辈出，徽州的学者名儒、名臣能吏、文坛才俊等数不胜数。徽式教育使得徽州取得了辉煌的教育成就，是徽文化中光彩夺目的亮点。这种体现徽州人重视教育并取得辉煌成就的教育理念对于当今社会仍具有重要的借鉴和指导意义。这些符合受众基本价值观并能引起人们思索的内容在徽文化对外传播中更易得到受众的接受和认同，从而有助于徽文化的“走出去”。

3. 对外传播内容的品牌化

具有国际影响力的知名品牌，不管是在文化产业还是其他产业中，其对于塑造国家和地区良好的形象，进而提升文化传播力，都有着极为重要的意义。品牌不仅仅是简单的产品符号，更是一种象征，体现了一个民族的精神和文化、情怀和气节。在对外传播中，如果传统徽文化仅仅停留在自我展示的层面，那其对外传播可能就局限于表层的惊叹和短暂的热闹，而难以被其他国家和地域的受众所认同，难以实现真正意义上的跨文化传播。因此，要进一步推进徽文化的对外传播，就需要深入挖掘更多传统徽文化中既有徽州地域特点又有现实价值的文化遗产，将传统文化与现代商业文明有机结合，打造出既体现徽文化内涵又兼具现代文明气息的知名文化品牌。

在经济全球化时代，文化蓬勃发展，人们在社会生活中对于文化的需求也日益高涨，文化商品成为得到消费者青睐的文化传播载体，市场俨然成为文化交流和传播的一个重要渠道，而知名品牌更是其中得到消费者青睐和市场欢迎的佼佼者。现在的徽文化商业以文化产品输出的方式为主，对外进行传播，虽已在安徽省内具有了一定的知名度，但在境外却知名度不高，需要塑造一批具有国际知名度的徽文化品牌来扩大徽文化对外传播的影响力。针对西方受众对徽文化品牌所知不多的现状，应善于利用各种文化贸易和交流的平台，如展览会、艺术节等，展演和宣传具有徽文化特色的文化精品内容，如徽派版画、徽州篆刻、徽州三雕、徽州茶道等，并在此基础上，拓展和加强各种各样的文化产业合作和对外交流，充分利用知名文化企业的优质品牌资源，与之合作或开发与此相关的徽文化产业项目，扶持和促进徽文化品牌产品的生产和发展，宣传和推广具有徽州文化特色和个性的品牌，将其打造成具有一定知名度的市场品牌，提高其市场竞争力，同时扩大徽文化对外传播的国际影响力。

### （二）徽文化对外传播的途径

在全球化背景和多元文化冲击下，中国文化要做到“走出去”，就要适应快速发展的信息技术时代的要求，建立多元的对外传播交流方式。徽文化在“中国文化走出去”这一战略指导下，也要采用符合时代特征的多元对外传播途径，以增加其对外传播的深度和力度。

1. 结合传统媒体与新兴媒体资源

自20世纪90年代以来，互联网就以惊人的速度发展，并对全球的文化和社会经济发展都产生了深远的影响。中国文化要“走出去”，其对外传播的方式就要与时俱进，充分利用互联网这一新媒体资源，改变绝大多数西方受众只能通过西方主流媒体了解中国这一现状。由于意识形态的不同，西方主流媒体对中国的报道较少，而且往往带有明显的倾向性和强烈的意识形态偏见，其报道中大部分涉及的是中国的负面事件和敏感话题，这样容易引起西方民众对中国的反感。在信息社会和网络时代，借助于互联网的对外传播为我们塑造良好的国家和地区形象提供了不可忽视的机遇，因此，中国文化“走出去”亟须构建立体化的全方位国际传播体系，徽文化的对外传播也应如此。在全球化进程不断深入和互联网技术飞速发展的今天，文化对外传播面对的是国际形势发展的需要，而单一媒体已无法满足这种需要了，“单媒体”时代应向“全媒体”时代跨越。在这一背景下，徽文化的对外传播要将以电视、广播、报纸和杂志为代表的传统媒体与以网络为代表的新兴媒体相结合，采用推特、博客、微博、微信等信息传播方式，大力建设平面媒体、视频媒体、广播媒体和网络媒体相结合的传播集团，构建范围广、受众广、信息量大的“全媒体平台”文化对外传播体系，开发中文信息资源，向国外受众展示有着悠久历史又能够展现时代精神的徽州传统文化，加大徽文化对外传播的深度和力度。利用传统与新兴媒体结合的多样化传播方式，如以高密度的传播频率和一定的传播艺术对外进行宣传，将会取得较好的传播效果，既能扩大文化的传播范围，又能扩大文化传播的影响，并有效提高文化产品的知名度。在全球化和传播技术数字化的时代潮流推动下，采用传统媒体和新兴媒体资源相结合的徽文化对外传播方式是极有必要的。

2. 充分利用影视途径传播徽文化

在传统的徽文化对外传播中，抽象的文字说明和译介传播起到了一定的作用，但是却只能满足文化精英人士对徽文化研究的需求，对于普通大众来说，其过于抽象和复杂因而吸引力不大。在经济全球化背景下，网络多媒体技术日益普及，在文化传播的手段和内容方面都发生了巨大的变化，多媒体传媒对大众具有极强的吸引力，尤其是得到了年轻人的喜爱。信息时代，徽文化在对外传播途径方面也要开拓创新，可以充分利用视觉化传播方式直观生动而又形象的特征，将徽文化的宣传与视觉艺术和信息技术进行有效结合，将抽象复杂的文字内容进行感性还原，特别是运用影视的方式对外传播徽文化，增强对大众的吸引力。影视传媒是广大受众喜闻乐见的一种传播途径，容易获到受众的接受和认可。如二战之后，美国文化在全世界的流行固然得益于国家经济和语言的强势因素，但在很大程度上也要归因于影视视觉传播这一因素。风靡全球的美国好莱坞电影和美剧都渗透着美国的主流意识形态和价值观念，借助影视传媒，美国人将崇尚自由和个人英雄主义的精神内涵传播到了全世界。近些年来，韩国电视剧风靡亚洲乃至全世界，在这些剧作中，韩国人将其传统文化价值观融入现代生活场景中，赢得了观众的喜爱。靠着影视带动，韩国得以向国外观众广泛宣传本国的价值观和生活方式。日本也是如此，当前的日本是世界上最大的动漫生产基地，而日剧和日本电影也受到众多海外观众的喜爱，借助于动漫、日剧、电影等形式，日本将其传统价值观的宣传扩展到了全世界的范围。在网络信息时代，徽文化的对外传播也应充分利用影视化这种方式，制作能够反映徽州人民生活方式和价值观念的电视剧、电影、动画等，以充分发挥视觉传播的优势，使国外受众能够具体形象地感知、了解、喜欢徽文化，利用影像将徽文化推销到全世界。

3. 调整徽文化对外传播叙事方式

在文化的对外传播中，处于不同文化环境的传播者和受众各自带有自身的文化立场，因此抽象的文化阐述容易使受众对所输入的文化产生误读，甚至会成为文化对外传播中的障碍。传播学认为，传播者译介的过程是文化干扰的过程。传播者对受众文化需求了解得越多，文化干扰在文化输入时就越低，反之则越高。因此，减少文化干扰的最佳方式是将传播者和受众置于同一文化环境。对所要对外传播的文化思想通过受众文化视角进行解释，把握他国受众的话语体系，建立文化传播者与接受者的共同经验解释系统，这也是文化全球化的过程。在徽文化的对外传播中，为了避免文化干扰影响传播效果，可与文化受众国合作，采用受众所习惯的叙事视角、叙事方式讲述推介徽文化，既可以生动地展示徽文化的外在形象，又可以用西方受众习惯的叙事方式表达徽文化的精神内涵，使之感兴趣而又听得懂，从而减小文化误读的概率，较好地对外传播徽文化。如以西方受众为对象的介绍徽文化中地域和民俗风情的宣传片，就可采用与他国合作的方式来拍摄和制作，用英语解说向国外受众播出，而英语解说的叙事视角和叙事方式都由受众国一方定夺，这样，与传统的对外传播中简单地将意识形态符号化，不太注意用西方受众习惯的语言和方式来表达，而只运用中式思维方式来表达的做法相比，用西方受众惯用的思维和可以接受的语言表达方式来推介徽文化，不仅不会引起西方受众的文化反感和质疑，而且会减少很多文化差异引起的问题，减小文化误读的概率，从而达到很好的文化对外传播效果。

4. 开展多种交流活动传播徽文化

在快速发展的信息时代，徽文化想要取得良好的对外传播效果，就要适应时代的要求，大力开展多种形式的交流活动，增加对外宣传和推介的深度和力度。针对徽文化在西方主流社会知名度不高、国外民众所知不多的情况，徽文化可开展丰富多样的文化传播和交流活动，以不同的活动形式激发国外受众对徽文化的兴趣，以增强对外宣传和推广效果。如政府可以积极推动与他国的文化往来和合作，和西方一些国家或城市互办文化交流季、文化展览月、文化体验周等文化交流活动，提升徽文化在西方社会的知名度；在海外举办徽文化民俗展、徽文化建筑风格展、徽文化雕刻作品展等，将体现徽文化独特魅力的艺术作品等推介到海外，使西方受众能够领略徽文化的魅力和风采；举办题材丰富、形式多样的民间艺术节、文化旅游节等，吸引国内外游客对徽文化产生好奇心和兴趣；举办国际徽文化交流研讨会，加强和促进国内外学者交流和互动，从学术研究方面扩大徽文化在世界的影响力；参加国际各种类型的展览会，推广徽州民俗工艺和文化产品，让世界各地近距离接触和了解徽文化产品，感受徽文化的独有魅力。通过这些展示和演出、学术交流、文化产品等搭建多元化的文化对外传播交流平台，灵活多样的交流方式能够较好地展示徽文化的特色和魅力，并满足国外不同受众群体对于徽文化的兴趣和需要，减小徽文化对外传播的阻力，增强其对国外受众的吸引力，从而有利于提高徽文化国际知名度，进一步对外传播徽文化。

### （三）徽文化对外传播的队伍

在全球化语境下，文化差异制约着中国文化的有效传播，影响着中国文化“走出去”的效果。面对千差万别的外国受众，只靠政府千篇一律的文化报道，是很难取得理想的文化对外传播效果的。因此，想要全方位地对外展现徽文化的特有魅力和精神风貌，就要顺应全球化和多元化的社会发展潮流，建设多元化的对外文化传播主体，即一支由政府机构、社会组织及广大民众共同协作组成的多层次、多元化的对外传播队伍。

1. 重视官方主导作用

有学者指出，文化对外传播的最终目的是向外输出其文化价值观，并为外国受众所理解和认同。因此，一个国家或地区文化对外传播力的强弱决定了其“文化软实力”和对外影响力的大小。这也决定了文化的对外传播和输出应由政府和官方做主导。在徽文化对外传播中，政府应结合当前“中国文化走出去”战略，发挥核心主导作用，系统有规划地向世界推介徽文化的繁荣与创新。如加强引导，推动对外传播内容和形式的多元化，为徽文化“走出去”制定指导性、纲领性的政策文件，有规划地向世界推介和宣传徽文化的传统与创新；建立和开发徽文化海外文化产业基地，并鼓励文化企业进行海外投资和合作，支持主流媒体在海外设立分支机构等，以建立国际化的文化产业集团推动徽文化的对外传播；设立徽文化国际传播贡献奖等文化奖项，对将徽文化介绍到海外、推动徽文化发展和对外传播做出贡献者进行表彰和奖励；组织和资助体现传统徽文化精华的原创性演出在全国乃至世界各地巡演，资助各种徽文化传播人才培养项目和研修项目等，为徽文化的对外传播提供良好的政策支持。此外，在当前的各种交流活动中，无论是组织各种徽文化对外传播的节日庆典活动，还是开展表现徽文化民俗文化的文艺表演，政府主导行为都具有无可比拟的权威性、号召力和不可替代性，因此，在徽文化的对外传播中，需要各级政府机构的官方主导和引导。

2. 重视学者交流作用

在文化的对外交流和传播中，学者也可以作为"文化使者"起到重要的作用。学者往往被视为社会的上层精英人士，通常在某研究领域具有专业知识和权威地位，是具有一定知名度的专家，因此，学者们所发表的见解和意见容易获得人们的推崇，也容易得到传播对象的认同。此外，作为社会精英人士，学者们有着独特优势，就是他们有更多的机会接触到社会各界人士，如政界、经济界、文化界、外交界、宗教界等，因此他们都有着较为广泛的社会联系。而这种广泛的社交和人际关系，对于扩大文化交流和传播的范围，起到了其他对外交往渠道所无法比拟的重要作用。因此，徽文化在对外传播中，要充分重视学者的学术交往和交流活动，使其发挥文化交流使者的作用，进行高层次的徽文化学术探讨和文化对外交流活动，推进徽文化逐步走向世界学术界，进一步提高徽文化的国际影响力。当前，徽学学者的学术交流多是通过研究机构、期刊文章和参加国内外研讨会进行的，如规格高、影响大、参会学者和地区众多的国际徽学学术讨论会等，在研讨会后，还会出版专门的会议论文集，以扩大会议影响。除了重视学者参加研讨会和发表期刊论文之外，还应完善国内外徽学学者的文化交流机制，不断扩大和加强海内外徽学学者之间的学术交流。此外，政府还应鼓励和资助一些国内徽学精英学者走出国门，致力于向国外学者和大众宣讲当代徽文化的精髓，扩大徽文化在国际上的影响。

3. 重视翻译人才培养

在全球化进程不断深化的今天，各种文化在不同语种间有着频繁的对外传播活动，而翻译是其中必不可少的重要媒介。进行文化传播的译者，不仅要具有专业化水平，精通中外语言，还要熟知相关文化背景，这样才能翻译出高质量的作品，得到受众的理解和接受。翻译人才的质量影响对外传播的文化质量，因为高水平的翻译作品可以有效地促进文化的对外传播和交流，而翻译质量不好的文化作品会使国外受众误解或错读，会对文化传播起到负面作用。徽文化的对外传播不仅要在内容和方式的选取上注意符合西方受众的价值观、接受心理、理解能力等，在徽文化优秀作品的翻译方面也要兼顾西方受众的审美观、兴趣和阅读习惯，用与之相适应的翻译策略和方法，符合受众的阅读习惯，使之理解和接受徽文化。因此，要培养一批能从跨文化交际角度出发，用国外受众接受、理解的形式翻译徽文化作品的翻译人才，如以省内各大高校和各种研究机构为人才培养依托，不仅要培养文学翻译人才，还要着重培养实践技能型和应用型的翻译人才，在锻炼其语言文字翻译能力的同时，有意识地培养其跨文化交际意识，将其培养成能够为文化对外传播服务的高素质专业型翻译人才。此外，政府还可以选派一些基础较好的翻译人才去国外实践和进修学习，并为其提供展现进修成果的机会，在制度上给予必要的资金支持和政策倾斜，以优化翻译人才培养环境，使翻译人才积极参与到徽文化的对外传播中，将徽文化更好地推广到全世界。

4. 鼓励社会机构参与

随着经济和文化全球化的深入发展，民间对外交流日益频繁，社会机构、非政府组织、公司企业等有了更多的机会开展对外文化传播的活动，民间力量已成为一支不可忽视的文化对外传播生力军。在经济全球化的时代，文化对外传播的环境复杂多元，广大受众的信息需求也呈多样化趋势，单一的传播主体显然已经不再适用于这个环境，需要有相应多元化的传播渠道和主体来满足这种时代需要。顺应这种时代发展潮流，政府可以充分利用和挖掘民间资源，鼓励、引导各种社会机构、组织和企业等参与到徽文化的对外传播中来，在与他国民众的交流中，发挥自身传播文化的使者功能，积极对外传播徽文化，形成一种与官方传播配合互补的多元化传播格局。如各种社会机构和非政府组织因其非政治性特征而具有较强的亲和力，少了强硬说教和单方面灌输的嫌疑，其对外传播徽文化的活动就容易被不同文化背景和政治倾向的西方受众所接受和认同。文化企业尤其是跨国企业可融文化于经济之中，通过收购和合作等方式，开辟海外文化市场，利用文化贸易和文化商品推动徽文化在海外的传播，推进徽文化的可持续发展。通过发挥多类社会机构的积极性和各种社会渠道的应有作用，整合不同的对外传播渠道和路径，全方位地展现徽文化的精神风貌和时代气质，全方位地传播徽文化。

5. 鼓励广大民众参与

随着互联网、微博、微信等新兴媒体平台的使用，一个可以跨越时空、人人皆可发声的自媒体传播时代已经到来。自媒体又称参与式媒体、社会化媒体，是以网民个人为主体的媒介形式。在经济和文化全球化时代，民间自媒体一跃成为全球最大的舆论集散地，新时代的网络社交媒体一代成为当今文化传播的重要对象，自媒体传播方式越来越彰显其重要性和影响力。在自媒体时代，每个人都既是信息的接受者和消费者，也是信息的传播者和生产者。每个人都可以成为文化形象的代言人，发挥促进文化交流的使者作用，广大民众也可以是文化对外传播主体的一个重要组成部分。此外，自媒体传播具有的自发性、平等性、交互性等特征，也给文化对外传播提供了更广阔的平台。因此，徽文化在自媒体时代的对外传播中，要顺应时代潮流，充分利用自媒体，鼓励广大民众参与，在拓展和丰富政府主办的媒体交流渠道和路径的同时，搭建更多可以促进徽文化交流和传播的平台，开辟和拓宽对外传播媒介渠道。近些年来，有越来越多徽文化滋养下的民众在国外求学、旅游、经商、定居等，要鼓励和支持他们在国外身体力行地以自媒体的形式传播徽文化，利用自媒体传播的优势，使徽文化的影响和传播遍及全世界。

## 四　结语

做好徽文化的对外传播，既可以提升安徽人民社会生活中的文化比重，也有利于打造具有鲜明特色的安徽区域品牌，从文化层次提高安徽“软实力”，增强安徽的区域竞争力，从而进一步促进安徽的经济腾飞和发展。在尊重徽文化本身文化价值的基础上，结合全球化语境和“中国文化走出去”的战略指导，徽文化的对外传播要讲究与时俱进的策略，选取顺应时代潮流并具有创新意义的对外传播内容、途径和队伍，增强徽文化的对外传播效果，提高徽文化的国际影响力，进而从地域文化方面扩大中华文化的国际影响力。

## 参考文献


Nye, Joseph, *Soft Power: the Means to Success in World Politics*, New York: Public Affairs, 2005.

尚正:《经济全球化与徽文化的传承发展》,《黄山学院学报》2004 年第 1 期。

卞利:《明清徽州社会研究》,安徽人民出版社,2004。

章尚正:《经济全球化冲击下地方文化的传承发展——以徽文化的旅游利用与文物保护为例》,《安徽大学学报》2005 年第 6 期。

程必定:《徽文化的基本价值及其现代意义》,《安徽师范大学学报》2008 年第 6 期。

蒋兆雷、黄洪雷:《传播学视域下的徽文化与安徽文化强省建设研究》,《安徽农业大学学报》2013 年第 9 期。

任良耀、陈春萍、陈铭:《徽州文化对外传播的现实途径分析》,《黄山学院学报》2015 年第 12 期。

佟斐:《提升中国文化对外传播力的思考》,《中国特色社会主义研究》2014 年第 5 期。

杨铮:《解读当今国际传播的特点与趋势》,《新闻爱好者月刊》2009 年第 1 期。

欧阳云玲:《从对话意识谈我国媒体对外传播的跨文化策略》,《新闻窗》2008 年第 2 期。

陈瑞:《徽文化研究的主要应用价值》,《安徽广播电视大学学报》2008 年第 3 期。

曹志:《略论徽商、徽文化及其时代意义》,《中央社会主义学院学报》2005 年第 6 期。

刘继南、何辉:《中国形象——中国国家形象的国际传播现状与对策》,中国传媒大学出版社,2006。

林文艺:《探析全球化语境下中国文化的跨文化传播》,《福建论坛》(人文社会科学版)2014 年第 12 期。

曹胜强:《基于历史与现实视阈的中国文化对外传播力研究》,《中共中央党校学报》2014 年第 2 期。

王春林:《提升中国文化对外吸引力的策略和途径》,《学术论坛》2015 年第 9 期。

张莉:《民间文化对外传播在国家形象构建中的优势分析》,《河南大学学报》2015 年第 2 期。

谢稚、孙茜:《跨文化传播中文化差异、受众接受度与传播效果》,《对外传播》2013 年第 12 期。

朱永海、张舒予:《中国文化对外传播的视觉表征与创新发展》,《中国电化教育》

2013 年第 7 期。

王催春：《论全球化语境下中国跨文化传播的内在语征与本体特质》，《东南传播》2012 年第 11 期。

吴爱俊：《试析对外传播文化产品制作策略——以文化形态与价值理念间互动为视角》，《语文学刊·外语教育教学》2012 年第 8 期。

郑保卫：《学者学术交往与民间对外传播》，《对外传播》2012 年第 3 期。

蒋朝莉：《提升中华文化对外传播力的策略分析》，《西南民族大学学报》2014 年第 12 期。

张利平：《新媒体时代传统媒介融合渠道与路径选择——以〈华尔街日报〉为例》，《湖南大学学报》2013 年第 1 期。

# B.10

# "十三五"安徽区域文化发展与文化强省建设战略研究*

安徽文化产业发展研究会课题组**

**摘　要：**　为科学谋划安徽省创新型文化强省建设，课题组围绕区域文化这一主题进行实地调研和学理研究，力求以更高的站位、更宽的视野对安徽省区域文化发展进行顶层设计，探究"十三五"时期安徽省区域文化发展战略谋划的环境和形势依据、战略目标、战略选择、战略思路和战略实施保障等若干重要问题。

**关键词：**　安徽　区域文化发展　文化强省建设

## 一　关于安徽区域文化的概念、内涵和特征

### （一）基本概念

从中国文化发展全局看，安徽是历史文化积淀深厚的省域，安徽地域文化是中国文化的有机组成部分，一方面，安徽区域文化与中国文化具有共性，体现着中国文化发展的主流、方向和要求，负有提升国家文化软实力、增强国家综合实力和核心竞争力的责任；另一方面，作为由历史上皖籍学人与客居安徽的外地学者以及世世代代生活在安徽这片热土上的人民创造的区域文化体系①，其

---

*　本文系安徽文化产业发展研究会"三项课题"研究成果。

**　课题组成员：邢军、凌宏彬、沈昕、孙超、康福升。安徽大学教授沈昕和安徽省人民政府综合经济研究处处长凌宏彬系本文执笔人。

①　罗本琦、方国根：《科学家社会责任的文化价值》，《探索与争鸣》2008 年第 10 期。

也具有鲜明的自身特色和人文特点。

从安徽区域发展全局看，安徽区域文化概念是整个安徽区域概念的子概念，具有对安徽区域的从属性和被包容性，一方面，安徽区域发展对安徽区域文化发展至关重要，甚至在某种程度上或在某些领域、某些时期决定了安徽区域文化的走向、内容和层次水准；另一方面，安徽区域文化在安徽区域构成体系中的地位举足轻重，是安徽“五位一体”发展中的一“位”，不仅发展的自身价值巨大，而且对全省区域综合实力和核心竞争力的提升具有强大的统领和支撑功能。

从文化变迁纵向坐标看，安徽区域文化概念具有开放和变化的特性，是一个承接过去、立足现实、趋向未来的概念，既要以历史的视域进行把握，又要突出特定时段予以现实考量，如本课题就是主要从现实出发、瞄准“十三五”及今后一个时期这一特定时间节点来加以把握和认识的。

从文化发展横向坐标看，安徽区域文化与我国其他区域文化在概念内涵上具有一定的包容、叠加特性，在发展上也具有互动、碰撞和竞合关系，既相对独立、摇曳多姿，又主脉相通、盘根错节，这一点在安徽省与相邻省域文化的关系上体现得最为充足。综合以上分析，这里给安徽区域文化提供一个参考概念，即安徽区域文化是文化在安徽的区域分布，主要在安徽自然区域和行政区划中逐渐形成、融合、衍变、传播并被广泛感知和认同的区域文化现象和体系，是中华文化的重要组成部分和典型标本，是历代安徽人民不断创造历史的意志体现、风貌展示和智慧结晶，是引领安徽崛起、创造民族未来的重要纽带和持久动力。①

### （二）基本内涵

从安徽区域范围角度，强调安徽区域文化主要应框定在安徽省域范围内，

① 就完全意义上的学术而言，安徽区域文化概念比较复杂，学术界一直没有一个权威统一的表述，甚至有学者否定安徽区域文化概念的存在合理性，理由是在安徽区域内文化不存在一个统一的文化体系，也不具有相同的历史背景和文化特征。关于这方面的争鸣，可参阅欧远方的《弘扬皖文化遗产》（《安徽史学》1995 年第 4 期）、朱来常的《“皖文化”概念质疑》（《安徽史学》1996 年第 2 期）、郭因的《谈皖文化的概念能否成立》（《安徽史学》1996 年第 2 期）、宛小平的《是文化决定论还是文化创造论——评朱来常先生〈“皖文化”概念质疑〉》（《安徽史学》1996 年第 3 期）等文。另外对用“徽文化”来代替“安徽文化”，许多学者也持有否定意见。本研究无意参与争论，所提概念主要是从服务安徽文化现实发展角度出发给予一般性解释，以求在推动安徽文化现实发展上兼容并蓄、凝聚共识、形成合力。

否则就没有“边界”，谋划安徽省“十三五”区域文化发展也就缺乏基本的空间依托。同时，也应该充分看到安徽省文化发展的复杂性，比如婺源县虽属江西，但其文化不能与徽州文化割裂；黄梅戏虽在安徽发扬光大，但其肇始于湖北黄梅等地；桐城、枞阳两县市虽为桐城派代表人物家乡，但桐城文化的创造形成并不囿于历史上的桐城。这恰如一条大河，虽奔流在相对固定的河道里，却融汇百溪，甚而漫堤或改道，不能正确认识这一点，就无法理解安徽省文化发展需要“走出去”和“请进来”。

从安徽历史和自然地理板块角度，一些学者基于长江、淮河自然地将安徽区域文化分为三个部分，将安徽区域文化分为三个板块。① 这种内涵界定方式影响较大，也比较容易与文化建设实践相呼应。目前，安徽省的文化典籍和政策中，一般都将安徽区域文化划分为徽州文化、皖江文化和淮河文化。② 但也必须指出，徽州文化、皖江文化和淮河文化三个文化圈划分远不是全省上下，更不是海内外对安徽省区域文化构成的共识，这方面的探索一直就不曾停止过，如近年来有学者提出“环巢湖文化圈”概念，如此，安徽省区域文化就被划分为四个板块。

从安徽行政区划角度，目前安徽省有 16 个省辖市，105 个县、市、区，这些相对独立的行政辖区都是安徽省区域文化发展的组成部分，构成了安徽省区域文化的行政层级体系，这一体系对安徽省“十三五”区域文化发展而言具有重要的组织推进和政策落实意义。

从安徽省区域文化的内容角度，关于这一点，仁者见仁，智者见智③，在综合分析的基础上，这里提出几个主要构成要素：核心价值体系，是安徽省区域文化的本质和灵魂，体现了国家根本利益和人民精神状态、意志品格及内在

---

① 如欧远方认为，安徽由于历史因素和地形、地貌的特点，形成淮河文化、桐城文化、新安文化三大文化圈。参见欧远方《弘扬皖文化遗产》，《安徽史学》1995 年第 4 期。

② 如，“重点组织开展了徽文化、皖江文化和淮河文化等三大地域文化的研究，出版了 5 集《安徽历史文化研究文库》”（马雷：《建强新智库，聚力谋发展　努力开创安徽省社科事业繁荣发展新局面——在安徽省社科联第七次代表大会上的工作报告》，2014 年 12 月 29 日）；“安徽地域文化可分为处于淮河流域的涡淮文化、处于长江流域的皖江文化和处于新安江流域的徽州文化等三个亚文化区域”（袁行霈、陈进玉主编《中国地域文化通览（安徽卷）》，中华书局，2013）。

③ 北京大学中国软实力课题组：《软实力在中国的实践之三——区域软实力》，http://theory.people.com.cn，2008 年 3 月 7 日；贾磊磊：《国家文化软实力的主要构成》，《光明日报》2007 年 12 月 7 日；沈昕、凌宏彬：《提升区域文化软实力研究：概念、构成、路径》，《理论建设》2012 年第 4 期。

凝聚力，最根本的是以爱国主义为核心的民族精神和以改革创新为核心的时代精神，最突出的是“小岗精神”“沈浩精神”“包拯廉政孝亲精神”“奇瑞精神”“王家坝精神”“大禹精神”等具有安徽省特色、时代特征的精神理念。地域文化资源，是构成区域文化的主体要素，丰富博大的体现民族精神、蕴含优秀道德精华、富于时代价值的地域文化资源是安徽省区域文化改革发展的历史依据、现实基础和未来依托。文化精品，是安徽省区域文化体系中的标志性、形象性要素，其高水准展现安徽省区域文化特色，提升安徽省区域文化在海内外的影响力、美誉度。文化产业，是安徽省区域文化中的关键因素，不断发展壮大的文化产业，始终是省文化改革发展中最具活力、最具发展潜力、最富于创新冲动的力量。文化公益事业，是当前安徽省区域文化建设的出发点、落脚点和重点，尤其是公共文化服务体系，在全省区域文化体系中的位置正强力提升。文化发展环境，是安徽省区域文化体系中的引导和保障因素，其重点是文化发展的政策法规体系。文化衍生裂变现象，是安徽省区域文化体系中新动能因素，表现为文化对“互联网 +”的对接、对其他领域的融合、对行政区域的不“越界”，体现为安徽省区域文化内涵、外延的丰富、创新与延展。

### （三）特征

关于安徽区域文化的特征，省内外学者有集中深入的研究。① 总体来看，

---

① 如陈瑞在《安徽历史文化资源的类型与特点》（《安徽日报》2012 年 10 月 17 日）中提出，“安徽历史文化资源产生和累积的过程，以及某些非物质文化资源的传承具有连续性。安徽历史文化资源，因社会历史变迁、经济发展水平、地理风貌、民风习俗等方面的差异，呈现出鲜明的地域不平衡性。安徽地处黄河、长江中下游地区几个大的文化圈的中间地带，中原文化、齐鲁文化、楚文化、吴越文化等各种类型文化的传播和碰撞都在这里留下了痕迹，这决定了安徽历史文化及与之相关的历史文化资源，既有自身特点，又有兼容性。安徽历史文化资源中的某些非物质文化资源，在其形成后及其演进的过程中，因其自身优势，拥有较强的影响力、扩张力和渗透力，从而对周边邻近地区乃至国内外一些地方的同类型文化资源具有较强的辐射性。”省文史馆项目组从发展趋势、发展路径、发展内因、学术取向、影响时空五个方面进行审察，反复推敲，认为安徽地域文化有如下五个特点：第一，三大亚文化区域之间差异和趋同共存；第二，在发展中呈现文化重心由北向南的迁移；第三，“通变”成为安徽文化长期延续的重要内在因素；第四，重视经世致用、讲求“天下和洽”的学术取向；第五，超越地域的文化现象广泛存在（《中国地域文化通览（安徽卷）》，2013）。黄德宽认为，徽州文化具有丰富性、辉煌性、独特性、典型性和全国性等特征，这些特征也部分代表了安徽区域文化的特征。

已有特征分析仍需深化完善。从对象看，已有特征分析主要集中于安徽区域文化资源，对区域文化体系中的其他要素关注不够；从纵向看，主要偏重于安徽区域文化历史沿革特征分析，对于安徽区域文化的现实表现和未来态势特征研究不够；从横向看，更多以安徽省区域文化为核心由内向外地予以考察，对于安徽省区域文化在全国文化发展和安徽省发展全局中的位置特征研究不够。基于这种体会，课题组认为安徽区域文化的特征是：①地位凸显。安徽区域文化自古以来就是中国文化的组成部分，在中华文明体系中的地位既长久相对稳定，又整体趋于巩固和提升，其中一些代表性的历史文化流派和当代文化实践的诸多方面具有领先位置、优势地位和中坚功能。②内容通变。安徽区域文化在长期的产生和累积过程中，既保持着承接和延续，又进行着选择和淘汰，在“扬弃”中强化特色，增强活力。③结构迁变。因社会历史变迁、经济发展水平、地理风貌、民风习俗等方面的差异，安徽省区域文化“与时迁移，应物变化”①，在不同时期代表性的内容类别上有所变化，在主导性的板块区域上有所徙迁，具有鲜明的非均衡性。④边界融合。无论是内容类别还是地理组成板块，安徽区域文化都呈现边界趋于模糊的特点，特别是在互联网技术普遍运用背景下，你中有我，我中有你，一体化程度明显加深，跨越超越地域的文化现象更为广泛的存在，与海内外各区域文化间的相互影响、扩张和渗透程度日益加深。

## 二　“十三五”安徽区域文化发展战略谋划的环境和形势依据

准确把握环境和形势，是谋划发展、科学决策的重要前提，也是科学谋划“十三五”安徽省区域文化发展战略的基本依据。关于“十三五”安徽省区域文化发展面临的环境与形势，必须放到全国乃至全球文化发展的大格局中去分析，放到安徽省区域发展的总体战略布局中去分析，放到安徽省区域文化发展的历史纵深中去分析，放到安徽省区域文化发展现实和趋向的客观规律中去分析，最终实现正确判断和准确把握。综合分析，安徽省“十三五”

① 《史记·太史公自序》。

时期发展环境和形势总体向好，具备保持文化健康较快发展的诸多有利条件和机遇。

## （一）成效显著，发展基础进一步夯实

经过多年积累，特别是近年来围绕落实《文化强省建设实施纲要》，文化建设取得重要进展和成效，区域文化发展已经站在一个新的起点上。① 突出表现为以下几点。一是实力提升。“十二五”以来特别是近三年，安徽省以文化建设主要方面的影响力、竞争力和整体实力进入全国十强乃至更高位次为标杆，做出了推进理论社科、思想道德、新闻出版、广播影视、网络舆论、文化演艺、文化产业、文化开放“八个强”建设的总体布局和具体安排，一些工作走在了全国前列，一些指标在全国位次前移幅度明显。其中，在培育践行社会主义核心价值观上，2011 年以来安徽省入选“中国好人榜”的 600 人，稳居全国榜首；在城乡文明创建上，安徽省文明城市总数达到 4 个，从原来的全国第 15 位跃居第 5 位，阔步进入第一方阵；在文艺精品创作上，安徽省在第十三届全国“五个一工程”评比上获奖作品 8 部，比上届增加 2 部，排名由第 16 位跃升至第 3 位，形成了引人瞩目的“安徽文艺现象”；在文化产业发展上，整体实力进一步增强，全省文化产业增加值由 2010 年的 457.64 亿元增加到 949 亿元，总量实现翻一番，年均增速超过 20%，占 GDP 比重由 3.86% 上升为 4.55%，提前一年实现“十二五”目标。②

二是活力释放。深化改革，顺利完成省广电、新闻出版部门职能整合，精简省级文化部门 60% 的行政审批事项，制定《社会效益与经济效益业绩考核

① 关于安徽省区域文化建设成就，《关于文化强省建设推进情况的报告》（中共安徽省委宣传部《宣传工作》第 6 期，2015 年 4 月 12 日）概述为“团结奋斗的思想基础进一步巩固，社会主义核心价值观建设进一步深入，城乡文明程度进一步提升，意识形态领域总体态势进一步向好，安徽发展的舆论环境进一步优化，媒体融合发展步伐进一步加快，文艺精品创作进一步繁荣，文化民生进一步改善，文化产业整体实力进一步增强”等 9 个方面；《“十三五”规划文化改革发展专题报告》（省委宣传部、省文化厅，2015 年 8 月 18 日）概括为“社会主义核心价值观建设进一步加强，文化发展体制机制进一步理顺，文化民生进一步改善，文化产业整体实力进一步增强，文艺精品创作进一步繁荣”等 5 个方面。

② 依据省委宣传部、省统计局提供资料及《安徽文化及相关产业统计概览》（2011 ~ 2014）等数据核算。

及负责人薪酬管理办法》，将社会效益考核权重提高到50%。充分发挥省属五大文化集团主力军作用，出版集团营业收入、总资产市值双超200亿元，居全国第4位；发行集团营业收入超160亿元，总体经济规模跃居全国同行第1位，再次双双入选全国文化企业30强。百强民营文化企业快速发展，2016年主营业务收入超亿元的43家、超10亿元的6家。成功举办以“五看”为重点的首届文化惠民消费季活动，以财政补贴、企业让利等方式，直接拉动文化消费25.6亿元。

三是贡献力增强。“十二五”以来，安徽省区域文化改革发展对打造“三个强省”、建设美好安徽的贡献度不断提升，不仅为全省经济社会发展提供有力的思想保障、精神动力和文化支撑，而且成为全省产业发展的战略支撑和转型发展的引领力量，群众的获得感和幸福度也得到大幅度提升。①

### （二）优势明显，发展潜力进一步积蓄

安徽省区域文化发展具有明显优势，突出表现在区位、经济基础、资源、环境等方面。从区位看，安徽省处于“一带一路”和长江经济带的重要节点，具备成为南北连通、东西衔接的综合交通枢纽的条件。高铁时代的到来，更加凸显安徽省沿江近海的区位优势，有利于拓展文化要素配置的空间和层级，促进文化内对外开放的不断深入。

从经济基础看，在发展趋势方面，未来五年安徽省人均GDP将由6000美元迈向10000美元，处于由上中等收入经济体向高收入经济体迈进的转型阶段，经济有望保持中高速增长，将为安徽省“十三五”文化发展提供坚实的物质基础，这是我们确定全省发展目标的基本逻辑，也是谋划“十三五”文

---

① 其中，“在文化民生改善方面的尝试如试点建成100个中心村农民文化乐园，启动30个乡镇综合文化服务中心整合试点、农村公共图书服务一体化试点等，初步形成了公共文化服务的‘安徽模式’，被文化部誉为‘整合农村文化资源的创举’。在经济发展新常态下逆势而上；大力推动文化走出去，文化产品服务出口168个国家和地区，核心文化产品出口金额3.2亿美元、年输出版权912项，分别是2011年的3.6倍和1.6倍，北京书博会版权输出连年位居全国第1，扩大了安徽文化在海外的影响；2014年共获国家社科基金立项111项，是2011年的1.4倍，获重点项目10项，是前5年的总和；成功举办以‘五看’为重点的首届文化惠民消费季活动，以财政补贴、企业让利等方式，直接拉动文化消费25.6亿元”（参见《关于文化强省建设推进情况的报告》《“十三五”规划文化改革发展专题报告》）。

化发展战略的基本逻辑。①

从文化资源看，安徽是中华文明的发祥地之一，悠久的历史和深厚的人文底蕴、灿烂的文化成就给安徽留下了丰富的历史文化资源。其中，文物资源丰沛，共有各类文物遗存1.76万多处，世界文化遗产2处，中国历史文化名城5座，中国历史文化名街1条，全国重点文物保护单位56处，国家级非物质文化遗产43项，徽文化生态保护实验区是继闽南文化生态保护区之后的第二个国家级文化生态保护实验区；名人荟萃，历史上产生过老子、庄子、曹操等诸多影响深远的名人；流派众多，孕育了老庄文化、建安文学、桐城派散文、徽文化等重要文化流派；艺术绚丽多姿，徽剧是京剧之源，博大精深，黄梅戏独树一帜，花鼓灯热烈奔放，傩戏神秘古朴；文化旅游资源丰厚，拥有的国家级风景名胜列全国第7位，A级旅游区占全国的6.1%。② 丰富的历史文化资源和文化旅游资源，成为安徽区域文化发展的重要基础。

从文化产业发展稳定性看，用变异系数来衡量，1995～2004年，安徽省经济增速变异系数为0.21，2005～2014年降低到0.13，下降了38%，表明近年来经济稳定性明显增强。这一现象在文化产业领域表现更为显著，经过多年发展，安徽省出版发行、影视制作、印刷复制、演艺娱乐、广告会展等传统产业优势扩大，文化创意、数字出版、绿色印刷、移动多媒体、动漫游戏等新兴产业加快发展，文化产业正由过去依赖单一传统行业向多元支撑的现代产业体系演变，产业发展回旋余地增大，抗击经济下行和市场波动的能力增强，这一态势在"十三五"时期将延续和强化。

从保障要素看，"十二五"以来，安徽省从法规政策、资金投入、金融、人才、土地、项目等各方面提高对文化建设的保障支撑能力。如在资金投入

① "十一五"以来，安徽省经济年均增速高于全国2.6个百分点，"十二五"以来高于全国3.3个百分点，2014年经济总量跨过2万亿元台阶达到20849亿元，不考虑价格因素，已相当于江苏2006年、浙江2008年、上海2012年的规模。2014年安徽省人均GDP为34427元（折合5604美元），与江苏2007年、浙江2006年的水平相当。按照世界银行标准，已达到上中等收入经济体水平，为进入新的增长平台期奠定了基础（参阅省政府发展研究中心研究报告《关于安徽省"十三五"时期发展的思考与建议》，2015年10月19日）。

② 据省旅游局提供资料：安徽省现有A级以上景区499家，其中5A级9家，4A级151家，总量约占全国6.1%，5A级约占4.2%。安徽省国家级风景名胜区10家，数量居全国第7位（与湖南并列）。

上，实现"保证公共财政对文化建设投入的增长幅度高于财政经常性收入增长幅度，提高文化支出占财政支出比例"①。在用地上，"加大用地支持力度。文化产业重点项目用地应优先纳入各级土地利用总体规划和土地利用年度计划，优先保障项目用地计划指标。省直接调度的项目，各地在用地计划指标安排上予以重点支持"。在项目上，"继续推进'861'行动计划文化产业项目库建设，在重点领域扶持一批成长性好、带动性强的文化产业项目，实施一批带有全局性、基础性、示范性的重大工程，规划建设一批文化产业园区、基地、特色产业群"②。在人才上，实施省"宣传文化人才培养工程"③，"分两批选拔了128名拔尖人才、90名青年英才，对一批优秀人才项目加大资助扶持"④。未来五年，安徽省区域文化建设的要素保障力度必将进一步加大，积极为文化繁荣发展厚植基础。

### （三）机遇难得，发展动能进一步增强

"十三五"时期仍然是安徽省文化发展的重要战略机遇期，要以更高站位、跳出文化看文化的视野来看待和把握文化发展机遇。从国际大环境看，和平与发展的主题不会改变，新一轮科技革命和产业变革的趋势不会改变，全球范围的资源配置和生产力布局重新调整不会改变。在这一大趋势下，时和势对安徽省总体有利，当然也会对安徽省区域文化发展形成利好。从国内大趋势看，我国经济韧性好、潜力足、回旋空间大的基本特质没有变，"一带一路"倡议和长江经济带

---

① 《安徽省"十二五"时期文化改革发展规划纲要》（皖办发〔2012〕22号），2012年4月26日。

② 《文化强省建设实施纲要》（皖发〔2012〕23号），2013年5月31日。

③ 具体内容是，"遵循宣传文化人才成长规律，加强高层次人才培养，着力造就宣传文化各领域各门类的拔尖人才和领军人物，造就既熟悉意识形态工作，又懂经营、善管理、精策划的创新型、复合型、外向型、科技型人才，建设宣传文化人才高地。切实加强新兴文化组织、民营文化机构人才的管理和服务，大力培养文化产业经营管理、高新技术、新媒体产业等领域急需人才。建立文化人才引进绿色通道，做好体制外人才的引进工作。进一步完善'六个一批'人才培养政策措施，加大支持力度，用5~10年时间，重点选拔培养500名左右理论、新闻、出版、文艺、文化产业经营管理和现代传媒信息技术等六个领域的拔尖人才和青年拔尖人才"。参见《安徽省中长期人才发展规划纲要（2010-2020年）》（皖发〔2010〕21号），2012年6月14日。

④ 《关于文化强省建设推进情况的报告》（中共安徽省委宣传部《宣传工作》第6期，2015年4月12日）。

建设战略的实施、全面深化改革的推进、"互联网+"行动计划的开展，不仅对安徽省全面发展产生深远影响，也必将进一步提升安徽省文化开发开放水平，实现在更大范围、更高水平、更深层次上配置文化资源；进一步优化文化发展环境，激发文化市场活力，推动文化科技创新和文化体制机制创新，谋划和建设一批重大文化基础设施项目，促进安徽省文化转型升级发展。

从改革红利看，"十三五"时期是国家和安徽省全面深化改革的攻坚阶段，也是全面深化文化体制改革的攻坚阶段，文化体制改革的每一项突破，都将为安徽省区域文化的繁荣发展带来红利和生机。① 从消费驱动看，"十三五"时期，随着城乡居民收入的稳步攀升、新型城镇化的加速推进、文化民生改善力度的进一步加大，安徽省乃至全国城乡居民文化消费的意愿必将更加强烈，能力有所增强，形式更加多元，水平更加提升，这反过来又有力刺激和牵动安徽省文化产品服务和供给的转型升级，成为推进文化发展的持久的内生动能。② 从政策环境看，"十二五"以来，国家和安徽省出台了一系列推动文化繁荣发展

---

① 《关于文化强省建设推进情况的报告》《关于深化文化体制改革进展情况的报告》《"十三五"规划文化改革发展专题报告》（省委宣传部、省文化厅，2015 年 8 月 18 日）等材料提出，"十二五"以来，安徽省按照中央和省委要求，自主试点、强力推进，在全国率先完成文化体制改革重点任务，初步建立充满活力、富有效率、更加开放、有利于文化科学发展的宏观管理体制和微观运营机制，先后三次被评为"全国文化体制改革先进地区"，这一势头在"十三五"时期必将进一步延续和上扬。

② 据省政府发展研究中心《关于安徽省"十三五"时期发展的思考与建议》《关于"十三五"规划编制工作的几点意见》等研究报告："安徽省城镇居民人均可支配收入和农村居民人均可支配收入分别由 2010 年的 15788 元、5285 元增加到 2014 年的 24839 元、9916 元，年均增长 12.4% 和 14.5%，按此速度预测，2020 年，全省城镇居民人均可支配收入和农村居民人均可支配收入分别接近 4 万元和 2 万元，收入分配差距进一步缩小"；"消费对经济拉动作用稳步提高，2011～2014 年，全省社会消费品零售总额年均增速达 15.3%"；"新型城镇化加速推进是'十三五'时期的发展趋势，2014 年安徽省城镇化率为 49.2%，比全国水平低 5.6 个百分点，发展潜力巨大。推进新型城镇化将为安徽省城市基础设施、公共服务设施带来巨大投资需求，同时还可以扩大城镇消费群体，提高城镇消费水平并带动农村居民消费，促进消费升级"。省政府发展研究中心《提升文化消费水平　推进文化强省建设》（2013 年 12 月）提出，安徽省文化消费呈现文化消费需求持续增长、文化消费结构和文化消费方式呈现新变化、文化消费发展潜力巨大、文化消费水平不够均衡等特点；《安徽省促进文化消费总体方案（2014－2020）》（2014 年 4 月）提出，"全省城乡居民文化娱乐消费总量不断增长，文化消费支出占消费支出的比重整体呈上升趋势。2008～2012 年，安徽省城镇居民文教娱乐消费支出和占比均位居中部省份第一"，"安徽省正处于促进文化消费的历史机遇期，文化消费对经济社会发展的积极作用将进一步显现"。

的政策法规①，特别是安徽省《“十二五”时期文化改革发展规划纲要》、《文化强省建设实施纲要》和《关于加快文化产业发展的若干政策意见》及配套文件等，为全省文化发展提供了政策机遇，这些政策法规的正面效应正持续释放，对文化发展的推动效应将进一步显现。可以预见，“十三五”时期，安徽省文化发展政策法规体系将更加完善，政策红利将进一步凸显。另外，需特别提出的是，安徽省在理论建设、文明创建、公共文化服务、文化产业、文化消费、体制改革、文化资源保护与传承、文化旅游、文化“走出去”等文化建设的诸多领域被国家列为试点，凸显了安徽省在文化建设上的政策叠加优势。

同时，也要看到，安徽省“十三五”时期的发展也面临不少困难和挑战。主要表现如下。一是世界经济形势严峻复杂。世界经济仍将处于深度调整期，全球金融危机经历了 7 年多的演变之后，对新兴经济体的影响逐步加深，世界贸易额增速已连续 3 年低于世界经济增速，总需求明显不足，包括我国在内的许多发展中国家长期积累的结构性矛盾开始显现，化解产能过剩将是一个相当长的过程。在这一过程中，安徽省区域文化特别是文化对外贸易发展不可能独善其身，充满着风险和挑战。二是结构调整升级任务艰巨。我国特别是全省经济正处于高速增长向中高速增长的转换期，处于转型再平衡阶段，尚未找到中高速增长的均衡点，旧的发展动力逐步弱化，新的发展动能仍然不足，经济结构调整、发展动力接续和培育将贯穿“十三五”始终。在这一过程中，文化产业既拥有优势和机遇，也要承担结构调整升级带来的巨大压力。三是安徽省文化综合实力和核心竞争力还需进一步提升。全面对标全国十强，对照省委、省政府的新要求和人民群众的新期待，文化强省建设过程中还存在不少困难和问题：文化体制机制尚需进一步理顺，文化生产力有待进一步释放；理论社科领域研究力量相对薄弱，思想引领和舆论引导水平有待进一步提高；人均文化事业费投入偏低，公共文化服务设施建设仍有不少欠账和缺项；文化民生工程建管用机制不完善，一些服务不能满足群众需要；原创能力不足、高端人才匮乏，文艺创作虽有“高原”但还缺“高峰”；文化产业核心竞争力不强，规

① 关于安徽省文化立法情况，可参阅凌宏彬《安徽省文化立法问题调研》（《安徽法制》2013 年第 3 期）等研究报告。

模、质量、效益均需进一步提升，实现2016年增加值达到1500亿元的目标尚有一定难度①；城乡居民文化消费水平仍需大力提升；等等。②

## 三 “十三五”安徽区域文化发展的战略目标体系

关于“十三五”安徽省文化发展战略目标的谋划，必须要把握国际国内两个大局，立足中央地方两种实际，体现富民强省两大目标，在这一基础上，立足于安徽省文化发展实际加以分析和把握。这里从三个层面提出一些观点和认识。

### （一）愿景展望

“十三五”及延后一个时期（2025年前后）安徽省区域文化发展的愿景是，通过安徽区域文化繁荣发展，切实提升安徽省文化综合实力和核心竞争力，使具有灿烂历史的安徽地域文化焕发出新的时代光彩，实现从历史的辉煌转为现实的辉煌；使安徽文化资源成为熔铸安徽人民昂扬向上、奋发有为的品格风貌的内在动力和重要支撑，实现安徽人民优良传统和现代开拓创新精神的发扬光大；激发文化创造、创新活力，热情讴歌安徽人民的新创举、新丰采，充分展现安徽跨越发展、奋力崛起的新业绩、新形象，实现全面文化小康与安徽构建和谐社会、全面建成小康社会的共融与互动；不断增强安徽文化的民族性、包容性、时代性、开放性和表现力，逐步形成一批具有明显优势和竞争力、富于安徽鲜明特色的文化形式和文化产品，使安徽文化在中华文化体系中成为体现先进文化发展态势和规律的标志性品牌，实现安徽

① 参阅《关于文化强省建设推进情况的报告》《“十三五”规划文化改革发展专题报告》。

② 凌宏彬与丁胡送博士在《关于“中国文化消费指数”报告中安徽省排位的分析》中提出，“在中国人民大学发布的《中国文化消费指数（2013）》中，安徽省文化消费综合指数为73.4，居全国第16位，其中，文化消费能力指数为80.7，居全国第5位；文化消费水平指数为82.8，居全国第7位；文化消费环境指数为62，居全国第18位；文化消费意愿指数为55.1，居全国第29位；文化消费满意度指数为74.9，居全国第27位。总体上看，安徽省城乡居民文化消费能力较强、消费水平较高，但文化消费环境较差、消费意愿不强、消费满意度低，这说明安徽省的文化产品生产和服务供给与群众的文化消费需求和意愿之间差距还较大”。

文化对中华文化和世界文明发展的价值超越。这一愿景虽不能在“十三五”乃至中长期全部完成，但毫无疑问，“十三五”是实现这一愿景的极为关键的阶段。

### （二）目标描述

在综合分析的基础上，尝试对安徽省区域文化发展目标描述如下：以邓小平理论、“三个代表”重要思想、科学发展观为指导，深入贯彻习近平总书记系列重要讲话精神，全面深化文化体制改革，扎实推进社会主义核心价值体系、现代公共文化服务体系、现代文化市场体系、传统文化传承创新体系建设，着力实现文化转型发展加快推进，文化发展质量和效益显著提高，文化民生得到切实保障和改善，确保如期建成充满活力的文化强省，全面实现文化小康。

### （三）指标分析

衡量一个地区文化发展水平的指标体系包含很多内容，涵盖文化建设的诸多方面。鉴于这一问题在其他项目研究中有专门细致的分析，这里仅对其中的主要指标提出看法和预测。

一是在主要领域核心指标上继续保持在全国争先进位，力争到2020年，文化强省“八个强”统计监测核心指标全面进入全国前十，全省文化凝聚力和引领力、文化事业服务力和产业竞争力、文化发展保障力等显著增强。①

二是确保在一些相对落后的指标上赶超全国平均水平，如针对人均文化事业费投入偏低②、公共文化服务设施建设仍有不少欠账和缺项的情况，经过努力，补齐“短板”，确保这方面的衡量指标赶超中部和全国平均水平。

---

① 关于安徽省文化强省“八个强”统计监测指标目前在全国的位次，居民人均教育文化娱乐消费支出、人均文化事业费等指标与全国前十位次差距较大。

② 据省文化厅提供数据，近年来，安徽省人均文化事业费基本情况是：2012～2014年，全省人均文化事业费分别为15.08元、18.43元、19.72元，分别居全国第31位、第29位、第29位，可自参阅。

三是在质量效益指标上要有较大幅度提升。比如在文化消费指标上，目前安徽省一些主要指标在全国排位还相对靠后①，需大力提升，并以此带动文化产业、文化民生等其他指标的攀升；在文化民生指标上，不光要看工程兴建指标，还要强调管用指标，更要及时测定质量效益评估指标，确保文化民生改善；在文化活力激发方面，建议设置一些鼓励扶持大众文化创业、万众文化创新的硬性指标，推进安徽省在这方面高起点、快节奏地走在全国前列；在文化人才建设方面，所设指标也要既能体现总量，又能反映结构，特别是体现出高层次和紧缺的文化专业技术人才、经营管理人才情况。

四是突出谋划好安徽省文化产业的发展指标。首先是总量目标。有研究表明，到2020年安徽省经济总量可能冲刺达到4万亿元②。按照安徽省要把文化产业打造成为国民经济支柱性产业的既定目标③，安徽省文化及相关产业增加

---

① 凌宏彬与丁胡送博士在《关于“中国文化消费指数”报告中安徽省排位的分析》中提出，“在中国人民大学发布的《中国文化消费指数（2013）》中，安徽省文化消费综合指数为73.4，居全国第16位，其中……文化消费环境指数为62，居全国第18位；文化消费意愿指数为55.1，居全国第29位；文化消费满意度指数为74.9，居全国第27位”。“统计数据显示，2013年安徽省人均GDP 31683.9元（约为5160美元）达到较高水平，但城镇居民人均文化娱乐支出仅为739.6元，占人均消费比重为4.5%；农村居民人均文化教育娱乐支出为376.7元，占人均消费支出比重为6.6%，并且低于人均GDP和人均消费支出增长速度。（引用数据不够新颖）从统计数据及文化消费专题调研情况分析看，安徽省现有的文化产品和服务在数量、质量、品种、价格、便捷度等方面难以满足人们日益增长的精神文化需求，不少群众还缺乏良好的文化生活环境和文化消费习惯等诸多因素，影响城乡居民文化消费意愿，不愿花钱、没处花钱、花不起钱等情况比较普遍，致使文化消费占人均消费比重结构不相称，文化消费水平增长缓慢。”——参见《关于首届安徽文化惠民消费季活动有关情况的报告（报文化部）》（省文化厅，2015年3月30日）。

② 据省政府发展研究中心《关于安徽省“十三五”时期发展的思考与建议》《关于“十三五”规划编制工作的几点意见》等研究报告：“基于‘十一五’以来安徽省经济年均增速高于全国2.6个百分点左右，参照国家有关机构预测‘十三五’时期我国经济增速6.5%上下，同时结合未来国内外环境变化和安徽省发展特征，预计未来5年安徽省经济年均增速可能保持在8.5%左右，经济总量再上新台阶，由现在的2万亿向4万亿元冲刺，人均GDP达到10000美元。”

③ 2012年4月26日印发的《安徽省“十二五”时期文化改革发展规划纲要》就提出，到“十二五”末，全省文化产业增加值占生产总值的比重达到5%以上，整体实力和竞争力显著提升，成为国民经济支柱产业。

值占全省生产总值比重不能低于5%，也就是说到2020年安徽省文化及相关产业增加值不能低于2000亿元①，这实为一个理论上设置不高其实实现具有一定难度的刚性指标，但也是一个可以力争实现的目标，只要抢抓好机遇，加大力度，完全可以实现。其次是质量效益指标，诸如文化产业结构、新兴文化创意产业发展、文化园区及产出效益、法人文化企业数及从业人员数、文化版权输出、核心文化产品服务出口、民营文化企业数及效益等，这些指标与总量一起，互证出安徽省文化产业综合实力和核心竞争力发展目标的实现程度。

## 四 “十三五”安徽区域文化发展的战略选择和基本思路

“十三五”时期是全面建成小康社会的决战阶段，也是协调推进“四个全面”战略布局的重要时期。就文化而言，“十三五”时期也是安徽省推进文化繁荣、全面实现文化小康的关键阶段。在经济发展进入新常态，我国发展的环境、条件、任务、要求等都发生了新的变化的大背景下，谋划安徽省“十三五”区域文化发展，必须要适应、把握和引领文化发展新规律，形成安徽省区域文化发展的新理念、新思路、新举措。

### （一）关于战略选择

围绕“十三五”安徽区域文化发展的战略选择，应注意把握以下几个原则。第一是贯彻好中央精神。要深刻理解习近平总书记治国理政、兴党为民思想的精神实质和深刻内涵，紧紧围绕“四个全面”战略布局，准确把握安徽发展的阶段性特征和历史方位，在中央文化发展精神与安徽文化发展实际紧密结合上下功夫，努力走出一条质量更高、效益更好、结构更优、优势充分释放的文化发展新路。特别要及时贯彻好党的十八届五中全会精神，与中央关于

① 《安徽省国民经济和社会发展第十三个五年规划纲要（汇报稿）》（省“十三五”规划纲要起草小组，2015年10月）中已经提出，“到2020年，文化产业增加值达到2000亿元，成为国民经济支柱性产业”。

“十三五”规划的最新精神紧密对接，在战略谋划中体现出中央对今后文化发展的趋向和要求，这是最重要的原则。

第二是要保持好科学战略。对于一些好的并被实践证明行之有效的发展战略和思路，我们应一以贯之坚持下去，做到在坚持中扬弃，在创新中继承，确保发展战略的连续性、稳定性。比如，《文化强省建设实施纲要》提出的改革创新、统筹推进、龙头带动、品牌提升、开放合作、人才兴文等战略，就需要大力承接和弘扬。

第三是要汲取好众家所长。关键是对于国家、省、市以及部门提出的发展战略要认真研究汲取和对接，对于专家学者的研究成果要认真消化吸收。结合经济新常态和安徽发展阶段性新特征，省委、省政府提出了创新驱动、改革攻坚、开放引领、区域统筹、绿色发展、改善民生“六个战略重点”和创新发展、协调发展、绿色发展、开放发展、共享发展“五个发展”，充分体现了全局性、连续性和创新性的有机统一，为“十三五”安徽发展指明了方向，对此要进一步加大研究力度，在“十三五”时期安徽省区域文化发展战略选择中进行充分的融会贯通和落实。省“十三五”规划纲要起草小组曾初步提出，“十三五”时期安徽省要实施制造强省、创新驱动、开放引领、城乡统筹、绿色发展五大战略①，有些战略对于“十三五”时期安徽省区域文化发展同样适用。省政府发展研究中心课题组认为，“十三五”时期安徽省要实施转型升级、创新驱动、“四化”融合、多元支撑、人才强省、绿色发展六大战略，其对于“十三五”时期安徽省区域文化发展战略选择不无启发②。部分课题组成员曾提出安徽省提升文化软实力的战略选择有体制创新战略、龙头带动战略、科技提升战略、外向拓展战略、联动发展战略、人才兴文战略等③，得到一些学者认可。

第四是要突出好战略创新。“十三五”是一个充满机遇、富有挑战的时期，如何推进战略创新，深化和完善战略思路，需要我们认真思考，比如文化消费新特征、“文化+”跨界发展新业态、“文化+互联网”技术和服务发展

---

① 参阅《安徽省国民经济和社会发展第十三个五年规划纲要（汇报稿）》，省“十三五”规划纲要起草小组，2015年10月。

② 《安徽省“十三五”规划总体思路研究》，省政府发展研究中心课题组，2014年9月。

③ 凌宏彬：《提升安徽文化软实力发展战略研究》，《研究与咨询》2010年第27期。

新模式等，都对“十三五”时期安徽省战略选择提出更高的创新要求，需深刻把握，正确应对。

第五是要遵循好文化发展规律。要摸清安徽省文化发展现状，研判分析文化发展不足、发展不优、发展不平衡这些安徽省文化发展中最大的问题；坚持体现奋发有为的安徽特色，在“十三五”时期全力保持文化相对比较快的发展势头。

按照这“五个好”的原则，课题组认为，“十三五”时期安徽省区域文化发展战略选择应当包括：改革创新战略、转型升级战略、统筹协调战略、融合联动战略、开放带动战略、共享发展战略、绿色低碳战略、人才兴文战略等。

### （二）关于基本思路

坚持创新发展、协调发展、开放发展、绿色发展、共享发展的新要求，把握全球化进程不断加快和经济文化日益融合的新趋势，适应经济社会发展对文化建设的新要求和人民群众对精神文化生活的新期待，尝试概括为“七个着力，七条路径”，具体如下。

一是着力深化文化体制机制改革，走区域文化改革发展之路。要按照党中央和习近平总书记要求，坚定不移地把深化文化体制机制改革作为培育和释放文化市场主体活力、推动文化持续健康发展的根本动力，全面深化文化改革，增强文化改革意识，提高文化改革行动能力，着力破解经济社会发展中的体制机制障碍，激发全社会文化创造活力。完善制度体系，依法推进文化建设，将文化建设指标纳入经济社会发展评价体系并进一步提升在考评分值中的比重。

二是着力转变文化发展方式，走区域文化转型升级发展之路。按照党的十八届五中全会提出的转变经济发展方式要求，积极回应调整经济结构、稳定经济增长的现实需求，率先探索和示范，实现文化更高质量、更有效率的发展。深入推进安徽省“加快调结构转方式促升级行动计划”，壮大传统文化优势产业，培育发展新兴文化创意产业，大力发展文化生产性和社会性服务业，加快构建结构合理、门类齐全、科技含量高、富有创意和竞争力的现

代文化产业体系①；创新公共文化的管理体制和运行机制，提升公共文化服务的效益和保障能力。坚持品牌推进，充分发掘和开发安徽的历史和人文资源，打造既具有安徽地域特色又体现时代精神的文化精品；充分挖掘和开发具有自主知识产权的原创品牌，打造一批具有安徽气派、在国内一流、在国际有影响的文化强势品牌。

三是着力推进文化全面创新，走区域文化创新驱动发展之路。牢牢把握全面创新改革试验区的机遇，把文化创新贯穿于文化发展的各个方面，以协同创新、开放创新为基本途径，以优化区域创新生态为根本举措，使文化在科技、产业、企业、市场、产品、业态和管理等领域全面推进创新，加快形成以创新为主要引领和支撑的文化发展体系和发展模式。

四是着力促进文化统筹兼顾，走区域文化协调发展之路。促进文化与经济、政治、社会、生态文明五位一体协调发展，使文化建设融入经济建设、政治建设、社会建设和生态文明建设的各方面和全过程，加快形成文化与经济、政治、社会和生态文明协调共进的战略发展格局；促进文化社会效益和经济效益协调发展，坚持社会效益放在首位，实现社会效益和经济效益相统一；促进文化区域协调发展，坚持文化空间布局重组与结构性调整相结合、非均衡发展与区域一体化相兼容，打造徽文化、皖江文化、淮河文化等区域文化高地，加快形成各区域文化多极支撑、竞相发展的战略空间布局；促进城乡文化协调发展，健全城乡文化发展一体化体制机制，推进文化基础设施、公共服务向农村延伸，实现城乡文化基本公共服务均等化，加快形成以城带乡、城乡互促的区域文化战略发展局面；促进文化与相关领域统筹融合发展，特别是推动文化与装备制造、教育、体育、信息、建筑、旅游、农业等相关产业的对接融合，形

---

① 关于文化产业转型发展，曾提出“十大路径”：“在发展目标上从单向度衡量向多层次多维度转变；在发展格局上从文化企业‘国强民弱’向多元发展转变；在发展布局上从集中在少数地区向城乡并进、区域联动转变；在发展链条上从产业链短小、单向化经营向打造优质高效产业链转变；在扩张路径上从部门和区域分割向跨部门和跨区域合作转变；在主导要素上从物质资源和历史文化遗产驱动向投资、技术、文化创意驱动转变；在集群发展上从单一集聚模式向突出主导与注重互补的多样化集聚模式转变；在创新路径上从注重内容创新向内容、技术、业态、组织联动、制度等综合创新转变；在政府服务上从一般性服务向个性化服务转变；在人才建设上从控制使用型向激励开发型转变。”——凌宏彬：《“十二五”时期安徽文化产业转型发展研究》。

成文化与其他领域融合互动的战略发展体系。

五是着力扩大对外文化贸易与交流，走区域文化开放引领发展之路。认真贯彻我国构建开放型经济新体制的总体部署，站在积极融入全球产业分工体系、全球资源配置体系、全球创新网络体系的高度，抢抓国家推进“一带一路”、长江经济带建设和长三角城市群一体化的历史性机遇，谋划安徽省文化开放发展格局，不断提高文化对外对内开放水平。深化省际协作，走区域文化传承创新发展之路，加快推进徽州文化生态保护区建设。

六是着力推动清洁低碳循环，走区域文化绿色生态发展之路。一般认为，文化发展特别是文化产业发展具有清洁、低碳、循环的特点，但这并不意味着文化发展就可以完全和自然地做到低碳高效①，安徽省区域文化发展必须按照中央坚持绿色发展的要求，牢固树立加快推进生态文明建设、实现文化绿色发展的理念，把文化绿色发展摆在更加重要的位置，加快建设资源节约型、环境友好型社会，形成人与自然和谐发展的现代化建设新格局，推进美好安徽建设。紧抓国家加快生态文明建设、推动绿色发展的战略机遇，构建科学合理的文化产业发展格局，推动建立绿色、低碳、循环的文化产业发展体系；推动低碳循环发展，建设清洁低碳、安全高效的现代能源体系；充分发挥皖南和大别山等地区的生态资源优势，大力推动文化旅游和文化传承保护，着力建设文化绿色发展的先行区和示范区；充分发挥文化舆论宣传保障作用，通过各种教育和宣传活动，不仅为文化本身发展，而且要为全省发展培育绿色发展理念，弘扬绿色生态文化，倡导绿色生活方式，形成崇尚推进生态文明建设和体制改革的良好氛围，尽快形成绿色发展的强大合力。

七是着力保障和改善文化民生，走区域文化共享发展之路。坚持以人民为中心的文化工作导向，把增进人民福祉、促进人的全面发展作为发展的出发点和落脚点，将社会效益放在优先位置，努力构建完善公共文化服务网络，丰富文化产品供给，传承弘扬传统文化，切实提升群众的文化获得感和幸福度。促进城乡区域文化消费，提高群众文化消费的能力和水平。按照精准扶贫要求，采取超常举措，拿出过硬办法，用一套政策组合拳，做好做足文化扶贫大文章，确保在既定时间节点打赢文化扶贫开发攻坚战。

① 凌宏彬：《把文化产业培育成安徽省经济的重要增长点》，《江淮》2010 年第 7 期。

## 五　“十三五”安徽区域文化发展的战略保障

为保证上述发展目标的实现和重点任务的完成，必须坚持问题导向，抓住关键环节，通过重点突破带动整体推进，为各项工作的开展提供示范引领和保障作用。其中，需要特别关注以下几个问题。

### （一）优化创新创业环境

抓环境就是抓发展，比发展就要比环境，要把营造良好发展环境作为提升安徽省区域文化发展竞争力的重要抓手。要充分发挥市场在资源配置中的决定性作用和更好地发挥政府作用。围绕厘清政府与市场的边界，继续深化行政审批制度改革；围绕厘清政府与社会的边界，充分发挥社会组织功能；围绕厘清政府的行为边界，规范政府决策行为，加快法治政府建设，努力构建推进文化发展的透明高效的政务环境、公平有序的市场环境、和谐包容的宜居环境、诚实守信的信用环境，力争通过五年时间，将安徽省打造成为全国文化行政效能最佳、文化兴业成本最低、人居环境最优的省份之一。① 靠环境的不断优化激发各类文化市场主体的活力，形成文化“大众创业、万众创新”的强大合力，形成竞相比创业、比发展、比业绩的浓厚氛围。

### （二）强化项目支撑

项目是发展的载体，是安徽省区域文化发展的重要支撑。关键是坚持文化发展项目化、项目工作责任化，深入分析和研判当今世界和全国文化的发展趋势和主要动向，做到站位高、眼光远、落点实，谋划提出一批重点工程项目，切实增强规划的前瞻性和指导性。抓好转型升级重点文化项目库建设，补齐短板、增强后劲，争取更多重点文化产业项目进入国家和省委、省政府层面的规划。扎实推进省“861”行动计划文化产业项目建设，在重点领域谋划实施一批牵动性强、成长性好、附加值高的文化项目。围绕新建、续建、竣工、储备

① 参阅《安徽省国民经济和社会发展第十三个五年规划纲要（汇报稿）》，省“十三五”规划纲要起草小组，2015 年 10 月。

等关键环节，注重统筹、突出重点、创新机制、精准发力，建立“四督四保”（督新建保开工、督续建保竣工、督竣工保达产、督储备保转化）推进机制，着力提高文化项目开工率、竣工率、达产率和转化率。健全省和分层分级文化项目调度机制，完善项目服务保障机制。①

### （三）完善政策法规体系

加快文化立法进程，研究出台《安徽省文化产业发展促进条例》和《安徽省公共文化服务保障条例》。加大政府投入力度，力争到2020年全省人均文化事业费达到全国平均水平。完善转移支付体制，重点向大别山区、革命老区和皖北地区倾斜。创新文化建设投入方式，采取政府购买、项目补贴、定向资助、贷款贴息等政策措施，支持社会力量参与文化建设。创新贷款融资模式、信贷产品和服务方式，促进文化与资本市场有效对接。建设版权公共服务平台和版权交易平台，推动版权贸易常态化。加强文化法规的监督检查工作，保护知识产权，严厉打击文化侵权和非法出版活动。② 争取国家支持，出台促进政策，推进国家促进文化消费试点省建设，加快发展丰富多彩、质优价廉、便捷高效的文化消费市场，引导积极健康的文化生活方式和消费习惯，形成健康的文化消费热点，更好地满足人民群众日益增长的精神文化需求。③

### （四）提升要素保障能力

要素保障至关重要，事关发展的综合承载能力和持久动力。“十三五”时期，安徽省要切实提高文化发展人才、资金、土地、能源等要素的保障能力，特别是重点抓好人才和金融两个保障。在人才方面，牢固树立文化人才是文化发展第一资源的思想，坚持人才资源优先开发、人才结构优先调整、人才投入优先保证、人才环境优先完善，加快建设文化人才高地，并以此建设文化创新高地、产业高地、发展高地。在“聚”字上求突破，等高对接江浙沪人才政策，推出力度更大的优惠政策，引进各类人才来皖创新创业。在“育”字上

---

① 参阅曹征海《在省“十三五”文化改革发展规划编制工作启动会上的讲话》（2015年6月9日）。

② 《“十三五”规划文化改革发展专题报告》（省委宣传部、省文化厅，2015年8月18日）。

③ 《关于首届安徽文化惠民消费季活动有关情况的报告》（省文化厅，2015年3月30日）。

求创新，坚持市场需求导向，精准培育与产业发展相匹配的各类高素质人才。继续实施各类文化人才工程，大力培养文化名家、文化拔尖人才和青年英才。在“用”字上求实效，突出市场评价人才的决定性作用，强化人才业绩导向，建立用好用活人才的灵活管理机制，破除人才流动、使用、发挥作用中的体制机制障碍，形成人尽其才、才尽其用的用人环境。在金融方面，牢固树立金融是现代经济发展的血脉理念。强化服务实体经济导向，疏通金融进入文化实体经济的管道，鼓励金融机构开发多样化金融产品，更多扶持实体企业尤其是中小微和成长性高新技术企业。强化多元金融支持，鼓励银行贷款更多投向成长性企业，抓住国家加快建设多层次资本市场的机遇，支持文化企业进行股权和债权融资，有效运作文化产业发展基金。强化金融创新发展，促进互联网等新兴金融业态健康发展，鼓励和支持互联网金融机构利用大数据、云计算等提高运营效率、创新产品和服务，鼓励众筹等融资平台发展。积极推广 PPP 模式，吸引更多社会资本参与文化基础设施和公共领域建设。健全现代文化市场体系，完善文化市场准入和退出机制，促进文化资源合理流动，加快培育产权、版权、技术、信息等要素市场。

### （五）全面深化国有文化企业改革

按照习近平总书记关于国有企业改革“三个有利于”标准①和中央《关于深化国有企业改革的指导意见》等要求，立足于安徽省国有文化企业改革发展实际，认真谋划改革方案，推进国有文化企业分类改革。建立健全党委政府有机结合、宣传部门有效主导的国有文化资产管理体制，以管资本为主转变国有资产监管机构职能、改革国有资本授权经营体制、推动国有资本合理流动优化配置、推进经营性国有资产集中统一监管。大力发展混合所有制经济，重点是推进国有文化企业整体上市和兼并重组，推动骨干文化企业跨地区、跨行业、跨所有制兼并重组，提高文化产业规模化、集约化、专业化水平，提升国有文化企业的竞争力、影响力、控制力和抗风险能力。选择部分国有传媒企业，探索实行特殊管理股制度。

---

① “推进国有企业改革，要有利于国有资本保值增值，有利于提高国有经济竞争力，有利于放大国有资本功能。”——习近平总书记 7 月中旬在吉林省考察调研时的讲话。

## 参考文献

《安徽省"十二五"时期文化改革发展规划纲要》（皖办发〔2012〕22号），2012年4月26日。

《文化强省建设实施纲要》（皖发〔2012〕23号），2013年5月31日。

《安徽文化及相关产业统计概览》（2011~2014）。

沈昕、凌宏彬：《提升区域文化软实力研究：概念、构成、路径》，《理论建设》2012年第4期。

**B**.11

# 安徽省农村地区传统宗教文化发展现状调查*

夏当英**

**摘　要：** 安徽农村地区存在传统宗教文化发展不平衡问题，这与各地经济发展、政府支持、文化背景有关，也反映了村民对于传统文化认知的地域差异。宗族文化作为儒教文化的核心内容，在宗族活动方面存在较大的南北差异性。在佛教文化传播方面，各地市佛教界非常活跃，而农村佛教显现出草根性、弥散性特征，村民的性别、年龄、文化程度、职业等与佛教“复兴”程度有着一定的关联性。安徽道教主要以制度化宗教形式流行，在农村社会并不普及。庙会源于民间信神活动，现在其宗教色彩已经淡化，但仍可作为村民信神活动的重要载体，皖北的庙会活动明显少于皖中和皖南。目前，国家力量对传承优秀传统文化的重视，为农村传统宗教文化发展提供了良好的契机。

**关键词：** 安徽　农村地区　传统宗教文化　文化传承

20世纪80年代以来，大陆传统文化总体复苏，但在安徽农村，传统文化在各地的发展并不平衡，有的地区日渐兴盛，有的地区则湮没无闻。在传统宗教信仰上，皖南佛道信仰影响力加深，九华山、齐云山等地的制度化宗教进一

* 本文系国家社科基金项目“‘家共同体’观念与社会治理创新研究”（17BSH061）的阶段性研究成果。

** 夏当英，安徽大学社会与政治学院副教授，博士，硕士生导师，主要研究方向为中国社会思想史。

步世俗化，并吸引远近民众前来瞻信，民间扩散性宗教信仰则在人们生活仪节中得到较为充分的体现；在皖北，相较于中国传统宗教，西方基督教信仰则似乎比中国传统宗教更为流行。这一复杂现象与安徽不同地域的文化背景有关，也反映了当地政府支持度的不同，更与其经济发展的程度密切相关。传统文化在农村社会的发展状况，涉及中国社会发展的历史根基、现代社会价值导向以及农村社会未来走向等根本问题。因此，我们想要关注：农村地区传统文化发展的差异性和共同点究竟怎样？是什么导致了差异性和共同点同时存在的复杂局面？农民作为农村传统文化传承的主体，他们对待传统文化的态度如何？对此，我们试图在以往调查的基础上，通过问卷调查的方式对这一现象的前因后果、呈现过程做一系统的实证分析。

## 一　研究样本

本次问卷调查根据皖北、皖中、皖南的区位划分，分别选取若干乡镇进行抽样调查。其中，在皖北择取淮南市凤台县桂集镇、亳州市谯城区谯东镇为调查地点，在皖中择取六安市金寨县江店新城区、六安市金寨县梅山镇、合肥市肥东县陈集镇、合肥市肥西县高店乡长镇街道为调查地点，在皖南择取安庆市太湖县刘版乡、安庆市宿松县凉亭镇、宣城市郎溪县沿庄村、宁国市港口镇为调查地点，总共有 10 个乡镇，以各乡镇村民为调查对象，每一地随机抽取 50 人进行问卷调查。本次调查共发放问卷 500 份，回收有效问卷 446 份，有效回收率为 89.2%。

对村民进行的调查，以性别、年龄、政治面貌、文化程度、婚姻状况、职业为标准，表 1 至表 3 表明了回收样本的构成情况。

**表 1　性别**

单位：人，%

| 类别 | | 频数 | 百分比 | 有效百分比 | 累计百分比 |
|---|---|---|---|---|---|
| 有效 | 男 | 246 | 55.2 | 55.2 | 55.2 |
| | 女 | 200 | 44.8 | 44.8 | 100.0 |
| | 总计 | 446 | 100.0 | 100.0 | |

表2　年龄

单位：人，%

| 类　别 | | 频数 | 百分比 | 有效百分比 | 累计百分比 |
|---|---|---|---|---|---|
| 有效 | 20岁及以下 | 77 | 17.3 | 17.3 | 17.3 |
| | 21~35岁 | 119 | 26.7 | 26.7 | 44.0 |
| | 36~50岁 | 154 | 34.5 | 34.6 | 78.7 |
| | 50岁以上 | 94 | 21.1 | 21.1 | 99.8 |
| | 5 | 1 | 0.2 | 0.2 | 100.0 |
| | 总计 | 445 | 99.8 | 100.0 | |
| 缺失 | 系统 | 1 | 0.2 | | |
| 总　计 | | 446 | 100.0 | | |

表3　政治面貌

单位：人，%

| 类　别 | | 频数 | 百分比 | 有效百分比 | 累计百分比 |
|---|---|---|---|---|---|
| 有效 | 群　众 | 297 | 66.6 | 66.6 | 66.6 |
| | 共青团员 | 91 | 20.4 | 20.4 | 87.0 |
| | 中共党员 | 52 | 11.7 | 11.7 | 98.7 |
| | 民主党派 | 6 | 1.3 | 1.3 | 100.0 |
| | 总　计 | 446 | 100.0 | 100.0 | |

从样本的构成情况来看，样本基本上反映了总体的一般状况，因此具有较好的代表性。

## 二　村民的传统文化认知与态度

由于中国传统文化的博大精深和村民文化认知的相对薄弱，我们将传统文化的变量设定为对儒家代表人物孔孟和道家道教代表人物老庄的知晓程度。在10个调研地点，村民对孔孟和老庄的认知情况基本是统一的，大多数人知道孔孟和老庄，而且知道孔孟的人更多一些，这与儒家文化作为中国传统文化的核心因素有关（见表4、表5）。

**表 4　是否知道孔孟**

单位：人，%

| 类　别 | | 频数 | 百分比 | 有效百分比 | 累计百分比 |
|---|---|---|---|---|---|
| 有效 | 是 | 357 | 80.0 | 80.0 | 80.0 |
| | 否 | 88 | 20.0 | 20.0 | 100.0 |
| | 总计 | 445 | 100.0 | 100.0 | |

**表 5　是否知道老庄**

单位：人，%

| 类　别 | | 频数 | 百分比 | 有效百分比 | 累计百分比 |
|---|---|---|---|---|---|
| 有效 | 是 | 308 | 69.1 | 69.1 | 69.1 |
| | 否 | 138 | 30.9 | 30.9 | 100.0 |
| | 总计 | 446 | 100.0 | 100.0 | |

对传统文化的了解程度与村民所受的文化教育有一定的相关性。通过对“是否知道孔孟”“是否知道老庄”与村民文化程度的交叉分析（见表6、表7、表8、表9），基本能够了解调查点的相关情况。

**表 6　是否知道孔孟/文化程度交叉**

单位：人，%

| 类　别 | | | 文化程度 | | | | 总计 |
|---|---|---|---|---|---|---|---|
| | | | 小学及以下 | 初中 | 高中（含中专） | 大专及以上 | |
| 是否知道孔孟 | 是 | 频数 | 63 | 133 | 81 | 80 | 357 |
| | | 百分比在文化程度内 | 58.9 | 77.8 | 94.2 | 97.6 | 80.0 |
| | 否 | 频数 | 44 | 37 | 5 | 2 | 88 |
| | | 百分比在文化程度内 | 41.1 | 21.6 | 5.8 | 2.4 | 19.7 |
| | 4 | 频数 | 0 | 1 | 0 | 0 | 1 |
| | | 百分比在文化程度内 | 0.0 | 0.6 | 0.0 | 0.0 | 0.2 |
| 总　计 | | 频数 | 107 | 171 | 86 | 82 | 446 |
| | | 百分比在文化程度内 | 100.0 | 100.0 | 100.0 | 100.0 | 100.0 |

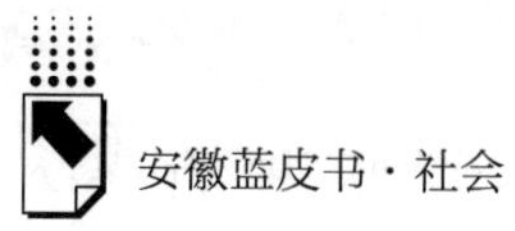


**表7　是否知道孔孟/文化程度卡方检验**

| 类　别 | 值 | 自由度 | 渐近显著性(双向) |
|---|---|---|---|
| 皮尔逊卡方 | 58.995* | 6 | 0.000 |
| 似然比(L) | 64.462 | 6 | 0.000 |
| 线性关联 | 49.180 | 1 | 0.000 |
| 有效个案数 | 446 | | |

注：＊4个单元格（33.3%）具有的预期计数少于5。最小预期计数为0.18。

**表8　是否知道老庄/文化程度交叉**

单位：人，%

<table>
<tr><th colspan="3" rowspan="2">类　别</th><th colspan="4">文化程度</th><th rowspan="2">总计</th></tr>
<tr><th>小学及以下</th><th>初中</th><th>高中（含中专）</th><th>大专及以上</th></tr>
<tr><td rowspan="4">是否知道老庄</td><td rowspan="2">是</td><td>频数</td><td>41</td><td>114</td><td>76</td><td>77</td><td>308</td></tr>
<tr><td>百分比在文化程度内</td><td>38.3</td><td>66.7</td><td>88.4</td><td>93.9</td><td>69.1</td></tr>
<tr><td rowspan="2">否</td><td>频数</td><td>66</td><td>57</td><td>10</td><td>5</td><td>138</td></tr>
<tr><td>百分比在文化程度内</td><td>61.7</td><td>33.3</td><td>11.6</td><td>6.1</td><td>30.9</td></tr>
<tr><td colspan="2" rowspan="2">总计</td><td>频数</td><td>107</td><td>171</td><td>86</td><td>82</td><td>446</td></tr>
<tr><td>百分比在文化程度内</td><td>100.0</td><td>100.0</td><td>100.0</td><td>100.0</td><td>100.0</td></tr>
</table>

**表9　是否知道老庄/文化程度卡方检验**

| 类　别 | 值 | 自由度 | 渐近显著性(双向) |
|---|---|---|---|
| 皮尔逊卡方 | 86.478* | 3 | 0.000 |
| 似然比(L) | 92.209 | 3 | 0.000 |
| 线性关联 | 80.038 | 1 | 0.000 |
| 有效个案数 | 446 | | |

注：＊0个单元格（0.0%）具有的预期计数少于5。最小预期计数为25.37。

可以看出，村民对“孔孟”和“老庄”的了解情况与文化程度呈明显正相关，通过卡方检验，$p$ 值 $<0.05$，随着文化程度的上升，知道孔孟和老庄的比例呈上升趋势，不知道老庄的比例呈下降趋势。当前，传统文化在国家范围内总体呈复兴趋向，而安徽省经济的持续增长、对地域文化的重视以及村民素质的不同提升，均有助于提高村民对传统文化的认知程度。

20世纪初以来，对于儒家是否为儒教的争议至今没有定论，但家族文化是儒家文化的显性内容却无可争议。儒家思想至今在人们心目中拥有较强的感召力，主要表现为儒学对家庭伦理亲情的重视，而这种人伦物理正是激起人们心灵归属、社会依赖以及文化历史情怀的内核，对于改善社会环境、融洽人际关系、提高组织管理效率具有重要的辅助作用。另外，对中国传统宗教的研究，不能脱离与它们相关的社会组织，而儒教信仰深深植根于家族、亲族的社会关系与制度之中。故而，我们在设定村民对儒教的了解情况时，以村民对家族的认同为基本指向，而对家族中精英的肯定则是村民对本家族认同度的重要标准。在对问题“家族中有优秀人才吗”的回答中，有63.2%的村民认为家族中有，36.8%的村民认为家族中没有出优秀人才。这主要涉及对何者为“优秀人才”的理解，我们将优秀人才分为政府干部、宗教头人、家族首领、经济乡绅、道德权威、文化学者六种身份，按照认可村民的人数进行排序，在村民眼中的优秀人才依次为文化学者、政府干部、经济乡绅、道德权威、家族首领、宗教头人，可见自古以来所延续的传统——接受教育仍然在农村有着较高的认可度，而人们对政府干部的重视则说明，即使市场经济流行催生了社会多元价值，但官本位的文化传统并没有改变，现在人们对中国传统官僚文化论说纷纭，但成为政府公务人员仍然是村民心目中的很好选择。同时，道德权威、家族首领的地位弱化说明了农村价值判断系统中道德、年龄元素已不再是重要的价值诉求，社会风气的改变应该引起人们足够的关注。在调查某些日常活动的重要性时，村民有如下看法：将“经济创收”排在第一位的村民占35.9%，排第二位的村民占19.7%，排第三位的占33.0%，前三位累计百分比为88.6%；将“与村里人聊天”排在第一位的村民占24.0%，排第二位的占20.2%，排第三位的占39.2%，前三位累计百分比为83.4%；将“陪家人”排第一位的村民占31.2%，排第二位的占36.8%，排第三位的占11.0%，前三位累计百分比为79.0%；将“打麻将（或打牌）”排第一位的村民占5.8%，排第二位的占15.5%，排第三位的占6.1%，前三位累计百分比为27.4%；将“进城逛街”排第一位的村民占3.6%，排第二位的占5.8%，排第三位的占8.5%，前三位累计百分比为17.9%。因此，这些日常活动对于村民的重要程度可排序为：经济创收—与村里人聊天—陪家人—打麻将（或打牌）—进城逛街，说明了经济收入和社会支持网建构在村民生活中的重要性，这也是村民价值倾向在现实生活中的映证。但是，无论是对孔孟、老庄的知晓程度，还是价值判断标准的变化，都表达了中国传统文化在农村社会影响力的改变。

## 三 家族“复兴”的现状与影响

作为在中国历史上长期流布的血缘和地缘组织，农村宗族在近代以来的“衰落”或“复兴”是农村社会秩序研究的重要话题，也是反映传统是否断裂、复兴乃至其传承效果的依据。关于中国现代宗族变迁的研究，一般认为，20世纪70年代末以来，农村社会变革、宗族意识的长期影响以及以家为中心的经济单位的确立等，带来很多地区家族文化的复兴，修族谱、建宗祠、祖先崇拜之风盛行。但也有观点认为，20世纪70年代之前，农村家族势力的根本特征未受到冲击，血缘性、聚居性、封闭性等特征没有改变，宗族的社会根基尚存，宗族势力的淡化只有在现代化冲击下及宗族成员高度有序的社会流动下才能产生。无论近代以来农村宗族组织经历了怎样复杂的过程以及它具有怎样的价值和功能，聚族而居的生活方式至今仍是农村宗族存在的社会基础，而村民一直存有历史稳定感、家庭归属感和道德责任感等方面的根本需求，宗法制度在中国绵延数千年，已成为中华文明的重要基因，并在农村生活秩序中留下深刻的印痕。对于传统文化的遗留与村民家庭归属意识的相关性，我们择取春节在农村社会的效用为考虑切入点，提出“您认为春节给亲友拜年最大的好处是什么”问题，以分析村民对这一保留最完整的传统持怎样的态度。村民的回答如图1所示。

对于春节给亲友拜年的社会效能，有63.0%的村民认为能够“促进人际关系和谐”，18.2%的村民认为有利于“传播传统文化”，有9.2%的村民认为能够“提高道德修养”，8.7%的村民认为有利于“净化家庭环境”。现在，乡村人伦关系已经淡化，人们的社会交往往往流露出更多的功利性，但交往需求和情感交流是人之为人的基本需求，当社会行动不再受地域空间的严密约制时，人们仍然通过各种方式搭建其社会空间以满足群体归属需求，而春节等传统节日仍能以各种内容和形式参与新型人际关系结构的构塑，并将传统文化蕴含的伦理与价值潜移默化到村民的心理与行为中，故而有一部分村民将其道德教化功能放在首位。现代化给以人们将传统与现代对立的意识，

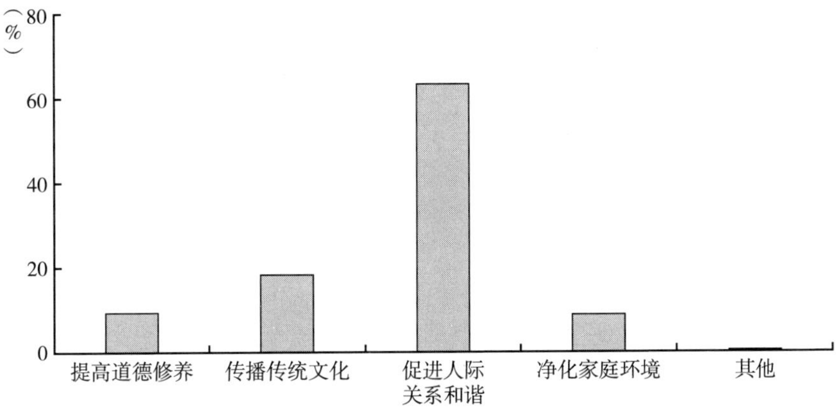


**图1　春节亲友拜年的最大好处**

尽管现代性诸多要素已经成为人们习以为常的价值诉求，但传承与创新传统文化以夯实华夏民族根基、保持民族底色及维系民族记忆等，仍然构成为人们理所当然的社会职责。从农村家庭变迁的立场来说，现时代的农村社会不仅存在家庭规模缩小和代际结构简化的现象，更有着空心化、原子化、功能弱化等城镇化的伴生困境，家庭建设对于农村地区的社会稳定、人际和谐、人口管理、社会保障体系构建等无疑具有重要的现实意义，并起着维系传统与现代、城市与乡村的纽带作用，在今后的农村社会治理中还发挥着越来越重要的功能。

家庭是社会的基本单位，家族或宗族则是中国传统社会的基本组织形式。宗族即在某一地域由具有同一血缘关系的家庭所组成的血统群体，也是以族长为首领、以乡规民约维持秩序运行的利益共同体。宗族成员通过祭祀共同祖先、修建祠堂宗庙、编修族谱等特殊活动，以获得宗法关系上的认同，并保持生产生活中的互助合作，最终形成农村社会自在自为的秩序运行模式。在现代社会，宗族对族众并不具备强制性和制度性的约束力，展示更多的是一种文化上的意涵，在这种文化的浸润下，族众对宗族形成一种自觉的社会认同和心理归属。其中，祠堂和族谱不仅是维系宗族组织的重要支柱，更是当下体认宗族文化的有形设施和显性载体。在调查中，我们以“你们村有修宗谱或建祠堂等活动吗”来了解安徽农村宗族文化的发展状况，结果如表10所示。

**表10　村里是否有修宗谱或建祠堂等活动**

单位：人，%

| 类别 | 频数 | 百分比 | 有效百分比 | 累计百分比 |
|---|---|---|---|---|
| 有 | 195 | 43.7 | 43.7 | 43.7 |
| 没有 | 250 | 56.1 | 56.1 | 99.8 |
| 缺失 | 1 | 0.2 | 0.2 | 100.0 |
| 总计 | 446 | 100.0 | 100.0 | |

祠堂作为宗族组织活动的重要空间，具有祭祀祖先、成员聚会、议事执法等功能，在很多农村地区甚至是传播家族文化和道德教化的中心所在，是强化族属感情的精神纽带，对于基层社会稳定起到了重要的作用。在一些宗族观念较为浓厚的乡镇，许多祠堂得到翻新和修复，其建筑规模也说明了家族的兴旺程度，是全体成员的象征。族谱作为宗族的重要文献，是“记录家族世系的血缘关系和重要成员事迹的谱表和文字”①，具有敬宗收族、防止血缘关系混乱、强化宗族集体记忆等作用。通过对“你们村有修宗谱或建祠堂等活动吗”调查结果的分析，我们发现皖北和皖南在修建祠堂与编纂族谱上存在较大的差异（见表11）。

**表11　皖北、皖中、皖南宗族活动的比较**

单位：人，%

| 类别 | 皖北 | | 皖中 | | 皖南 | |
|---|---|---|---|---|---|---|
| | 频数 | 百分比 | 频数 | 百分比 | 频数 | 百分比 |
| 有 | 10 | 11.1 | 91 | 51.1 | 94 | 53.1 |
| 没有 | 80 | 88.9 | 87 | 48.9 | 83 | 46.9 |
| 小计 | 90 | 100.0 | 178 | 100.0 | 177 | 100.0 |

皖南、皖北宗族活动开展情况差异之大，令人惊讶。导致这种差异的根本原因，最有可能与经济发达程度和人口流动相关，皖北的经济发展相对滞后于皖南，村民大量外迁，某种程度上影响了皖北宗族文化的再生产。另外，笔者

① 王笑天、陆玉：《乡村社会重修族谱现象的思考——兼论宗族意识和农村现代化的关系》，《社会科学研究》1996年第6期。

一直认为宗族文化的发展与经济发达程度呈正相关。在农村，只有经济发展了，村民才有更多的闲暇时间与丰富文化生活的需求，因此皖南的传统文化复兴也较皖北更为彻底。

在询问村民对于是否修宗谱祠堂的态度时，村民的答复如表12所示。

**表12　是否有必要修宗谱或建祠堂**

单位：人，%

| 类别 | | 频数 | 百分比 | 有效百分比 | 累计百分比 |
|---|---|---|---|---|---|
| 有效 | 有 | 238 | 53.4 | 53.5 | 53.5 |
| | 没有 | 206 | 46.2 | 46.3 | 99.8 |
| | 3 | 1 | 0.2 | 0.2 | 100.0 |
| | 总计 | 445 | 99.8 | 100.0 | |
| 缺失 | 系统 | 1 | 0.2 | | |
| 总计 | | 446 | 100.0 | | |

赞同和反对的村民人数基本持平，但将近一半的村民认为没有必要从事修宗谱或建祠堂的宗族典型活动，表明村民对于宗族文化的价值认可度不高，这可能与现时代人们认为经济创收的重要性有关。现代化改变了农村社会的面貌和人们的价值取向，强调处理事务中的自致性、非情感性，社会关系网络组成也由强关系转而为弱关系支撑，而建祠修谱等传统礼俗活动传递的是血缘伦常观念，村民通过对这些活动的参与实现独特的社会化过程，将“家族的价值、规范和信仰内化为自我人格结构的一部分，从而获得了群体的归属感，进而也获得了群体内的协调和秩序”①。但是，在现代社会中，人们过于强调社会关系理性化虽然能够得到一定的物质保障，但这种保障并不能解决不确定社会中所带来的心理不安全和自我认识危机。无疑修谱建祠等传统文化积弊有余而创新不够，并存在宗族冲突、传播迷信等消极影响，但对于农村社会现代转型中所出现的一系列问题有一定的补足功能。就地域差异来说，与皖南、皖中、皖北宗族活动频率的高低相一致，皖北农民对于宗族活动的支持程度远远低于皖中、皖北（见表13）。

① 唐军：《当代中国农村家族复兴的背景》，《社会学研究》1996年第2期。

**表 13　村民对于宗族活动的态度**

单位：人，%

| 类　别 | 皖北 | | 皖中 | | 皖南 | |
|---|---|---|---|---|---|---|
| | 频数 | 百分比 | 频数 | 百分比 | 频数 | 百分比 |
| 有必要 | 35 | 38.9 | 101 | 56.7 | 101 | 57.1 |
| 没必要 | 55 | 61.1 | 77 | 43.3 | 76 | 42.9 |
| 小　计 | 90 | 100.0 | 178 | 100.0 | 177 | 100.0 |

许烺光先生云："如果人们以一种方式而不是以别种方式将自己组成集团，并且这种特写的集团构成方式延续了许多代人和许多世纪，而且没有发生任何重要的变化甚至抵制变化的发生，那么我们必须承认，与该种集团构成方式有关的人们必定是在这种方式中发现了某些在其他集团构成方式中得不到的充足或满意。"① 无论农村宗族组织呈潜隐还是外显状态，其始终是农村社会秩序的内生基础性力量，并在农村社会发挥着不可替代的积极作用。但是，现代农村社会宗族文化的再生产，由于传递了传统宗族本位意识以及宗族利益的刚性特征，不可避免地与现代农村社会治理产生一定的张力，存在易产生宗族冲突、干预基层权力系统运作、迟滞乡村法治等负功能。我们将农村宗族复兴所带来的消极影响总结为"控制村民选举"、"容易拉帮结派"、"破坏人际和谐"、"阻碍现代文明建设"及"其他"，调查结果显示，对于农村宗族复兴的消极结果：有236位村民认为容易导致搭帮结派，占被调查人数的52.9%；有184位村民认为会控制村民选举，占被调查人数的41.3%；有146位村民认为会阻碍现代文明建设，占被调查人数的32.7%；有124位村民认为会破坏人际和谐，占被调查人数的27.8%。重新审视家族文化的社会影响及其功能，是我国近代以来社会转型的结果。家族制度作为传统社会的核心制度，被人们视作制约中国社会发展、需要变革的首要内容，谭嗣同就曾提出"要冲决伦常之网罗"，主张五伦要变，毛泽东更将"族权"称为压倒百姓的三座大山之一。概言之，国人对家族文化价值的怀疑与否定，再加上西方家庭文化的输入，中国传统家族制度衰落。现在人们仍然在反思家族文化的消极作用，与家族关系、家族利益等是制定家族制度主导性依据的认识相关，人们往往将拉帮

① 许烺光：《宗族、种姓、俱乐部》，薛刚译，华夏出版社，1990，第61页。

结派作为家族文化与所谓重规则重个性的现代文明相对立，并认为家族的这一特征不仅仅会破坏乡村社会的人际和谐，甚至会裹挟乡村自治中的村民选举制度。事实上，现实社会中确实存有以上各种问题，需要在农村宗族组织建设中适度考量其弊端，再结合以时代特征赋予其新型内容。

## 四　佛道教及民间信仰“复兴”现状和功能

与传统宗教复兴趋势一致，佛教在农村也日渐活跃，并且与社会的联系越来越密切，具体表现为信众人数增加、乡村寺庙香火隆盛、善恶因果等佛教理念深入人心等。佛教的“热”现象说明，农村地区在融入现代性异质文化的同时，长久沉积的传统同质性文化始终影响着农民的价值与信仰，并在社会转型中以新形式和新内容使自己成为富于生命力的活性文化。相应的佛教文化至今仍处于人们信仰空间的深层地带，构成为人们进行社会选择的习惯性参考和情感驱动力量。在安徽，除了九华山佛教文化久负盛名外，各地市佛教界都非常活跃，以成立协会、开展法会、从事慈善等活动加强了与世俗社会的联系，在农村更是日用而不知，人们以烧香、磕头、祈祷等日常活动不自觉地表达着佛教等传统文化根深蒂固的影响。与佛教组织规模化、制度化的宗教活动不同，农村佛教显现出草根性、弥散性特征，了解农村佛教信仰的现状，探讨农村佛教“复兴”的动因、特征与功能，考察农民对于佛教等传统文化的态度以及信众的入教动机等，不仅有利于丰富农村社会的宗教文化研究，更对把握农村社会发展现状、构筑新型农村社会建设方案、厘清乡村社会的内在秩序、维护农村社会稳定有着重要的现实意义。

我们首先通过“您信佛吗”来了解农民对于佛教的态度，村民的回答统计如图 2 所示。

调查结果显示，有 32.1% 的村民信仰佛教，有 67.3% 的村民则说自己不信佛。某种程度上，这一数据能够说明农村佛教呈现“复兴”的趋向。所谓佛教“复兴”，或者说以佛教为代表的中国传统宗教信仰的“复兴”，主要是指经历了近代以来的衰落，尤其遭遇“文革”期间的严重摧毁，儒佛道等传统宗教文化在改革开放之后所发生的复苏和兴盛现象。凡某一宗教的复兴，必是渊源于它的衰败与没落，相对于之前的坎坷沉沦，现代农村地区佛教的发展

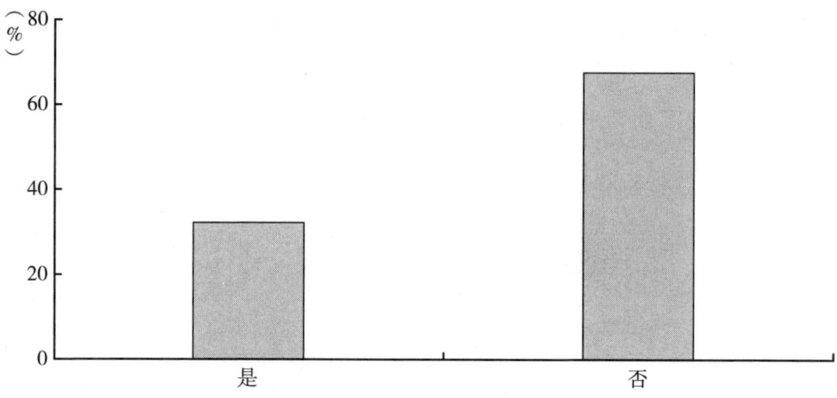


**图2　村民是否信佛**

可以说是在“复兴”中，也说明传统佛教的观念一直是影响农民精神家园建设的潜隐性因素。但是，在现代性意识普及以及信仰多元时代，中国传统文化常被作为现代城市文化的对立面而产生社会认同的危机，尤其农村传统文化被视作其生成的社会基础已经消失，故而也失去了存在和发展的必要。中国传统文化的复苏仍需要经由长期的过程，要增强人们对儒佛道等传统文化的认同，需要政府、村民、社会组织的共同协作与互相支持，并使儒佛道等传统文化在农村社会秩序运行、文化生态、经济创收等方面的建设中发挥积极的作用。在对“村里信佛的人多吗”的回答中，有36.5%的村民认为村里信佛的人多，62.6%的村民则认为村里信佛的人少（见图3）。

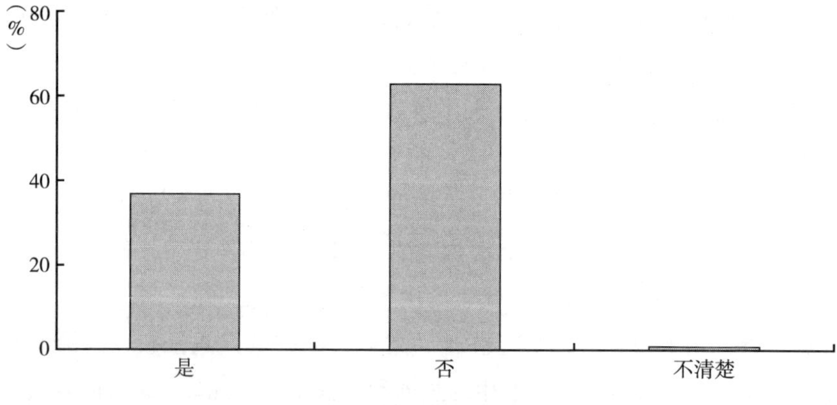


**图3　村里信佛的人多吗**

由此也可以看出，农村佛教正处于“复兴”态势，但佛教徒仍然占农村人口的少部分，这同国家意识形态宣传、国家宗教政策的控制仍有紧密的关联。探寻农村佛教快速发展的原因，除了从国家政策角度和宗教本身特点进行解释外，还要考虑农村社会结构自身的变化。改革开放以来，村民从高度集中的村集体、阶级等结构性束缚中解放出来，在“发挥主观能动性”的意识引导下进入国家鼓励的个体化进程。随着村民主体性、自由度的提高，农村地区亦趋向于松散的原子化社会结构。但是，村民在个体化生存中，并没有得到相应的制度性保障和社会支持，而现代社会的流动性和不确定性进一步加大了村民与社会之间的张力及滋生更严重的紧张感。由此，村民又逐步向本已脱嵌的家庭等私人领域回归，并给予宗教信仰很好的发展机会和社会条件，宗教信仰再次融入人们的精神生活，影响着个体的价值、心理和行动。与基督教在农村地区的迅猛发展不同，佛道等中国传统宗教如同慢火温炖般在农村悄然复苏，并在信徒构成上拥有不同于基督教徒的具体特征。在个体化村庄中，如何分析佛教信徒与非佛教信徒的区别，需要对佛教徒的结构进行系统的调查，结果如下。

1. 性别与佛教信仰

在佛教信徒的性别构成上，男女信教比例基本持平，通过卡方检验所得出的 p 值也大于 0.05，说明性别和是否信仰佛教这两个变量之间没有显著的关系（见表 14、表 15）。但是，在人们普遍认知中，农村社会女性信徒远远多于男性、女性信徒是农村佛教信徒的主要群体。为什么出现这种互相矛盾的现象，值得我们继续进行后续研究。

**表 14　是否信佛/性别交叉**

单位：人，%

| 类　别 | | | 性别 | | 总计 |
|---|---|---|---|---|---|
| | | | 男 | 女 | |
| 是否信佛 | 是 | 频数 | 78 | 65 | 143 |
| | | 百分比在性别内 | 31.8 | 32.7 | 32.2 |
| | 否 | 频数 | 167 | 133 | 300 |
| | | 百分比在性别内 | 68.2 | 66.8 | 67.6 |
| | 3 | 频数 | 0 | 1 | 1 |
| | | 百分比在性别内 | 0.0 | 0.5 | 0.2 |
| 总　计 | | 频数 | 245 | 199 | 444 |
| | | 百分比在性别内 | 100.0 | 100.0 | 100.0 |

**表 15　是否信佛/性别卡方检验**

| 类　别 | 值 | 自由度 | 渐近显著性(双向) |
|---|---|---|---|
| 皮尔逊卡方 | 1.283* | 2 | 0.526 |
| 似然比(L) | 1.657 | 2 | 0.437 |
| 线性关联 | 0.005 | 1 | 0.943 |
| 有效个案数 | 444 | | |

注：* 2个单元格（33.3%）具有的预期计数少于5。最小预期计数为0.45。

2. 年龄与佛教信仰

从年龄结构来看，年龄21～50岁的佛教徒最多，达至56.6%，尤其36～50岁的中年人群占佛教信众比重高达39.8%，人数超过50岁以上的佛教徒，可以看出安徽省农村地区佛教信仰呈年轻化、低龄化态势。从中也可以看出，20岁及以下的村民信仰佛教的比例为12.6%，这一数据说明了佛教在农村年轻人心目中的重要程度，随着儒佛道等传统文化的逐步复苏、青年农民生存生活压力的加重以及国家宗教控制的松动，农村信仰佛教的年轻人可能有增加的趋势。通过卡方检验，p值<0.05，说明随着年龄的递增，信佛人群增加，而随着年龄递减，信佛人群减少（见表16、表17）。

**表 16　是否信佛/年龄交叉**

单位：人，%

| 类别 | | | 年龄 | | | | | 总计 |
|---|---|---|---|---|---|---|---|---|
| | | | 20岁及以下 | 21～35岁 | 36～50岁 | 50岁以上 | 5 | |
| 是否信佛 | 是 | 频数 | 18 | 24 | 57 | 43 | 1 | 143 |
| | | 百分比在年龄内 | 23.7 | 20.3 | 37.0 | 45.7 | 100.0 | 32.3 |
| | 否 | 频数 | 58 | 93 | 97 | 51 | 0 | 299 |
| | | 百分比在年龄内 | 76.3 | 78.8 | 63.0 | 54.3 | 0.0 | 67.5 |
| | 3 | 频数 | 0 | 1 | 0 | 0 | 0 | 1 |
| | | 百分比在年龄内 | 0.0 | 0.8 | 0.0 | 0.0 | 0.0 | 0.2 |
| 总　计 | | 频数 | 76 | 118 | 154 | 94 | 1 | 443 |
| | | 百分比在年龄内 | 100.0 | 100.0 | 100.0 | 100.0 | 100.0 | 100.0 |

**表 17　是否信佛/年龄卡方检验**

| 类　别 | 值 | 自由度 | 渐近显著性(双向) |
|---|---|---|---|
| 皮尔逊卡方 | 24.171* | 8 | 0.002 |
| 似然比(L) | 24.576 | 8 | 0.002 |
| 线性关联 | 17.341 | 1 | 0.000 |
| 有效个案数 | 443 | | |

注：* 7 个单元格（46.7%）具有的预期计数少于 5。最小预期计数为 0.00。

3. 文化程度与佛教信仰

可以看出，完成了九年义务教育的佛教徒所占比重较小，而初中及以下文化程度的佛教徒所占比重接近 70%，大专及以上学历的佛教徒所占比重不到 16%。通过卡方检验，$p$ 值 $<0.05$，随着文化程度的提高，信佛人数有所下降，不信佛人数则呈上升趋势（见表 18、表 19）。也就是说，文化程度越高，信仰佛教的人数越少；反之，文化程度越低，信仰佛教的人数越多。这与城市佛教信仰人群与文化程度呈正相关是相反的状态，说明佛教信仰的意涵、功能等存在着城乡差异性，而农民的受教育程度直接影响着农民的传统宗教信仰，并对农村社会生活秩序造成多方面的影响。

**表 18　是否信佛/文化程度交叉**

单位：人，%

| 类　别 | | | 文化程度 | | | | 总计 |
|---|---|---|---|---|---|---|---|
| | | | 小学及以下 | 初中 | 高中（含中专） | 大专及以上 | |
| 是否信佛 | 是 | 频数 | 57 | 39 | 25 | 22 | 143 |
| | | 百分比在文化程度内 | 53.3 | 22.8 | 29.4 | 27.2 | 32.2 |
| | 否 | 频数 | 50 | 131 | 60 | 59 | 300 |
| | | 百分比在文化程度内 | 46.7 | 76.6 | 70.6 | 72.8 | 67.6 |
| | 3 | 频数 | 0 | 1 | 0 | 0 | 1 |
| | | 百分比在文化程度内 | 0.0 | 0.6 | 0.0 | 0.0 | 0.2 |
| 总　计 | | 频数 | 107 | 171 | 85 | 81 | 444 |
| | | 百分比在文化程度内 | 100.0 | 100.0 | 100.0 | 100.0 | 100.0 |

**表 19 是否信佛/文化程度卡方检验**

| 类 别 | 值 | 自由度 | 渐近显著性(双向) |
|---|---|---|---|
| 皮尔逊卡方 | 31.268 * | 6 | 0.000 |
| 似然比(L) | 30.453 | 6 | 0.000 |
| 线性关联 | 10.230 | 1 | 0.001 |
| 有效个案数 | 444 | | |

注：* 4 个单元格（33.3%）具有的预期计数少于 5。最小预期计数为 0.18。

由于调查对象主要是农民，所以农村职业与佛教信仰两个变量之间没有显著的关联（见表 20）。但是，在基层党员干部的宗教信仰方面，近 20 位村干部和乡镇干部中具有明确的佛教信仰，虽然所占比重不高，但却反映了基层党员干部在宗教信仰上的矛盾。按照《宪法》有关规定，我国党员干部不得信仰宗教，不得参加宗教活动，对其基本要求是要有坚定的共产主义信仰，但现实中基层党员干部的信仰并不纯粹，尤其对于传统弥散性的佛教信仰，一些党员干部并不排斥，相反持一种信奉的态度。究其原因，一方面可能与基层党员干部对宗教知识的了解程度有关，他们更多将佛教归结为一种历史文化现象，认为佛教同组织性的西方基督教在性质上根本不同，推行佛教信仰实践只是农村精神文明建设的一项内容；另一方面可能是农村佛教的盛行改变了基层党员干部的精神面貌和信仰诉求，在人际关系和习俗观点的压力下，他们也参与到有迷信色彩的陋习活动中。在调查中，表示为佛教徒的农村文体骨干所占比重接近 15%，其中很多学生也包括在内。考查学生佛教徒增加的原因，应当跟中国传统文化的复苏、学生对传统文化和宗教的认知以及学生所承受的社会压力有关。无论是农村党员干部还是农村文体骨干，他们对佛教的认同说明了我

**表 20 职业与佛教信仰**

单位：人，%

| 类 别 | 农民 | | 村“两委”干部 | | 乡镇干部（含乡镇事业） | | 农村文体骨干（含学生） | | 其他（外出务工） | |
|---|---|---|---|---|---|---|---|---|---|---|
| | 频数 | 百分比 | 频数 | 百分比 | 频数 | 百分比 | 频数 | 百分比 | 频数 | 百分比 |
| 信 佛 | 93 | 38.1 | 8 | 30.8 | 9 | 25.0 | 21 | 21.9 | 12 | 27.3 |
| 不信佛 | 151 | 61.9 | 18 | 69.2 | 27 | 75.0 | 75 | 78.1 | 32 | 72.7 |
| 小 计 | 244 | 100.0 | 26 | 100.0 | 36 | 100.0 | 96 | 100.0 | 44 | 100.0 |

们对于中国传统文化应有一个积极的态度，寻求传统文化在当今社会的正面价值。在回答“信佛好还是不好”的提问时，村民肯定与否定的态度基本持平，说明人们已经对佛教有了相对包容的态度，另外佛教在农村社会的影响也正在加强（见表21）。

**表21　信佛是否有好处**

单位：人，%

| 类　别 | | 频数 | 百分比 | 有效百分比 | 累计百分比 |
|---|---|---|---|---|---|
| 有效 | 是 | 198 | 44.4 | 46.6 | 46.6 |
| | 否 | 227 | 50.9 | 53.4 | 100.0 |
| | 总计 | 425 | 95.3 | 100.0 | |
| 缺失 | 系统 | 21 | 4.7 | | |
| 总　计 | | 446 | 100.0 | | |

目前，我国社会生活正发生着非常复杂的变化，宗教领域也不断出现新的问题，并对社会秩序运行产生深刻的影响，这就需要我们重新定位宗教的内涵与功能。在农村，在社会整体的现代转型及城镇化的高强度辐射之下，儒释道等传统宗教文化面临削弱、消失、创新、增强同步进行的复杂境地，但其逐渐恢复成为许多农村社区常态化生活现象的趋势不可避免。如何省思农村传统宗教文化的特征、功能乃至存在的问题，不仅是农村社会变革、生活秩序建构、关系网络重建的中心话题，也是中国传统文化现代性构造的重要内容，它与农村地区家庭结构、社会结构、伦理意识等方面的变化相呼应，尤其涉及农村社会稳定与否的主题。维护农村社会稳定，可以说是当前儒释道等传统宗教信仰获取社会支持、发挥独特价值的一项必要功能。对于佛教对农村社会稳定所发挥的正反功能，我们设定的变量为：村民如果认为信仰佛教是好的，那么佛教对于农村社会是否具有调节心理、道德教育、加强团结、传播文化、支持政府工作、丰富日常生活等积极作用；如果村民认为信仰佛教是不好的，那么佛教对于农村社会是否有传播迷信、影响心理健康、不利于社会稳定、败坏社会风气等负面影响。

在肯定佛教积极作用的村民中，对我们所列举变量重要性的认可度排序为：调节心理—道德教育—传播文化—丰富日常生活—加强团结—支持政府工作。其中，认为佛教能够起调节心理作用的人有141人，占信徒的71.2%；认为佛教能够进行道德教育的有132人，占66.7%；认为佛教有助于文化传播的村民有96人，占48.5%；认为佛教能够丰富农村日常生活的村民有83人，占41.9%；认为佛教能够促进团结的村民有78人，占39.4%；认为佛教能够支持政府工作的村民有40人，占20.2%。对这几项指标所进行的最重要程度的统计如表22所示。

**表22　佛教对农村社会最重要的作用**

单位：人，%

| 类　别 | | 频数 | 百分比 | 有效百分比 | 累计百分比 |
|---|---|---|---|---|---|
| 有效 | 调节心理 | 89 | 20.0 | 44.9 | 44.9 |
| | 道德教育 | 40 | 9.0 | 20.2 | 65.2 |
| | 加强团结 | 17 | 3.8 | 8.6 | 73.7 |
| | 传播文化 | 25 | 5.6 | 12.6 | 86.4 |
| | 支持政府工作 | 1 | 0.2 | 0.5 | 86.9 |
| | 丰富日常生活 | 26 | 5.8 | 13.1 | 100.0 |
| | 总计 | 198 | 44.4 | 100.0 | |
| 缺失 | 系统 | 248 | 55.6 | | |
| 总　计 | | 446 | 100.0 | | |

托马斯·奥戴指出："人类某些经验产生于人类状况所特有的偶然性、软弱性和缺乏性，一旦与这种经验联系起来，宗教便显得十分重要。"因此，他所总结的宗教的第一项功能即为："宗教通过与人类命运和幸福息息相关的彼岸为人们提供支持、慰藉与和谐。人类通过宗教与彼岸联系，并对其做出反应。人在面对不确定性时需要情感上的支持；在面临失望时需要慰藉；在偏离社会目标和规范时需要与社会调和。人类经常在追求中经历挫折、失望和焦虑，宗教在此情况下为人提供重要的情感援助，它支持既定的价值和目标，强化道德，并有助于把不满情绪减少到最低限度。"① 这实际上是宗教

① 〔美〕托马斯·奥戴：《宗教社会学》，胡荣、乐爱国译，宁夏人民出版社，1989，第20页。

在精神层面的心理调适功能，也是促使个体走向宗教的一个重要原因。通过调查，佛教的心理调适功能仍然是村民心中最重要的功能。以佛教通行的“四谛”说为例，人生由苦、集、灭、道四谛组成，苦、集宣讲人生本质为苦和造成人生之苦的原因，灭、道则说明人生归宿和解脱之路。无疑佛教这一教义能够引起失意者情感上的共鸣，从而为饱受社会压力之苦的村民提供精神上的服务与支持。在现代社会，人们的物质生活水平不断提高，但幸福指数却在降低，因此佛教尤其重视令信众“安心”的做法，如安徽省一些佛教组织举办的各种禅修夏令营和重在解精神之惑的讲经活动，都强调佛教的智慧在于解人烦恼，而烦恼来自心病，来自心中各种贪、嗔、痴的念头，故而要“不立文字，教外别传，直指心性，见性成佛”，不要拘泥于文字相，不刻意对各种社会价值做分别，对万物包容，烦恼也会解除，人之身心得到净化与解脱。佛教这种灵活变通的教义，对于人们培养健全心智、减免生活压力、提升幸福指数有很好的借鉴作用。佛教以烦恼“寂灭”为终极目的的传教理念，在现代社会中能够使人在体悟佛法精妙的同时，更能获得心灵的慰藉。尽管村民对于佛教的精致理念尚且模糊，但佛教的心理调适功能亦深入人心，并使人们在社会迅速变迁和大规模流动中获得稳固的认同感和安全感，从而有利于稳定和秩序。这一功能将在乡村社会中进一步得到强化。相应的，佛教在农村社会的其他功能，如道德教化、加强社会团结、丰富日常生活等都相互补充、相辅相成，并起到使既定的社会规范和价值神圣化、将个人整合进群体、遏制社会失范行为的作用，从而使社会得到较好的控制与实现稳定。

宗教对于社会还存在潜功能和反功能，除了有利于维护社会稳定的整合功能，宗教还有可能逐渐动摇社会的根基，对社会稳定具有破坏性作用。就宗教的心理调适功能来说，尽管宗教能够提供情感慰藉和精神支持，乃至维护社会的整体和谐，但“对那些疏远社会的人进行调解，可以抑制反抗，并可能成为一种阻碍有益于社会及其成员幸福的社会变迁的力量”①，这也就是“宗教鸦片论”的观点。宗教调适民众心理的正功能如果极度发展，

① 〔美〕托马斯·奥戴：《宗教社会学》，胡荣、乐爱国译，宁夏人民出版社，1989，第23页。

常会阻止那些为建立更稳定社会所进行的反抗，从而延缓改革，但民间不满日积月累，最终会导致破坏性更大的社会变动。这是西方学界宗教与社会冲突关联性的典型解读，但对于中国农村社会来说，宗教不利于社会稳定的反功能更多是对“封建迷信”的传播。在对村民进行“信佛有哪些坏处”的调查时，认为宗教“传播迷信”的村民人数有164人，占否定佛教正面作用的村民（216人）的75.9%。“迷信”“乃是人们对于某种虚幻的、非科学的价值观念所特有的崇信心理，并且通常产生相应的巫术化的强烈功利性的行为体系”①，它的现实特征主要表现为人们对某种超自然力量的盲从，并且在处理现实困惑时过度依赖这种力量。从与社会秩序关系角度来说，它与宗教的区别主要是：宗教重神律善行，以仪式宣讲道德制约，从而有利于维系社会稳定；迷信重仪式，偏执于无知，追求事功，消解社会规则。

在20世纪初期，西方“迷信”与“宗教”范畴被引入中国。其中，活跃于民间的大众宗教由于没有经典和精英承负，与其相关的一系列实践如祖先崇拜、风水看相等均被视作迷信。民国时代，国民政府将大众宗教混同于迷信，视其为破坏现代化国家的威胁力量而加以“示禁”，自此宗教的政治敏锐性不断强化。在行政力量对于民众信仰空间的改造、社会各界对传统的怀疑否定等多重因素作用下，与大众宗教互为包容的儒释道等传统宗教在地方秩序运行中权威旁落。直至20世纪80年代，农村传统宗教逐渐复苏，但村民对于传统宗教的祖先崇拜等仪式性实践仍持有复杂的记忆和想象，习惯性地将其视作陈旧愚昧的迷信活动，却忽略了二者之间的区别。这种态度势必影响农村社区传统延续和重构的方式，并使得真正的迷信依托宗教的外衣重新抬头。

与“佛教是迷信”观念相呼应，绝大多数不信佛的村民认为信仰佛教会影响心理健康，持这一观点的村民有125人，占否定佛教正面功能村民的57.9%。另外，有94位村民认为信仰佛教起破坏社会风气的负面作用，有88位村民认为信仰佛教不利于社会稳定。对这几项指标所进行的最严重坏处的统计如表23所示。

① 何云：《中国迷信文化批判——对中国宗教性批评精神的一种呼唤》，《世界宗教研究》1999年第1期。

**表 23　信佛最严重的坏处**

单位：人，%

| 类　别 | | 频数 | 百分比 | 有效百分比 | 累计百分比 |
|---|---|---|---|---|---|
| 有效 | 传播迷信 | 120 | 26.9 | 55.6 | 55.6 |
| | 影响心理健康 | 29 | 6.5 | 13.4 | 69.0 |
| | 不利于社会稳定 | 25 | 5.6 | 11.6 | 80.6 |
| | 败坏社会风气 | 42 | 9.4 | 19.4 | 100.0 |
| | 总计 | 216 | 48.4 | 100.0 | |
| 缺失 | 系统 | 230 | 51.6 | | |
| 总　计 | | 446 | 100.0 | | |

当前，农村社会稳定性问题的本质是农村社会转型中的现代秩序选择问题。社会在有序状态下，常表现为持续、平稳、可预见的运行趋向，社会结构稳定，行动主体之间张弛分合有度。由于社会生活流动性增强，社会结构分化多元，加之行政力量的引导，现代契约意识逐渐深入人心。契约即法则，强调以平等协议来规范人与人之间的权利义务关系，这种契约性秩序也就是现在通行的“法治秩序”，以凸显人的自由与独立为基本价值。同时，我国现代社会秩序的形成是改革开放以来经济体制变革的结果。市场体制催生了人们利益最大化的行动目标，社会分化也在所难免，在追求自主性和利益至上价值的牵引下，社会冲突与经济发展同步进行，只有妥善处理各种经济关系、规范经济秩序，才能建立稳定和谐的现代社会秩序。因此，在考察佛教等传统宗教与现代社会秩序之间的关系时，我们主要以“佛教是否有利于法治建设”和“佛教与经济发展之间关系”为考察变量，以进一步探讨中国传统宗教之于现代社会秩序的正反功能。调查结果如表 24 所示。

**表 24　信佛对法治建设和经济发展的作用**

单位：人，%

| 类　别 | 佛教与法治建设 | | 佛教与经济发展 | |
|---|---|---|---|---|
| | 频数 | 百分比 | 频数 | 百分比 |
| 有　利 | 86 | 19.3 | 64 | 14.3 |
| 不　利 | 95 | 21.3 | 87 | 19.5 |
| 说不清 | 265 | 59.4 | 295 | 66.1 |
| 小　计 | 446 | 100.0 | 446 | 100.0 |

大多数村民对于佛教、法治、经济之间的关系并不是很了解，在对这两个问题的回答中：有265人表示不清楚佛教与法治建设之间的关系，高达被调查人数的59.4%；有295人不清楚佛教与经济发展之间的关系，占被调查人数的66.1%。导致这一现状的原因，主要还是涉及包括佛教在内的中国传统文化的现实价值问题。当前，推行法治与市场经济是中国现代社会秩序的必要选择，儒释道等中国传统文化则被视作阻碍农村现代秩序生长的迟滞性力量，其所维系的乡土社会秩序，如“德治”“礼治”“人治”等秩序模式以及民间盛行的各种仪轨，也由于与现代社会秩序不同的性质和效能，受到人们的排拒和抵触。事实上，现代社会秩序供给亦存在相当程度的不足，需要传统重血缘亲情、人际和谐的乡土秩序来加以弥补。例如，佛教宣扬“诸恶莫作，众善奉行，自净其意，是诸佛教”，要求信徒奉行“五戒”“十善”，教人隐忍、包容、利他，以处理好人际关系、尊重社会道德为教旨，从而具有助推个体社会化、规范人们行为、加强社会控制等功能。但是，无论是与法治建设，还是与经济发展之间的关系，仅有少数村民认可佛教的这些正功能，说明了在农村社会佛教等传统文化的发展空间尚很富足。

佛教自两汉之际传入中国伊始，就在发挥精致义理的前提下迎合中国实际，主张“佛法在世间，不离世间觉”，以高度世俗化获得民间的广泛支持，并成为中国传统文化的重要一支。晚清之后，中国社会遭遇“现代性”之阵痛，佛教亦经历衰落或复苏的巨大变化。当前，在现代化背景下，佛教进一步融会世俗社会伦理，在农村很多地区吸引更多信徒的加入。村民不仅参与以寺院为中心的佛教团体活动，更在日常生活中参与到各种佛教实践中。对于佛教未来的走向，圣凯法师指出：“21世纪将是佛教全面复兴与崛起的世纪，佛教在新世纪义不容辞的使命就是要净化人心、促进环境保护、慈善救济、维护世界和平。”① 那么，农村佛教亦应该发挥其应有的作用。

## 五　民间信仰与社会秩序：庙会的宗教功能

庙会，“亦称‘庙市’。中国的市集形式之一。唐代已存在。在寺庙节日

① 邵佳德：《中国佛教的未来走向——评〈佛教现代化与化现代〉》，《佛学研究》2014年第4期。

或规定日期举行，一般设在寺庙内或其附近，故称‘庙会’……这一历史上遗留下来的市集形式，解放后在有些地区仍被利用，对交流城乡物资，满足人民需要，有一定的作用”。在农村社会秩序的现代构型中，人们更重视庙会在乡土社会所扮演的经济角色，庙会也主要被认为是一种极具中国特色的集市贸易形式。目前，“多数庙会与宗教节日或宗教活动没有直接联系，较多恢复起来的庙会，以集市交易为主，宗教活动、传统文化及社会交往活动已可有可无”[①]。然而，庙会从其原生时期就更多展现的是宗教性功能，反映了人们日常中自觉或不自觉的与神性相关的生活方式，而市场交易功能则是人们在娱神的同时衍生出的嵌入性活动。因此，即使现代庙会的宗教色彩正在淡化，但我们仍然着眼于庙会的宗教特征，将其作为考察农村社会民间信仰的现状。

所谓民间信仰，可以说是“流行在中国一般民众尤其是农民中间的①神、祖先、鬼的信仰；②庙祭、年度祭祀和生命周期（life cycles）仪式；③血缘性的家族和地域性庙宇的仪式组织；④世界观和宇宙观的象征体系”[②]，“是深植于中国老百姓中的宗教信仰及行为表现”[③]。在现实中民间信仰与儒释道等传统制度化宗教的关系，是互为渗透、交融混合，在村民心中并没有多大区别。总之，民间信仰植根于地域社会特殊的生活土壤，又吸纳了佛道等制度化宗教的思想观念、价值取向和活动方式，与佛道等共同支持了基层社会的精神信仰，并以庙会等拜神活动将村民的精神信仰具象化和操作化。

关于“村（乡）里有没有庙会等拜神活动”的调查，结果如表25所示。

**表25　村（乡）里庙会活动举办情况**

单位：人，%

| 类　别 | | 频数 | 百分比 | 有效百分比 | 累计百分比 |
|---|---|---|---|---|---|
| 有效 | 是 | 263 | 59.0 | 59.1 | 59.1 |
| | 否 | 182 | 40.8 | 40.9 | 100.0 |
| | 总计 | 445 | 99.8 | 100.0 | |
| 缺失 | 系统 | 1 | 0.2 | | |
| 总　计 | | 446 | 100.0 | | |

① 陆蓝龙：《从乡村集市变迁透视农村市场发展——以河北定州庙会为例》，《江海学刊》2012年第3期。

② 王铭铭：《中国民间宗教：国外人类学研究综述》，《世界宗教研究》1996年第2期。

③ 金泽：《中国民间信仰》，浙江教育出版社，1995，第1页。

一般来说，某种信仰的普及程度除了与个体的价值倾向有关，更与当地的经济状况、文化传承、生活惯习有着密切的联系。我们可以从安徽省不同区域来分析农村民间信仰的异同。

从表26可以看出，皖北的庙会举办活动明显少于皖中和皖南，进一步说明了皖北传统文化传承的相对滞后。安徽省超过半数以上的农村社区存在各种拜神活动。将以上数据与改革开放前农村的庙会等举办情况进行对比，可知农村的民间信仰呈复苏的态势，但复苏的程度并不是很高，足以反映村民对于民间信仰的态度。根据前文中村民对迷信和宗教关联性认知的调查，很多村民将迷信与宗教等同，无论是扩散化民间信仰还是制度性宗教，它们的合法性都受到了怀疑，故而与民间信仰相关的活动并不普遍。村民对民间信仰性质的看法，会影响到民间信仰在农村社会的功能发挥与发展程度。关于村民对民间信仰的态度，我们以“你是否喜欢参加庙会等活动”这个问题进行考察，结果如表27所示。

**表26　皖南、皖北、皖中庙会活动比较**

单位：人，%

| 类别 | 皖北 | | 皖中 | | 皖南 | |
|---|---|---|---|---|---|---|
| | 频数 | 百分比 | 频数 | 百分比 | 频数 | 百分比 |
| 有 | 40 | 44.4 | 83 | 46.6 | 141 | 79.7 |
| 没有 | 50 | 55.6 | 95 | 53.4 | 36 | 20.3 |
| 小计 | 90 | 100.0 | 178 | 100.0 | 177 | 100.0 |

**表27　是否喜欢参加庙会等活动**

单位：人，%

| 类　别 | | 频数 | 百分比 | 有效百分比 | 累计百分比 |
|---|---|---|---|---|---|
| 有效 | 是 | 152 | 34.1 | 34.2 | 34.2 |
| | 否 | 291 | 65.2 | 65.5 | 99.8 |
| | 3 | 1 | 0.2 | 0.2 | 100.0 |
| | 总计 | 444 | 99.6 | 100.0 | |
| 缺失 | 系统 | 2 | 0.4 | | |
| 总　计 | | 446 | 100.0 | | |

基于对庙会等活动的个体化理解，加上现代社会秩序的影响、地域文化的习惯性传承等多重因素，有 65.2% 的村民表示不喜欢参加庙会等活动，这表明传统宗教文化要想在农村得到真正的复苏，还需要在形式和内容上予以创新，赋予时代新特色才能取得较为理想的效果。进一步言之，传统宗教文化如果能够迎合时代需求，强化心理调适、道德教育、丰富日常生活、稳固村民精神信仰体系、维护社会稳定、助推经济和法治建设等方面的积极作用，是能够获得村民正向评价和有效支持的。王铭铭曾提出："普遍发生的民间信仰活动，其行为方式和目的都具有同质性。同质性高的活动可以使农民产生强凝聚力，也因此，民间信仰活动可以起到'内部团结和外部联系'的作用。"① 在农村社会的现代性走向中，社会价值多元，既有整齐划一的生活秩序变得复杂多样，村民对于民间信仰的功能也有了正与反的深刻认识。在这样的背景之下，如果民间信仰活动还保持方式和目的上的同质性，它可能无法得到更多的社会支持，从而不能起到加强社会团结的作用。因此，民间信仰活动需要掺入各种不同的元素，以多样化形态扩大在基层社会乃至整个社会中的影响力。对此，我们今后可以分析村民素质与庙会等活动的相关性，了解不同性别、年龄、文化程度、职业的村民之间在民间信仰状况上的差异，以此来探寻民间信仰正功能发挥的最优路径。

马林诺夫斯基主张文化与功能研究的统合，以为某社会要素的现实功能是解释文化的必要条件，也就是"以功能的眼光来解释一切'在发展水准上'的人类事实，看这些事实在完整的文化体系内占什么位置；在这个体系内的各部分怎样地互相联系，而这体系又以何方式与周围的物质环境互相连接"②。强调功能需求与文化体系之间关系的重要性，这一理念对于解读当前农村社区民间信仰的发展程度仍然有一定的说服力。尽管庙会的宗教功能弱化，社会支持度较低，但其功能开发依然在继续，并满足了人们精神信仰的需求，而且其经济、教育和娱人功能也会增强。那么其秩序功能表现怎样，我们设定了"村（乡）里举办庙会等活动时有没有发生过纠纷"和"村（乡）里庙会等活动有没有得到政府支持"两个问题来求证。

对于前一个问题的调查结果如表 28 所示。

---

① 王铭铭：《村落视野中的文化与权力》，上海三联书店，1997，第 143 页。

② 〔英〕马林诺夫斯基：《文化论》，费孝通译，中国民间文学出版社，1987，第 14 页。

**表 28　村（乡）里举办庙会等活动时是否发生过纠纷**

单位：人，%

| 类　别 | | 频数 | 百分比 | 有效百分比 | 累计百分比 |
|---|---|---|---|---|---|
| 有效 | 是 | 109 | 24.4 | 25.5 | 25.5 |
| | 否 | 318 | 71.3 | 74.5 | 100.0 |
| | 总计 | 427 | 95.7 | 100.0 | |
| 缺失 | 系统 | 19 | 4.3 | | |
| 总　计 | | 446 | 100.0 | | |

由于时间仓促，我们并没有对村民进行“发生了什么样的纠纷”及造成纠纷原因的访谈，但可以了解，在民间信仰活动中纠纷的发生率并不低，这也是集体活动开展时的必然现象。

关于民间信仰与政府关系的调查，我们可通过表 29 数据进行分析。

**表 29　村（乡）里庙会等活动是否得到政府支持**

单位：人，%

| 类　别 | | 频数 | 百分比 | 有效百分比 | 累计百分比 |
|---|---|---|---|---|---|
| 有效 | 是 | 62 | 13.9 | 14.4 | 14.4 |
| | 否 | 113 | 25.3 | 26.2 | 40.6 |
| | 不清楚 | 255 | 57.2 | 59.2 | 99.8 |
| | 4 | 1 | 0.2 | 0.2 | 100.0 |
| | 总计 | 431 | 96.6 | 100.0 | |
| 缺失 | 系统 | 15 | 3.4 | | |
| 总　计 | | 446 | 100.0 | | |

高度流动的现代社会，在开阔村民视野、增长村民见识的同时，也带来农村社区的荒败和离散现象，在相对比较落后的地区，人们的公告活动空间也在缩小，活动仅局限在家庭等私人领域。无疑，在农村社区开展民间信仰活动不仅起到丰富群众生活的作用，而且能够加强村民的交往与沟通，增加农村的内部团结和外部联系。同时，乡政府、村“两委”等政治性组织，同样作为村民参与公共生活的重要载体，对于民间信仰的支持，直接影响着村民的生活方式和文化传承。庙会源于神灵信仰，以祭祀仪式带动经济和娱乐活动发展，并作为公共性组织连接村民与社会。一般来说，某地庙会等民间信仰活动的兴

起，需要得到政府的支持。改革开放以前，国家力量对基层信仰生活的过度干预，造成民间信仰的萎缩消弭；改革开放之后，地方政府自主性增强，并没有对民间信仰做出更多支持，但基于丰富农村精神文化生活、促进经济增长等理念对庙会等活动给予了更多包容，这也是农村传统宗教信仰复苏的一个方面。但是，对于政府对民间信仰所起的作用，村民大多并不清楚，甚至直接加以否定，持这两方面观点的村民占被调查村民的82.5%，说明了村民与基层政府之间的矛盾与张力。在我们所做的一些访谈中，村民批判基层政府的案例不在少数，说明政府工作的实际状态以及政府不作为给村民带来的压力，而庙会等民间信仰活动的展开也缺乏后劲。农村民间信仰活动不仅仅起着文化、教育、经济、政治各方面的作用，它更是村民现实生活质量的反映。作为农村公共生活载体，民间信仰连接了村民的私人领域和公共空间，统合了村民的物质文化和精神文化，需要人们开发其丰富农村公共生活建设、维护农村稳定发展的价值和意义。

## 余论　农村传统文化发展的问题与方向

近代以来，以儒释道为主体的中国传统文化经历了复杂的沉浮跌宕过程，在当前全球化、多元化的社会文化语境下，如何凸显中国传统文化的本土特征以及在西方文化面前如何进行价值定位问题进一步受到人们的关注。不可否认的是，现代化所带来的对中国传统文化的消解以及社会文化情境的改变，导致了人们对中国传统文化的认同危机和对于不确定生活的普遍焦虑。以安徽为例，目前农村地区传统文化的发展困境主要体现为地域之间的差异性。改革开放之后，皖南及皖中地区的传统文化经历了复苏的过程，皖北的传统文化则随城市化和市场经济潮流的涌入更趋衰败。另外，与城市相比，安徽农村传统文化建设相对滞后。在城市国学教育方兴未艾之时，农村文化生活单一，传统文化价值没有得到足够重视。我们在调查村民对传统文化的价值认同过程中发现，仅47.8%的村民认为传统文化很重要，没有达到被调查人数的一半，有13.7%的村民认为传统文化在现实社会中可有可无，甚至会起到阻碍社会发展的消极作用。这与农民本身的文化素养有关。与城市相比，我国农民文化程度偏低，属于知识贫困群体。在工具理性诱导下，很多农民持有“读书无用”

的观点，加之文化环境的劣势等多重因素，造成农民的文化素质相对低下，而中国传统文化的偏价值理性特征无疑与很多农民的功利主义诉求产生冲突，故而在农村社会认为传统文化不重要的观点亦能流行。中国传统文化的价值自不待言，在现代化背景下如何重建传统文化更值得我们深思。我们认为，重建传统文化需要社会各界的共同参与，而农村社会作为传统文化的重要载体，其与传统文化的相辅相依、互荣共生关系，决定了农村、农民在复兴传统文化中的独特性和主体性。尤其农民，作为判定中国社会现代化程度的重要维度，在现代性和传统性之间摇摆、抉择时，其心理、行为乃至社会态度都影响了传统文化的承续和发展，并且关乎农村社会乃至整个中国社会的稳定。故而，农村传统文化建设的根本方向在于提升农民对于传统文化的价值认同度以及复兴传统文化的积极主动性，这就需要政府在促进农村经济发展的同时，加大农村传统文化宣传的力度，支持农民复兴儒释道等传统宗教及民间信仰的各种实践活动。习近平总书记指出："一个国家选择什么样的治理体系，是由这个国家的历史传承、文化传承、经济社会发展水平决定的，是由这个国家的人民决定的。我国今天的国家治理体系，是在我国历史传统、文化传统、经济社会发展的基础上长期发展、渐进改进、内生性演化的结果。"① 无论是作为制度、思想，还是人们的生活方式，传统文化都构成为中华民族绵延不绝的价值基础，并对农村社会稳定起着重要的维护作用。党的十八大以来，我国尤其重视中华优秀传统文化的传承与弘扬，并将其作为治国理政的重要思想文化资源，这无疑是农村传统文化发展的良好契机。

## 参考文献

邵佳德：《中国佛教的未来走向——评〈佛教现代化与化现代〉》，《佛学研究》2014 年第 4 期。

习近平：《习近平谈治国理政》，外文出版社，2014。

何云：《中国迷信文化批判——对中国宗教性批评精神的一种呼唤》，《世界宗教研究》1999 年第 1 期。

---

① 习近平：《习近平谈治国理政》，外文出版社，2014，第 105 页。

〔美〕托马斯·奥戴：《宗教社会学》，胡荣、乐爱国译，宁夏人民出版社，1989。

许烺光：《宗族、种姓、俱乐部》，薛刚译，华夏出版社，1990。

唐军：《当代中国农村家族复兴的背景》，《社会学研究》1996 年第 2 期。

王笑天、陆玉：《乡村社会重修族谱现象的思考——兼论宗族意识和农村现代化的关系》，《社会科学研究》1996 年第 6 期。

# 公共服务篇

**Public Services**

## B.12
## 县域信息化服务建设的南陵样本

纪媛媛*

**摘　要：** 信息化建设是推进国家治理现代化的战略任务，也是提升县域公共服务能力的必然选择。近年来，南陵县大力推进信息化建设，在社会服务管理信息化、农业农村信息化、电子政务等方面的有效实践为县域信息化建设和信息服务能力提升提供了有益的经验与启示：实现信息服务需要优秀的人才队伍、完善的信息基础设施、整合的数字化信息资源、健全的信息发布机制、富有成效的技术培训以及持续广泛的宣传推广。地方政府应充分利用信息化发展契机，制定发展战略，增强服务意识，整合业务资源，培育信息产业，加快步伐提升信息服务能力，将“服务型政府”理念落到实处。

* 纪媛媛，安徽师范大学法学院讲师，安徽师范大学法治中国建设研究院研究员，研究方向为电子政务、中国文化与教育。

**关键词：** 南陵县　县域信息化　信息服务能力

习近平总书记曾提出，全面深化改革的总目标，就是完善和发展中国特色社会主义制度、推进国家治理体系和治理能力现代化。①《国家信息化发展战略纲要》则首次提出“以信息化推进国家治理体系和治理能力现代化”。② 可见，信息化建设已成为推进国家治理现代化、实现全面深化改革总目标的重要战略任务。21 世纪以来，我国信息化建设虽取得了显著成就，但与全面建成小康社会的目标相比还有距离，其中“区域和城乡差距明显”成为影响协调发展的重要因素。为此，我国信息化发展战略特别提出要加快推进中西部地区的信息网络建设，普及信息服务。③ 县域信息化作为国家信息化的基础构成，其表现对于缩小城乡差距、平衡区域发展起着举足轻重的作用，研究县域信息化建设对于探索中国特色信息化发展道路具有重要意义。

南陵县是芜湖市属县，历史上曾有“农业大县、工业弱县、财政穷县”之称，近年来通过不断深化改革，大力推进信息化建设，正阔步迈向“农业强县、工业大县、财政强县”行列，跃居《中国县域经济发展报告（2016）》“投资潜力百强”第 14 位，获“全国科技进步先进县”“全国农业标准化示范县”等荣誉称号。④ 2017 年，南陵县经过严格审核，以全省第一的排名成功获批“安徽省质量强县（市、区）”。⑤ 本文通过总结南陵县信息化建设的实践经验，结合电子政务服务能力管理理论与方法，探讨县域信息化建设和信息服务能力提升的有效路径。

---

① 《习近平关于全面深化改革论述摘编（三）》，人民网 - 中国共产党新闻网，http://cpc.people.com.cn/n/2014/0725/c164113-25339444-2.html，2014 年 7 月 25 日。

② 中共中央办公厅、国务院办公厅：《国家信息化发展战略纲要》，http://www.gov.cn/gongbao/content/2016/content_5100032.htm，2016 年 7 月 27 日。

③ 中共中央办公厅、国务院办公厅：《国家信息化发展战略纲要》，http://www.gov.cn/gongbao/content/2016/content_5100032.htm，2016 年 7 月 27 日。

④ 南陵县人民政府：《2017 年政府工作报告》，2017。

⑤ 《我县获批“安徽省质量强县（市、区）”》，中国·南陵网，http://www.nlx.gov.cn/content/32_130963.html，2017 年 4 月 7 日。

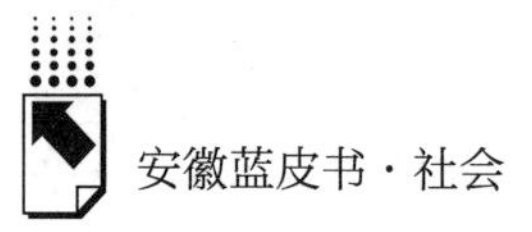



## 一　南陵县信息化建设的基本做法与成效

南陵县委、县政府一直高度重视信息化建设工作，信息化在政治、经济、文化、社会等各领域遍地开花，硕果累累，其重点成就主要体现在社会服务管理信息化、农业农村信息化和电子政务工程三个方面。

### （一）逐步拓展应用范围，整体推进社会服务管理信息化

党的十八大报告指出，提高社会管理科学化水平，必须加强社会管理信息化建设。① 正因为深刻认识到社会服务管理信息化是大势所趋、责任所系、发展所需，南陵县政府将信息化建设作为社会服务管理的重点工作。为实现社会管理精细化、提升公共服务水平，南陵县不断创新机制体制，积极探索社会服务管理信息化工作，着力构建以网络化服务管理为基础、以信息化技术为支撑的新型社会服务管理体系。得益于县委、县政府的高度重视和强力执行，南陵县社会服务管理信息化在多个方面取得了显著成果。

第一，搭建“一站通”办事平台与“社管通”管理平台。2014 年南陵县财政投入 400 余万元在全县范围内整体推进社会服务管理信息化工作，现已初步建成县、镇、村（社区）三级贯通的“一站通”办事平台和以“网格化”为基础的“社管通”管理平台②，并在实际运行中收到了较好的社会效果。利用“一站通”平台，村民可以“足不出村”在家门口办理涉及民政、人社、计生、公安等 8 个部门的 90 余项公共服务事项。③ 目前，该平台已实现各乡镇以及村委会全覆盖，真正实现了“一站受理、全县通办”。此外，南陵县在镇、村、片、组建立四级服务管理网格体系，将社会服务管理信息化系统和农村网格化管理相结合，变被动受理为主动服务。目前，南陵县 178 个村（社

① 胡锦涛：《坚定不移沿着中国特色社会主义道路前进　为全面建成小康社会而奋斗——在中国共产党第十八次全国代表大会上的报告》，人民出版社，2012。

② 《南陵县启用“一站通”平台　村民办事大“提速”》，中安在线，http：//ah. anhuinews. com/system/2015/04/17/006762083. shtml，2015 年 4 月 17 日。

③ 《“一站通”快捷便民　“社管通”精细服务》，人民网，http：//ah. people. com. cn/n/2015/0525/c371454 - 24997683. html，2015 年 5 月 25 日。

区）全部完成了网格化服务工作，并在“网格化”的基础上建立“社管通”管理平台。社管网格员可以随时将收集到的住户信息和诉求通过“社管通”软件上传，第一时间让相关部门掌握情况、解决问题。网格化、全天候、零距离的管理模式快速回应村民各项诉求，不仅促进了网格员与群众互动，更彻底解决了门难进、脸难看、话难听、事难办的“四难”问题。

第二，以医疗卫生信息化促卫生改革发展。南陵县卫生信息化工作统筹规划稳步推进，在不断完善优化系统软件建设的同时，加大硬件设备投入、加强人员技术培训，逐步形成统一高效、资源整合、互联互通、信息共享、透明公开、使用便捷的区域卫生信息化管理体系，充分展现卫生信息化对卫生改革发展的技术支撑作用，有力推动了卫生事业的改革与发展。一是建成卫生综合机房，实现全县医疗卫生信息数据集中存储；二是开通卫生局门户网站，实施办公管理自动化；三是建立居民健康档案管理系统，实现在线动态管理居民电子健康档案；四是建设居民健康小屋，实现居民自助查询健康信息；五是落实全县镇村医疗机构应用 HIS 及电子病历系统，实现基层电子病历应用率达 95% 以上；六是部署医学知识在线系统，实现临床辅助诊疗；七是建成卫生综合管理平台，实现县内基本医疗、公共卫生、药品管理、医疗保障、绩效考核及在线培训等业务信息的综合管理应用，并与多个系统有效衔接、互联互通，形成省、市、县、镇、村五级网络，实现横向到边、纵向到底的资源同步共享。[①]

第三，以教育与文化服务信息化打造全民文教氛围。南陵县不断加快推进教育信息化进程，在全省率先进行了教育城域网的建设，为全县所有学校配齐了计算机网络教室。2015 年，县教育局被评为全省在线课堂优秀单位。[②] 县教育局一直重视各学校教育信息化应用，教师的教育信息化能力得到了很大的提高。2017 年 12 月，在中央电教馆的最高赛事——全国教育教学信息化大奖赛中，南陵县四位教师获得全国一等奖，取得了历史性的突破[③]，这也将推动南

① 《南陵县卫生信息化助力卫生事业发展》，中国·南陵网，http：//www.nlx.gov.cn/content/32_95077.html，2014 年 2 月 11 日。

② 《优化资源配置　推动教育均衡健康发展》，南陵新闻网，http：//dzb.nlxxww.cn/tmp/News_wenzhang.shtml?d_ID=833，2016 年 3 月 22 日。

③ 《南陵县在全国教育教学信息化大赛中喜获佳绩》，中国·南陵网，http：//www.nlx.gov.cn/content/38_137895.html，2017 年 12 月 21 日。

陵县中小学教师信息化教育教学水平再上一个新台阶。同时，历史悠久、人文炳蔚的南陵县也非常重视公共文化信息服务，实施了公共文化服务信息化建设工程，并得到芜湖市文化委考核组的高度评价。

第四，以税务信息化优化纳税服务工作。南陵县地税局深化信息技术应用，使纳税服务工作不断得以优化。一是提升信息化水平，构建服务平台；二是加强信息化运用，扩展服务内容；三是发挥信息化优势，简化办税程序；四是应用信息化手段，提升办税质量。① 2017 年 12 月 25 日，南陵县地税局测试使用支付宝缴纳税款并取得成功，这也是芜湖市第一笔支付宝缴税业务。② 2018 年 1 月 15 日，经智能化升级改造后的南陵县国税局新办税服务厅投入试运行。目前，新办税服务厅实现了国地税业务"一厅通办"，让纳税人"进一家门，办两家事"，经过短暂磨合后，将实现所有窗口国地税业务"一窗通办"，真正实现国地税联合办税。③

第五，以法治信息化为契机开创依法治县新面貌。自信息化建设以来，南陵县司法局、法院及基层公安部门等司法执法机关一直合力推进南陵县法治建设信息化的进程。县司法局实现了信息全部录入、全员使用、全面综合应用的目标，为全县司法行政工作的良性循环发展提供了坚强保障。南陵县法院也积极加强信息化建设，利用全国法院执行查控系统"总对总"建成投入的契机，着力提高结案率。南陵县城东派出所则以信息化建设推动基层基础业务发展为突破口，走出一条"信息化服务实战"的新路子。

为进一步加快全县社会服务管理信息化建设，南陵县还出台了《社会服务管理信息化工作考核办法》，旨在通过考核扎实推进社会服务管理信息化工作。该办法不仅把信息化工作纳入县目标考核和县综治年度考核范围，还规定对信息化工作考核成绩前三名的镇和先进单位授予"信息化工作先进集体"称号，分别予以不同标准的物质奖励，以鼓励先进、鞭策后进，整体推进全县

---

① 《南陵县地税局强化信息化支撑　促优纳税服务》，中国·南陵网，http://www.nlx.gov.cn/content/38_71740.html，2011 年 9 月 13 日。

② 《县地税局实现支付宝缴税》，中国·南陵网，http://www.nlx.gov.cn/content/38_138168.html，2018 年 1 月 3 日。

③ 《县国税局新改造的智能化办税服务厅首日试运行成功》，中国·南陵网，http://www.nlx.gov.cn/content/38_138453.html，2018 年 1 月 16 日。

信息化工作的开展。[①] 在明确考核办法的基础上，南陵县还经常举办社管信息化工作推进会，对近期全县社管信息化工作情况、存在的问题和镇级每月社管工作考核成绩进行通报，对下一阶段该县社管信息化建设目标任务和重点工作进行布置。凭借创新服务的发展理念、坚强有力的领导力量、完善的考核监督机制、稳扎稳打的推进措施，南陵县社会服务管理信息化走在了全市四县的前列。

### （二）探索农业现代化道路，重点促进农业农村信息化

农业信息化是国家信息化的重要组成部分，以农业信息化带动农业现代化，对于促进国民经济和社会持续协调发展具有重大意义。我国信息化发展规划要求把推进农业农村信息化放在社会主义新农村建设的突出位置，充分发挥信息化在加快转变农业发展方式、改善农民生活、统筹城乡发展中的重要作用，加快信息强农惠农。[②] 自 2007 年以来，南陵县政府认真贯彻落实党的十七大、十八大以及中央、省、市农业农村工作会议精神，围绕经济结构战略性调整、特色优势产业培育、农业基础设施建设、社会化服务体系建设和信息化培训等开展了工作，全面提升农村经济社会发展水平，快速推进农业农村信息化建设步伐。

首先，建立组织服务机构，完善农村信息基础设施。信息基础设施是农业和农村信息化建设的先决条件，信息服务站（点）则是把农业和农村信息化工作落在实处的组织保障。早在 2009 年，南陵县 8 个乡镇就已全部开通了光纤互联网业务，156 个村全部通宽带，实现了县、镇、村三级联网。行政村宽带覆盖率高达 100%，移动通信覆盖率 100%，广播电视覆盖率 100%。为使群众得到更多实惠，解决农村信息服务“最后一公里”问题，南陵县专门成立了农村信息化工作领导组，积极开展镇、村信息化试点工作，建成信息办 1 个，信息化示范镇 8 个，信息化示范村 17 个，现代远程教育点 186 个。[③]

---

① 南陵县政法委：《南陵县制定社会服务管理信息化工作考核办法》，http：//whcaw. wh. cn/Contents. aspx？ pSysID =2670，2015 年 8 月 14 日。

② 《工业和信息化部关于印发〈信息化发展规划〉的通知》（工信部规〔2013〕362 号），中央政府门户网站，http：//www. gov. cn/gzdt/2013 -10/24/content_ 2514406. htm，2013 年 10 月 24 日。

③ 《南陵县：实现三级联网推进信息化建设》，安徽农网，http：//www. ahnw. gov. cn/nwkx/content/EA9B6099 -B9E5 -4FF0 -B2A6 -DB849F816FD0，2009 年 6 月 9 日。

除此之外，全县还建有1个县级综合服务站点、8个镇级综合服务站点、17个村级综合服务站点及28个示范户，实现了县、镇、村三级农村信息化服务体系。

其次，整合资源共建平台，健全农村信息服务体系。2008年《中共中央国务院关于切实加强农业基础建设进一步促进农业发展农民增收的若干意见》要求“整合资源，共建平台，健全农村信息服务体系”。南陵县以芜湖市农村信息“村村通”为契机，加快宽带入村入户工程建设，依托中国电信“信息田园”网站，以“通宽带、通有线电视、通广播”的三通标准，逐步完善各镇农业信息服务网站建设。不仅建设了镇级农业信息服务网站，还大力发展乡情网、96800、信息田园、农村党员现代远程教育、农村综合信息服务站、平安工程等农村综合信息服务平台，提高农民业务、科技、信息生活水平。此外，还在县门户网站上开设了“农村信息化专栏”，发布与村民生产生活密切相关的信息，引导农民科技致富和发展产业化经营，促进农民增收。值得一提的是，此项工作还被纳入各镇和相关单位年度工作目标考核。

最后，开展培训普及教育，以信息化培养新型农民。《全国农业和农村信息化建设总体框架（2007－2015年）》提出要“以信息化培养新型农民”。南陵县委、县政府高度重视并大力支持“新型农民”的培养，按照“先镇村干部，再种养大户，后普通农户”的学习顺序，通过开展“信息大篷车”培训、农村劳动力“阳光培训”工程，将计算机应用纳入专业技能培训中。南陵县还充分利用农业广播电视学校的教育资源，大力发展远程教育，运用现代信息技术培养有文化、懂技术、会经营的新型农民。农村信息化服务站点的建立，可以帮助农民查询农业信息，拓宽农民视野，促进农业生产发展和农民增收。农村党员干部远程教育网的建设，把先进的知识带向农村，帮助农民解决当下技术问题的同时，也为农村下一代教育提供更广阔的途径。远程教育和科技培训、党建工作、文化建设、新农村建设工作结合起来，资源共享，优势互补，提升了农民的综合素养，增强了农村潜能。

作为首批实施农村信息化的示范县，南陵县在农业农村信息化方面做了大量工作，将信息化建设与美丽乡村建设挂钩，取得了出色的成绩。2017年4月，南陵县被评为全省“美丽乡村先进县”（该县已连续三年获全省“美丽乡村先进县”称号）。南陵县将继续加强信息技术队伍建设、巩固培训成果、加快农村信息化基础建设、强化应用，通过农村信息化来探索一条前人没有走过的、全新的现代化致富之路。①

## （三）优化管理创新服务，全力建设电子政务工程

随着信息网络的普及与融合，电子政务在提高行政效率、改善政府效能、扩大民主参与等方面的作用日益显著。为转变政府职能、节约行政成本、增强政府的指导和服务功能，南陵县政府认真组织实施了电子政务建设工程，旨在优化整合各类信息资源，搭建县、镇、村三级联网的政务应用平台，加快全县信息化建设。县委、县政府成立了县信息化工作领导组，设立了信息办和网宣办，通过招标，以县电信公司出资、县政府承租的方式进行电子政务硬件建设，同时出台了《南陵县电子政务一期工程实施方案》。南陵县电子政务工程的建设，对实现机关办公自动化、节约行政成本、提高办公效率发挥了重要作用，其经济效益和社会效益十分显著，估计全县每年可节约行政开支 200 万元以上。②

对内：实现政府内部办公自动化。2009 年 6 月 1 日，南陵县信息办印发《南陵县人民政府信息化办公室关于全面实施无纸化办公工作的通知》，自此，全县除涉密文件外，各镇、县直各单位一律不再使用纸质文件，全面实现无纸化办公。县信息办对各镇、县直各单位电子政务平台使用情况进行持续的督查和督办，对其结果适时进行网上通报。目前全县每个机关单位均有专人通过设定的账号登录到平台内进行公文、邮件、通知的收发操作，初步形成了一条全县各部门上传下达、互相贯通的电子政务网络，电子政务系统全年用户平均使用率位居全省前列。

对外：开通多种渠道，深化“互联网 + 政务服务”建设应用。

一是全力打造优秀的政府门户网站。南陵县门户网站——“中国 · 南陵”网于 2008 年全新改版并开通运行。新版的网站，以“全方位展示南陵形象、多层次服务社会大众”为核心理念。在功能上，对所有栏目重新进行

---

① 《信息化建设为三农编织了飞翔的翅膀》，中国 · 南陵网，http：//www. nlx. gov. cn/content/38_ 64666. html，2009 年 12 月 1 日。

② 《南陵县 6 月 1 日全面实现无纸化办公》，中国 · 南陵网，http：//www. nlx. gov. cn/topic/topic_ view. php？ id =6218，2009 年 6 月 1 日。

需求分析；在形式上，着重加强了网页的布局规划和美工设计；在内容上，由各单位积极报送信息资料，保证网站有丰富的信息量；在管理上，建立了信息报送工作考核制度等长效机制，并由信息办、网宣办安排专人负责网站的日常管理、更新与维护。“中国·南陵”网对促进该县经济、社会的健康、平稳和快速发展发挥了重要的积极作用，曾获得“安徽省优秀政府网站”等殊荣。

二是政务服务中心积极落实“互联网+政务服务”工作，推进行政权力和公共服务网上运行。2017年5月，南陵县政务服务中心完成各窗口单位一站通平台与各单位自己的内网对接、平台调试。6月网络平台运行正常，21个单位在窗口运行网上一站通平台项目共计284项，其中行政权力项目有185项，社会公共服务项目有99项，办件数量逐月递增。大厅在“互联网+政务服务”宣传上，每个部门业务窗口都制作有网上办理业务宣传单，设有自助网上申请办事区、公开信息临时查询处，还设置导办台对前来办事人员给予引导。南陵县政务服务中心正积极落实“互联网+政务服务”工作各项要求，力图建成办事效率更高、市民满意度更高的政务服务中心。①

三是积极开拓移动新媒体公共服务。南陵县主动适应“互联网+”发展趋势，充分发挥移动新媒体服务优势，积极推动线上线下深度融合、协同联动的全新公共服务平台。2018年1月12日，南陵县人力资源和社会保障局官方微信公众号“南陵人社”正式上线。县人社局今后还将根据用户使用和反馈，进一步优化和完善公众号服务功能。同时，积极贯彻落实新媒体建设要求，对接“安徽政务服务网”“易户（企）网”，全力打造“多位一体”的“互联网+南陵人社”矩阵服务体系。②

另值得一提的是，南陵县高度重视网络问政工作。坚持问政于民、问需于民、问计于民，利用政府网站开设问政互动平台，充分发挥政务公开在知民情、汇民智、解民忧方面的重要作用。县政务公开办创新思路，每年邀请一些网民关注度较高的单位做客“在线访谈”，倾听网民的心声和需求，解答网民

---

① 《县政务服务中心积极推进“互联网+政务服务”工作》，中国·南陵网，http：//www.nlx.gov.cn/content/38_136120.html，2017年10月16日。

② 《“南陵人社”微信公众号正式上线》，中国·南陵网，http：//www.nlx.gov.cn/content/38_138425.html，2018年1月15日。

的疑虑和困惑。访谈结束后，还对网民提问和嘉宾回复内容进行归类整理，编发简报，供各单位参考。[①] 此举有效开辟了网络问政的新渠道，真正形成了网民在这头向政府传递所思、所想、所需，政府在那头听民声、纳民意、解民忧的良好机制。

## 二 南陵县信息服务的经验与启示

习近平总书记指出，建设网络强国要有丰富全面的信息服务。[②] 信息化发展规划也提出要把提高信息服务能力作为保障和改善民生的有力支撑。[③] 信息服务是电子政务服务应用的最基本内容，是指政府通过电子政务服务系统向公众和企业等发布公共信息，以促进政府行政的公开化、透明化及数据资源的广泛共享。[④] 南陵县信息化建设的成果为提升信息服务能力提供了有利的条件，其信息服务的实践也为县域信息服务能力的提升提供了经验与启示。

### （一）优秀的人才队伍是信息服务的人力保障

习近平总书记曾指出，建设网络强国要有高素质的网络安全和信息化人才队伍，要把人才资源汇聚起来，建设一支政治强、业务精、作风好的强大队伍。[⑤] 地方政府应当完善人才培养、选拔、使用、评价、激励机制，壮大信息化人才队伍。南陵县深知人才对于信息化建设的重要性，始终高度重视信息化人才的引进和培养。作为南陵县信息化建设的主要推进单位，县信息办就是拥有一支优秀人才队伍的代表，由于工作成绩突出，曾获市“政务公开工作先

① 《南陵县在线访谈开辟网络问政新渠道》，中国·南陵网，http://www.nlx.gov.cn/content/32_67777.html，2010 年 11 月 2 日。

② 《习近平谈治国理政：努力把我国建设成为网络强国》，人民网－中国共产党新闻网，http://cpc.people.com.cn/xuexi/n/2015/0720/c397563-27331860.html，2015 年 7 月 20 日。

③ 《工业和信息化部关于印发〈信息化发展规划〉的通知》（工信部规〔2013〕362 号），中央政府门户网站，http://www.gov.cn/gzdt/2013-10/24/content_2514406.htm，2013 年 10 月 24 日。

④ 胡广伟、吴云：《电子政务服务能力管理理论与方法》，科学出版社，2014。

⑤ 《习近平谈治国理政：努力把我国建设成为网络强国》，人民网－中国共产党新闻网，http://cpc.people.com.cn/xuexi/n/2015/0720/c397563-27331860.html，2015 年 7 月 20 日。

进单位”“青年文明号”等称号。“千军易得，一将难求”，信息办主任胡丹丹更是出类拔萃，曾获南陵县“新农合信息化建设特别贡献奖”、安徽省“新型农村合作医疗试点工作先进个人”，为南陵县新型农村合作医疗的信息化建设做出了很大贡献。她自主设计开发的“南陵县新型农村合作医疗信息系统”，还获得了芜湖市“首届信息化建设优秀工程奖”。任县信息办主任期间，她锐意进取、勇于创新、克难攻坚，积极探索出一条符合南陵县实际的信息化建设之路，为南陵县的信息化建设事业做出了突出贡献，2009 年当选为芜湖市首届“信息化建设十大风云人物”。这些荣誉，不仅是对胡丹丹个人工作成绩的肯定，也是对南陵县信息化建设工作成绩的肯定，并佐证了具备开拓精神、创新意识以及专业素养之于信息服务领军人物的重要性。

### （二）完善的信息基础设施是信息服务的物质保障

习近平总书记指出，建设网络强国要有良好的信息基础设施，形成实力雄厚的信息经济。① 地方政府应当首先完善各部门的信息基础设施，包括计算机设备、网络等硬设施以及软件系统、政策法规、数据规范、技术标准等软设施。近年来南陵县硬件基础设施得到了较快发展，同时并未忽视政策制度、软件系统、技术标准等软设施的完善，这为南陵县信息化的推进提供了可靠的保障。南陵县电子政务建设的经验再一次印证，县区级电子政务平台应本着量力而行、应用为先的目标进行设计和建设，以国家和省、市关于电子政务建设的政策规定和技术标准为依据，结合本地信息化发展实际情况，按照“统筹规划、分步实施，应用主导、资源共享，突出重点、务求实效”的原则，对软硬件和网络、安全等技术体系进行设计规划并组织实施，从而构建一个标准统一、功能完善、综合应用、安全可靠的政务平台。②

### （三）整合的共享信息资源是信息服务的内容保障

习近平总书记曾提到，信息资源日益成为重要的生产要素和社会财富，信

① 《习近平谈治国理政：努力把我国建设成为网络强国》，人民网－中国共产党新闻网，http：//cpc. people. com. cn/xuexi/n/2015/0720/c397563－27331860. html，2015 年 7 月 20 日。

② 胡丹丹：《县区级电子政务平台需求分析与建设要求》，《电脑知识与技术》2013 年第 4 期。

息的掌握成为国家软实力和竞争力的重要标志。[①] 近年来，南陵县加强规划设计，优化整合各类信息资源，充分利用现有政府网站和服务中心基础设施，结合集约化社区服务信息网络平台建设，建立、使用由电子政务网络、政府网站、业务管理系统、应用及数据服务中心和信息安全保障体系等组成的统一电子政务平台，使信息资源实现共享和流通，以适应信息服务工作的需要。

## （四）健全的信息发布机制是信息服务的制度保障

地方政府必须健全公共信息发布机制，确定怎样促进公开、公开哪些信息、如何发布信息，只有这样才能促使各部门遵守制度完成日常信息发布工作，并保障公共信息的安全。南陵县严格执行政府信息公开条例，切实加强组织领导，强化工作部署，推进任务落实，不断提高政务公开水平，曾获全市“政务公开工作先进单位”的称号。其主要做法如下。一是制定信息公开制度，健全工作机制。南陵县根据我国政务信息公开工作要求，结合该县工作实际，研究制定了各项政务信息公开制度，并明确分管领导和具体经办人，确保政务公开工作职责明确、责任到人，保质保量完成。二是确定年度工作要点，合理分解任务。南陵县政府办公室根据《关于深化政务公开加强政务服务的实施意见》，每年确定不同的政务公开和政务服务工作要点。为让实施意见落到实处，还将任务进行详细的分解，明确指定各项任务的牵头责任单位和主要参加单位，并要求各单位加强组织领导、明确责任分工、加强督查落实。三是加强对政府工作人员的培训。组织相关人员学习《政府信息公开条例》，提高工作人员对信息公开工作的思想认识、业务能力和工作水平，编制工作流程图。四是拓展公开渠道。拓宽政府信息公开渠道和形式，加强政府信息公开网络平台建设，利用宣传栏、电子显示屏等形式公开政府信息。为拓展政府信息公开渠道，充分利用互联网方便公众获取政府信息，南陵县还选取有条件的镇、社区和网吧设立政府信息公开网示范查阅点，通过以点带面，全面推动政府信息公开网示范查阅点建设，提高全县政务公开工作水平。[②]

---

① 《习近平谈治国理政：努力把我国建设成为网络强国》，人民网－中国共产党新闻网，http：//cpc. people. com. cn/xuexi/n/2015/0720/c397563－27331860. html，2015 年 7 月 20 日。

② 《南陵县人民政府信息化办公室关于确定我县政府信息公开网示范查阅点的通知》，中国·南陵网，http：//www. nlx. gov. cn/content/495_ 73616. html，2009 年 5 月 17 日。

### （五）富有成效的技术培训是信息服务的能力保障

信息服务技术培训包含以下两方面内容。一是对内部政府工作人员的技术培训，以提高信息服务效率。南陵县经常邀请专家对相关负责人和基层工作人员进行大覆盖面的培训，使其了解信息服务工作的重要性，熟悉相关业务流程和系统平台的使用，提高其信息服务素质和能力。为弥补培训在时间、范围上的局限性，南陵县还专门组建专业技术队伍，建立各种联系沟通渠道，在培训会之外的时间对工作人员加强业务指导，解决日常工作中可能遇到的各种实际问题。二是对外部社会用户的技术培训，以保证公众掌握正确获取信息服务的方法。不少地方政府忽视了对外部社会用户的培训，导致公众无法适应信息化服务模式而转向传统服务模式，降低了电子政务服务系统本该有的效益。南陵县特别重视农村信息化培训，将计算机应用纳入专业技能培训中。① 为了增强培训效果，南陵县创新方式，制定切实有效的培训计划，安排针对性强的培训内容，采取丰富多样的培训形式，将农村信息化的知识送下乡、送进村，切实提高了广大农民的信息化意识和应用水平，有力推动了农村信息化综合信息服务工作的深入开展。

### （六）持续广泛的宣传推广是信息服务的效益保障

新开发的信息服务内容需要依赖社会宣传的方式告知公众，持续的宣传也可以提高公众对信息服务的接受度。信息服务项目如果后期宣传推广不力，就会造成使用率低的问题，不仅达不到项目建设应有的效果，还浪费了前期大量的人力、物力、财力。因此，南陵县不遗余力、积极主动地推进信息服务的宣传推广工作，开展“政务公开宣传月”“政务公开政务服务工作集中宣传日”“信息化大篷车”等活动，一方面定点向市民集中宣传各单位政务公开和政务服务事项，另一方面将信息化课堂搬到居民家门口，不仅让群众了解如何利用信息设备享受快捷的服务，而且使其对信息化的了解得到进一步的提高，营造了广大群众关注、了解、参与信息服务工作的良好社会氛围。

---

① 《南陵县：实现三级联网推进信息化建设》，安徽农网，http：//www. ahnw. gov. cn/nwkx/content/EA9B6099 - B9E5 - 4FF0 - B2A6 - DB849F816FD0，2009 年 6 月 9 日。

## 三 县域信息化背景下提升信息服务能力的进一步思考

信息化的全面实施是政府建设无法回避的趋势，各地政府机构的能力能否满足信息化发展战略的要求，以一种成本适当的方式向公众、企业及其他组织提供高效的信息服务，是县域信息化发展过程中不可规避的战略问题。依据信息服务能力管理的理论与方法，结合我国各地尤其是南陵县信息化建设和信息服务的实践，笔者针对加强县域信息化建设、提升信息服务能力，做出进一步的思考。

第一，重视信息服务的战略管理。研究表明，政府职能部门信息服务战略管理对信息服务的绩效存在显著影响，在及时发现内外部环境变化、制定应变策略、提高用户满意度等方面有较大的作用。尽管战略管理对信息服务能力的影响有时并不能达到立竿见影的效果，但对长期服务绩效具有间接的作用。因此，各级地方政府职能部门应当重视战略管理的重要性。[①]

第二，增强信息服务的领导意愿、团队认同和下属认同。领导在战略、决策、协调方面具有决定权，他们越关注服务项目，则越有助于信息服务工作的“落地”；团队则可以在一定程度上补位领导的“有限理性”，将社会需求和环境的变化融入决策；而下属是信息服务的具体提供者，提升他们的工作认同感，才能真正为公众和企业提供高质量的信息服务。

第三，进一步整合政府业务流程和信息资源。整合政府业务流程和信息资源对提供高质量的电子政务服务有直接显著影响。政府部门的整合包括纵向整合和横向整合，我国业务整合的普遍现象是纵强横弱。由于受“条块分割”的管理体制的制约，同一职能部门上下层级之间联系的紧密程度远远超过同一层级的不同职能部门，因此纵向整合相对容易。而横向整合涉及跨部门业务流程、信息资源以及权属关系的再造，所以受到的阻力较大。[②] 但只有纵向整合和横向整合实现良好发展和良性互动，才能将提供“一站式”信息服务落到

---

① 胡广伟、吴云：《电子政务服务能力管理理论与方法》，科学出版社，2014。

② 胡广伟、吴云：《电子政务服务能力管理理论与方法》，科学出版社，2014。

实处。

第四，培育信息产业，实现自主创新。信息产业发展水平在一定程度上决定着信息化发展水平，提高信息产业竞争力是我国信息化发展的基本经验和战略重点。南陵县着力培育信息产业，电子信息及智能终端产业近年来得到长足发展，并建成省级电子信息产业基地。下一步将依托现有省级电子信息产业基地，重点引进一批智能终端制造和电子元器件生产企业。通过政策扶持和鼓励应用示范，推动信息产业集聚发展，积极引进风投、基金、创客平台，打造南陵智能终端产业园。到2020年，电子信息及智能终端产业实现产值50亿元，培育1家具有国际竞争力的知名企业，培育1家上市公司。[①] 形成具有地区竞争力的信息产业生态，才能实现自主创新，掌握信息化发展的主动权。

第五，发展事务服务和参与服务，全面提升县域电子政务服务能力。总体而言，我国电子政务服务水平的国际排名还比较靠后，各省电子政务服务能力普遍较低且区域差异明显，不足以满足公众日益增长的公共服务需求。因此，提升电子政务服务能力成为建设“服务型政府”、增强区域竞争力的迫切要求。电子政务服务内容包括信息服务、事务服务和参与服务三部分，信息服务重在向公众和企业发布公共信息，事务服务重在为公众和企业办理各项事务，参与服务则重在引导企业和公众参与政策制定和行政决策。我国地方政府提供信息服务的能力相对较高，而事务服务和参与服务能力则明显低于信息服务能力，均有待提高。如何在信息服务的基础上进一步发展事务服务和参与服务，全方位提升电子政务服务能力，是县域信息化进程中各地政府需要深入思考的命题。

## 参考文献

《习近平谈治国理政：努力把我国建设成为网络强国》，人民网－中国共产党新闻网，http://cpc.people.com.cn/xuexi/n/2015/0720/c397563-27331860.html，2015年7

① 南陵县人民政府：《南陵县国民经济和社会发展第十三个五年规划纲要》，http://gk.wh.cn/xxgkweb/sxpublic/showView.jsp?newid=991911，2016年3月30日。

月 20 日。

中共中央办公厅、国务院办公厅：《国家信息化发展战略纲要》，http：//www. gov. cn/gongbao/content/2016/content_ 5100032. htm，2016 年 7 月 27 日。

《习近平关于全面深化改革论述摘编（三）》，人民网－中国共产党新闻网，http：//cpc. people. com. cn/n/2014/0725/c164113－25339444－2. html，2014 年 7 月 25 日。

《工业和信息化部关于印发〈信息化发展规划〉的通知》（工信部规〔2013〕362 号），中央政府门户网站，http：//www. gov. cn/gzdt/2013－10/24/content_ 2514406. htm，2013 年 10 月 24 日。

胡广伟、吴云：《电子政务服务能力管理理论与方法》，科学出版社，2014。

张海滨：《县域信息化路径探讨》，《中国信息界》2010 年第 1 期。

南陵县人民政府：《2017 年政府工作报告》，2017。

南陵县人民政府：《2012 年政府工作报告》，2012。

# B.13
# 安徽省农村公共基础设施的供给研究*

胡文静**

**摘　要：** 2016年5月《中共安徽省委、安徽省人民政府关于落实发展新理念加快农业现代化实现全面小康目标的实施意见》和2017年10月党的十九大报告提出的“乡村振兴”战略都要求：厚植农业农村发展，必须用新的发展观来破解农村基础设施的供给问题。调研发现，安徽省农村“空心化”“老龄化”严重，多地的农村基础设施供给薄弱、年久失修、破败不堪，难以适应现代农业、新生代农民的现实需求。究其原因，则是地方政府在农村基础设施供给上普遍存在重“面子”、轻“里子”，重建设、轻管护，重眼前、轻规划，重硬件、轻软件等四大“短板”，亟须补短板、促升级，探寻新时代提升安徽农村公共基础设施供给质量的可行性路径。

**关键词：** 安徽　生产性公共基础设施　农村基础设施供给　政府主导

党的十九大提出了“乡村振兴”战略，这是以习近平总书记为核心的党中央从“三农”工作的特点出发，就深化农业农村的供给侧改革明确了目标、方向和任务，即厚植农业农村发展，用新的农业发展观来破解当前农村公共基础设施供给匮乏的问题。所谓农村公共基础设施，即政府为农村生产、生活提供公共服务并保证农村社会扩大再生产顺利进行的各种物质技术条件的总和。它涵盖农村生产性基础设施和生活性基础设施两部分。生产性基础设施是指

---

* 本文系安徽省直工委党校2017年立项课题的研究成果。

** 胡文静，安徽省直工委党校副教授，研究方向为马克思主义基本理论、农村社会学。

水、电、交通、水利、网络以及环保等农村公共基础设施；生活性基础设施则是指农村中小学教育、医疗卫生及农民社保、生态等方面。我们的研究侧重于农村生产性基础设施。从生产角度看，补足农村基础设施的“短板”对于现代农业农村农民发展的重要性，直接体现在提高农业生产效率、降低农民交易成本、扩展农产品消费空间等方面。也就是说，强化安徽农村公共基础设施供给的生产效应主要是“提质增效”，提档升级，以适应“乡村振兴”战略的需求，最终效果就是壮大安徽农业农村农民的经济实力，走质量兴农之路。

供给，即政府作为主体，提供给农业生产、农民生活所必需的物资、财产、公共基础设施的数量和质量。近年来，安徽对农村基础设施的供给数量在不断递增，体现了党和国家各项惠农政策在安徽农业农村农民中的贯彻落实。前期有学者通过借鉴国外农村公共服务理论、实践，来研究安徽的农村基础设施供给，但他们主要集中在农村公共服务供给规则、框架以及供给的主体、结构上，缺乏对以政府为主导的农村公共基础设施建设投入与农民收入增长关系的实证研究，理论创新不足。2016 年末，笔者在合肥肥东、庐江、六安裕安区、阜阳颍东区进行了实地调研，针对存在问题，拟为安徽农村公共基础设施供给侧改革“提质增效”提供可行性的有效路径。

## 一　安徽农村基础设施供给现状

众所周知，随着国家“强农”“惠农”“富农”政策的不断完善，在全面建成小康社会的决胜阶段，安徽各地的新农村样板“扶摇直上”，锦上添花。但不可忽视的是，安徽仍有不少农村“空巢、老龄化”严重，有些地方政府在推进城镇化过程中较“任性”，农村公共基础设施常现“四重四轻”：重“面子”、轻“里子”，重建设、轻管护，重眼前、轻规划，重硬件、轻软件。部分远离乡镇的农村环境脏、乱、差，公共基础设施供给非常薄弱，年久失修且无人监管，难以适应新时代职业农民的现实需求，已成为安徽农村亟须补齐的“短板”。

2016 年末，安徽省农村公共基础设施建设“突飞猛进”，对现代农业、职业农民发展的支撑力大幅提升。全省新增高速公路 1318 公里、一级公路 2687 公里，总里程分别达 4247 公里和 3186 公里，新桥机场和九华山机场已经建成，高铁运营里程达1331公里，已开启了“高铁安徽”的新时代；全省农村已完成了2627座病险水库加固，现有的水资源保障、防洪、排涝机制正不断完善，“引江济淮”的伟大梦想将变为现实；农村互联网已进入千家万户，4G网络用户已超3781.8万户，增长了1.9倍；2016年10月，在住建部公布的第一批特色小镇中安徽入选了五个，分别是铜陵市大通镇、安庆岳西县温泉镇、黄山黟县宏村镇、六安裕安区独山镇和宣城旌德县白地镇。可以说，安徽“生产发展、生活富足、生态优美”的美丽乡村建设成果丰硕，凸显了国家、省、市等各级政府对农村公共基础设施的投入、供给功不可没。笔者实地走访安徽省肥东、庐江、六安、阜阳等县（区），通过对农户的实地调查来分析农村公共设施的供给与农民收入增长的关系。表1是2016年末笔者实地调研的安徽部分县、区、乡镇数及入户访谈的实际有效户数。

**表1　实地调研安徽部分乡镇数和入户访谈对象统计**

单位：个，户

| 市县(区) | 肥东县 | 庐江县 | 阜阳颍东区 | 六安裕安区 |
|---|---|---|---|---|
| 乡镇、村 | 8 | 6 | 6 | 10 |
| 农户 | 50 | 36 | 34 | 80 |

从生产性基础设施来看，安徽省农村电网基本全覆盖，道路交通状况良好，电力设施服务良好，但农田水利设施普遍落后，节水灌溉设施普及率低，化肥使用率超高，自来水覆盖率低。比如，当前农户土地灌溉方式中，有150位受访户选择了“漫灌”，占比75%；有36位受访户选择“喷灌”，占比为18%；另外有14位受访户选择了“其他”，占7%。在调查中发现：在受访村庄中，有10个村庄从没进行过中低产田改造，占比33.3%；有20个村庄曾经进行过中低产田改造等项目，占比66.6%。在调查中，我们的有效访户200户家庭中，只有38户常用绿肥或农家肥来提升地力，占比19%；有118户常用化学肥料来提高地力，占比59%；两种肥料混合使用的有44户，占22%。可见，安徽农村耕地的地力改造覆盖率偏低，化肥的使用率较高，不利于土地的可持续发展；多数自然村无自来水；一些基础设施较差的乡村，农户的个人收入较低。笔者在入户随访中还发现：在经济比较落后的乡镇，如六安和阜阳部分经济落后的乡村，农村的公共基础设施建设与农民收入增长的关系是明显的

弱相关①，或关系不大②。

从生活性基础设施来看，安徽农村公共基础设施建设与农民收入增长的关系是明显的正相关。经济较发达的村镇，公共基础设施的投入情况总体较好。具体表现在：公路、电实现了“村村通”“户户通”，乡镇和村部的自来水覆盖率较高。2016 年初，全省农村供水人口达 5489.21 万人，其中 4029.75 万人集中式供水，供水形式主要为农村自来水；1459.47 万人为分散式供水即通过手压井、引泉水、塘坝等方式取水。农民的居住条件已有很大改善，但仍有部分农村，如六安裕安区及大别山“老少边穷”地区的自然村自来水覆盖率较低，大部分自然村生活饮用水主要来自砖井、压井，虽然部分乡镇居民用上了“自来水”，但这“自来水”来自地下钻井，只是比当地农户饮用的“当家塘”地表水水质稍好而已；令人忧心的是，无论是乡镇居民的生活用水，还是农村居民的生活用水，水质多不达标。比如，庐江县个别自然村因饮水不安全而导致各类疾病频发。另外，安徽农村的网络设施已粗具规模，多数乡镇及中心村已有网络设施，但不尽如人意，六安裕安区和阜阳颍东区部分自然村无网络设施，不能互联互通；在经济落后的皖北地区，一些城乡结合部和部分农村环境污染严重，工业污染物、垃圾随处丢放，农村社区管理形同虚设。

2018 年 1 月，安徽统计局公布了全省 1257 个乡镇和 16356 个村的基础设施建设和基本社会服务调查结果。2017 年初，在乡镇地域范围内有火车站的乡镇占全部乡镇的 8.1%，有码头的占 13.9%，有高速公路出入口的占 17.7%，99.5% 的村通公路，53.6% 的村主要道路有路灯。③ 100% 的村通电通电话，83.4% 的村安装了有线电视，97% 的村通宽带互联网，但只有 6.7% 的村通天然气，34.8% 的村有电子商务配送站点。④ 具体指标数据如表 2、表 3、表 4 所示。

---

① 马晓河、刘振中等：《中国农村基础设施现状：皖省例证与政策选择》，《改革》2012 年第 5 期。

② 刘振中等：《安徽省农村公共设施建设体制改革效应分析》，《农村经济问题》2014 年第 8 期。

③《安徽统计局第三次农业普查主要数据公报：农村基础设施建设和基本社会服务》，2018 年 1 月 31 日。

④《安徽统计局第三次农业普查主要数据公报：农村基础设施建设和基本社会服务》，2018 年 1 月 31 日。

**表 2　安徽省农村基本能源和通信设施建设供给情况**

单位：%

| 指　标 | 安徽省 |
| --- | --- |
| 通电的村 | 100. 0 |
| 通天然气的村 | 6. 7 |
| 通电话的村 | 100. 0 |
| 安装了有线电视的村 | 83. 4 |
| 通宽带互联网的村 | 97. 0 |
| 有电子商务配送站点的村 | 34. 8 |
| 村主要道路有路灯 | 53. 6 |

**表 3　安徽省农村各乡镇、村卫生、生活垃圾处理设施建设**

单位：%

| 指　标 | 安徽省 |
| --- | --- |
| 集中或部分集中供水的乡镇 | 96. 2 |
| 生活垃圾集中或部分集中处理的乡镇 | 98. 1 |
| 生活垃圾集中或部分集中处理的村 | 83. 98 |
| 生活污水集中或部分集中处理的村 | 16. 3 |
| 完成或部分完成改厕的村 | 48. 1 |

**表 4　安徽省各乡镇、村基础文化、教育设施建设**

单位：%

| 指　标 | 全　省 |
| --- | --- |
| 有幼儿园、托儿所的乡镇 | 99. 0 |
| 有小学的乡镇 | 98. 6 |
| 有图书馆、文化站的乡镇 | 98. 1 |
| 有剧场、影剧院的乡镇 | 11. 1 |
| 有体育场馆的乡镇 | 27. 2 |
| 有公园及休闲健身广场的乡镇 | 82. 7 |
| 有幼儿园、托儿所的村 | 47. 2 |
| 有体育健身场所的村 | 60. 0 |
| 有农民业余文化组织的村 | 35. 0 |

研究发现，当村庄所在地是城乡结合部时，能源、交通、水利、水、电、气、网络等农村公共基础设施供给最好，农民的使用率高，农户的人均收入最

高；当村庄处于乡政府或镇政府所在地或平原地带，农村的公共基础设施供给较好，农民的使用率较高，农户的人均收入也会高点；当村庄所在的位置是丘陵、山地、土地贫瘠区或库区时，政府对农村基础设施的供给投入也较少，农户获益或收入就较低，也说明政府对农村基础设施的供给与农户个人收入关联度较大。换句话说，农村经济发展、农民人均收入与政府对农村基础设施的供给、投入存在着明显的正相关。① 安徽农业对国内生产总值增长的贡献相当程度上取决于各级政府和社会各界对农村社会公共基础设施的供给数量以及供给质量。

## 二　安徽农村公共基础设施的供给障碍、原因以及未来发展态势

众所周知，农村公共基础设施的供给应该是农村各项事业发展的基础，应与农业农村农民的发展相互协调，也就是说，安徽农村公共基础设施的供给是发展现代农业、提高农村公共服务水平、促进农民增收的重要保障。笔者在调研中发现，安徽农村的人口“空心化”“老龄化”现象严重，多地农村基础设施的供给薄弱，年久失修且破败不堪，部分地方政府主管部门在供给过程中还存有“四大短板”：重“面子”、轻“里子”，重建设、轻管护，重眼前、轻规划，重硬件、轻软件。虽然2016年以来，安徽农村公共基础设施的建设供给已有较快的发展，但仍然落后于安徽现代农业农村农民的客观需要。

### （一）安徽农村公共基础设施建设的供给障碍及原因

第一，供给主体单一。一是在农村公共基础设施的建设过程中，由于历来政府是主要供给者，所以多数村民存在着严重的依赖心理。对农村公共基础设施建设不积极、不主动，个别村集体和村民还出于“占地”等原因不配合，导致在修建农村公共基础设施过程中供给力量“单薄”，时断时续。二是一些村委会没有充分发挥“一事一议”制度作用，村级党组织软弱涣散，村支书

① 徐淑红：《农村基础设施投资效率研究》，黄河水利出版社，2010。

缺少责任、担当。三是一些“老少边穷”地区的农民生活艰苦、入不敷出，根本没余钱来修公共基础设施，也不愿参与建设集资或众筹。四是有的村委会也想建设水、路、网络等设施来发展生态旅游、“农家乐”，但“心有余而力不足”。因为安徽多数村集体是一缺资金、二缺项目、三缺人才，即使有项目，政府所能提供的资金供给也少得可怜。另外，一些边远山区农村虽然风景好，但投资风险大，资金回笼慢，外来企业多不愿投，致使多地农村基础设施的供给存在“肠梗阻”，供给资金匮乏是重要原因。

第二，供给决策机制偏离需求，结构失衡。笔者在各地的调研中发现，公共基础设施建设的项目基本都是乡镇政府申报的。这样一来，部分乡政府出于“政绩、形象”考虑，往往把公共基础设施建设安排到乡镇或中心村，而边远农村真正有需要的农民却享受不到基础设施的供给，农民真实需求难以体现。有些公共基础设施项目的供给没有农民的参与，很难反映农民愿望，所以，项目推进困难重重。这种“垂直式”的政府主导的供给机制，忽视了现代农业农村农民对公共基础设施的迫切需求，从而导致了农村公共设施的建设供给重“面子”、轻“里子”，重建设、轻管护，重眼前、轻规划，重硬件、轻软件，供给严重不足、供给偏离需求、供给结构失衡、供给效益低下。

第三，项目资金供给缺协调。由于各乡镇在水、电、沼气、网络等农村基础设施的项目与项目之间、村与村之间协调能力不强，耗费了大量的人力、物力、财力。比如，一些通村工程、饮水工程必须要求多村、多乡的联合才能完成。但是，由于各村分散，为“多吃多占”争取国家资金，多数村民只看中眼前利益，不顾长远利益，导致各个项目被人为分裂，在随后的修建中自然也就达不到预期效果。比如说，在建设“村村通”公路的时候常见的“断头路”——两村交界处的接头路没人修，“不愿为他人作嫁衣”，因为资金供给是各个村分散争取来的。人为的区域阻隔，造成各乡镇、各个村之间利益至上，把政府对农村公共基础设施的资金投入和项目供给当成了“唐僧肉”，千方百计地抢夺、蚕食。同时，在修建农村公共基础设施上的“各自为政”也浪费了政府大量的人力、财力，占用了不该占用的土地资源。

第四，由于人为或自然等因素，农村一些政府修建的公共基础设施破败不堪、无人监管。比如，笔者发现一些刚修建的农村公共交通站牌及座椅、蓄水池、垃圾箱等屡遭破坏。由于村级领导工作不到位，管护能力不强或因部分村民的觉悟不高，导致部分公共基础设施以及配套零部件损坏严重，“缺胳膊少腿”。当然，自然的损耗、破坏也概莫能外。在遭受自然灾害的破坏时，多数农村公共基础设施没能及时修复，致使六安裕安区、阜阳颍东区一些农村公路、水渠、电网等基础设施毁坏严重，个别地方是年年修、年年坏，浪费了大量的人力、物力和国家财政的供给资金。另外，在农村公共基础设施建设方面，国家和省、市、县级组织都缺乏相应的保护条例或监管制度。

第五，安徽“老少边穷”等经济落后的农村，不单缺钱、缺项目，往往还缺科学、合理的农村基础设施建设规划。特别是皖西南的部分山区农村，由于地势崎岖，农民居住的比较分散，地方政府对山区农村基础设施的建设缺少科学、合理、长远的规划。比如农民的房前屋后、公路、河道设施就缺规划供给；农民可随意建房，畜牧圈舍可与农民的住房相连且排列无序；尤其缺乏生态环保的现代农业设施供给和高质量发展农业现代化的思路、理念，这些都严重地影响着安徽农村公共基础设施建设的供给质量。

### （二）安徽省农村公共基础设施建设供给发展趋势

“十三五”期间，随着安徽经济实力较强、较活跃的肥东、庐江农民的自主意识逐渐增强，地方政府对农村公共基础设施的各项投入也在逐年提高，新时代职业农民自我发展、自我管理、自我服务的能力更是“芝麻开花节节高”。由此，笔者认为安徽农村公共基础设施的自愿型供给已有了一定的实践基础。所谓自愿供给，即在政府、市场及社会各界之外的“第三方”供给——农民的自我供给，这在现实生活中是客观存在的（见表5）。同时，自愿供给也是最容易被社会所忽视的。在乡镇基层政府财力不足、捉襟见肘的情况下，如果单靠有限的社会资本、私人资本等市场资源来配置农村基础设施的话，是难以有效保障和满足安徽一些贫困乡村和“老少边穷”等边远农村对公共基础设施的迫切需求的。对于财政紧张、资本市场弱小的皖西南和皖北一些经济相对落后的部分县（区）来说，农民的自愿供给就是农村基础设施供给的重要支撑力量。

表 5　安徽农村公共基础设施主要供给方式的优点、缺点

| 类型 | 优点 | 缺点或局限 |
| --- | --- | --- |
| 政府主导的供给 | ①有政府的相关政策支持<br>②有政府财力保障 | ①基础设施数量与质量难保障<br>②缺少农民真实诉求且监管难到位 |
| 市场介入的契约供给 | ①减轻了政府负担<br>②活跃市场资源的竞争 | ①投机者会“有机可乘”<br>②短期内，市场供求或不平衡 |
| 社会组织的公益供给 | ①减轻了地方政府负担<br>②弥补了市场资源的欠缺 | ①资金力量较弱小且难持续<br>②社会组织的供给范围较单一 |
| 农民为辅的自愿供给 | ①减轻了基层政府的财政压力<br>②弥补政府、社会、市场的欠缺 | ①农民自发的经济力量弱小、松散<br>②贫困农村农民的自愿供给亟待提升 |

以农民为主体的资金投入农村公共基础设施的共建共享是农村自愿供给的主要模式。笔者在六安裕安区和阜阳颍东区的调查发现：在农村的社会性公共基础设施供给方面，对于经济落后和贫困地区的农民生产、生活问题，社会各界、私人资本以及农民的自愿式供给显示出了很强的灵活性。[①] 当然，笔者也发现，一些社会非营利性组织及农村贫困地区等供给力量薄弱，农民自愿性供给欠缺、迟缓。可以说，少数经济落后、经济贫困的农民有“等、靠、要”的惯性思想，不少农户不出钱也不愿出力，自我服务与自愿供给、投入农村基础设施的意识未醒，极个别人即使是明知对自己的收入增长有利，也无动于衷。

当前，在深化农村基础设施建设供给侧改革的大趋势下，安徽的农村公共基础设施供给并非只有上述几种模式。在落实“乡村振兴”战略的过程中，笔者认为，农村公共基础设施的供给模式，还需因地制宜，结合安徽各地农村经济发展水平的实际状况，政府主导供给、市场资源供给和社会、农民自身自愿供给等模式各自的优势与局限，取长补短，各地政府必须综合考虑城乡协调发展的大格局，要以农民的利益、愿望、农村的可持续发展为重，在各地农村基础设施建设供给的项目多少、收入差距与农民的实际需要上“集思广益”，多干实事，积极寻求安徽农村公共基础设施建设的多渠道、

① 马晓河、刘振中、黄蓓：《还权与民：农村公共设施管理体制改革的方向——安徽省水库移民后扶项目实行村民自主建设机制的调查报告》，《宏观经济研究》2011 年第 10 期。

高质量的有效供给。

近年来，安徽的农村公共基础设施供给在不断增强，农村人居环境已经明显改善，基本社会服务也不断向乡村延伸，不仅多数公共基础设施建设在乡村实现了“广覆盖”，而且一些经济发达的农村，道路交通、水、电、气、网络等公共产品和公共服务供给正在“提档、升级”。2017 年末，党的十九大及紧随其后的中央农村工作会议已为我们规划了新时代安徽农业农村农民发展的宏伟蓝图，提出实施“乡村振兴”的伟大战略，也为安徽农村公共基础设施建设供给指明了方向。恰逢其时，全国第三次农业普查数据公报发布，也为我们客观地把握国情省情提供了难得的契机，它有力地保障我们摸清安徽农村基础设施供给“家底”，找准提升供给质量的“短板”，分乡镇、分村精准施策。

## 三 提升安徽农村公共基础设施供给质量的可行性路径

提升安徽农村公共基础设施建设的供给质量，离不开政府配套措施的“保驾护航”。各地政府若没营造良好的农村公共基础设施供给的制度环境，就无法改革创新，并使新的供给模式无法顺利运行。因此，在落实安徽“乡村振兴”战略的过程中，既要探索农村公共基础设施供给的多元化、差异化，又要结合安徽实施“乡村振兴”战略的实际，深化城乡供给机制改革，突破政府原有的农村供给“瓶颈”，强化制度性供给，补足“短板”。

### （一）强化制度性供给，实施城乡基础设施均等化，从而实现融合发展

笔者认为，强化制度性供给，实现城乡基础设施和公共服务的均等化，是党的十九大报告中强调的“城乡融合发展”的着力点。因为撇开农村基础设施的制度性供给和公共服务设施均等化，“城乡融合发展”就是纸上谈兵，毫无实践意义。当前，安徽城乡基础设施的供给差距、资源供给的质量不高、项目分配不公等问题一直没有得到很好解决。多地农村的医疗、卫生、养老等生活性公共基础设施的供给不达标，就连自来水、电、气、路、网等生产性公共基础设施的政府供给也很困难，更谈不上满足现代职业农民的多层次需求。因

此，建立城乡融合的供给制度，强化安徽农村的制度性供给，就成为深化供给侧改革的关键。一要下决心破解安徽城乡供给体制机制的二元分割，在大中小城市要全面落实居住证的制度红利，让有能力、有条件的农民工能与市民共享城市生产、生活资源。各级政府要力促农民工就近就地市民化。二要加大政府公共资源和财政资金向农村、皖西南、皖北等贫困地区的倾斜力度，把农村公共基础设施供给和脱贫等社会公益纳入政府支出范畴，强化农村的制度性供给。目前，在政府主导农村基础设施供给的情况下，要“放水养鱼”，积极鼓励社会公益资本、私人资本等进入农村公共基础设施建设，在强化制度性供给的同时，引入市场竞争机制。三要在融资上规定：凡涉农国企都要带头促进“三农”在产业链中向“城乡融合”发展延伸，支持各类公共基础设施项目在边远或贫困农村“落地生根”，“提质增效”，促进农民增收节支，发展现代新型农业和农村新业态。四要力推农村土地流转、适度规模经营，创新农村公共基础设施建设的供给模式，以满足现代生态农业、旅游农业、文化休闲农业等多业态融合发展的旺盛需求。

### （二）明确政府对农村基础设施建设供给的主体责任，监管落实到人

与城市相比，农民对美好生活的期待更迫切。安徽现有的城乡公共基础设施和基本公共服务仍差距较大，仍是全面建成小康社会和农业农村现代化的短板。安徽各级政府应该主动承担对农村基础设施建设供给的主体责任，这是不容置疑的。政府的财政供给是实现农村生产、生活公共基础设施建设供给的基本保障。目前，安徽农村在公共基础设施供给制度或项目实施上执行“政府分级负责制”。一些市、区或乡镇基层政府，在具体运作中存在项目供给“错位”或资金划拨不到位的问题，比如，农村公共基础设施供给的事权与财权问题频发，一些市、区或乡镇基层政府有限的财政根本无法提供农村公共基础设施建设所需的大笔资金和维护费用，更难以保证其供给的质量，特别是个别地方政府，作为农村公共基础设施供给主体，没做到尽职尽责。笔者调研发现，在山高地远、土地贫瘠、交通困难、经济欠发达的皖西南或皖北农村，一些本应该由政府承担的农业发展急需的、重大的公共基础设施建设供给，其数量或质量都不尽如人意。为了农业的可持续发展，多数农户只好众筹、贷款或

申请政府补贴资助自发兴建，这也给当地农民带来了不小的负担。因此，在落实安徽“乡村振兴”战略过程中，各级政府要转变思路、观念，自我革命，明确农村公共基础设施供给上的“主体意识”及责任，严格监管，责任到人。

一是政府要负责宣传供给政策，引导资金投向，保障农村公共基础设施项目的供给。政府的基础设施项目供给与市场的配置不同，现阶段各级政府部门应该主管农村公共基础设施供给的项目决策、建设运营和监督管理。未来要逐步过渡到以市场为主导，由农村公共基础设施的“直接生产者”向“监督管理者”和“政策保障者”转变。

二是创新农村公共基础设施供给的制度和管理模式，创建以政府供给、市场供给、社会公益组织供给和民间资本广泛参与的责任主体多元化、资金渠道广、管理全方位的多种供给模式。引入公平竞争的激励机制，鼓励社会各界、农民自有资金广泛参与公共基础设施建设。要把适合市场配置的基础设施资源“还给”市场，交给市场竞争主体。让市场、农业新型经济组织、职业农民与政府主管部门来共同承担，实行权责利分明、共建、共治、共享、共担风险的主体责任。这样，才能化解政府在农村公共基础设施领域存在的供给主体单一、供给资金不足、缺乏整体规划、供给质量效率不高、供给规模不够、地区供给不平衡等“短板”问题。

三是健全农民“自下而上”的诉求表达与回应机制。积极培育新型职业农民组织（比如农民协会），收集、分析农民需求信息，与村民代表、社会组织等利益相关者协商、谈判，完善“一事一议”决策机制，实现基层政府决策公开、透明。

四是建立有效的基层政府公共基础设施的管理与监督制度。要以农民满意为标准，对农村公共基础设施和服务项目实施监督与绩效评估。同时，加强媒体、网络等新媒体对政府供给农村公共基础设施项目的监督。

### （三）提高政府对农村基础设施投资供给的有效性和精准性

农村基础设施供给要提高有效性和精准性，必须因地制宜，解决好“投什么”“谁来投”“怎么投”的问题。“投什么”，关键是要有质量、有效益的投资。安徽农村的基础设施供给要紧紧围绕有效需求，不搞重复建设，不增过剩产能。既要提高投资的有效性和精准性，又要因地制宜，在农村生态观光、文化旅游、“互联网+”电商、现代农业等特色产业上下功夫。“谁来投”，关键是创新安徽投融资机制。当前政府的投入增速在下滑，我们必须发挥市场资本、社会资本、民间资本充裕的优势，多推PPP等投融资方式，参与农村重大项目建设。“怎么投”，关键是深化安徽的投资体制改革。政府要简政放权，进一步减少核准事项和前置条件，积极推行投资负面清单、权力清单、责任清单，使企业能够看单点菜、按图索骥。加强政务综合平台建设，推进网上审批，缩短审批周期，努力让信息“多跑路”，让企业“少跑路”。一是按照国家要求，像安徽这样的欠发达省份，公共基础设施的供给重点应在农村，财政转移支付的重点更要放到“老少边穷”的农村。以农村公共基础设施为重点，做到精准、高效。二是各级政府的投资及财政支出要向农业、农村的公共基础设施供给“倾斜”。三是严格监管各类涉农资本已承担的公共基础设施的供给质量，把部分资金用于农村慈善或农民贫困救助“兜底”上，这样安徽才能从农村基础设施供给的低水平“窄覆盖”发展到高水平“全覆盖”。农村基础设施供给质量的提升，可直接反映为农业生产条件的改善、农民收入的增长及农民生活质量的提高。安徽只有把提高农村公共基础设施供给质量作为“五大发展、美好安徽”的基础工程来抓，才能实现农业农村农民的现代化发展。

### （四）加快安徽农村公共基础设施的“最前一公里”和“最后一公里”建设

在补足“四大短板”的同时，尤其要在水利、道路、水、电等农村基础设施供给的死角方面，加大投入。一是对农田水利设施的供给。到2020年，要完成大中小型灌区、小型水源到田间干支渠的重点建设；要使安徽全省农田有效灌溉面积提到80%以上；实现4671万亩高标准农田旱涝保收、稳产高产、生态良好。二是保护耕地资源，根据“十三五”规划，安徽将全面推进耕地数量、质量、生态“三位一体”，全省耕地保有量要保持在8751万亩以上。2016年末已全面完成16个设区市周边和65个县（区）政府所在地周边永久基本农田划定工作。2017年按照《安徽省土地利用总体规划（2006－2020年）》要求：全面推进永久基本农田的划定工作，16个地市的土地资源状况要上图入库、落地到户。三是力争到2020年底，安徽“村村通”工程的资金补助政策全部落实到位，使农村道路通向所有自然村，“村村通，庄庄通"，行政村公路路面硬化，真正实现高等公路在安徽农村的"广覆盖"，经济发达地区可逐步实现城乡公交线路对接。四是针对经济落后的农村饮水安全问题，要适当提高省级补助标准，建立以集中式供水为主、分散式供水为辅的水资源管理机制；提高农民的环保意识，逐步实现农村饮水安全工程建设的财政制度性供给，使农村与城镇供水网衔接，尽量延伸城镇的供水网。五是科学规划，继续加大农村电网的投入，按时保质完成农网改造升级。力争在"十三五"末，解决安徽农村贫困地区上百万居民的用水、用电安全问题。

### （五）健全安徽农村公共教育、卫生等公共服务设施供给的制度性保障机制

政府对农村公共基础设施的供给还应包括农村义务教育设施、镇村卫生医疗设施、农村信息化服务平台等"软件"设施的供给。政府要健全农村公共基础设施供给的制度性保障机制，必须做到：一是全面落实农村高中、中等职业教育免费政策，把农村义务教育经费纳入省级预算安排。经济发达的地区要率先实现城乡中小学教师"同工同酬"，力争到2020年底，实现全省城乡中小学教师"一个也不能少"的同工同酬；鼓励大学毕业生到皖西南、皖北等边远、贫困地区农村任教。二是"十三五"末，安徽要坚决打赢"脱贫攻坚"仗，因地制宜，创新制度，脱贫、扶智、扶志，在经济实力强的城市要率先实现农民工子女免费高中教育，并纳入城市教育总体规划。三是提升新农合补助标准，逐步实现新农合与城居保"并轨"，到2020年，实现安徽"城乡医保一体化"。四是提高市、县（区）乡镇医生、护士的工资等收入，加大培训力度，鼓励医护人员利用互联网参加社区服务，政府部门要简政放权，加快实现城乡医护技术人员同工同酬、多劳多得。

安徽要想成为农业强省，就必须促进农民增收，农村公共基础设施供给就必须强。只有发展农业农村的新动能，加强生产、生活、生态建设，围绕有基础、有特色、有潜力的特色农村，把成熟的城市公共基础设施供给延伸到农村社区，加快农村公共卫生、垃圾及污水处理设施的供给，户户参与、专人负责、齐抓共管，逐步健全农村公共基础设施供给的制度性保障机制，优先建设一批"一产、二产、三产"深度融合、"农业、文化、

旅游”三位一体的特色村镇，以“点”带“面”，精准发力，才能最终实现安徽全省的“乡村振兴”。

## 参考文献

马晓河、刘振中、黄蓓：《还权与民：农村公共设施管理体制改革的方向——安徽省水库移民后扶项目实行村民自主建设机制的调查报告》，《宏观经济研究》2011 年第 10 期。

马晓河、刘振中等：《中国农村基础设施现状：皖省例证与政策选择》，《改革》2012 年第 5 期。

刘振中等：《安徽省农村公共设施建设体制改革效应分析》，《农村经济问题》2014 年第 8 期。

徐淑红：《农村基础设施投资效率研究》，黄河水利出版社，2010。

# B.14

# 安徽省公益性公墓发展面临的问题及对策研究

汤夺先　张 丽*

**摘　要：**　公益性公墓是政府发挥主导作用、以满足人民群众基本丧葬需求为目的并注重节约土地资源的非营利性骨灰安葬设施。安徽省公益性公墓在数量、规划、建设用地、公墓管理等方面存在某些问题。问题源于传统丧葬习俗和殡葬改革之间的矛盾、公墓建设用地需求和土地资源有限之间的矛盾、市场环境与其公益性质之间的矛盾。促进公益性公墓的良性运行和协调发展，政府层面需要完善政策法规、加大投入、加强管理，公墓管理部门需要推行节地生态安葬、提高殡葬服务水平，社会与个体则需要转变殡葬观念并改变安葬理念。

**关键词：**　安徽　公益性公墓　公墓发展　殡葬改革

伴随经济发展与社会变迁，殡葬改革不断深入，节约土地、保护环境、移风易俗、文明节俭办丧事成为必然趋势。其中，公益性公墓建设是殡葬改革的重要内容，对于改革土葬、节约殡葬用地、移风易俗、保障民众基本丧葬需求至关重要。安徽省公益性公墓发展处于一种什么样的状态？本文基于文献资料和统计数据，尝试对安徽省公益性公墓发展状况进行梳理，发现当前安徽省公益性公墓发展面临的问题及其产生的原因，提出安徽省公益性公墓发展的可行性对策与建议。

---

* 汤夺先，安徽大学社会与政治学院教授，博士，国家民委首届中青年民族问题研究专家，研究方向为人口社会学、都市人类学；张丽，安徽大学社会与政治学院人类学专业硕士研究生，研究方向为文化人类学。

## 一　公益性公墓的界定

关于公益性公墓的概念界定，政府有关部门的政策法规较有说服力。《殡葬管理条例》2012 年修正稿中指出："农村为村民设置的公益性墓地，经乡级人民政府审核同意后，报县级人民政府民政部门审批；农村的公益性墓地不得对村民以外的其他人员提供墓穴用地；将应当火化的遗体土葬，或者在公墓和农村的公益性墓地以外的其他地方埋葬遗体、建造坟墓的，由民政部门责令限期改正。"①

现行《公墓管理暂行办法》中规定："公墓是为城乡居民提供安葬骨灰和遗体的公共设施；公益性公墓是为农村村民提供遗体或骨灰安葬服务的公共墓地，建立公益性公墓，由村民委员会提出申请，报县级民政部门批准，未经批准，公益性公墓不得对外经营殡仪业务；经营性公墓是为城镇居民提供骨灰或遗体安葬实行有偿服务的公共墓地，属于第三产业，由殡葬事业单位建立。"②在城市公墓的实际建设过程中，因经营性公墓难以满足全部城市居民的丧葬需求，基于实际需求考虑，城市中除经营性公墓外，同时也建有一定数量的非营利性质的公益性公墓。

根据上述政策法规与公益性公墓实际建设情况，可以看出公益性公墓具有以下特征。公益性公墓建设基于群众丧葬需求，农村公益性公墓的建立由村民委员会根据丧葬需求提出申请，由县级人民政府民政部门审批。公益性公墓建设重视节约土地资源，公益性公墓选址不得占用林地、耕地，多布局在荒凉贫瘠的区域，且严格限制公墓墓穴的使用面积，以防止浪费土地资源。公益性公墓为非营利性质，公益性公墓不得对外经营殡仪业务，其建立以满足居民的基本丧葬需求为目的。民政部门作为公益性公墓建设管理的主管部门，在其建设过程中发挥主导作用，对公益性公墓建设的标准、使用范围、性质等做出相关规定，对公墓建设进行监督管理，并对违规行为进行处罚。综上所述，公益性

---

① 《殡葬管理条例》，安徽省殡葬协会网站，http：//www. ahsbzxh. com//display/? id = 87，2012 年 7 月 4 日。

② 《公墓管理暂行办法》，安徽省殡葬协会网站，http：//www. ahsbzxh. com//display/? id = 85，2012 年 7 月 24 日。

公墓是政府发挥主导作用以满足城乡居民基本丧葬需求为目的并注重节约土地资源的非营利性骨灰安葬设施。

## 二　安徽省公益性公墓的发展现状

安徽省地处长江、淮河中下游，面积13.94万平方公里，淮河以北为平原地区，江淮之间属丘陵、低洼湖泽和圩区，长江以南多为山区。现有人口6676万，辖17个地级市，56个县、5个县级市、44个市辖区，共计105个县（市、区）。

安徽省人民政府办公厅《关于加强公益性公墓建设管理的通知》明确要求推进城市公益性公墓建设。到2016年，各市、县至少建设1座城市公益性公墓。公墓占地面积按照服务覆盖区常住人口数量和骨灰安置数量确定，不得超过200亩；推进农村公益性公墓整合改造要求各地结合美好乡村建设规划，整合现有农村公益性公墓，到2016年，采取整合、新建、扩建等方式，每个乡镇至少建设1座公益性公墓；同一乡镇内相距较远、交通不便、居住分散的相邻若干行政村，在符合相关规划、墓地选址经村民代表大会同意的前提下，视情可联合建设1座公益性公墓（骨灰堂）。公墓以节地葬为主，规划面积不得超过50亩。①

伴随人口老年化程度提高，死亡人口数随之增加，一方面，部分地区为节约土地资源，限制公墓发展，造成了墓地紧张，遗体安放设施的匮乏与广大民众基本丧葬需求之间的冲突日益严重；另一方面，部分土葬区的不合理埋葬、分散埋葬易造成“青山白化”问题，造成土地资源浪费和生态环境破坏。在此种情况下，合理规划公益性公墓就显得尤为重要，安徽省各地在殡葬改革过程中重视公益性公墓建设，并取得了一定成果。

### （一）政策法规逐渐完善

安徽省各地分别出台了公益性公墓建设标准、建设时间等相关规定，积极

① 《安徽省人民政府办公厅关于加强公益性公墓建设管理的通知》，安徽省民政厅网站，http：//www.ahmz.gov.cn/thread－18166－1.html，2013年12月23日。

推动公益性公墓建设。

《合肥市公益性公墓管理暂行办法》作为地方性法规，明确把公益性公墓建设纳入新农村建设规划，实行目标管理责任制。在市辖三县，拟以乡镇为单位，要求每乡镇建一处骨灰堂，变骨灰“入土”为“入室”，这样的优点是可有效节约土地、保护环境，又可使逝者亲属有纪念凭吊的地方。在市区，现有作为合肥市公益性公墓典范的包河文化陵园，其设计新颖，占地少，骨灰存放量大，整个规划用地 130 亩，计划建立三个地宫式集中公墓，建成后可安放骨灰 15 万份以上，可保证该区今后的使用。① 合肥市拟以区为单位（含三个功能开发区），集中财力，在市区各建一所像包河区文化陵园那样的地宫式公墓。

蚌埠市《加强城乡公益性公墓建设管理的实施意见》指出：“2014 年在三县各选择部分乡镇进行试点，2015 年 50% 的乡镇建有 1 个公益性公墓；至 2016 年底，市区、三县县城各建成 1 个城市公益性公墓，三县农村地区实现公益性公墓覆盖到所有乡镇，城乡基本安葬需求得到有效保障。城市公益性公墓服务对象为本城辖区所有居民，占地面积不得超过 200 亩，所建骨灰堂骨灰存放数量不超过 2 万份；乡镇公益性公墓服务对象为本乡镇的所有居民或由县级民政部门划定的服务区域内的所有居民，占地面积不得超过 50 亩，骨灰堂建筑面积 150～300 平方米。”②

滁州市于 2013 年 5 月份出台了殡葬惠民政策实施方案，并在市本级琅琊区和南谯区实现惠民殡葬政策覆盖全体城乡居民，市、区财政投入补助资金近 400 万元，2015 年，各县、区已新建乡镇公益性公墓 56 座，并准备再建 51 座；市本级拟新建城市公益性公墓，选址工作已经启动。③

### （二）公益性公墓数量逐渐增加

近年来，安徽省民政厅指导各地开展了一系列推进农村公益性公墓建设的

---

① 《合肥市人民政府办公厅关于加强公益性公墓建设管理的通知》，安徽省民政厅网站，http：//www.ahmz.gov.cn/thread－1406－111.html，2015 年 6 月 4 日。

② 《蚌埠市出台加强城乡公益性公墓建设实施意见》，安徽省民政厅网站，http：//www.ahmz.gov.cn/thread－21027－1.html，2015 年 1 月 13 日。

③ 《社会事务处督查滁州市惠民殡葬及公益性公墓建设》，安徽省民政厅网站，http：//www.ahmz.gov.cn/thread－22109－1.html，2015 年 5 月 15 日。

举措，取得了一定成果，如合肥将公益性公墓建设纳入《合肥市公用事业设施规划》，阜阳制定了全市公益性公墓建设规划，安庆市共规划建设城乡公益性公墓522座，已实际建成430座。

“十一五”期间，安徽省先后开展了殡葬管理专项整治、“青山白化”专项治理、公墓清理整顿等集中整治活动，全省共清理整顿非法公墓20余处。至2010年底，全省共建有殡仪馆78座，经营性公墓98座，农村公益性公墓1141座。[①]“十二五”期间，全省累计投入4.2亿元用于殡葬基础设施更新改造。全省现有殡仪馆75座，经营性公墓107座，公益性公墓607座。[②] 在安徽省政府划定的约2.3万平方公里的土葬改革区，现已建成经营性公墓11座，公益性公墓106座，殡仪馆（站）6座，殡葬管理机构6家。[③]

2012年合肥市在市区已建成5座公益性公墓，总规划用地400余亩。其中，包河区地下文化陵园规划用地130亩，规划三个骨灰存放馆，总建筑面积约5万平方米，目前已建1号馆建筑面积为15262平方米，约5万个墓位，先期装修20个墓室约12000个墓位。2号馆建设准备中，建筑面积17000多平方米，总投资约5000万元。[④] 除此之外，经开区青龙潭公墓规划用地124亩，蜀山区蜀山公墓规划用地37亩，鸡鸣山公墓规划用地100亩，庐阳区大杨镇公祭堂规划用地9亩，已陆续集中安放骨灰约4万份。市辖长丰、肥东、肥西三县各乡镇已建成公益性公墓30余座，安放骨灰约占年火化数60%，此外，市及三县殡仪馆骨灰寄存室常年存放量约在5000份以上，约占20%。[⑤]

“十三五”期间，公益性公墓数量将进一步增加，《安徽省殡葬事业“十三五”发展规划》提出目标：至2020年，全省平均遗体火化率达到87.5%，

---

① 《安徽省殡葬事业“十二五”发展规划》，安徽省民政厅网站，http://www.ahmz.gov.cn/thread-13678-1.html，2012年7月12日。

② 《安徽省殡葬事业“十三五”发展规划》，安徽省民政厅网站，http://www.ahmz.gov.cn/thread-27228-1.html，2016年11月21日。

③ 李伯森主编《中国殡葬事业发展报告（2014~2015）》，社会科学文献出版社，2015，第128页。

④ 《合肥包河文化陵园》，安徽殡葬网，http://www.ahbz.net/news/index.php?c=show&id=322，2015年11月16日。

⑤ 《合肥市公墓建设现状及其思考》，安徽省殡葬协会网站，http://www.ahsbzxh.com//display/?id=341，2012年8月7日。

所有县（市、区）将建设公益性骨灰安葬（放）设施，所有乡镇将建设1座以上农村公益性公墓（骨灰堂）。“十三五”期间，公益性骨灰安葬（放）设施乡镇级行政区域覆盖率将由2015年的49%提高至100%（见表1）。①

**表1 “十三五”公益性骨灰安葬（放）设施覆盖率指标年度分解**

单位：%

| 规划指标 | 2015年基数 | 2016年完成 | 2017年目标 | 2018年目标 | 2019年目标 | 2020年目标 |
|---|---|---|---|---|---|---|
| 年均遗体火化率 | 84 | 84.7 | 85.4 | 86.1 | 86.8 | 87.5 |
| 公益性骨灰安葬(放)设施(含公益性公墓)乡镇级行政区域覆盖率 | 49 | 56.5 | 65.1 | 75.1 | 86.6 | 100 |

资料来源：《关于印发〈安徽省“十三五”民政事业发展规划〉分解指标的通知》，安徽省民政厅网站，http://220.178.31.148:8080/xxgkweb/blue/showView.jsp? unit=002986424&newid=31446，2017年4月27日。

## （三）公益性公墓资金投入逐渐增多

当前，安徽省公益性公墓建设资金主要来源为省级福利彩票公益金拨付，近年来彩票公益金用于补助殡仪设施维修和公益性公墓建设的投入逐渐增多。2011～2016年，已投入资金3810.4万元，累计补助240个殡仪设施维修和公益性公墓建设。其中，仅2015年，彩票公益金投入2103.9万元，补助129个殡仪设施维修和公益性公墓建设（见表2）。

**表2 安徽省省级福利彩票公益金用于公益性公墓建设情况**

单位：万元，个

| 年份 | 投入资金 | 补助殡仪设施维修和公益性公墓建设项目数量 |
|---|---|---|
| 2011 | 200 | 15 |
| 2012 | 250 | 19 |
| 2013 | 600 | 23 |

① 《安徽省殡葬事业“十三五”发展规划》，安徽省民政厅网站，http://220.178.31.148:8080/xxgkweb/blue/showView.jsp? unit=002986424&newid=18621，2016年10月26日。

续表

| 年份 | 投入资金 | 补助殡仪设施维修和公益性公墓建设项目数量 |
|---|---|---|
| 2014 | 322 | 26 |
| 2015 | 2103.9 | 129 |
| 2016 | 334.5 | 28 |
| 合计 | 3810.4 | 240 |

资料来源：《关于 2016 年安徽省省级福利彩票公益金使用情况的公告》，安徽省民政厅网站，http：//220.178.31.148：8080/xxgkweb/blue/index.jsp？unit＝002986424，2017 年 7 月 3 日。

此外，安徽省 2017 年部门预算省福彩公益金安排城乡公益性公墓建设奖补资金 1000 万元，对主动申报并已批准立项建立城乡公益性公墓的市、县（市、区）给予奖补，目的在于促进节地生态型城乡公益性公墓建设；其中，用于城市公益性公墓建设奖补金额为 800 万元，用于乡镇级农村公益性公墓奖补金额为 200 万元。各市奖补金额按已批准立项建立城乡公益性公墓的市、县（市、区）服务人口、建设总额和面积、是否贫困等因素进行分配（见表 3）。由此可见，安徽省公益性公墓建设的资金呈逐渐增加趋势，公益性公墓建设的资金来源得到一定程度的保障。

**表 3　2017 年全省城乡公益性公墓建设奖补资金分配**

单位：万元

| 单　　位 | 分配金额 | 单　　位 | 分配金额 |
|---|---|---|---|
| 合 肥 市 | 127 | 马鞍山市 | 61 |
| 蚌 埠 市 | 152.8 | 宣 城 市 | 62 |
| 阜 阳 市 | 101.9 | 铜 陵 市 | 100.2 |
| 淮 南 市 | 22.6 | 安 庆 市 | 120.7 |
| 滁 州 市 | 95.6 | 黄 山 市 | 48.8 |
| 六 安 市 | 107.4 | 合　　计 | 1000 |

资料来源：《2017 年城乡公益性公墓建设奖补资金分配情况》，安徽省民政厅网站，http：//220.178.31.148：8080/xxgkweb/blue/showView.jsp？unit＝002986424&newid＝47243，2017 年 11 月 7 日。

## （四）节地生态安葬比例逐渐提高

民政部《关于推行节地生态安葬的指导意见》首次明确节地生态安葬的

内涵："以节约资源、保护环境为价值导向，鼓励和引导人们采用树葬、海葬、深埋、格位存放等不占或少占土地、少耗资源、少使用不可降解材料的方式安葬骨灰或遗体，使安葬活动更好地促进人与自然和谐发展。"① 意见中指出："到'十三五'末，在巩固和提高全国年均火化率的基础上，较大幅度提高节地生态安葬比例。"②

安徽省于1997年开始骨灰江葬活动，累计超过1000位逝者骨灰被撒入长江。2017年11月，合肥市殡葬管理处开展第21次骨灰免费江葬活动，100多户居民参加此次活动（见表4）。③

**表4　合肥市2017年11月殡葬基本情况**

单位：个

| 单　位 | 遗体冷藏数 | 遗体火化数 | 骨灰寄存数 | 普通骨灰盒数 | 骨灰江葬数 | 节地葬式数 |
|---|---|---|---|---|---|---|
| 市本级 | 733 | 764 | 353 | 127 | 103 | 43 |
| 长丰县 | 33 | 213 | 6 | 179 | | |
| 肥东县 | 108 | 523 | 12 | 235 | | |
| 肥西县 | 60 | 371 | 43 | 188 | | |
| 巢湖市 | 139 | 372 | 21 | 65 | | |
| 庐江县 | 49 | 419 | 1 | 181 | | |
| 合　计 | 1122 | 2662 | 436 | 975 | 103 | 43 |

资料来源：《殡葬基本公共服务惠民项目公示》，合肥市民政局网站，http：//smzj. hefei. gov. cn/zxzx/9163/201712/t20171205_ 2418110. html，2017年12月5日。

《安徽省殡葬事业"十三五"发展规划》指出："到2020年实现骨灰格位存放、草坪葬、江葬、树葬等节地生态安葬比例达50%，经营性公墓新建或扩建，节地生态安葬区域的配建比例不低于40%；新建城市公益性公墓全

① 《关于推行节地生态安葬的指导意见》，中华人民共和国民政部网站，http：//xxgk. mca. gov. cn：8081/newgips/contentSearch？id =74931，2016年2月。

② 《关于推行节地生态安葬的指导意见》，中华人民共和国民政部网站，http：//xxgk. mca. gov. cn：8081/newgips/contentSearch？id =74931，2016年2月。

③ 《合肥市第21次暨安庆市第3次骨灰江葬仪式》，合肥市民政局网站，http：//smzj. hefei. gov. cn/zxzx/9160/201711/t20171109_ 2399659. html，2017年11月9日。

部实行节地生态安葬；新建或改建农村公益性公墓节地生态安葬率不低于50%。”① 全省骨灰（遗体）安放（葬）实现生态化、规范化管理。根据《安徽省殡葬事业“十三五”发展规划》要求，安徽省公益性公墓建设过程中，节地生态安葬的比例将不断提高（见表5）。

**表5 “十三五”节地生态安葬率指标年度分解**

单位：%

| 规划指标 | 2015年基数 | 2016年完成 | 2017年目标 | 2018年目标 | 2019年目标 | 2020年目标 |
|---|---|---|---|---|---|---|
| 节地生态安葬率 | 15 | 19.1 | 24.3 | 30.9 | 39.3 | 50 |

资料来源：《关于印发〈安徽省“十三五”民政事业发展规划〉分解指标的通知》，安徽省民政厅网站，http://220.178.31.148:8080/xxgkweb/blue/showView.jsp?unit=002986424&newid=31446，2017年4月27日。

安徽省公益性公墓建设过程中，政府发挥主导作用，相关政策法规逐渐完善，明确规划公墓建设进程，保障公益性公墓建设资金，公益性公墓数量逐渐增加，节地生态安葬比例将进一步提高，对于满足城乡居民基本丧葬需求，节约土地资源具有重要意义。

## 三 安徽省公益性公墓发展面临的问题

在公益性公墓建设过程中，虽取得了明显成果，但也存在一些问题，主要表现在以下方面。

### （一）公益性公墓规划问题

《殡葬管理条例》规定：“在允许土葬的地区，县级人民政府和设区的市、自治州人民政府应当将公墓建设纳入城乡建设规划。”② 安徽省《关于加强公益性公墓建设管理的通知》中也提出：“推进农村公益性公墓整合改造，各地

① 《安徽省殡葬事业“十三五”发展规划》，安徽省民政厅网站，http://www.ahmz.gov.cn/thread-27228-1.html，2016年11月21日。

② 《殡葬管理条例》，安徽省殡葬协会网站，http://www.ahsbzxh.com//display/?id=87，2012年7月4日。

要结合美好乡村建设规划，整合现有农村公益性公墓。”① 现有政策明确提出将公益性公墓建设纳入城乡规划，如合肥将公益性公墓建设纳入《合肥市公用事业设施规划》，但在实际城镇规划和美好乡村规划过程中，公墓、骨灰堂、殡仪馆、火葬场等殡葬服务设施仍然存在规划选址不合理、规划数量不足问题。

城市公益性公墓规划选址可能存在干扰居民日常生活的问题。据人民网消息，2016 年，合肥市拟在庐阳区天水路以北、板桥河以西建设公益性墓地，项目名为天河公园，为开放性生态公园式陵园，该项目前期规划、选址、招标工作已全面完成，也已经在区公共资源交易中心完成项目设计招标，标志着公墓建设的正式启动。在建设公墓的消息传出后，周边居民认为公墓紧邻居民生活区，影响日常生活，对该公墓建设强烈不满，后庐阳区政府回应经论证放弃该公墓选址。②

农村公益性公墓建设除了可能存在的扰民问题外，若干行政村联合建设公墓受多种因素影响更易造成选址困难。安徽省《关于加强公益性公墓建设管理的通知》要求：“同一乡镇内相距较远、交通不便、居住分散的相邻若干行政村，在符合相关规划、墓地选址经村民代表大会同意的前提下，视情可联合建设 1 座公益性公墓（骨灰堂）。”③ 实际建设过程中，公益性公墓的数量、面积和墓位依然不足以满足群众的基本丧葬需求，若干行政村联合建立 1 座公益性公墓，公墓的使用范围、建设用地、建造面积、对居民区的影响等因素都会对公墓的建设造成影响。在利益相关者、公墓用地冲突等因素影响下，行政村联合公墓选址的合理规划面临困境。

### （二）公益性公墓用地问题

随着人口老龄化程度的日益加深、死亡人口数的增加、安葬量的提高，公

---

① 《安徽省人民政府办公厅关于加强公益性公墓建设管理的通知》，安徽省民政厅网站，http：//www. ahmz. gov. cn/thread－18166－1. html，2013 年 12 月 23 日。

② 《合肥庐阳区公益性公墓选址惹争议回应：放弃该选址》，人民网，http：//ah. people. com. cn/n2/2016/0413/c358266－28134201. html，2016 年 4 月 13 日。

③ 《安徽省人民政府办公厅关于加强公益性公墓建设管理的通知》，安徽省民政厅网站，http：//www. ahmz. gov. cn/thread－18166－1. html，2013 年 12 月 23 日。

墓建设对土地的需求量也不断扩大，实际土地使用存量与需量用地存在着供需矛盾，公墓建设与有限的土地资源之间的矛盾日益尖锐，公墓建设用地也随之紧张。公墓用地限制成为现有墓地难以满足群众殡葬需求的原因之一。

在农村公益性公墓的修建中，《公墓管理暂行办法》对公墓选址做出了明确规定，即公墓选址不得占用耕地、林地，不得在风景名胜区、水源地、道路两侧选址，但未对公益性公墓的土地来源做出明确规定和解释。在其建设过程中，需由村民委员会申请，县民政部门批准，村级公益性公墓土地实际为集体土地划拨，即村级在实行家庭联产承包责任制时考虑到长远发展而预留下来的村集体财产。公墓用地不得侵占耕地、林地等土地资源，且由村预留的集体土地划拨，可以用来建设公墓的土地十分有限，造成农村公益性公墓的建设缓慢发展。

在城市公益性公墓建设中，为保证土地存量，面临着同样的土地使用困境。《安徽省殡葬事业“十三五”发展规划》规定：“‘十三五’期间，除原有墓区饱和、城市规划等特殊原因外，不再受理经营性公墓新建申请；公益性公墓建设应符合土地利用总体规划和城乡规划要求，完善配套设施。”① 规划要求公益性公墓用地需符合土地利用总体规划和城乡规划，但对土地来源未做出明确解释。城市公益性公墓建设一方面需要满足日益增长的殡葬需求，另一方面在土地使用上受到城市土地规划限制，城市公益性公墓建设发展只能依靠政府规划，相对经营性公墓来说，缺乏能动性和选择性，在资金、人员等方面也处于劣势，造成了城市公益性公墓的发展迟缓。

### （三）公益性公墓节地生态安葬方式比例偏低问题

《中国殡葬事业发展报告（2014～2015）》指出，中国数千年的殡葬传统仍是追求入土为安，当前主流的殡葬形式依旧为追求“一个葬礼”“一块宝地”“一个坟头”“一座墓碑”。② 传统墓葬仍是安葬的主要选择，在公益性公墓和经营性公墓中，传统墓穴安葬方式占用了大量土地资源。绿色殡葬和节地

① 《安徽省殡葬事业“十三五”发展规划》，安徽省民政厅网站，http：//www.ahmz.gov.cn/thread－27228－1.html，2016 年 11 月 21 日。

② 李伯森主编《中国殡葬事业发展报告（2014～2015）》，社会科学文献出版社，2015，第 128 页。

生态葬比例较低，花坛葬、树葬、森林葬、草坪葬等方式并未被接受，在公墓规划中，绿色殡葬和节地生态殡葬的面积也较少。在农村公益性公墓中，很少会考虑到设置节地生态殡葬形式，仍以传统墓穴葬法为主，墓碑、坟头占用了大量土地资源。

2015 年安徽省节地生态安葬比例仅为15%，合肥市的火化遗体数约为2.6 万具，若选择传统的墓葬方式，每个墓穴需占地 1 平方米，加上道路和绿化面积约 2 平方米，仅 2015 年合肥市墓葬占地就需要 5 万平方米，相当于大半个大蜀山陵园的面积。① 130 亩的大蜀山文化陵园，分为北墓区、东墓区、南墓区、中墓区北、中墓区南 5 个墓区，仅在中墓区北中 3 个墓葬园之间的狭窄区域设置了树葬区，在东墓区设置了森林葬和江葬区，所占比例较小（见图 1）。

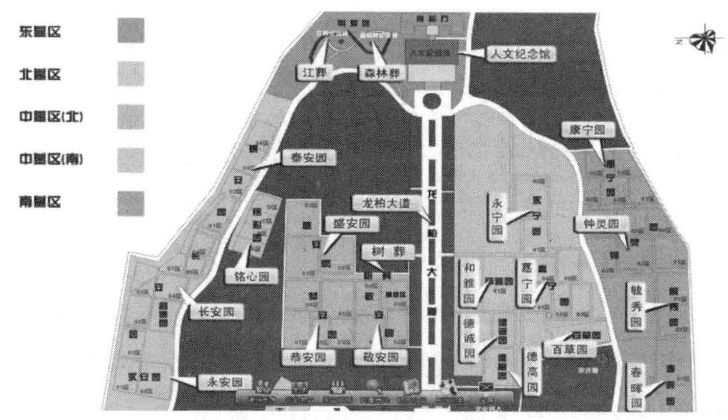


**图 1　大蜀山文化陵园葬区分布**

资料来源：《数字陵园》，合肥大蜀山文化陵园网站，http：//www.zhidaor.com/3DCemetery/3DCemeteryFlash.aspx？CemeteryId = 1196，2012 年 2 月 29 日。

公墓建设以传统墓葬方式为主，节地生态安葬设施比例较少，不利于改变传统的丧葬观念、移风易俗、推动殡葬改革和节约殡葬用地，在公墓建设中，除原有墓葬方式外，应扩大现代树葬、草坪葬、花坛葬、森林葬等节地生态殡葬方式的比例，使殡葬方式多元化，实现由传统的墓葬方式向现代绿色殡葬、节地生态殡葬的转变。

① 《合肥四个主城区将各建一座公益性公墓预计 2016 年底建成》，万家热线网站，http：//365jia.cn/news/2014 - 03 - 26/5A72B39CB2947E97.html，2014 年 3 月 24 日。

## （四）公益性公墓数量不足问题

根据安徽省《关于加强公益性公墓建设管理的通知》，到 2016 年各市、县至少建成一座城市公益性公墓，各乡镇至少建成一座公益性公墓，截至目前，各地公益性公墓建设进度不同，但仍存在着公益性公墓面积、墓位数量不足的情况。城镇公益性公墓墓位的稀缺，又导致城市经营性公墓垄断了城市公墓市场，公墓价格较高，居民丧葬成本高、花费大，城镇居民选择余地少。

以合肥为例，现建成经营性公墓 8 座、农村公益性公墓百余座，但实际上墓室依然紧缺。普通墓穴占地约 0.5 平方米，加上周边道路和绿化，占地面积约 2 平方米。2015 年度，合肥市的火化量约为 2.6 万具，若全部选择墓葬形式，大概需要 5 万平方米的土地，约为大半个大蜀山文化陵园的面积。建立较早的小蜀山墓园老墓区墓位基本满额，后来扩建的新墓区可供安葬面积约 20 亩，其他几个经营性公墓同样出现了剩余墓位不足的问题。在合肥市的公益性公墓中，包河文化陵园、经开区青龙潭陵园的墓位也出现短缺现象。[①]

2010 年，安徽省土葬改革研究报告中，安徽省大约 2.3 万平方公里的土葬改革县区中共有经营性公墓 11 座，公益性公墓 106 座，其中，金寨县具有公益性公墓 16 座，绩溪县 15 座，黟县 16 座，黄山区 56 座，歙县 2 座，祁门县 1 座，岳西、旌德、休宁、石台、青阳、东至等地无公益性墓地。[②] 各地除石台县外仅都只有一座经营性公墓，难以满足 380 万人口的丧葬需求，大部分居民依然选择传统的丧葬方式，分散选址造成土地资源的浪费和生态环境的破坏，“青山白化”问题严重。分散的墓地选址与清明时节燃放烟花爆竹等传统祭祖方式结合，增加了森林火灾的风险，同时也造成了资源浪费和环境污染。

## （五）公益性公墓管理问题

政府在公益性公墓建设中应发挥主导作用。当前公益性公墓管理中，相关

---

① 《合肥四个主城区将各建一座公益性公墓预计 2016 年底建成》，万家热线网站，http：//365jia.cn/news/2014－03－26/5A72B39CB2947E97.html，2014 年 3 月 24 日。

② 朱勇主编《中国殡葬事业发展报告（2010）》，社会科学文献出版社，2010，第 263 页。

政策法规尚不健全，权责主体不明，执法过程中亦存在问题。在市场环境中，公益性公墓管理问题致使其公益性质受到影响，主要体现在两个方面，一是部分公益性公墓对外经营殡仪业务、违规销售墓穴；二是公益性公墓的资金来源、使用与收费问题尚不明确，阻碍了公益性公墓的发展。

部分公益性公墓对外经营殡仪业务，销售墓穴，与《殡葬管理条例》规定公益性公墓为非营利性质相违背，公益性公墓具有“由国家或社会团体举办的以全体人民为对象的社会公共福利事业”的属性，而“社会公共福利事业一般为群众提供免费的或低费的服务”①。在为群众提供免费服务时，公益性公墓的建设、维持和发展费用，由国家负担，在提供低费的服务时，群众只需要负担公墓运营的小部分费用，即公益性公墓提供群众的丧葬服务时免费或收取很小一部分费用，大部分费用由国家承担，体现了公益性公墓的公益性质。

实际公益性公墓经营中，出于政策法规不健全、责任主体不明确、监管不到位、处罚措施不完善等原因，存在违规销售墓穴，对外经营殡仪业务的情况，即“小产权墓”问题。“小产权墓”概念来源于“小产权房”，“小产权房”是在农村或城市郊区集体土地上盖的房屋，我国法律规定房屋本身和宅基地都禁止流转，其买卖和产权都不受法律保护。同“小产权房”一样，“小产权墓”是在农村集体土地上兴建的公益性公墓中对外出售的墓穴，其买卖不受法律保护，并违反了公墓管理条例。② 一方面，“小产权墓”问题侵占了当地的丧葬资源，损害了居民的权益；另一方面，其产权不受国家法律保护，其出售行为损害了购买者的利益。公益性公墓是以满足居民的丧葬需求为目的的，具有社会公共福利事业的公益性质。违规销售是对其公益性质的挑战，加强公墓管理和监管，杜绝“小产权墓”问题，保证公益性公墓的公益性质，对于保障居民的合法权益、满足基本丧葬需求具有重要意义。

在《殡葬管理条例》和《公墓管理暂行办法》中，对公益性公墓服务人民的公益性质做出了规定，但未对公益性公墓建设运营的资金来源做出解释说

① 陈军：《城镇化公益性公墓建设中的五个问题》，《中国民政》2014 年第 5 期。

② 《对公益性公墓违规销售要说“不”!》，安徽省殡葬协会网站，http：//www. ahsbzxh. com//display/? id = 1699，2013 年 9 月 12 日。

明。鉴于公益性公墓的公益性质，与经营性公墓相比，其资金来源主要依靠国家投入，若没有政府规划和资金投入，又不能通过市场行为调节公益性公墓的建设，实现供需平衡，资金问题将成为城乡公益性公墓发展迟缓的重要原因。若将民营资本纳入公墓建设，通过市场行为调节公墓供给，则其公益性质又遭到挑战。

在公益性公墓的管理中，公墓建设的资金投入、使用和收费标准等方面存在问题。安徽省将彩票公益金作为公益性公墓建设的资金保障，每年从彩票公益金中划拨部分用于殡葬设施建设。用于公益性公墓建设的资金有限，达成各市、县至少建成一座城市公益性公墓，各乡镇至少建成一座公益性公墓的目标，彩票公益金的资金投入还远远不足。

在公益性公墓资金投入有限的情况下，公益性公墓资金使用涉及土地、墓穴材料、管理、工资等诸多成本与支出，出现入不敷出的情况，在此情形下，公益性公墓建设面临能否回收成本的问题。若回收成本，公益性公墓对殡葬服务收费，则与经营性公墓难以区分，其公益性质受到影响；若不通过殡葬服务回收成本，则在资金投入不足的情况下，公墓日常运营又难以维持，不利于持续发展。安徽省《关于加强公益性公墓建设管理的通知》提出："公益性公墓不得开展租赁、招商引资、承包经营或股份制合作等商业活动，不得开展以营利为目的的经营性收费。"① 该规定按照营利与否划分是否收费，但在公墓实际管理中，各地公墓建设情况不同，依旧缺少统一明确的划分标准，同时与经营性公墓的区别也并不明显，其公益性质依旧遭受质疑。

## 四　安徽省公益性公墓发展的影响因素分析

在殡葬改革过程中，公益性公墓建设经过长期发展，对于满足群众基本丧葬、节约土地资源、移风易俗起到了不可替代的作用，但公益性公墓的发展依旧存在某些问题，尚未达到公墓发展与人民群众殡葬需求相适应、与资源环境可持续发展相协调的局面。究其原因，受多方面因素的影响。

① 《安徽省人民政府办公厅关于加强公益性公墓建设管理的通知》，安徽省民政厅网站，http：//www. ahmz. gov. cn/thread - 18166 - 1. html，2013 年 12 月 23 日。

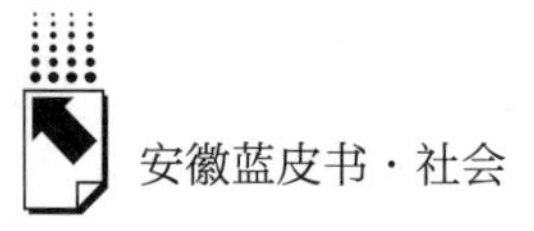


### （一）传统丧葬习俗与殡葬改革之间的矛盾

在中国的传统文化中，死亡是一个分离与整合的双重过程，对于逝者来说，葬礼是其从一种存在形式向另一种存在形式转变的标志，是其与现实世界分离进入神圣世界的重要仪式过程，从而生者对其产生敬畏神圣的态度，成为祖先神，产生祖先崇拜；对于生者来说，在亲人去世后，社会规范对其有多种禁忌，葬礼是使其从服丧期结束，回归正常生活秩序的阈限。因此，作为一种仪式过程的葬礼，其显著特点就是“隆丧厚葬”，在中华民族传统中土葬是主要安葬方式，讲究入土为安，而土葬又以墓穴葬为主，墓碑、坟头必不可少。

伴随社会变迁，物质资料丰富，人口增长，在自然死亡率相对稳定条件下，人口基数的增大导致人口自然死亡数增加，传统墓葬方式占用大量土地资源，若不推行殡葬改革，则乱埋乱葬、青山白化的问题将更加严重。推行殡葬改革，又与传统丧葬习俗的“隆丧厚葬”相冲突，在政府相关政策和大力宣传作用下，矛盾得以缓解和协调，殡葬改革事业逐渐发展。但传统丧葬观念和习俗与殡葬改革的冲突依然存在，传统安葬方式在一定时期内仍有较强的认同感，公益性公墓建设虽逐渐完善，但传统墓穴葬依然占据主流形式，森林葬、草坪葬、花坛葬等节地生态安葬方式比例较低。公益性公墓建设过程中仍以墓穴葬为主，人均墓穴占地2平方米，消耗大量土地资源，也间接导致了公益性公墓数量不足以满足群众基本丧葬需求的问题。

### （二）公益性公墓用地需求与土地资源限制之间的矛盾

殡葬改革虽与传统殡葬习俗相冲突，但已成为现今形势下的必然趋势，符合我国国情和发展规律。公益性公墓建设作为殡葬改革的重要组成部分，其意义不言而喻，但其建设速度依旧缓慢，难以满足丧葬需求，除传统墓葬方式占地过多，扩大了墓地面积总需求量以外，目前公益性公墓建设用地面积不足亦是重要原因。归根结底，在当前人口增加、经济飞速发展、城市化进程加快、土地存量有限的情况下，有限的土地资源难以满足社会发展的各种土地需求。公益性公墓建设本身是为了改进传统殡葬方式，节约土地资源，但在实际建设过程中，若达到满足基本丧葬需求的目的，仍需投入大量土地资源。因此，公益性公墓建设和有限的土地资源之间存在矛盾。在城市土地规划中，公墓建设所占土地份额有限，导致公益性公墓用地紧张问题，其规划选址问题亦随之出现。同时可能存在限制殡葬用地的情况而导致墓地紧缺，经营性公墓价格虚高，公益性公墓需求加大，出现违规销售“小产权墓”情况，损害群众利益，公益性公墓的公益性质受到影响。

### （三）市场环境与公益性质之间的矛盾

公益性公墓具有社会公共服务事业的公益性质，其建设目的是满足群众的基本丧葬需求，提供免费或低费的丧葬服务。但在市场环境中，公益性公墓建设中资金投入、建设用地、违规销售、收费与否等受到经济运行的影响。在当前形势下，市场环境对公益性公墓的公益性质造成多种影响，保证公益性公墓的公益性质和市场经营环境之间存在矛盾。

就公益性公墓在建设资金短缺的情况下能否允许民营资本投入公墓建设问题，若将民营资本纳入公墓建设投入，则是对其公益性质的冲击；若仅依靠政府进行资金投入，公墓的维持、发展及从业人员工资支出等资金需求难以满足，仅依靠政府规划和资金投入促进公益性公墓发展的作用有限，建设进程又十分缓慢。

公益性公墓发展过程中的“小产权墓”问题，也是市场调节的结果。公益性公墓需要确保公益性质，提供免费或低费的丧葬服务，但在市场竞争中出现经营性公墓价格虚高的问题，在此情况下，部分丧葬需求就转向公益性公墓，出现违规销售“小产权墓”的问题，公益性公墓的公益性质因此遭受质疑。

公益性公墓资金投入有限的情况下，维持正常运营费用和支付从业人员工资等资金支出数额较大，面临提供丧葬服务是否收费的问题。若收费，其公益性质与经营性公墓的营利性质区分则不明显；若不收费，公墓正常维持的运营出现困难，公益性公墓进一步发展则更加面临资金不足问题，这是其公益性质与市场环境冲突的体现之一。

## 五　安徽省公益性公墓的发展对策

安徽省公益性公墓未来发展需要政府、公墓管理部门和个人的共同努力，以促进公益性公墓建设与人们的基本丧葬需求相适应、与资源环境可持续发展相协调。

## （一）政府层面

政府在公益性公墓建设过程中起主导作用，相关政策法规需由政府负责制定实行，促进公益性公墓的良性运行和协调发展，政府职能至关重要，未来政府应从以下方面促进公益性公墓发展。

1. 完善相关政策法规

在公益性公墓建设过程中，相关政策法规并不完善，如公墓建设的土地、资金来源等问题并没有明确表述，存在执法主体不明确、监管不到位的情况。未来应完善相关政策法规，确立明确标准，从制度设计层面保障公益性公墓的协调发展，对公益性公墓的资金、土地来源、公墓资质、建设标准、收费标准、公墓年检、从业人员等做出明确规定。

2. 加大投入，解决资金和土地问题

目前，按照相关规定，与经营性公墓不同，公益性公墓的资金主要由国家投入，建设用地来源依靠城乡土地规划，公益性公墓的发展极大程度上依赖于国家资金、土地等方面的政策支持。公益性公墓建设功在当代、利在千秋，政府需提高重视程度，加大资金、土地的投入，解决公益性公墓建设和有限的土地资源之间的矛盾，既能满足当前群众的基本丧葬需求，又能从长远来看，节约土地资源，实现可持续发展。

3. 加强监管，确保公益性公墓的公益性质

市场环境中受市场经营行为影响，部分公益性公墓公益性质遭到挑战，相关部门应加强对公益性公墓的监管、规范管理。对违规建立的公益性公墓予以取缔，对不符合标准的公益性公墓限期整改，对违规销售公益性墓穴的公墓予以处罚，对公益性公墓的收费问题进行明确界定，通过监管保障公益性公墓的公益性质，确保其成为满足群众基本丧葬需求的社会公共福利设施。

## （二）公墓管理层面

1. 推行节地生态葬法

中国传统的墓葬形式不利于节约土地资源和降低丧葬成本，与时代发展相违背，未来公墓建设中应实现从传统的墓葬形式向现代的节地生态安葬转变，实现安葬方式的多元化，大力推行森林葬、花坛葬、草坪葬、树葬等节地生态

安葬方式，扩大节地生态安葬方式在公益性公墓建设中的比例，使节地生态安葬替代传统的墓葬形式，成为现代殡葬的主要形式，实现土地资源的节约和公墓建设与资源环境的协调发展。

2. 提高殡葬服务水平

公墓自身运营过程中，应与时俱进，完善公墓设施，提高从业人员素质，不断提高殡葬服务水平。如合理规划公墓墓葬和节地生态安葬各葬区的比例和区域，使殡葬服务能够满足大多数人的殡葬需求；合理规划清明祭扫时间，既满足祭扫需求又能错开人群高峰，保证各处安全有序；多种途径提供有效的信息和便捷的殡葬服务；等等。

### （三）个人层面

传统丧葬观念与当今经济、社会发展已不相适应，也不利于资源环境的可持续发展。在殡葬改革过程中，个人应树立现代殡葬观念，改变传统丧葬习俗，选择合适的殡葬形式。节地生态安葬方式顺应时代发展趋势，也是节约土地资源的必然要求，个人应转变传统“隆丧厚葬”观念，在树葬、草坪葬、森林葬、花坛葬、江葬、海葬等多元化的节地生态安葬模式中因地、因时进行合理的选择。

## 六　结语

自殡葬改革以来，在政府、社会、个人的共同努力下，多措并举，取得了显著成果，其中，公益性公墓的建设对于殡葬改革的重要性毋庸置疑，公益性公墓建设的成果有目共睹。在发展过程中，公益性公墓在数量、建设规划、建设用地、管理过程中也存在问题，究其原因，传统丧葬习俗与殡葬改革之间的矛盾、公墓建设用地与土地资源限制之间的矛盾、市场环境与公益性质之间的矛盾是影响公益性公墓发展的主要原因。未来公益性公墓建设，政府层面需要完善相关政策法规、加大投入、加强监管，公墓管理层面需要推行节地生态安葬方式并不断提高殡葬服务水平，社会和个人层面需要转变传统丧葬观念、移风易俗，在政府、公墓管理部门和个人的共同努力下，实现公益性公墓的建设与经济、社会发展相适应，与资源环境相协调，实现人类社会的可持续发展。

## 参考文献

李伯森主编《中国殡葬事业发展报告（2014～2015）》，社会科学文献出版社，2015。

《公墓管理暂行办法》，安徽省殡葬协会网站，http：//www. ahsbzxh. com//display/? id=85，2012年7月24日。

《安徽省殡葬事业“十三五”发展规划》，安徽省民政厅网站，http：//www. ahmz. gov. cn/thread-27228-1. html，2016年11月21日。

《关于推行节地生态安葬的指导意见》，中华人民共和国民政部网站，http：//xxgk. mca. gov. cn：8081/newgips/contentSearch? id=74931，2016年2月。

《合肥市公墓建设现状及其思考》，安徽省殡葬协会网站，http：//www. ahsbzxh. com//display/? id=341，2012年8月7日。

# 专题报告篇

**Special Reports**

## B.15

# 肥西县“双合”党建工作新模式探索

陈义平　李　斌　王进芬　戴维来*

**摘　要：** 近年来肥西县探索出“汇聚合力、融合发展”的党建新模式，其特点是以党组织为中心汇聚各类有助于社会发展的力量与资源；党建工作和社会发展深度融合，以党建引领发展，以发展促进党建。其内容表现在三个方面，即实行“聚一流人才，促一流发展”的党管人才战略，使之成为肥西县核心竞争力；通过“铸魂”“赋能”“炼才”“正身”，进行干部队伍建设；通过基层党组织的组织力、发展力、服务力建设，推动基层政治生态整体优化。三个方面的建设推动肥西县实现了可持续的经济社会发展。

**关键词：** 肥西县　“双合”党建　新模式　融合发展　赋能

---

* 陈义平，安徽大学社会与政治学院院长，教授，博士生导师，研究方向为政治学理论；李斌、王进芬、戴维来均为安徽大学社会与政治学院副教授。

“中国共产党人的初心和使命，就是为中国人民谋幸福，为中华民族谋复兴。这个初心和使命是激励中国共产党人不断前进的根本动力。”① 近年来，肥西各级党组织铭记这一初心和使命，砥砺担当，善做善成，引领肥西从安徽经济中游县迅速成长为安徽县域经济发展排头兵，跻身全国县域经济发展百强县和全国财政收入百强县“双百强”，并同时成为安徽首批“全国县级文明城市提名城市”和合肥首个全国十佳生态文明城市，其经济社会发展成就引人注目。而究其根本，肥西县党组织对于肥西经济社会发展的卓越领导能力又源自近年来肥西县党建工作的长足进展与丰硕成果。肥西党建既遵照中央与上级党委的明确指示与统一部署，又因地制宜，多维创新，实现了党建工作与社会发展的双向嵌入与互强融合，形成了具有极强内生活力、高度发展性和稳定持续性的“汇聚合力、融合发展”的“双合”型党建工作新模式。这一模式具有两大突出的特点：一是借助党建的各维度进展，以党组织为中心汇聚各类有助于社会发展的力量与资源；二是党建工作和社会发展深度融合，即以党建引领发展，以发展促进党建。通过党的建设，肥西党组织对社会发展的领导能力得到显著增强，党员干部的作风、能力与创新精神得到大幅改善，各类建设人才的数量、质量与实际贡献得到可观提升。在此基础上，肥西县党组织得以汇合各方力量，聚合各类资源，卓然有效地引领肥西经济、政治、社会、文化和生态建设的融合发展，引领统筹肥西城乡建设的融合发展，引领肥西县域与合肥市整体的融合发展。从另一角度看，肥西跨越式社会发展所创造的经济繁荣、政治发展、社会和谐、文化进步、生态改善等各项突出成就又为肥西党建提供了有利的物质基础、文化氛围与环境条件，由此形成了党建工作与社会发展相汇融、互强化的正反馈循环，为党建工作与社会发展同向并举的融合推进提供了源源不断的内在动力。而在“汇聚合力、融合发展”的肥西党建工作实践中，最具特色的又莫过于“聚一流人才，促一流发展”的党管人才工作、“铸魂”“赋能”“炼才”“正身”四位一体的干部队伍建设，以及“组织力”“发展力”“服务力”“三力”聚合的基层党组织建设。

① 习近平：《决胜全面建成小康社会　夺取新时代中国特色社会主义伟大胜利——在中国共产党第十九次全国代表大会上的报告》，人民出版社，2017。

## 一 聚合优秀人才，涌动社会合力

“人才是实现民族振兴、赢得国际竞争主动的战略资源。要坚持党管人才原则，聚天下英才而用之，加快建设人才强国。”① 肥西县党组织在推进党建的过程中将党管人才建设作为重要内容，突出机制、政策、平台三项重点，切实把“党管人才”的责任压实到工作一线、发展一线，真正把第一资源、核心优势的理念贯穿到经济社会发展的各个领域，实现“聚一流人才，促一流发展”的党管人才目标，让各类人才成为肥西经济社会发展中最具活力、最具竞争优势的核心资源。

### （一）多管齐下，实现人才战略集聚

在人才工作上，肥西县委把营造引才育才用才的优良环境作为首要责任，从完善机制、创新政策和搭建平台三个方面聚合用力，做到引才视野大，胸襟气度大，政策幅度大，平台空间大，保障力度大，“双创”胆量大，为人才发展提供全方位的支持。

首先，完善了党管人才的工作机制。肥西县在党管人才的探索过程中，创建了县委统一领导下多主体协同的工作机制。县委管宏观，成立了以县委主要领导为组长的人才工作领导小组，通过“顶层设计、协同推进”，加强对重大人才问题和项目的统筹谋划。县委常委会定期召开专题会议分析研判人才工作战略，进行整体擘画。县委组织部专门成立人才办，负责谋划政策、协调各方；县政府抓具体，负责整体定位和制定出台扶持政策，将人才规划纳入国民经济发展总体规划，在政策、资金、配套等方面下足功夫，以政府的引导力调动市场主体的积极性和创造性，充分发挥用人主体在人才培养、引进、使用中的主导作用；市场促落实，负责人才项目的引进、服务，帮助推进项目实施，鼓励行业领军企业、民营企业、创投机构等投资建立孵化器与众创空间，引才引资，激发市场活力。

---

① 习近平：《决胜全面建成小康社会　夺取新时代中国特色社会主义伟大胜利——在中国共产党第十九次全国代表大会上的报告》，人民出版社，2017。

其次，设计、落实了招才引智的综合政策体系。肥西县在加强党管人才工作中，以实践为导向，坚持精度、力度、速度的统一，形成差异化、有力度、有吸引力的政策体系。积极开展市场化引才育才改革，发挥“政策+机制”的先发优势。“政府、市场”两力齐发，“市场化、专业化”两化驱动，用市场化手段集聚专业化力量，资助方式上实行“有偿、无偿”两资叠加，探索市场化条件下“政府无偿资助+股权投资”的政策扶持办法。善于发现、挖掘人才，突出重点领域特别是创新型科技人才、企业家和技术工人等人才队伍建设，善用“伯乐”的慧眼和胸怀，加速人才集聚，形成遍及全社会的兴才爱才用才之风。以人才、科技、产业政策“三个维度”支撑，先后推出重点人才工程、支持创新创业和成果转化等一系列特殊优惠政策，相继出台《肥西县“十三五”人才发展规划》《肥西县扶持高层次紧缺人才创新创业若干政策》等文件，形成了涵盖面广的人才政策体系。大力推进肥西县“1121”创新创业人才工程①，先后投入5000万元人才发展资金。在此基础上，陆续评选出五批拔尖人才和首批领军英才，对其给予政策与资金的双重支持。

最后，积极搭建人才创新创业平台。对人才而言，最大的吸引力就是事业的平台，只有搭建相应平台，才能为企业提供更加优质的人才保障。肥西积极鼓励引导企业建立研发机构、加大研发投入、培育研发队伍、掌握专利技术，企业自主创新能力和内生发展动力不断提升。一批科技成果转化服务平台、创客空间、科创社区、创新工场等创新创业基地批次建成，形成“创业苗圃—孵化器—加速器”一体化的科技创业孵化链条。肥西县现拥有省级孵化器科创中心，面积近9000平方米，已入驻企业90家，毕业企业51家。新增创业平台2个，桃花工业园工投·立恒工业广场小微企业创业基地已获批为省小微企业创业基地，共入驻企业121家，从业人数7500人。国家级高新技术企业86家，创新型企业49家。② 与中国科技大学先研院联合共建“双创基地”，基地面积6万平方米。与合肥市工业投资控股有限公司（合肥工投）合作，高标准建设二期高新技术产业加速器工程，占地280亩，建筑面积30万平方米，

① 肥西县扶持高层次人才创新创业创优“1121”工程，即计划“十三五”期间投入5000万元人才发展资金，扶持100名领军人才、建设100个创新创业团队、激励200名产业紧缺人才、评选100名社会领域优秀人才。

② 岳瑾：《肥西“人才引擎”推动创新驱动发展》，《合肥日报》2016年2月19日。

对入驻的18家科技型小微企业进行扶持。支持企业“双创”平台39个，其中博士后工作站、市级民营孵化器、市级创客空间各一个，市级以上企业科研中心36个。[①] 为了促进社会全面发展，肥西还特别出台政策，为社会服务类人才提供建设平台，先后建立30家名师（校长、班主任）工作室、3家名家工作室、4家名医工作室和3家农村专技工作室[②]，使社会服务类高层次人才有荣誉、有地位、有资源、有团队，进一步带动中小学教育、文化事业、公共医疗和新农村建设等多方面社会服务人才的成长，为肥西实现经济社会均衡发展，力争率先全面建成小康社会提供丰富多样的人才资源。

### （二）深化产学研合作，推进经济社会综融发展

肥西党管人才工作，紧扣经济社会发展实际，坚持需求导向，促进产学研的深度合作，按照“缺什么、补什么、引什么”的原则，制定人才发展规划，做到人才发展与实施肥西发展战略、调整产业布局同步谋划、同步推进，促进人才规模、质量、结构与经济社会发展相适应、相协调，实现了人才引进与产业发展的同频共振、有机融合。

首先，注重人才建设与市场需求相融合。肥西以产业为导向，突出需求导向，实现人才集聚与产业发展同频共振。围绕产业链布局人才链，多渠道引进产业发展急需紧缺人才，通过技术合作、成果转让、人才培养、共同研发等方式，提升企业自主创新能力，拓宽完善产业链，促进经济更高质量、更有效益的发展。精准实施引才工程，重点引进一批带项目、带资金、带技术的领军人才。支持创新创业，鼓励领军人才嫁接本土企业，实现人才团队的快速成长，加快推进项目产业化。围绕科技创新产业、工业主导产业、农业特色产业三大产业建设，相继实施“3320”工程和“535”创新创业人才建设工程。[③] 率先在全省县（市）设立1200万元天使投资基金，重点支持种子期、初创期科技型企业发展；

① 何桂明：《肥西人才战略激发“双创”活力》，《合肥日报》2017年6月12日。

② 社会服务类人才工作室相关数据来自肥西县委组织部人才办提供的内部资料。

③ “3320”工程即围绕科技创新产业、工业主导产业、农业特色产业三大产业建设，利用3年时间，每年选拔20名创新创业带头人、实施20个创新创业人才项目；“535”创新创业人才建设工程，即从2011年起5年内，在科技创新产业、工业主导产业、农业特色产业三大产业领域，引进50个创新创业团队。

大力实施创新创业人才建设工程和企业家培养工程。在此背景下，肥西高端人才、高科技人才加速集聚，人才支撑产业发展作用明显，智能制造、生物医药、电子信息等战略性新兴产业快速发展。截至2016年底，全县共集聚高层次产业人才达4000人，其中国家“千人计划”专家和享受国务院特殊津贴专家共3人、省特支和战略新兴人才共19人、市“百人计划”专家2人、县特聘专家（人才）46人。① 全县拥有国家级高新技术企业120家，实现高新技术产业产值962亿元，同比增长10%；2016年全年专利申请量5347件、专利授权量2781件，总量分别位居全省县（市）首位。2017年1～9月，肥西又新增国家级高新技术企业27家，实现高新技术产业产值789.5亿元，实现高新技术产业增加值140.7亿元，分别位居全市五县市之首。实现发明专利申请量3791件，发明专利授权量423件，位居全省县（市）第一。② 具体如表1、表2所示。

**表1　2016年肥西县省市县团队情况**

| 团队名称 | 个数(个) |
|---|---|
| 省115产业创新团队 | 3 |
| 市产业创新团队 | 19 |
| 县创新创业团队 | 59 |
| 总　　量 | 81 |

资料来源：数据来自肥西县组织部提供的2016年《肥西县人才队伍建设调研报告》。

**表2　2016年肥西县高层次人才**

| 高层次人才类型 | 人数(人) |
|---|---|
| 国家千人、万人计划和国务院津贴享受者 | 4 |
| 长江学者 | 1 |
| 省特支 | 5 |
| 省人才资助 | 2 |
| 市领军人才、庐州英才 | 11 |
| 市第八批拔尖人才 | 7 |
| 县特聘人才 | 56 |
| 县第五批拔尖人才 | 27 |

资料来源：数据来自肥西县组织部提供的2016年《肥西县人才队伍建设调研报告》。

① 《关于印发〈肥西县“十三五”人才发展规划〉的通知》（肥人社秘〔2016〕339号）。

② 朱苗：《创新驱动发展成绩显著》，肥西县人民政府网，http：//www.ahfeixi.gov.cn/content/detail/5a1e125c6b07e1b943f3d1ac.html。

其次，大力推动高校、科研院所与肥西企业深度合作，共享多方人才资源。通过推进县域创新型工业园区、科技企业孵化器、工投二期等载体承接，产学研合作对接会、博士后和专家教授科技项目肥西行等活动对接，建立产学研合作新机制，推动科技成果向现实生产力转化。鼓励企业建立技术中心、工程（技术）中心等研发机构，推动企业与高等院校、科研院所组建多种形式的产学研联合体，开展产业关键技术和共性技术研发。2017 年以来，新增市级工程技术研究中心 9 家，总量达 42 家。云森物联网等 5 家企业进入合肥市第一批科技创新平台，六联智能等 3 家企业参加合肥市“资本 + 创新对接峰会”洽谈融资科技项目，安利公司牵头组织聚合辐化等 6 家企业、合肥工业大学等 3 所高校与中国科学院合肥物质科学研究院应用技术所联合申报合肥市生态功能性聚氨酯复合材料产业创新战略联盟。① 2017 年，肥西县还一举获批建立安徽新安种业院士工作站和安徽惠州地质安全研究院股份有限公司院士工作站，在产学研合作的人才资源层次上实现了历史性的突破。

最后，充分利用临近科教中心合肥的地理优势，主动承接合肥人才科技资源，引进能够突破关键技术、带动产业升级、实现成果转化的高层次人才。制定《鼓励高层次创新创业项目入驻肥西暂行办法》，实施领军人才及创新创业人才团队建设工程，打通人才与企业对接、科技成果转化的“最后一公里”，吸引合肥市领军人才、创新创业团队到肥西发展，通过参股方式与本地企业强化联系、共同发展，最终促成柔性引才到事业留人的深度引进，实现了从协作者到企业人的转变。例如，上市企业泰禾光电乃是肥西县第三家拥有博士后工作站的高新技术企业。中国科技大学博士唐麟、颜天信先后于 2006 年、2009 年起在泰禾光电公司兼职，担任研发副组长、研发总监，他们曾获 2012 年合肥市科技进步三等奖，主持并成功开发了 CCD 智能颗粒物色选设备、塑料色选机、履带式分选设备、红外分选机等，获发明专利 3 件，实用新型 19 件。主持并成功开发了 LED 光源系统、茶叶色选机、红外分选机，获发明专利 2 件，实用新型 10 件。在企业所取得的成就激励他们下决心全身

① 朱苗：《创新驱动发展成绩显著》，肥西县人民政府网，http://www.ahfeixi.gov.cn/content/detail/5a1e125c6b07e1b943f3d1ac.html。

心投入到肥西发展的事业中去。2012 年以来，他们先后全职加入公司，成为企业发展的中流砥柱。①

## （三）引才助才留才相结合，做优服务保障

肥西县党组织在加强党管人才过程中，对人才舍得下本钱、提供好服务，“栽下梧桐树，自有凤凰来”。坚持“精细化 + 专业化”，不断做优人才服务。紧紧围绕人才创新创业的痛点，精准服务补齐“短板”；与专业机构合作，满足创业不同阶段的资金需求；开展过程式、持续性的创业辅导，提升创业成功率。针对各类人才自身特殊性和有关需求，着力改进服务，进一步强化“服务人才”的意识，大力营造“引才”与“助才”、“留才”的优良环境。

首先，对于高层次人才，建立县领导联系优秀人才等服务制度，认真落实优秀人才休假、培训、体检等优惠待遇，并为创业型人才和项目提供“一站式”服务。建立“点对点”“一对一”的联系和实行个性化、差异化的服务，确定了“三个一、保姆式”服务要求：在服务态度上，第一时间上门主动服务；在服务项目上，形成咨询、接送、陪同、跟踪反馈等一条龙的服务体系；在服务方式上，实行“一对一”“点对点”的专人服务。为确保服务质量，没有走访人选记录单、人选业务需求单、处理需求进度单，编辑出版定期周报和不定期专报，做好每日工作日志。以“保姆式”的贴心服务，切实提高服务质量。

其次，对于高层次人才创业予以特别支持。对高层次人才来肥西创办企业，根据项目情况在启动资金、用地（厂房）、融资及环境保障等方面给予支持，特别好的项目实行“一事一议”，给予个性化支持。对企业引进的高层次及紧缺创新人才根据层次和服务性质给予支持。为创业企业建立经常性联系服务机制，通过“人才出题 + 部门（乡镇）解题”方式，由部门（乡镇）负责会商解答，提供靶向服务。建立企业联络员制度，及时了解、及时上报、及时协调解决企业在发展过程中遇到的诸如办公场地紧张、融资困难、企业人员流动过快等问题。

最后，针对人才生活需求，实施“金梧桐”工程。建设一批多层次、高

---

① 王昊：《县人社局多措并举强化高层次人才引进工作》，肥西县人民政府网，http：//www.ahfeixi.gov.cn/content/detail/5508d793af88bc086e0d0117.html。

品质的人才公寓，并且探索完善只租不售、定期轮替的机制，以优惠低廉的租金、优质超值的服务吸引集聚人才。同时，鼓励和支持工业园区和企业自主建设人才公寓。开设高层次人才服务绿色通道，为高层次人才提供户籍登记、子女入学、家属安置等各方面的协调服务。[①] 着力解除高层次人才的后顾之忧，令其能够安心创业，不为落户、居住、子女教育、医疗保健等方面的问题所困。加大城市基础设施投入，加强景点保护和开发，加快学校、医院、体育馆、图书馆和剧院等文体娱乐公共基础设施建设，不断改善人才工作和生活环境，让各类人才安心、舒心地在肥西的创新创业沃野上施展才干、大有作为。

## 二　完善四位一体的干部建设，锻造奋斗争先的开路先锋

“党的干部是党和国家事业的中坚力量。”[②] 一支勇于奋斗、敢于争先的尖兵型干部队伍乃是推动肥西经济社会高速发展不可或缺的公共治理主体要素。而其之塑成又应归功于“铸魂、赋能、炼才、正身”四位一体的党的干部队伍建设。通过在思想理念教育上“铸魂”、干部培训上“赋能”、干部考核任用上“炼才”、干部监督上“正身”，一大批政治忠诚、富有才能、实干有为、清正廉洁的尖兵型干部脱颖而出，成为引领肥西各项经济社会发展与建设事业的开路先锋。

### （一）深化理想信念教育，模铸干部政治灵魂

“对一个人来说，没有灵魂就没有生命力；对一个组织来说，没有灵魂就没有凝聚力。”[③] 始终坚定共产主义理想信念和“四个自信”，始终忠诚于党，不折不扣执行党的路线方针政策，坚决维护党中央权威，自觉在思想上政治上行动上同党中央保持高度一致，乃是每一党员干部必备的政治“灵魂”。肥西

① 《肥西县人才发展三年行动计划（2015－2017年）》（肥人才〔2015〕2号）。

② 习近平：《决胜全面建成小康社会　夺取新时代中国特色社会主义伟大胜利——在中国共产党第十九次全国代表大会上的报告》，人民出版社，2017。

③ 本报评论员：《“党”字不忘，信仰是灵魂——七论营造党内生活新常态》，《人民日报》2014年10月3日。

县党组织在推进干部队伍建设时，注重综合借助日常学习、专题教育、实践教育等多种形式，有效实现对于党员干部的政治灵魂之模铸。

在日常学习方面，制度化的“三会一课”现已成为肥西干部“理念”教育的主要方式。肥西以基层党组织标准化建设为契机，将“三会一课”制度落在实处，组织党员干部学党章党规，学系列讲话及其他重大理论政策、重要会议精神。推动领导干部讲党课，积极开展参与式学习、分组交流学习和案例编讲学习，安排党员干部轮流备课、授课、听课，相互学习与交流，在讲、学、评中学深学透。着力发挥身边先进典型的引领作用和榜样力量，以亲历亲证的典型示范让干部自觉认识到坚定信念、对党忠诚的必要性以及予以躬身实践的使命感和自豪感。

肥西党组织同样善于运用专题教育的方式强化干部的政治素养，严格按照上级要求，做好诸如“三严三实”“讲看齐、见行动”“讲政治、重规矩、作表率”等专题教育活动，既分级分部门召开专题学习讨论会，贯彻上级精神，厘清中心要求，展开重点学习和讨论，形成“势在必行”“一呼百应”的整体氛围，又将专题教育融入日常展开的“三会一课”之中，避免专题教育“一阵风”“走过场”，确保党员干部人人参与、全员覆盖，再通过引导个人开列“问题清单”、进行“党性体检”、进行对照整改的办法让学习效果“入脑入心”，知行合一。

此外，其他一切可资利用的教育手段也都被充分利用起来，借以实现干部“理念”教育的“全天候化”和“无缝隙化”。一是在完善肥西先锋网等各级党建宣传网站的基础上，建立全覆盖的公众微信号和短信平台，要求每一个干部积极关注、接收、阅读，将智能手机变为随时在线、触手可及的移动教育终端。二是经常性地组织党员干部接受中共党史教育和革命传统教育，促使党的干部牢记历史，不忘初心，永葆红色理想，深化对坚定信念、对党忠诚的必要性之理解。三是将“理念”教育与干部考核结合起来。把坚定信念、对党忠诚作为干部考核的核心内容之一，以精细的考核指标、合理的评价程序、恰当的奖惩机制，将内在自觉与外部激励融为一体。

### （二）优化多元培训机制，赋予干部复合能力

“工欲善其事，必先利其器”（《论语·魏灵公》），党员干部在各自岗位

上实干有为，高效“做事”之“利器”，即是由必要的思想政治素质、精专的业务素质以及广博的综合素质所共同组成的复合能力。为持续赋能即不断提升广大干部的复合能力，肥西县委组织部近年来严格遵循《干部教育培训工作条例》，紧紧围绕肥西县经济社会发展，落实全员培训、全面参与、全面提升的战略任务，全力完善和创新干部的多元教育培训机制。

在做好常规形式的教育培训基础上，开辟新的多元化培训渠道，利用多样化教育资源是改善干部培训质量的重要创新举措。在此方面，肥西县委组织部重点推进了三方面的工作：一是有计划地组织开展领导干部大讲堂、干部主体班和各类专题培训班。仅在 2016 年，便先后开展科级干部、村居社区支部书记等各类主体培训班及新形势维稳、战略新型产业发展等大讲堂共 24 期，培训人员达 2400 多人次。二是引导与督促并重，推进干部在线自主学习。依托安徽干部教育在线等学习平台，通过周提醒、月通报、季调度等形式，增强公务员自主学习主动性。三是认真组织上级调学。实施三个优先，即年度考核优秀人员、新提拔的干部、近年获得表彰的人员调学优先。如在 2016 年，便先后调学干部近 120 人次，到中国劳动关系学院、省市委党校、省市行政学院等地学习，为优秀干部的成长提供更多外源助力。①

干部培训的主要目的，是让接受培训的每一个干部尤其是领导干部都能具备必要的思想政治素质、“精专”的业务素质以及“广博”的综合素质。为此，肥西积极展开针对性的培训。一是突出党性修养培训。深入开展中国特色社会主义理论体系学习；加强党性党风党纪和党史国史教育、市情县情等教育；深入学习习总书记系列讲话和党的十九大报告。二是分类进行岗位需求培训。经济类干部重点开展工业经济、循环经济、招商引资、产业转型等培训；建设类干部重点开展园区建设、城镇建设和规划、产城融合等培训；管理类干部重点开展社区管理、社会管理等培训。三是突出公共知识和基础知识更新培训。加强对各级领导干部管理、沟通、组织等公共学科，以及前沿学科和传统文化等知识的培训，着力培养“眼界宽、胸襟宽、思路宽”的复合型人才。

为让干部培训能够合理、有序地展开，收到更理想、可持续的培训效果，肥西县委组织部还有针对性地健全完善了干部培训的工作机制。一是推行按需

① 以上数据来自肥西县委组织部提供的干部培训统计资料。

培训机制。针对科级干部培训班等主体班次培训，面向拟培训对象展开问卷调查，厘清其实际需求的内容与层次，找准“供”“需”的恰当平衡点，在班次设置、培训内容和培训时间上做出合理安排。二是健全组织调训制度。严格执行调训学习的定期计划和事先申报制度，对主要领导干部、重点岗位干部有计划、有针对性地安排调训，建立调训为主、选学为辅的培训机制，避免无序调训、重复学习。三是完善干部培训的绩效考核、人员登记、实时管理制度。建立干部学习培训的成绩与学分相结合的新型考核制度以及干部学习的个人档案制度。确保全体参训干部认真对待各类学习，努力在学习中提升自身各方面的能力素质。

### （三）完善考核任用机制，锤炼干部实践才干

“为政之要，唯在得人，用非其才，必难致治。”（《贞观政要·崇儒学》）具有勤政务实、为民服务的工作态度且拥有与之相适应的高水平实践才干的干部人才之涌现乃是肥西在实现经济与社会的跨越式发展以及建设高效能服务型政府方面取得瞩目成就的一大秘诀。而此类干部人才又只能在工作实践的不断锤炼、磨砺中方才能够茁壮成长起来并且找寻到最适合施展才华的恰当岗位。为此，肥西党组织建立了一套行之有效的奖掖贤能、充满活力的干部考核任用机制，通过在公共管理实践中对于干部的不断锤炼和甄选，将肥西党政干部的人才资源充分发掘、调动、提升和利用起来，成为肥西经济社会发展与建设事业中富有比较优势和核心竞争力的主体要素。

在干部群体中，领导干部是“关键少数”，是推动发展、为民服务的“领头羊”和“示范者”。为更有效地择优黜劣，让领导干部中的真才实干者“实至名归”，滥竽充数者无所遁形，肥西县针对科级领导班子及领导干部建立了“双档案”“双考核”的实绩量化考核制度。即分别建立全县重点工作考核档案和各单位领导干部做事档案，作为“齐头并进”的考核平台，既对领导干部所在单位的重点工作完成情况进行考核，又对领导干部本人所负责的重点工作完成情况进行考核，以此相互印证，更真实、准确、充分地反映领导干部任职、做事的实绩全貌。该制度另一创新是将年终考核与平时考核相综合，而又更加侧重平时考核。由县委、县政府联合考核组织逐月对各单位重点工作完成情况予以考核，同时要求各领导干部对自身工作完成情况予以每月自评并上报

组织部，由后者定期抽查，这样就使得考核更加精准细致，更具连续性，更能有效反映领导干部任职做事的长期绩效和发展趋势。领导干部按考核结果进行分类排名，对获得优秀的干部予以嘉奖，并将优秀评级作为干部晋升选拔的关键指标。对于年终考核位于后 3 位且得分在 80 分以下的正、副职人员，则经过进一步考核判定，确属工作不在状态，不适宜担任现职的，视情况给予降职、转任、待岗等处理。①

干部跨部门转任和推荐优秀公务员培养锻炼也是肥西县锤炼干部人才的重要途径。跨部门转任主要解决公务员在单一部门和岗位上任职时间过长的“单位所有，体内循环”问题。转任范围为县直机关中层正职满 6 年、中层副职满 8 年、工作时间达 10 年的科级以下公务员，单位转任比例为 10%。2015 年，通过“个人自愿、民主推荐、会议研究”三过筛，肥西县从全县符合条件的 45 名人选中，按照转任比例择优选择 28 人为转任人选，涉及 23 个单位，占县直单位总数的 40%。选岗时，肥西县坚持双向选择，力求人岗合理匹配，一次性成功匹配 24 人，占转任总人数的 86%。② 跨部门转任打破了旧有的部门隐性边界，建立了干部“能进能出”的有序通道，有利于优化不同部门的人才资源结构和整体运作能力，做到“人得其位，事得其人”，同时树立“以职务高低竞争，凭真才实绩胜出”的用人导向，改变少数干部在“沉淀”岗位上故步自封、意气消沉的不良风气，激发全体干部“不断进取”“力争上游”的工作热情与活力。

推荐优秀公务员培养锻炼重在选派优秀年轻干部到重点工作、基层一线“压担”锻炼，通过实践磨砺提升其政治素养和工作能力，进而从中培育、甄选后备领导干部。其主要做法采取四个一批的培养模式③：重点工作参与一批，共选派 172 名缺乏急难险重工作经历的年轻干部到征迁、招商、信访维稳等一线岗位锻炼，在推进重点工作建设中磨炼干部，提高其发展经济、驾驭复杂局面、化解和处理疑难问题的能力；机关跟班学习一批，共选派 56 名干部到县直和省市跟班学习，开阔眼界，提升专业实践能力，加强上下部门间的联

① 《肥西县科级领导干部实绩量化考核暂行办法》（肥办〔2014〕1 号）。

② 许先林：《肥西县试水公务员跨部门转任》，《合肥日报》2015 年 10 月 30 日。

③ 许先林：《肥西县：“四个一批”培养锻炼干部》，《江淮》2015 年第 7 期。

系和交流，增强服务大局的意识；先发地区挂职一批，共选派25名副科级干部到先发地区挂职，加强对先进城市经营理念和公共管理经验的学习，增强从事经济发展与社会治理工作的能力；选拔挂职培养一批，共选派50名有潜力的科级以下干部到乡镇和工业园区挂任单位副职、城关社区挂任第一书记，主要提升年轻干部处理基层烦难事务、密切与群众联系、有效开展群众工作的能力与水平。对于以上挂职干部，县委组织部予以全程跟踪考察，并在培养锻炼期满时组织考核，将考核优秀干部作为后备干部管理，在同等条件下优先提拔使用。截至2016年底，共有105名干部因一线锻炼表现突出走上领导岗位。①

### （四）强化多维监督机制，促成干部廉洁品质

“其身正，不令而行；其身不正，虽令不从。”（《论语·子路》）“正身”即生成并保有个人干净，清正廉洁的品质乃是干部领导和推动各项建设与发展工作以及获得群众信任的必要前提，而严缜周密、长效可信的干部监督机制又是督促广大干部持续“正身”的“催化剂”与“防洪堤”。肥西党组织认真落实“全面从严治党”原则，在严格执行上级规章与制度的同时，又制定了一系列具有肥西地方特点的执行办法和创新做法，形成了预防、惩戒、教育、警示彼此衔接与强化的多维立体监督网络，从总体上促成了肥西风清气正的政治生态。

“用人腐败必然导致用权腐败”②，做好对于干部任用过程的监督则可以有效防范和降低这一危险。肥西县委组织部为此建立健全了干部选拔任用全程监督新机制。③ 一是建立了全程监督工作运行新机制。前移干部选任监督关口，实现层层把关。干部任免方案必须首先交由分管干部监督工作的副部长加以全面而严格地审查并明确意见后，方可正式提交部长办公会讨论。二是完善了干部选拔任用工作责任新机制。在推荐提名环节，对推荐形式和范围都予以明确，规定推荐干部必须有书面材料。在组织考察环节，切实做到“六个不准”。严格按照规定的程序进行考察，对因考察工作失真失实，导致干部选拔

---

① 优秀公务员培养锻炼的人数与去向相关数据来自肥西县委组织部提供的内部资料。

② 《习近平的反腐大白话》，《人民日报》（海外版）2015年1月16日。

③ 许华峰：《合肥市肥西县“四措并举”建立组织部门干部选拔任用全程监督新机制》，安徽先锋网，http://www.ahxf.gov.cn/Home/Content/923724? ClassId=239。

任用工作失误的，严格追究考察人员责任。在讨论决定环节，建立和完善选拔任用决策机制，对干部的任免，坚持做到集体讨论、民主集中、个别酝酿、会议决定。三是建立了干部选拔任用全程纪实新机制。从干部动议、提名、推荐、考察、酝酿到讨论决定各个环节，都要求有完整、准确的记录。四是健全了干部监督信息互换新机制。利用已建立的干部监督联席会制度，各部门随时将掌握到的干部动态信息反馈到县委组织部干部监督科，经过梳理后及时通报给各单位，便于对干部的动态管理。

干部监督的首要对象，乃是作为“关键少数”的领导干部尤其是正职领导干部，即所谓“子帅以正，孰敢不正”（《论语·颜渊》），反之亦然。为了促进领导干部廉洁从政，肥西专门出台了《肥西县党政正职“五个不直接分管”暂行规定》，规定党政正职不再直接分管财务、干部人事、工程建设项目、行政审批和物资（服务）采购工作，而经集体研究，授权班子其他成员具体分管。建立岗位责任制，明确领导班子组成人员对上述事务的管理权责及相互关系。主要领导对本单位财务、干部人事、工程建设项目、行政审批和物资（服务）采购工作负总责。其既应支持分管副职在职责范围内开展工作，亦须加强对分管副职行使权力情况的监管，定期或不定期听取本单位财务、干部人事和工程建设项目等工作开展情况的汇报，加强指导，强化监督，发现问题，及时纠正。班子成员根据工作分工，对职责范围内的工作负直接领导责任。分管副职必须接受正职领导和班子其他成员的监督，主动将分管工作情况向班子集体汇报。为加强领导班子成员之间的监督，把“五个不直接分管”落实情况纳入领导班子。民主生活会内容，及时发现和纠正存在的问题①。上述做法旨在建立“副职分管、正职监管、集体领导、民主决策”的工作机制，使决策、执行、监督等权力相对分离，形成相互制约、相互监督的工作制度和权力约束机制。

民主生活会是发扬党内民主、加强党内监督、依靠领导班子自身力量解决矛盾和问题的重要方式。肥西县通过完善党内民主生活会制度，同时推行由纪委和组织部派员广泛参与各单位民主生活会的创新做法，使民主生活会既成为党的干部相互监督和接受群众监督的一种有益形式，也成为及时获取更多监督

① 《肥西县党政正职“五个不直接分管”暂行规定》（肥办〔2017〕35 号）。

信息的一种新的有效渠道。[①] 一方面，领导班子民主生活会加强了班子成员之间的相互监督。班子成员之间最了解情况，监督更有针对性。通过健全民主生活会监督模式，保证了班子成员之间监督的实效性。而对会中所反映出来的问题，有则改之，无则互勉，凝聚了班子的向心力和战斗力。另一方面，领导干部也须定期参加所在党支部的民主生活会，接受普通党员的批评与监督。党内民主的权力监督作用由此而得以更充分的发挥，形成了具有制度化保障的自下而上的监督机制，较好地解决了原有自上而下的监督机制的单向不平衡问题。再者，组织部和纪委把各单位民主生活会作为加强干部经常性监督的重要渠道，通过派员参会，全面、深入地了解领导班子及领导干部的理想信念、政治纪律和政治规矩、思想作风、担当作为、组织生活、工作业绩、班子团结和廉洁自律等情况，针对问题综合分析研判及时提醒，对有突出问题矛盾的及时核实报告，形成更具主动性、前瞻性的问题发现、预警与处置机制，更好地实现监督干部与关心爱护干部相结合，将潜在问题解决在萌芽状态的事前监督效果。

## 三　加强基层党组织“三力”建设，推动政治生态全面优化

“党的基层组织是确保党的路线方针政策和决策部署贯彻落实的基础。”[②] 基层党组织应被建设成为宣传党的主张、贯彻党的决定、领导基层治理、团结动员群众、推动改革发展的坚强战斗堡垒。随着工业化、市场化、信息化、城镇化、农业现代化的不断推进，基层党组织建设面临着新的挑战。在传统党建三大领域即农村、国企、机关事业单位，一些基层党组织战斗堡垒作用发挥不到位，活动不能正常开展，党员管理模式行政化，基层党组织对党员向心力不足。而在新兴三大领域即社区、新经济组织、新社会组织，还存在不少党建盲点和空白区，党建方法陈旧。面对党建弱化虚化边缘化问题，肥西县以问题为

① 许华峰：《合肥市肥西县委组织部结合民主生活会拓宽干部监督渠道》，安徽先锋网，http://www.ahxf.gov.cn/Home/Content/924254?ClassId=241。

② 习近平：《决胜全面建成小康社会　夺取新时代中国特色社会主义伟大胜利——在中国共产党第十九次全国代表大会上的报告》，人民出版社，2017。

导向，以组织力为重点，展开了组织力、发展力、服务力的三力聚合型基层党组织建设，基层党组织运作行动的组织力上升，推动经济社会的发展力增强，为民众服务的意识能力提高，解决了基层党组织党建乏力、基层党组织功能与地位的“虚弱化”问题，提升了基层党组织权威。

### （一）强基固本，锻造组织力

党的组织力即党组织的内在合力，是党员、党内结构、党的功能、党内制度、党员行为、党建环境等要素的有机结合，是支持党开展组织工作，实现其政治核心、政治引领组织目标的能力。又可主要区分为组织结构力和组织制度力。组织结构力是由组织形态、结构形成的合力；组织制度力是组织制度所造就的力量，如行动力、内聚力等。中国共产党是政治组织，是中国特色社会主义事业的领导核心，党组织有力量，首先要构建组织力。

在强化组织结构力方面，肥西县顺应工业化、市场化、信息化、城镇化、农业现代化发展趋势，在党的组织形态、组织结构上创新。在农村，沿着产业合作社、行业协会、社会组织联合会的产业链，广泛建立功能性党组织，推动农村产业、社会组织发展。同时，实行县、乡、村三级联创、城乡结对互建模式。如官亭镇31个村党组织与县直（或镇直）单位党组织成立了城乡联合党组织①，这就打破了城乡区域界限，实现城乡党建优势互补，使信息和资源快速流通、交换，顺应了城乡一体化发展需求。根据非公经济占肥西GDP 60%以上的特点，肥西县在非公企业聚集地建立非公经济和社会组织党委，吸收“双强六好”非公企业和社会组织优秀代表担任党委委员，创新基层党组织结构，构建了园区党工委统一领导、非公经济和社会组织党委分管指导的非公党建领导机制。同时划片设立15个党建工作站，每个工作站配备两名专职党建工作员，直接负责所辖片区内的非公企业和社会组织基层党建。非公企业与社会组织支部根据党员数量单独建或联合建，已在县域内实现全覆盖。

结构决定了功能，班子决定了力量，专业推动了党建发展。在党的基层组织建设中，肥西县着力抓好两支队伍建设：一是党委班子队伍，另一是专职党务工作者队伍。在党委班子队伍方面，选优配强能干、会干、愿干且德才兼备的党委

① 2016年8月8日肥西县官亭镇书面汇报内部材料。

书记和党建专职副书记。发挥党委核心力，书记履行党建工作第一责任人职责，班子把党建工作与经济指标同调度、同推进。按照党建标准化建设要求、争优创先目标，明确三项清单即“责任清单、任务清单、问题清单”，逐项定目标、定人员、定时限，确保工作落到实处。在专职党务工作者方面，农村按照每村不少于两名的标准配备。在非公经济中则着力通过选任、选派、选招三种渠道配强非公企业党组织书记，构建党建指导员、协理员队伍。对两支队伍赋权增能，以异地培训、现场观摩等多种形式，提升两支队伍的履职能力。

党员是组织的细胞，党员队伍建设是党的基层组织建设的基础。既要尊重党员主体地位，充分发扬党内民主，又要贯彻党要管党、从严治党原则，教育好、管理好党员，确保党员队伍保持先进性。为此，需要完善基层党组织的各项制度，提升其组织制度力。肥西县以党内民主建设为组织制度建设核心，加强组织管理制度创新，推进民主管理、积分管理、项目管理、分类管理、绩效管理。针对党内民主建设，陆续制定并完善了《党委议事规则》《组织生活会制度》等制度，明确规定涉及党内“三重一大”事项，由党内民主决策，涉及村内重大事项，严格按照“四议两公开”方式决策，借以增强基层党组织决策的民主性、科学性。同时，为激励基层党员干部积极有为，在肥西丰乐镇试点实施了村（社区）两委干部的“双百分”考核以及党员村民组长“双十分”考核①，在花岗镇试点实施了党建工作与目标任务双千分制考核②，实现了对基层党组织成员管理考核的全覆盖。官亭镇回民社区更进一步，针对全体党员试行积分制管理办法，将党支部所有党员根据年龄、职务、身份、身体状况的不同，划分为A、B、C、D四个类别进行积分管理和星级评定。以日常行为积分、民主评议积分、党组织评定积分、志愿服务积分等积分方式为各类党员打分。继而强化积分应用，将党员积分作为年度评先评优、推荐各类代表候选人的重要依据，奖优罚劣。③

### （二）融合引领，提升发展力

发展力乃是将党建工作与经济工作、社会工作有机结合，服务经济社会发

① 中共肥西县丰乐镇委员会文件丰发〔2017〕74号文件。

② 中共肥西县花岗镇委员会文件花发〔2017〕47号文件。

③ 肥西县官亭镇2016年基层组织工作座谈会发言内部材料。

展的能力，是党组织引领党员群众发展经济，实现共同富裕、共奔小康、构建和谐社会的能力。发展力必然是检验党建工作实践成效的“试金石”。

发展力首先是在经济社会发展中把方向、谋大势、管大局的能力。肥西县委、县政府根据自身的特色与优势，制定了“主城融合、中央突破、两翼保护、外围控制”的发展指导思想，确立五大功能区，分别是合肥主城西南片区、产城融合示范片区、环巢湖生态文明示范片区、紫蓬山文化旅游片区、西北部外围控制片区，全力推动各功能区和各乡镇差异发展、联动发展和协调发展。各功能区、各乡镇、各工业园区党委及其所领导的村居基层党组织积极调整发展思路、找准发展方向、明确主导产业、确定主攻方向、完善产业功能、优化产业布局、培育特色产业、构建产业集群，使得各个区域主体功能得到更好发挥，从而改变原来乡镇园区各自为政、无序发展的格局。

发展力又是服务企业、推动企业创新的能力。肥西将非公党组织党建与非公企业发展有机融合，明确非公党组织服务企业的方向，实行一企一清单、一企一档案、一企一帮扶。以扶持智能制造、新能源、电子信息等新兴产业，发展电子商务、文化创意、金融保险等高端服务业为重点，为相关企业提供优质低价的标准化厂房、工业用地和政策资金支持，在企业项目洽谈、拟建、开工、投产多个阶段，安排相应部门的党员示范岗成员提供“一条龙”服务。为鼓励支持企业创业创新，大力建设创新孵化平台。依托桃花工业园区省级科技创业孵化中心，累计对81家科技型小微企业进行扶持。又与合肥工投合作，新增创新孵化平台1.8万平方米，目前拥有国家级工程技术研究中心2家，国家级重点实验室2家，国家级企业技术中心2家。为通过创新创业项目竞赛的形式选拔领军人物和“双创”英才，肥西还先后成功举办了两届“创智汇”“双创”精英挑战赛，招才引智成效明显。其中，2017年举办的第二届挑战赛新增奖金200万元，奖金总额达600多万元。共有91家（个）企业和团队报名，85个人才、团队、项目进入初审，68个通过预赛，36个晋级决赛，30个分别斩获了5个类别的奖项。① 获奖项目与相关企业随后将获得县天使投资、产业投资引导基金以及招商引资重大项目优惠政策等多重支持。

① 《肥西第二届“创智汇”双创精英挑战赛圆满落幕》，肥西县人民政府网，http://www.ahfeixi.gov.cn/content/detail/59f688536b07e1127c19542d.html。

发展力还表现为不断推进美丽乡村建设、发展集体经济的能力。官亭镇党委大力实施“村庄建设、环境整治、兴业富民、土地整治、管理创新”五大工程，坚持与土地整理、土地置换、危房改造、民生工程等项目相结合，已完成张祠、王集、新民三个示范美好乡村建设，然后以点带面，推动全镇美丽乡村发展。另外，以美丽乡村建设促农村产业转型升级。按照“建设一个村、兴起一方产业、带动一个地方”的思路，因势利导发展地方优势主导产业，扶持特色产业。积极、稳妥推进土地流转，截至2016年底，全镇24万亩耕地实现土地流转约13万多亩，发展精品苗木花卉产业12.7万亩，[①] 促进了土地集约节约高效利用。三河镇党委根据本镇文化古迹遗存丰富的特点，以旅游业助推美丽乡村建设、城乡一体化发展。在县党委政府支持下，累计投入2.7亿元用于旅游区硬件设施建设，推动三河古镇获准成为安徽省第九家、合肥市首家5A级旅游景区。此外，肥西各乡镇村基层党组织积极解决村“空壳村”脱帽问题，发展村集体经济。官亭镇党委将“空壳村”脱帽问题列入书记抓党建项目。如官亭镇新民社区利用美好乡村建设项目，建设了装机容量为400千瓦的光伏电站，2016年6月并网发电，当年产生效益14万元，预计以后每年可为村集体创收40万元。[②] 村集体经济加强解决了农村有钱办事、有人办事的问题，大大提高了农村基层党组织在村民中的威信以及推动美丽乡村建设的能力。

发展力还在于做好征迁重点工作，解决“天下第一”的城市建设难题的能力。征迁工作关系地方可持续发展和长治久安，关系民众切身利益。肥西县近年来城市化进程加快，为打造合肥西南副中心，必须解决好浩繁艰困的征迁工作。为此，肥西县攻坚克难，成立项目党组织，实行定时、定事、定人、定责任、定奖惩“五定工作法”，党员发挥信息员、宣传员、协调员“三员”作用，党员干部以建设大局为重，率先搬家，身先示范，带动亲朋好友周边群众搬家，积极主动地为困难群众提供周转房屋、解决子女入学等难题。征迁区域内德高望重的老党员干部被普遍发动起来，充当政府与群众的“联络员”，全程参与、监督征迁，传递群众诉求。肥西县将干部在征迁中表现作为绩效考

① 肥西县官亭镇整村推进开展情况汇报内部资料。

② 数据引自肥西县官亭镇新民社区发展壮大村级集体经济案例的内部资料。

核、奖惩激励、晋升选拔的重要指标，坚持将基层一线作为培养党员干部的“摇篮”，将大建设前线作为锻炼干部的“熔炉”。2014 年以来，肥西县 12 个乡镇和4 个园区征迁总面积达874.13 万平方米，共涉及62453 户。① 2016 年肥西全县完成房屋征迁约 190 万平方米。其中，2014 年以来，花岗镇完成的征迁工作主要有红堰村整村推进、肥西县垃圾填埋场、丰乐河流域养殖场、水毁修复工程、花园街道、合安客专暨合九联络线、四合及河丰社区整村推进、产城融合示范区八大项目，涉及征迁户约 4600 户，拆迁房屋面积达 155 万平方米。2017 年启动的征迁工作有 2 项，拆迁房屋面积达 50 万平方米。② 肥西县上派镇自 2014 年以来，围绕金寨南路拓宽等重大基础设施建设、古埂社区棚户区改造等重大民生工程、新港南区江汽基地等重大招商引资项目，在下辖 30 个村社区中的灯塔、四十埠等 25 个村社区开展了征迁工作，共拆除房屋 26017 户，拆迁面积 287.156 万平方米，征地 22000 多亩，2014 ~ 2016 年的征迁任务已全部完成，2017 年的合安高铁、合安高速“四改八”、祥源花世界等项目征迁交地任务也已完成。③ 肥西征迁工作快速、高效，缘于党员们用真情换真心、用行动暖民心，从而破解了一个又一个征迁难题，不断刷新着肥西征迁新速度。

### （三）不忘初心，改善服务力

服务力主要是指基层党组织坚持立党为公、执政为民，服务党员、服务群众，实现好、维护好、发展好最广大人民根本利益的能力。改善服务力须将服务作为党建的鲜明主题，建设服务型基层党组织，强化基层党组织的服务意识、健全服务体系、创新服务载体、构建服务格局，由此从整体上提高服务能力，打通联系服务群众的“最后一公里”。

服务力首先是党对人民群众利益表达、利益整合的能力。肥西党组织严格落实党代表常任制、党代表任期制，推进党内民主建设。每年召开党代表年会，听取审议同级党委、纪委工作报告。按照“五有”标准建立党代表活动

---

① 《基层党组织在重点工作中发挥作用的汇报》（肥西县委组织部内部文件）。

② 肥西县花岗镇党委：《基层党建工作专题调研汇报》（内部资料）。

③ 上派镇党委：《党旗在征迁一线高高飘扬——上派镇在重难点工作中充分发挥基层党组织的作用》，肥西先锋网，http：//fx. ahxf. gov. cn/content/detail/596d748aaf88bcda14175cff. html。

室，并设有党代表网络工作室。实行党代表接待日政策，建立党代表联系基层党组织和党员群众的台账档案。针对重点工作和群众反映的热点难点问题，进行集中调研走访活动，将来自基层群众的普遍利益诉求通过党的组织渠道，反映给上级党委和政府。不断探索和提高基层党组织推动社会协商民主的能力，推广农村议事会、恳谈会等日渐成熟和运行有效的基层协商民主方式。发挥党的群众工作的优良传统，利用春节前后外出务工人员回乡时间，就农村产业发展、农民群众关心的问题，召开各种形式的座谈会，介绍村党组织未来一年的规划、村委会下一步的做法，广泛征求村民或党员代表的意见。

服务力也是满足人民群众多样服务需要，为民办实事的能力。肥西县把解决人民群众普遍关心的民生问题当作基层党建工作的重要内容，依托社区及行政村党组织构建党群活动中心，作为服务群众的主要平台，落实一系列服务制度和工作机制，着重做好为民服务全程代理、双培双带工程和双向承诺工作。实行首问负责制、一次告知制度、限时办结制度。在服务实践上，肥西基层党组织为群众提供多方面的直接服务：有政策法律方面的服务，包括政策法律的宣传、解释、答疑；有思想文化方面的服务，包括组织群众文化活动、提供文化活动支持、营造文明乡风；有生产发展方面的服务，包括产业发展指导、生产技术培训、组织生产合作与互助、改善基础设施条件；有民生改善方面的服务，包括精准扶贫、助残济困、提供就业信息、帮助就学就医养老；有促进和谐方面的服务，包括调节邻里纠纷、维护合法权益、协助社会治安等。同时，肥西还积极培养党员志愿者精神，建立了党员志愿者队伍，以空巢老人、残疾人、留守儿童、帮教对象等为服务对象，每周定期开展志愿活动。要求在职党员亮身份、进社区，实行“周六志愿行”，开展社区“微心愿”认领，充分发挥党员先锋模范作用。积极开展义务理发、废旧物品兑换绿植、健康知识宣传、文明行车行走、综合治理义务宣传等活动，帮助孤寡老人打扫卫生等，志愿者义务清理背街小巷。让每个党员都成为一面旗帜，在抗洪、征迁、创城一线都看得到党员志愿者的身影。

## 四　结语

党的十九大报告明确提出“把党建设成为始终走在时代前列、人民衷心拥护、勇于自我革命、经得起各种风浪考验、朝气蓬勃的马克思主义执政党”[①]。以此观之，肥西县“汇聚合力、融合发展”的“双合”型党建已然取得诸多值得赞赏的成果，产生了极为显著的社会发展效应。但正如改革永远在路上，党建也应当永远在路上。在未来，肥西县党组织还应在习近平新时代中国特色社会主义思想的指导下，在以党组织为中心聚合全社会力量与资源方面多做努力，在党建工作与社会发展的高效融合方面狠下功夫。让肥西更好地成为各类人才尽显其能的沃野、党员干部实干创新的热土、基层党组织构筑优良政治生态的高地，在党建工作与社会发展的互融互强中顺利实现肥西加速转型跨越发展、在安徽省内率先全面建成小康社会、率先建成全国县级文明城市的社会发展目标。

## 参考文献


《中国共产党章程（2017年十九大修订版）》，人民出版社，2017。

习近平：《决胜全面建成小康社会　夺取新时代中国特色社会主义伟大胜利——在中国共产党第十九次全国代表大会上的报告》，人民出版社，2017。

中共中央宣传部：《习近平总书记系列重要讲话读本（2016年版）》，学习出版社，2016。

中共中央组织部人才工作局：《全国基层人才工作创新案例获奖案例集》，党建读物出版社，2016。

本报评论员：《“党”字不忘，信仰是灵魂——七论营造党内生活新常态》，《人民日报》2014年10月3日。

《习近平的反腐大白话》，《人民日报》（海外版）2015年1月16日。

岳瑾：《肥西“人才引擎”推动创新驱动发展》，《合肥日报》2016年2月19日。

何桂明：《肥西人才战略激发“双创”活力》，《合肥日报》2017年6月12日。

许先林：《肥西县试水公务员跨部门转任》，《合肥日报》2015年10月30日。

许先林：《肥西县：“四个一批”培养锻炼干部》，《江淮》2015年第7期。

《关于印发〈肥西县“十三五”人才发展规划〉的通知》（肥人社秘〔2016〕339号）。

《肥西县人才发展三年行动计划（2015-2017年）》（肥人才〔2015〕2号）。

《肥西县科级领导干部实绩量化考核暂行办法》（肥办〔2014〕1号）。

《肥西县党政正职“五个不直接分管”暂行规定》（肥办〔2017〕35号）。


---

① 习近平：《决胜全面建成小康社会　夺取新时代中国特色社会主义伟大胜利——在中国共产党第十九次全国代表大会上的报告》，人民出版社，2017。

# B.16
# 安徽省文明城市创建现状分析与对策研究

吴建飞　徐　华　张文杰*

**摘　要：** 全国文明城市是国内城市综合类评比中的最高荣誉，代表着一座城市的软实力，目前国内许多省市都在开展或深化文明城市创建工作，创建意识深入人心。安徽省文明城市创建工作自开展以来，成效显著，本文在全面梳理安徽省文明城市创建现状的基础上，从经济发展、文化传承、生态文明、群众参与等方面分析了安徽省的创建优势，并指出创建工作中的不足，如创建工作认识不到位、部门协作不畅、特色型发展不足、公众参与度不高等，同时针对这些问题，从创建机制、重点领域整治、地方特色探索、志愿服务建设等方面提出了相应的对策和建议，为推进安徽省文明城市创建工作高效开展提供借鉴。

**关键词：** 安徽　文明城市　创建机制　文化资源整合

习近平总书记在党的十九大报告中指出，“我国社会主要矛盾已经转化为人民日益增长的美好生活需要和不平衡不充分的发展之间的矛盾”。人民美好生活需要日益广泛，不仅对物质文化生活提出更高要求，而且在民主、法治、公平、正义、安全、环境等方面的要求日益增长，就要以更高标准建设更高水平的文明城市，持续提升人民群众的幸福感和获得感。基于文明城市创建工作

* 吴建飞，安徽省安策智库咨询有限公司副总经理；徐华，安徽大学社会与政治学院副院长，教授，硕士生导师，主要研究方向为中国社会思想史；张文杰，安徽省濉溪县文明办创建股负责人。

重要性和迫切性，本文系统整理了文明城市内涵以及创建流程，深入分析安徽省创建现状，有针对性地提出相应对策与建议，为安徽省文明城市创建工作提供决策参考。

## 一　文明城市的内涵与运行机制

### （一）全国文明城市内涵

全国文明城市，指在全面建设小康社会中市民文明素质和社会文明程度较高的城市（区），是城市整体文明水平的综合性荣誉称号和全国城市综合类评比中的最高荣誉。创建文明城市是利国利民的大事，对民众而言，有利于改善居民生活环境，提升居民文化素质；对城市而言，有利于打造城市品牌，提升城市品位和竞争力；对社会而言，有利于发挥城市辐射功能，促进城乡生产要素平等交换和公共资源均衡配置，推进城乡融合发展。

### （二）全国文明城市运行机制

1. 全国文明城市申报条件

随着全国文明城市创建工作的持续开展，中央文明委对参与评选的城市要求日益严格，申报条件涵盖了经济、安全生产、政治、文化等方面。具体的申报条件见图1。如果申报城市任何一个条件不符合，均不得参与全国文明城市的评选。

2. 全国文明城市创建流程

（1）全国文明城市（地级以上）创建流程

全国文明城市（地级以上）实行届期制，每三年评选表彰一次，评选活动分为获取提名资格和参与全国竞争两个阶段进行。①获取提名资格阶段：申报城市对照全国文明城市测评标准，进行自我测评，符合标准、条件后，由市文明办自愿向省文明委提出申请，省文明办于第三年前置筛选审核后，按分配名额向中央文明办提交推荐报告。②参与全国竞争阶段：由中央文明办牵头组织，分别以实地暗访考察、部门复核、入户问卷调查和网上材料审核四种方式

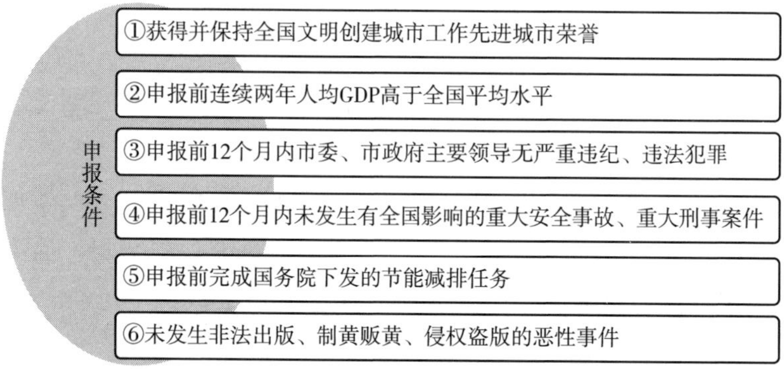

申报条件

①获得并保持全国文明创建城市工作先进城市荣誉

②申报前连续两年人均GDP高于全国平均水平

③申报前12个月内市委、市政府主要领导无严重违纪、违法犯罪

④申报前12个月内未发生有全国影响的重大安全事故、重大刑事案件

⑤申报前完成国务院下发的节能减排任务

⑥未发生非法出版、制黄贩黄、侵权盗版的恶性事件

**图1　全国文明城市（地级以上）申报条件**

对参评城市进行测评，合计得出参评城市最终分值①。中央文明办严格依据参评城市的三年测评总成绩排名，报中央文明委批准，提出新一届全国文明城市名单。具体工作流程见图2。

（2）全国县级文明城市创建流程

自2014年以来，全国县级文明城市与地级以上文明城市评选周期、节点相同，三年一届，实行动态管理。其具体的创建流程见图3。安徽省内县级文明城市创建流程与地级以上文明城市不同之处在于：①省内所有县城（除县级提名城市）均由省级文明办依照各地市文明（县城、城区）测评体系操作手册进行测评，根据成绩和其他因素综合研判，推荐有潜力、有实力的县，参与下一届的全国县级文明城市竞选；②往届未入选（不占本届名额）和本届全国县级提名城市同时参加竞选，前两年由省文明办进行年度测评，第三年由中央文明办进行综合测评、筛选，根据权重对三年成绩进行综合排名，确定新一届全国县级文明城市名单。

3. 全国文明城市测评内容

中央文明办严格对照《全国文明城市测评体系》，对参选城市进行测评，

① 按照以下方式进行三年测评总成绩合计：首先，前三年按照权重计算后占总成绩90%，其中，第一年测评分值占15%，第二年测评分值占25%，第三年测评分值占60%；其次，三年未成年人测评平均成绩占10%；最后，统计国家认可的16项全国性荣誉情况，每项荣誉加1分，最多加6分，同时统计负面清单扣分情况。

测评体系包括政务环境、法治环境、市场环境、人文环境、社会文化环境、生活环境、社会环境、生态环境八大环境，共计188个指标，测评项目包括公益宣传、环境卫生、秩序管理、志愿服务等，测评区域涉及城区和乡镇的各个角落。从具体测评内容可以看出测评指标覆盖面广，要求日益严苛，创建全国文明城市注定是一场持久战、攻坚战。

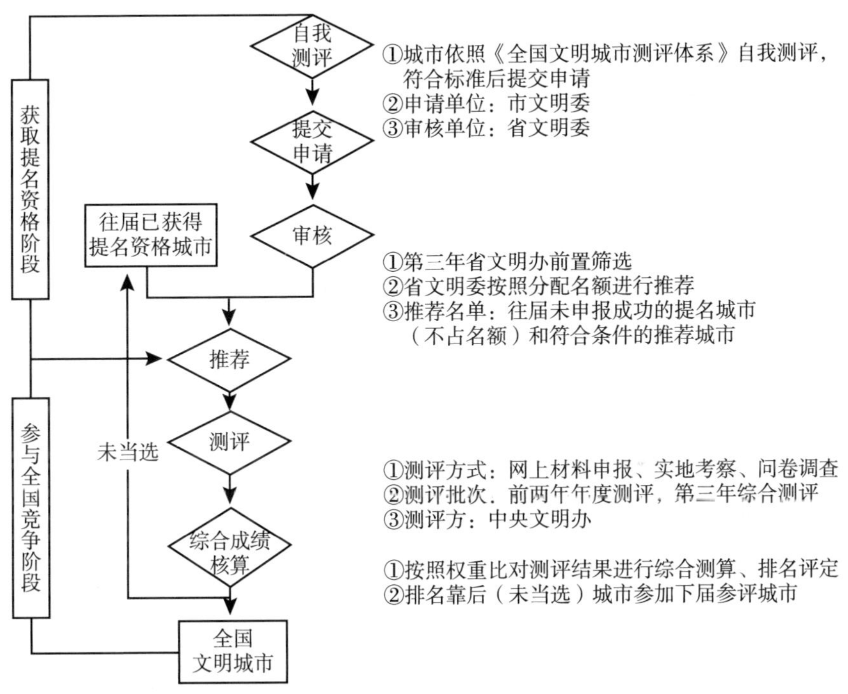


**图2　全国文明城市（地级以上）创建流程**

注：往届文明城市复查：中央文明办按照城市进行自查、省级审查推荐、中央部委审核、组织复查测评等复查程序，严格依据中央文明办组织的网上材料审核结果和委托各省、自治区、直辖市文明办组织的实地暗访考察、入户问卷调查结果分析，提出对往届全国文明城市的复查结论，报中央文明委批准。

资料来源：中国文明网以及《全国文明城市测评体系及操作手册（2017年版）》，本文作者根据资料绘制。

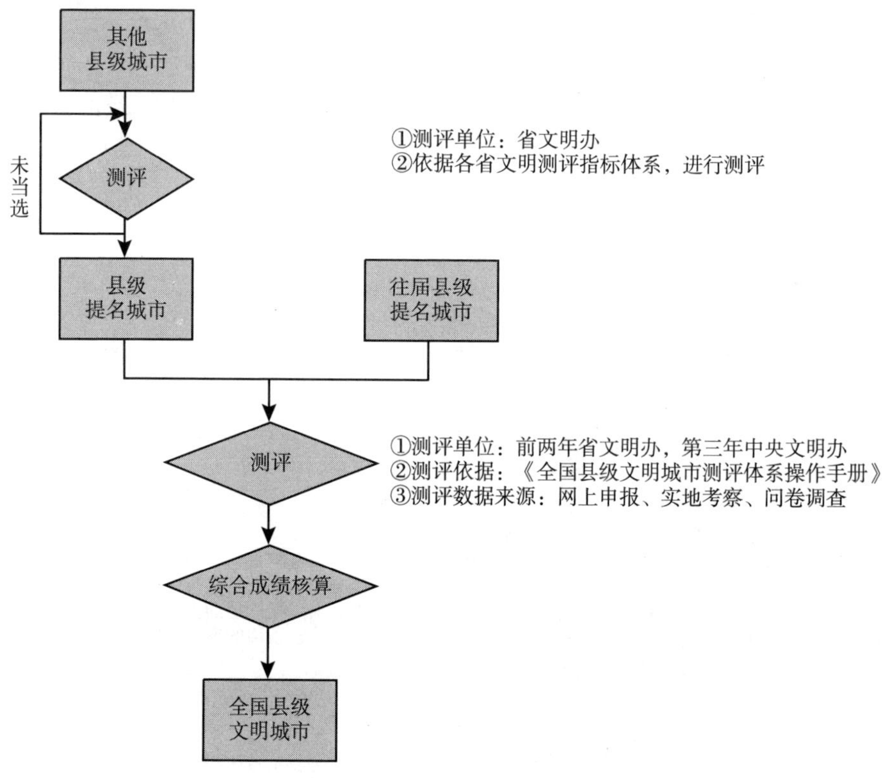


**图 3　全国县级文明城市创建流程**

资料来源：中国文明网以及《全国县级文明城市测评体系及操作手册（2017 年版）》，本文作者根据资料绘制。

## 二　安徽省文明城市创建的现状分析

### （一）安徽省文明城市创建总体概况

1. 文明城市数量位居全国前列

截至 2017 年 11 月 14 日，全国文明城市评选活动已连续举办五届。地级以上文明城市数量方面，安徽省仅低于江苏省（10 个）和山东省（9 个），与浙江省和广东省一样多（8 个）（见表 1）；在变化趋势上，2009 年以前，安徽省内仅马鞍山市为全国文明城市；2011 年以后，安徽省当选城市数量呈逐届上升趋势，特别是最近两届，当选城市数量均处于首位，创建成果斐然。但同周围省份相比，安徽省内获得全国文明城市荣誉称号的比例仅为50%，明显落后于浙江与江苏，依然有较大的提升空间。

**表1　部分省地级市以上全国文明城市评选情况比较**

单位：个

| 省　份 | 第一届 | 第二届 | 第三届 | 第四届 | 第五届 | 合计 |
|---|---|---|---|---|---|---|
| 江　苏 | — | 3 | 2 | 3 | 2 | 10 |
| 山　东 | 1 | — | 2 | 3 | 3 | 9 |
| 浙　江 | 1 | — | 2 | 2 | 3 | 8 |
| 广　东 | 2 | 2 | 2 | 2 | — | 8 |
| 安　徽 | — | 1 | — | 3 | 4 | 8 |
| 福　建 | 1 | — | 1 | 3 | 2 | 7 |
| 上　海 | 1 | 1 | 1 | 1 | 2 | 6 |
| 河　南 | — | — | 2 | 2 | 2 | 6 |
| 北　京 | 1 | 1 | 1 | 1 | 1 | 5 |
| 四　川 | — | 1 | 1 | 1 | 2 | 5 |
| 湖　南 | — | — | 2 | 2 | 1 | 5 |
| 辽　宁 | 1 | — | — | 1 | 2 | 4 |
| 重　庆 | — | 1 | 1 | 1 | 1 | 4 |
| 河　北 | — | — | 1 | — | 3 | 4 |
| 内蒙古 | 2 | — | 1 | — | 1 | 4 |
| 黑龙江 | — | 1 | — | 1 | 1 | 3 |
| 江　西 | — | — | — | 1 | 2 | 3 |
| 陕　西 |  | — | — | 2 | 1 | 3 |

资料来源：中国文明网。

2. 文明城市区域性分布明显

安徽省内全国文明城市的分布呈现明显的区域性特点。皖南7个城市（包括安庆、池州、铜陵、芜湖、马鞍山、宣城和黄山）中有5个地级市获得全国文明城市称号，获得荣誉称号的城市比例高达71.4%，形成“长江文明城市带”效应。分析原因，这主要与其良好的经济基础、环境条件直接相关，皖南临近长江，受江浙一带经济文化辐射，较早发展制造业、工商业和服务业，同时有着先天的矿产和旅游资源优势，文明城市创建基础较好，在省内处于领先位置。皖北6个城市（阜阳、亳州、淮北、宿州、蚌埠、淮南）中只有淮北和蚌埠于2017年新获得全国文明城市称号，比例仅为33.3%，这与当地的经济基础、环境以及政府重视程度有关，皖北多是平原地带，以农业为主，经济发展水平和基础设施建设相对落后，环境条件亦劣于皖南，先天的底子薄弱导致目前的创建成绩落后于皖南。但随着省内对皖北的重视逐渐加大，将其作为省内经济的新增长极，切实加大扶持力度，出台了《关于促进皖北地区又好又快发展的若干意见》等一系列政策，推动相关项目落地，促进皖北经济振兴。近些年皖北经济有了明显增长，在文明城市创建方面有着较大潜力。

## （二）安徽省创建文明城市的有利因素分析

### 1. 稳定增长的经济形势为文明城市创建打下物质基础

经济是文明城市建设的物质保障。近十年来，安徽省经济取得了较快发展，尤其是自 2008 年以来，安徽省 GDP 增速均高于全国 GDP 增速，人均 GDP 也保持着良好的发展态势。2016 年安徽省全年生产总值（GDP）24117.9 亿元，比上年增长 8.7%，人均 GDP 接近 4 万元，较往年有明显提升（见表 2）。2016 年安徽省人民政府发布《安徽省国民经济和社会发展第十三个五年规划》，明确提出建立现代产业新体系和促进区域经济新发展，实现产业结构优化升级和经济总量扩大。随着国家“一带一路”和长江经济带的建设，安徽省承东启西、连南接北的区位优势得以凸显，综合交通条件使安徽省在两大经济带沿线地区具有显著优势，为其经济结构转型升级、迈向发展新台阶提供了新的机遇，预期安徽省将保持经济平稳健康较快发展，为文明城市创建奠定良好的物质基础。

**表 2　2005 年以来安徽经济总量与全国的比较**

| 年份 | GDP 总额(亿元) | | 人均 GDP(元) | | GDP 增速(%) | | 人均 GDP 增速(%) | |
|---|---|---|---|---|---|---|---|---|
| | 安徽 | 全国 | 安徽 | 全国 | 安徽 | 全国 | 安徽 | 全国 |
| 2005 | 5350 | 185896 | 8742 | 14259 | 11 | 11.35 | 10.8 | 10.7 |
| 2006 | 6113 | 217657 | 10004 | 16602 | 12.5 | 12.69 | 14 | 12.06 |
| 2007 | 7361 | 268019 | 12032 | 20337 | 14.2 | 14.2 | 14 | 13.6 |
| 2008 | 8852 | 316752 | 14428 | 23912 | 12.67 | 9.62 | 12.4 | 9.06 |
| 2009 | 10063 | 345629 | 16413 | 25963 | 12.95 | 9.24 | 12.8 | 8.69 |
| 2010 | 12359 | 408903 | 20749 | 30568 | 14.5 | 10.63 | 18.8 | 10.1 |
| 2011 | 15301 | 484124 | 25638 | 36018 | 13.5 | 9.49 | 12.6 | 8.96 |
| 2012 | 17212 | 534123 | 28744 | 39544 | 12.1 | 7.75 | 11.8 | 7.22 |
| 2013 | 19229 | 588019 | 31891 | 43320 | 10.44 | 7.69 | 9.88 | 7.15 |
| 2014 | 20849 | 635910 | 34274 | 46629 | 9.2 | 7.27 | 8.37 | 6.73 |
| 2015 | 22005 | 676708 | 35997 | 49351 | 8.7 | 6.9 | 5.03 | 6.3 |
| 2016 | 24118 | 744127 | 39092 | 53974 | 8.7 | 6.7 | 8.6 | 9.37 |

资料来源：《中国统计年鉴》（2005～2016 年各年）和安徽省统计年鉴或者统计公报。

2. 深厚的文化底蕴为文明城市创建提供文化基础

安徽文化历史悠久，底蕴深厚。在物质文化资源方面，上从200万至240万年前的繁昌人字洞古人类遗址，下到近现代革命文物，各个时期特色鲜明，并且在传承的基础上又有发展创新，诸如芜湖铁画锻制技艺、潜山桑皮纸制作技艺、徽州文房四宝制作技艺、徽州建筑传统技艺，以及黄山毛峰、太平猴魁等绿茶制作技艺等。在非物质文化资源方面，诸如五河民歌、青阳腔、华佗五禽戏、徽派版画篆刻、新安医学等，也得到了长足的发展和创新。目前安徽各地根据自己的特色文化打造地方文化品牌，如安庆依据地方特色戏剧黄梅戏来做文章，成功举办多届黄梅戏艺术节，并在中央电视台广泛传播和推广；黄山市紧抓举办旅游节和文化节的契机向世界展示黄山市的民俗民间文化；滁州市每年举办的农歌会在全国有很大的影响力，这些丰富的历史文化资源筑就了深厚的城市底蕴和独特的城市魅力（见表3）。

**表3　安徽各地市文化资源整合**

| 区域 | 城市 | 文化资源 |
|---|---|---|
| 皖南 | 安庆 | ①以薛家岗文化遗址和"古南岳"为代表的古皖文化资源<br>②以黄梅戏为代表的戏剧文化资源<br>③以司空山二祖寺等禅寺为代表的佛教禅宗文化资源<br>④以大别山为中心的红色文化资源 |
| | 池州 | ①以九华山地藏王菩萨道场为代表的佛教禅宗文化资源<br>②以杏花村文化遗址为代表的古皖文化资源<br>③以傩戏为代表的戏剧文化资源 |
| | 铜陵 | ①青铜文化<br>②以五松山为代表的山水文化<br>③以大士阁、清凉寺为代表的佛教文化<br>④以悦老街和澜溪老街为代表的市镇文化 |
| | 芜湖 | ①以广济寺为代表的地藏佛教文化和以芜湖天主教堂为代表的天主教文化<br>②以芜湖铁画、十兽灯、繁昌民歌、梨簧戏等为代表的民俗文化<br>③以白马山战役、新四军第七军司令部旧址为代表的红色文化资源 |
| | 马鞍山 | ①江东文化资源和以李白终老之地为依托打造的诗歌文化资源<br>②以马鞍山采石矶、古昭关为代表的古代军事文化资源<br>③以马鞍山市小九华、当涂藏云寺为代表的佛教文化资源<br>④以和县猿人遗址、含山凌家滩为代表的远古文化资源 |

续表

| 区域 | 城市 | 文化资源 |
| --- | --- | --- |
| 皖南 | 宣城 | ①以放荷灯、跳五猖、安苗节为代表的民俗文化<br>②以花鼓戏、皮影戏、徽戏为代表的戏曲文化资源<br>③以宣纸、宣笔、徽墨为代表的书画文化资源<br>④以云岭为代表的红色文化<br>⑤以广教寺等为代表的佛教文化<br>⑥以谢朓楼、泾县查济为代表的古建筑文化 |
| | 黄山 | ①以太平猴魁、祁门红茶、黄山毛峰等为代表的茶文化<br>②以西递宏村等为代表的徽式古建筑<br>③以齐云山为代表的道教文化<br>④以新安画派、“徽州四雕”（石雕、砖雕、木雕、竹雕）为代表的文化资源 |
| 皖中 | 合肥 | ①以吴王庙、三国遗址公园等为代表的军事遗址<br>②以中国科学技术大学、科学岛为代表的科技文化<br>③以包公文化园为代表的廉政文化<br>④以李鸿章故居为代表的改革思想文化<br>⑤以巢湖为代表的红色历史文化资源 |
| | 滁州 | ①以全国农民歌会、琅琊山庙会为代表的民俗文化<br>②以凤阳花鼓戏为代表的戏曲文化资源 |
| | 六安 | ①以古皋陶墓和皋陶祠为代表的皋陶文化<br>②以庐剧、锣鼓书为代表的曲艺文化资源<br>③以皖西革命烈士纪念馆等为代表的皖西苏军红军文化资源 |
| 皖北 | 阜阳 | ①以龙灯舞、狮子舞、花鼓灯为代表的民俗文化<br>②以界首为代表的彩陶文化 |
| | 亳州 | ①因“华佗故里、药材之乡”而闻名的中医药文化资源<br>②以老子文化陈列馆为代表的老庄文化<br>③以古井酒文化博物馆、宋井、魏井等为代表的酒文化 |
| | 淮北 | ①以柳孜运河遗址为代表的古文化遗址<br>②以濉溪县文昌宫、淮海战役双堆集烈士陵园为代表的红色文化资源 |
| | 宿州 | ①因灵璧石而著称的奇石文化<br>②以钟馗画、剪纸艺术、泗州戏为代表的传统习俗文化 |
| | 蚌埠 | ①以双墩文化遗址为代表的历史文化资源<br>②以孙家圩子渡江战役指挥部为代表的红色文化资源<br>③以花鼓灯、五河民歌为代表的民俗文化<br>④以栖岩寺为代表的佛教文化资源 |
| | 淮南 | ①以淮南茅仙洞为代表的佛道并存文化资源<br>②以淮南谢家集区李郢孜镇为代表的回族宗教文化<br>③以隋代窑遗址等为代表的历史文化资源 |

3. 良好的生态建设为文明城市创建奠定环境基础

安徽地处中国南北方的过渡之处，动植物资源丰富多样，河流隶属于淮河、长江、钱塘江三个流域，是江淮重要的水源地。2015 年，省委、省政府出台《安徽省生态文明体制改革实施方案》，提出构建系统完整的安徽特色生态文明制度体系，加快建设绿色江淮美好家园。[①]“十三五”以来，安徽深入推进创新型生态强省建设，截至 2016 年末，已建成县级以上自然保护区 104 个，森林面积达 3958.5 千公顷；工业废气、城市扬尘、燃煤小锅炉、秸秆焚烧、机车尾气等得到有效治理，2016 年全省 PM10 年均浓度为 77 微克/立方米，比上年下降 3.8%；城市集中式饮用水水源地水质达标率为 97%，淮河、巢湖流域水污染防治取得成效，水质稳中趋好。森林植被覆盖率高，旅游资源丰厚，有国家级、省级各类旅游点 290 多处，[①] 以黄山、九华山为中心的皖南旅游区，是我国品位最高、景点最集中、特色最鲜明的山岳风光旅游区，良好的生态建设为文明城市创建奠定了坚实的环境基础。

4. 突出民生为本为文明城市创建夯实群众基础

创建文明城市的根本目的是惠民，坚持以人为本是文明城市创建的出发点和落脚点。近年来，安徽省切实增加民生事业投入，扎实推进民生工程。“十二五”期间，新增公共租赁住房 63.5 万套，完成棚户区改造 69 万套，很大程度上改善了困难群众住房条件。2016 年，安徽省继续投入资金 826.5 亿元，优化就业制度，城镇登记失业率控制在 3.2%；持续扩大城乡社会保障范围，城乡居民养老保险参保人数 3431.9 万人，参加新型农村合作医疗的农业人口 5121.2 万人，参合率为 102.5%，[②] 民生热点难点问题得到有效缓解，困难弱势群体的生活质量有了明显改善。正因为坚持“创建为民、创建惠民”，安徽省文明城市创建工作得到了绝大多数市民的真心支持和广泛参与。

## 三　安徽省文明城市创建中存在的问题

总体来看，安徽省在改善基础设施、提高城市文明程度方面做了很多积极

① 资料来源：2016 年安徽省国民经济和社会发展统计公报。

② 资料资源：安徽民生工程网等。

有效的工作，成果显著。但是部分地区依然存在一些困难和问题，如对创建工作认识不到位、部门协作不畅、创建资源下沉不足、公众参与度不高以及特色性发展不明显等。具体分析如下。

### （一）对创建工作认识不到位

随着文明城市创建工作的持续开展，《文明城市测评体系》不断修订完善，考核内容越来越细，测评程序越来越规范，需上报的材料要求越来越高，加上基层工作繁重，不可避免地出现了部分地区搞突击走过场的现象，将文明城市创建工作由持续性、常态性工作变成阶段性、突击性工作，更多地表现为一种应付性的“检查”，总体缺乏延展性与持续性。同时，部分基层工作人员缺乏对文明城市创建根本意义的深入理解，无法体会创建惠民的重要性，单纯地以绩效考核为目的开展文明城市创建工作，“重评轻创”，将主要目标或精力放在“评”上，其追求的是与政绩相关的一串串“数字”，忽视了文明城市创建工作的现实意义。总体上，各单位或部门对文明城市创建的认识不到位，对文明城市创建工作的意义理解不深，“重评比、重形式、搞突击”等问题依然存在，尚未建立起文明城市创建的长效机制。

### （二）部门协作不畅

文明城市创建工作是一项系统工程，各部门之间要加强沟通，协作配合，但在当前的创建工作中，部门沟通不畅是影响创建进程与效果的主要问题之一。首先，文明办虽然是文明城市创建工作的主要推手，但是并不是文明城市创建工作的唯一动力，文明办更多体现的是指导、协调和监督作用，具体的管理执行工作还是分布在各个部门中。但文明办特殊的职能定位，导致在文明城市创建工作中，其他部门过度依赖文明办，缺乏工作的主动性与协作性。其次，由于各职能部门的管理范围和权限划分不够清晰，部门协作、沟通机制还不通畅，各部门之间存在职能交叉和监管盲点等问题，管理不到位现象也时有发生。加之各部门间的职能分割，导致在创建中还出现“各扫门前雪”的现象，很多部门大多从部门利益出发，创建工作在横向上缺乏协作。

### （三）创建资源下沉不足

基层资源的缺失、创建资源的下沉不足是安徽省当前文明城市创建过程中存在的主要问题之一。当前文明城市创建的重点大多集中在城区，而作为基层主体的社区、乡镇等，在人力、物力以及资金等各种有形和无形的资源方面获取的支持力度明显不足，导致基层创建工作中存在诸如基础设施不完善、人力不足、创建经费不够、宣传不到位等问题，基层文明城市创建难以有效推进。要坚持重心下沉基层、资源下沉一线，不折不扣抓实各项工作，在文明城市创建中不断取得优异成绩的同时，基层文明城市创建也要跟上发展步伐，实现全民参与创建，共建共享文明城市成果。

### （四）公众参与度不高

随着城市化进程的加快，大量人员涌入城市。一方面作为文明城市创建参与主体之一的市民，素质参差不齐，部分市民公德意识、环境卫生意识较差，破坏城市环境的行为较为常见，如破坏公物、乱抛生活废弃物、占道经营、乱涂乱画等。在交通文明方面，行人闯红灯、机动车和非机动车辆乱停乱放等现象也屡禁不止。另一方面部分公众认为创建文明城市缺乏实质意义，无法带来直接利益，文明城市创建只是政府行为，与己无关，参与的积极性和主动性不够。此外，一些地区只是为了创建而创建，缺乏整体的统筹与引导，特别是对公众参与的引导不足，公众“只知创建之名，不知创建之实”。如何引导公众积极主动参与文明城市创建工作，营造全民参与的环境和氛围，是一个亟须解决的难题。

### （五）特色性发展不明显

创建全国文明城市以来，各地政府均严格对照标准，围绕公益宣传、基础设施建设、秩序管理、志愿服务等方面开展文明城市创建工作，推进各项任务落实，但文明城市创建工作过于机械化，对当地特色文化资源挖掘和利用较少，削弱了城市的差异化和特色化发展。文明城市创建与地方特色的挖掘本质上存在着一定的关联性，但是部门将文明城市创建与地方特色性发展割裂开来，在顶层设计上存在制度缺失。安徽省内各地市有着深厚的文化底蕴，如皖南的宗教禅宗文化、皖中皖北的红色文化等，依托这些资源可以有力带动地方经济发展，提升当地知名度，间接推动文明城市创建工作。如何充分利用当地的特色文化资源，将文明城市创建和历史文化发扬紧密结合，可作为下一阶段的重点工作任务。

## 四　安徽省创建全国文明城市的对策与建议

通过安徽省文明城市创建现状和存在问题分析，可以看到安徽省在创建工作方面依然有着较大的改善空间和良好的发展潜力，如何有效地推动相关工作的开展，提高文明城市创建水平，本文提出以下建议。

### （一）建立科学有效的文明城市创建长效机制

要建立长效工作机制，用制度持续深化创建成果，努力使创建工作制度化、群众化、常态化，防止效果回潮、指标反弹。进一步健全创建工作的责任机制，强化各级党委政府的责任意识，加强党委、政府统一领导，健全“一把手”负总责制，完善分管领导负具体责任的制度，将文明城市建设的责任分解、落实到人。发挥文明办等相关部门的组织协调作用，加强群团部门的密切合作，确保文明城市创建由文件变成现实。注重发挥基层组织作用，遵循“高处着眼，低处入手”的原则，基层组织应积极对接文明城市创建工作，积极开展与弘扬社会主义核心价值观的活动，扎实推进“文明乡村”“文明社区”等建设工程，通过组织培训、宣讲等形式逐步提高基层组织服务水平。发挥基层组织贴近群众的优势，以基层组织为中介带动广大民众积极投身文明城市创建。强化舆论宣传活动，营造文明城市创建的浓厚氛围，积极组织各单位、企业、商户等，利用微博微信等新媒体、电子显示屏、宣传单、大型公益广告牌、宣传橱窗等形式，宣传全国文明城市创建的相关精神和内容，深化民众对文明城市创建的认识，丰富民众文明城市创建知识。

### （二）推动重点领域整治常态化

紧紧围绕文明城市创建的总目标，坚持创建为民、创建惠民，推动重点领域、重点工作整治常态化，把文明城市创建过程作为提升城市管理水平、推动城市管理转型、提高市民素质、让百姓受益的民心工程和民生工程。加强重点区域整治，各级有关部门要按照职能分工，进一步加强城市主干道、集贸市场、车站等重点区域及城乡结合部、城中村等薄弱区域的环境卫生整治，突出抓好一批整治示范点，以点带面，全面提升城市的环境卫生管理水平。加强重点行业监督，抓好市场经营、公共卫生、文化市场、“五小”行业、建筑工地等重点领域整治，加大执法监管和综合治理力度，切实抓出成效。加强市容秩序管理，重点抓好流动摊点、非法广告、不文明行车、非法营运等行为整治。特别是要加强交通秩序整治，推进“交通文明行动计划”，倡导文明出行，突出抓好酒后驾驶、闯红灯、机动车斑马线不减速、骑摩托车不戴安全帽等行为整治，加强主次干道、交易市场及社区停车、经营等方面的规范管理，实现日常管理常态化，进一步营造安全、有序的交通环境。

### （三）推广“互联网 + 文明城市”新模式

互联网等新技术新媒介日新月异，利用互联网搭建政府服务和公众参与平台，可以提高政府工作效率，拓宽群众参与渠道，增强群众幸福感，全面推进文明城市创建工作。优化“互联网 + 城市服务”，健全网上服务大厅，覆盖计生、民政、人社、工商、税务等多个窗口部门，实现民众足不出户就可以办理多项业务，减少群众办事成本，提高政府办事效率，节约行政资源，实现源头预防腐败。推行“互联网 + 创建督查”，在文明城市的创建过程中，需要开展实地测评工作，帮助发现当地存在的盲点和疑点，从而弥补短板，提高文明城市创建能力。在实地测评过程中，可充分利用互联网技术，精准定位，及时获取现场图像资料并上传相关考核信息，从而建立图文数据库，在保证信息准确性和全面性的同时，方便后续数据的查看审核。在测评过程中引入信息化技术，实现线下测评和线上审核同步开展，扎实推动文明城市创建开展。深化“互联网 + 精神文明”建设，坚持以社会主义核心价值观为主线，搭建网络正面宣传平台，通过网络载体宣传身边好人、道德模范，积极营造网络文明新风尚，实现线上创建与线下创建同步开展，群众文明素质与城乡文明程度同步提升。

### （四）探索有地方特色的文明城市创建道路

文明城市，各有千秋。在文明城市创建过程中，应针对不同地市的独有特点，挖掘文化优势，打造地方特色项目。在城市布局方面，加强对当地空间立体性、风貌整体性、文脉延续性的规划和管控，保留特有的地域环境、文化特色、建筑风格，建立健康、人性、有地域特色的城市化模式。皖南地区，应释放“生态红利”，重点谋划自然风光与历史文化相结合的文明城市创建项目，如黄山、池州可以分别依托自然风光、宗教文化，主打特色旅游项目；铜陵对千年古镇——大通镇进行修缮维护，保留明末所铺的长条街面石和部分仍有明清风味的“马头墙、吊脚楼、青石板巷道”等徽派建筑，在继承和发扬当地文化的基础上，提升大通在铜陵乃至安徽全省的旅游地位，带动地方经济的发展。皖北地区，应以历史文化、革命文化等为底色，擘画文明城市地方性特色文化项目，如亳州以老子文化、庄子文化为主题的系列国学教育，淮北红色革命教育等；挖掘“南新安、北华佗”故事，充分发挥亳州中草药资源优势，在推进中草药特色文化小镇建设的同时，加快建设中医药文化底蕴的博览园项目。皖中地区，应提升当地文化、民俗等影响力，将文明城市创建和历史文化、现代文化充分结合，打造具有当地特色的城市形象和品牌，深化文明城市创建工作内涵，如合肥地区，以科技创新为主题，依托中国科技大学等创新平台开放日做法，谋划科学岛、声谷等科技创新平台开放活动，提升市民城市归属感和荣誉感。

### （五）加强志愿服务制度化建设

志愿服务对促进城市发展有着积极作用，各地也积极利用志愿服务推动文明城市创建，但是目前志愿服务存在志愿者专业化水平不高、服务类型重复性高、组织凝聚力低等问题。针对这些问题，当地政府可以通过建立培训、考评激励、信息化等机制，提升志愿者服务的积极性和主动性。组织实施多种形式的学习培训，通过常态化的培训，持续提升志愿者理论知识和服务能力。通过问卷、评议、座谈等方式，积极征求社区广大民众与志愿服务的评价，建立健全志愿服务监督机制，不断提高服务的针对性和服务质量，并以此制定科学考核方法对志愿者进行考核。搭建志愿服务信息化平台，建立信息化机制，及时发布各类志愿服务信息，宣传志愿服务优秀事迹，发挥志愿服务的示范效用，扩大志愿服务的社会影响力，提升广大民众对志愿服务工作的认知程度，进而积极投身到志愿服务工作。大力弘扬志愿文化，开展多种形式的志愿活动，探索构建文明城市创建志愿服务常态化模式，建立健全志愿服务者管理机制，扎实推进志愿服务制度化。

### （六）构建全民参与的创建格局

广泛开展文明城市文明人宣传教育活动，加强公众文明素质教育和文明行为劝导，促进养成公共卫生、公共秩序、公共交往、公共参与等文明习惯，实现公众文明素质提升与经济社会发展同步。畅通全民参与渠道，充分认识公众在文明城市创建中的地位与作用，通过构建以文明办推动，各方分工负责、通力合作的工作模式，引导广大群众积极参与，探索建立文明城市创建问题反馈绿色通道，为广大群众及时反映问题提供渠道，最终形成由上而下、上下协同的创建格局，为全民参与文明城市创建奠定机制基础。通过各类媒体，包括报纸、电视、广播、网络等，构建与公众互动交流的高效渠道，对创建工作中存在的突出问题进行追踪报道、专家评论和深度调查，切实让公众参与到文明城市创建的工作中去。培养公众的公共文明素养，在公共区域树立法规权威，对于违反公共区域法规的行为严管严罚，同时通过和谐社区、城区文明风尚活动的开展，营造有利于培养市民公共文明素养的环境。

发挥各主题活动的教育作用，集中开展以“和谐”“文明”等为主题的文明城市创建活动，普及文明城市、文明市民的宣传教育，加强对市民文明素质教育和文明行为劝导，促进广大民众养成良好的文明习惯，进一步提升公众的文明素质。

### （七）强化多方指导监督作用

文明城市创建工作是一项长期工程，必须构建高效有序的指导和监督机制，实行动态管理，用法规制度规范创建，用科学管理强化创建。健全文明城市创建监督机制，设置督导检查组，采用定期、不定期的方式对文明城市创建工作进行督导检查，包括主次干道、窗口单位、交易市场等重点区域，制定问题清单，提出整改意见与建议，并将创建成效与政绩考核体系挂钩，保障创建工作的主动性和常态化。积极引入第三方测评机构，第三方测评机构独立于测评方和被测评方之外，在实地测评中，根据实际情况建立相关的指标考核体系，通过实地考察、问卷调查等形式，组织测评工作。通过第三方测评可以及时、客观地发现文明城市创建工作中的问题，指明下一步整改方向，同时对相关部门工作进行监督，督促文明城市创建工作稳步推进。开通公众媒体监督渠道，设立举报受理平台，公众可以通过电话、微博、微信等方式随时随地将身边影响市容市貌、环境卫生、交通秩序的问题反映至相关平台，经研判后落实相关单位责任，并跟踪相关单位整改落实情况，及时反馈给公众。

## 参考文献

张会恒：《安徽省生态文明建设的现状和对策》，《安徽日报》2016 年 9 月 12 日。

钱鑫：《苏州构建多元主体协同创建文明城市路径的探索及其完善》，苏州大学硕士学位论文，2013。

赵丽：《关于建立健全创建全国文明城市长效机制的对策研究》，《社会研究》2013 年第 11 期。

沈晓东：《我国文明城市创建政策工具研究》，上海交通大学硕士学位论文，2013。

# B.17

# 深度贫困地区精准脱贫实践与反思*

## ——基于临泉县扶贫工作的实地研究

朱道才　徐黎珍　叶战伟　戚莹　张鹏　瞿晨超**

**摘　要：** 本报告在中外扶贫理论研究和实践总结基础上，归纳脱贫攻坚的研究趋势。阐述深度贫困地区临泉县脱贫攻坚实效与做法，分析临泉县脱贫攻坚工作难点，提出增强贫困地区以及贫困户的自我造血能力的政策措施。

**关键词：** 临泉县　精准脱贫　深度贫困地区　自我造血

2017年6月23日，中共中央总书记、国家主席、中央军委主席习近平在山西太原市召开的深度贫困地区脱贫攻坚座谈会上指出，加快推进深度贫困地区脱贫攻坚，要按照党中央统一部署，坚持精准扶贫、精准脱贫基本方略，坚持中央统筹、省负总责、市县抓落实的管理体制，坚持党政一把手负总责的工作责任制，坚持专项扶贫、行业扶贫、社会扶贫等多方力量、多种举措有机结合和互为支撑的“三位一体”大扶贫格局，以合理确定脱贫目标、加大投入支持力度、集中优势兵力打攻坚战、区域发展必须围绕精准扶贫发力、加大各方帮扶力度、加大内生动力培育力度、加大组织领导力度和加强检查督查等八项要求为原则，以解决突出制约问题为重点，以重大扶贫工程和到村到户帮扶

* 本文系全国哲学社会科学重点项目“五大发展理念下脱贫攻坚长效机制研究”（17AJY018）阶段性成果。

** 朱道才，理学博士，安徽财经大学教授、校学术委员会委员，硕士生导师，研究方向为农村发展；叶战伟，安徽省阜阳市扶贫开发办公室副主任；徐黎珍、戚莹、张鹏、瞿晨超，安徽财经大学16级区域经济学硕士研究生。

措施为抓手，以补短板为突破口，取得深度贫困地区脱贫攻坚的决定性胜利。贫困是人类社会发展过程中必然面对和着力解决的世界性难题，也是经济学和政治学等多学科研究的热点。目前，国内外相关研究主要包括贫困及其影响、形成机制、扶贫模式、脱贫效果评估以及政策措施等方面。

贫困标准国家、组织间差异较大，我国各地贫困标准趋于一致，即年人均纯收入 2300 元（2010 年不变价）。新时期，我国的贫困已由整体性贫困转化为区域性贫困，形成中国特色的稀缺中贫困和区域性整体贫困，对社会的负面影响仍旧很大，是实现全面小康的障碍。导致贫困的因素是多方面、多层次的，既包括制度设计偏倚、自然环境恶劣和资源禀赋贫瘠等外因，也包括疾病、劳动能力下降等内因。其中，非均等化公共服务和机会不平等是重要的制度因素，而收入机会不平等的影响最大。所以，通过调节收入分配和公共服务均等化等来消除贫困更为有效。为有效化解贫困与社会发展矛盾，中华人民共和国自成立始便一直致力于发展生产和消除贫困。尤其改革开放以来，我国陆续开展了扶贫救济、扶贫开发、扶贫攻坚、综合开发和精准扶贫等大规模扶贫。特别是 2014 年以来，各地坚持“六个精准”原则，夯实“四个一批”工程，创新提出了资产收益扶贫、生态扶贫等模式，收效非常显著。与此同时，我国脱贫攻坚也存在精准识别、扶持和考核等困难，面临精英俘获、脱贫脆弱性、乡村治理、扶贫制度缺陷等问题，需要深入学习贯彻习近平总书记关于新时期扶贫开发重要战略思想，不断开创中国特色扶贫开发事业新局面。现阶段，我国脱贫攻坚主要采用第三方评估方式，利用“3E”评价法和对比手段进行审核性评估。此外，学者还研究了连片贫困区和民族地区的扶贫以及机制完善问题。

国外学者较早地关注了贫困问题。古典经济学家虽然在致贫原因和济贫法上争论较大，但都认为贫穷是社会停滞不前的征候，是始终困扰社会的两极分化问题，保持一定的经济增长和提高劳动者收入可以消除贫困人口的大量存在。马克思、恩格斯（1844）从资本和雇佣劳动的对立关系上，分析了无产阶级贫困化的原因和消灭贫困的道路。20 世纪 50 年代以后，发展经济学和制度经济学揭示了“贫困恶性循环”、传统农业国贫困的内在机理，提出开发出独特文化和有效的经济体制，以及执行农产品价格支持政策、调整和优化农业结构等措施，防止低水平发展的“路径依赖”和贫富分化的“马太效应”。目前，国外农村扶贫模式主要包括以巴西为代表的“发展极”模式、以印度为代表的“满足基本需求”模式和以欧美国家为代表的“社会保障方案”模式，扶贫政策效率评估则经历了测量时代、描述时代和判断时代、响应性评估时代四个时代，主要采用“3E”评价法、标杆管理法、计量经济模型法、成本－收益分析等方法，使用对比手段对政策投入、效益、效率、公正性和回应度等评估标准进行评估。此外，学者还讨论了健康、财政投入对非洲和南亚等国家持续减贫的影响。

从研究趋势来看，国外将持续关注消除贫困与饥饿、粮食安全、健康生活方式、教育、就业、性别平等和能源、生态等其他可持续发展问题，以及世界性难民安置问题。国内扶贫研究则以习近平总书记精准扶贫思想为指导，侧重于采用多学科融合和实证等方法，研究解决老少边穷地区贫困整体治理、扶贫项目优化、脱贫攻坚成效评估和监督考核，以及脱贫攻坚长效机制等问题。

临泉县地处安徽省西北部，与豫、皖两省 9 个县市区接壤，现辖 28 个乡镇（街道）、395 个行政村，总面积 1839 平方公里，人口 237 万，是一个人口大县、农业大县和贫困大县。2001 年被确定为 592 个国家扶贫开发工作重点县之一，2012 年被列入大别山连片开发特困地区贫困县，安徽省深度贫困区重点就在大别山连片地区和皖北地区的叠加区域。几年来，临泉县革新扶贫理念，创新脱贫攻坚方法，为深度贫困地区脱贫攻坚工作提供了有益借鉴。

## 一　临泉县脱贫攻坚实效与做法

阜阳是安徽省脱贫攻坚的主战场，2015 年底全市有建档立卡贫困人口 65.8 万人、贫困村 516 个，占全省贫困人口的 1/5，是安徽省贫困人口最多、脱贫任务最为艰巨的省辖市。2016 年在省委、省政府的坚强领导下，阜阳市深入贯彻习近平总书记扶贫开发的重要战略思想，大力推进精准扶贫、精准脱贫，实现了 16.6 万贫困人口脱贫、169 个贫困村出列，脱贫工作首战告捷。8 个县市区有 4 个国家级重点县（颍东区、临泉县、阜南县、颍上县）、4 个省级重点县（颍州区、颍泉区、太和县、界首市）。

临泉县作为国家级贫困县，贫困人口占了阜阳人口的 1/5，如何让 14.4 万人脱贫成为临泉各级各界努力的方向。此行我们走访临泉县，对于其扶贫工作进行实地调研考察，安徽省阜阳市临泉县地处安徽省西北部，2012 年被列入大别山连片开发特困地区贫困县，为确保完成脱贫攻坚任务，将扶贫工作落实到责任方，定点联系乡镇，与乡镇共同签订责任书，对于镇村干部责任坚持一把手负责，选派精兵强将下乡驻村，帮助帮扶村理清思路、定规划、谋发展、促脱贫。临泉县381个村成立脱贫攻坚工作组，整合1.88万名干部帮扶4.1万户未脱贫贫困户，解决了“一帮多”的问题。在落实责任的基础上，坚持精准扶贫，首先，对于贫困户信息，开展脱贫攻坚规范化建设和“村村过、户户清、项项核”活动，规范镇村档案及一户一档资料，对建档立卡系统数据进行清洗，确保系统数据、一户一档与贫困户本人的信息一致。其次，基层的组织工作是加强人才队伍建设，优选年轻干部到县扶贫办挂职锻炼，自2016年以来各乡镇设扶贫工作站并不断进行相关考核，提升技能。同时完善了村级组织活动阵地及服务设施，推动党建与扶贫互相促进、共同发展。最后，脱贫不仅仅需要依靠外生动力，而且仍然需要贫困户的自身努力，通过教育培训使贫困户学技能、学本领，因此通过抓产业、增就业，增强贫困户发展的后劲。打好基础的同时坚决补齐短板，在脱贫攻坚不断发展的过程中，光伏、危房改造、金融扶贫、健康脱贫是临泉县最突出的短板，相应措施如下。光伏方面，探索资产虚拟收益分给贫困户，3150.9千瓦光伏电站与6月30日完成并网的任务。危房改造方面，安排2.4亿元专项资金，实地走访摸排，建立危改数据库，实行半月一调度、一月一考核，截至调查前，全县8973户危房改造任务已经全部开工，竣工验收8651户，竣工率占全年计划的96.4%。在金融扶贫方面，拓展贷款的渠道，建立覆盖全县及各乡镇的小额信贷的网络，通过搭建金融部门、企业大户以及贫困户的三方合作平台，使得贫困户享受分红收益。直接将金融扶贫考核结果与银行班子成员以及各支行行长的年终业绩挂钩。目前，累计完成贷款4.4亿元。健康脱贫方面，提高报补比例，出台相关的“351”减半和“180”政策，最大限度减少贫困户的负担。优化服务制度，组织县乡三级医务人员进村入户开展结对帮扶，让健康脱贫政策惠及每一个贫困户。

阜阳市临泉县坚持把产业扶贫作为根本之策，通过不断实践，2014年以来，投入产业扶贫资金7.3亿元，实施产业扶贫项目216个，带动10个贫困村出列、11.2万贫困村人口脱贫。探索出园区带动、龙头企业带动和专业合作社带动、大户带动、贫困群众自家种养殖的“四带一自”模式。

### （一）利用辐射优势，强化园区带动

临泉县通过实践总结出一系列“园区+”扶贫路径。“园区+产业带”发挥经济开发区、临庐产业园区产业驱动优势，点线面助推临泉县产业扶贫。“园区+基地”引导园区产业链向贫困村延伸，打好贫困村的产业基础，打造特色产业基地，目前临泉县总共有46个贫困村具备“一村一品”雏形。“园区+扶贫车间”动员劳动密集型企业入驻村级扶贫车间，扩大园区的带动范围，目前，已经建成的97个扶贫车间已经入驻企业75家，带动682名贫困群众就业。“园区+电商”借助农村淘宝等电商平台，扶持电子产业园发展壮大，支持贫困户、贫困村开办网店，建成农村电商网店486个。

### （二）构建帮带体系，强化龙头企业、专业合作社带动

鼓励贫困人口进行实体经营，并按照就业贫困人口实发工资的30%进行财政补贴。目前，临泉县有594家龙头企业、专业合作社解决8465名贫困群众就业，财政补贴1028万元。2016年以来，2.3万户贫困户入股374家龙头企业或者专业合作社，共分红3079万元。同时，临泉县结合实际开展“扶贫日”“百企帮百村”等公益项目，发动176家龙头企业和专业合作社认领201个项目，有63家企业结对帮扶57个贫困村，成立扶贫基金会用于贫困村基础设施建设和贫困户危房改造。其中，阜阳市临泉县姜寨镇木一公司的产业扶贫经验，探索出深度贫困地区可持续发展的扶贫道路。临泉县姜寨镇坡寨行政村现有建档立卡贫困户203户，贫困人口553人，属于国家级贫困村。该村地理位置偏僻，以传统农业种植业为主要经济收入来源，虽然近年来在上级各级机关长期以来的关心、指导和帮助下，扶贫工作取得了较大的进展，但随着国家精准扶贫的要求落地，距离“十三五”末总体脱贫奔入小康仍有相当大的差距。2015年5月，原籍坡寨村的广东屹清集团董事长杨长岭响应家乡精准扶贫号召，回馈故乡父老，出资成立了安徽木一生态农业开发有限公司，对家乡的扶贫工作做出贡献。

木一公司的产业扶贫主要包括土地流转、提供就业岗位、带资入股、返租倒包、开展脱贫教育专题课以及旅游扶贫。土地流转按照每亩每年不低于1000元的价格支付租赁费，让贫困户不用劳作就能获得稳定的租赁收入，将

劳动力从土地的束缚中解放出来。在提供就业岗位方面，木一公司优先与贫困户签订用工协议，截至目前共为120户贫困户提供就业岗位，努力做到一人务工、全家脱贫。在带资入股方面，木一公司专门划出150亩作为木一扶贫产业园，目前共带动251户贫困户带资入股分红，该产业园每年为贫困户保底分红51.48万元。在返租倒包方面，木一公司大力发展林下种植，把土地免费交给贫困户发展蔬菜种植，成品按高于市场价进行回收，这样不仅可以减少贫困户种植成本，而且能额外增加贫困户收入，为贫困户脱贫提供有力的帮助。在旅游扶贫方面，公司大力发展生态旅游，举办2017年第一届樱花节成功，三天内旅游人数超过十万人，大大带动周边地区商业经济发展，为群众提供更多的就业机会，增加经济收入。公司2017年举办“520国家自然水域垂钓大赛”等16个赛事，为周边群众的经济收入打下坚实的基础，同时为国家级贫困村坡寨村完成2017年出列目标提供有力的保障。

### （三）强调收益共享，强化大户带动

临泉县鼓励种植与养殖大户就近与贫困户进行捆绑生产，共享生产要素，带动贫困户增收。目前，临泉县有3802个种植大户流转贫困户土地5.1万亩，依托“中原牧场”计划，针对无劳动力的贫困户，推行能繁母羊寄养行动。9293户贫困家庭在272家养羊企业寄养能繁母羊53503只。针对行动不便的贫困群众，加工大户送订单、送技术、送材料，使得贫困群众在自己家中就可以加工增收。

### （四）增强造血能力，强化自身发展

对于有劳动能力的贫困人口，引导其进行种植养殖加工，增强自我发展的能力，通过帮扶单位和村级组织座谈政策、过来人交流经验、脱贫户谈体会，从根本上增强脱贫的信心，增加脱贫的动力。2017年临泉县就业培训2869人次，农业技术培训5349人次，对于发展设施蔬菜0.5亩以上的贫困户，每亩一次性补贴2000元；对于自家饲养能繁母羊的贫困户，每只补贴800元；对于自主创业脱贫的脱贫户，给予500～1000元的奖励。2016年以来临泉县总共有14831户贫困家庭享受种养殖补贴3400万元，有22638户贫困群众通过自家的种养殖增强了自我脱贫的能力。

## 二　临泉县脱贫攻坚工作难点分析

### （一）优势产业扶贫项目欠缺，对贫困户示范带动不强

产业扶贫的主体主要包括政府、合作社和龙头企业。政府应在产业扶贫中发挥主导作用。但是如何找准当地的龙头企业、瞄准产业扶贫主体，是地方政府面临的一大难题。目前，全市存在着产业龙头加工企业少、规模小、从业人员管理水平低、赢利能力不强、发展后劲不足、辐射带动作用有限等问题。新型经营主体相对贫困户而言，在发展种养业的技术、资源、市场方面具有优势，但由于自身发展也面临融资难、风险大等问题，带动贫困户的方式比较单一，对带动贫困户发展特色种养业的作用不强。贫困户仅依靠当地企业单一发展的模式具有较大的风险，其自身的利益和企业紧密联系，而企业如何实现良好的赢利模式是产业扶贫可持续发展的关键。除此之外，产业扶贫还面临着贫困户知识水平低、全市农产品商品化程度不高以及农产品保鲜配送设备不足等问题。

### （二）缺乏突发性致贫的应急机制，“精准扶贫”存在返贫隐患

截至2017年，临泉县还有4.1万户贫困家庭、14.4万贫困人口，按致贫原因分，因病致贫人口占比53.73%；因残致贫人口占比9.67%；因学致贫人口占比7.63%；因缺少劳动力致贫人口占比13.99%；其他缺资金、缺技术、缺土地等原因致贫人口占比14.98%。由此可见，过重的家庭成员疾病负担是造成贫困的主要原因，从农村贫困家庭就医情况来看，“费用高、看病贵”成为贫困家庭就医的首要困难。此外，看病手续烦琐、看病排队难、看病交通不便也还困扰农村贫困群体。而农村落后的医疗体制以及单薄的医疗意识，往往会耽误治疗的最佳时机，造成“小病变大病”的后果，进而陷入贫困。目前，“因病致贫返贫”已成为农村贫困地区比较突出的社会问题，疾病导致贫穷，贫穷加剧疾病，形成疾病和贫穷的恶性循环，严重影响着农民脱贫自立和农村经济发展。在大部分农村贫困地区，“因病致贫返贫”已成为顽疾，但目前主要依靠新农合和医疗救助对贫困户进行帮扶，仍存在巨大的提升空间。而国家

扶贫信息系统的开放时间有限，基本上是一年修改一次，在此期间，对于因病致贫的贫困户从申请到政策实施具有一定的时滞，且进入贫困系统后，存在之前的医疗费用也得不到报销等问题。因此，如何构建多层次的治理体系、主动的管理机制以及确立分级诊疗模式，是使治理体系从消极转为积极、从低效转为高效的关键。

### （三）交通扶贫建设任务艰巨，资金需求缺口较大

目前，农村地区落后的交通发展水平，严重阻碍了当地农业经济的发展。即使当地的龙头企业增加了对农业的投入，拥有了一定的农业生产规模，但由于交通方面的限制，切断了农产品与外界的交流，运输上面带来的时滞使得农产品变质，失去了应有的价值，严重损害了企业的利益。因此，为了提高精准扶贫的效果，进一步加强农村地区和偏远地区的基础设施建设显得尤为重要。阜阳市临泉县面临的交通等基础设施挑战尤为严峻。2014 年，临泉县境内国省县级公路仅有 442.9 公里，公路里程少、技术等级低、结构不平衡、损毁率接近 70% 等问题严重制约着临泉县社会经济的发展。路线起于临泉县的阜新高速公路 2013 年 11 月才开工，2015 年 8 月通车，打开了临泉县通往外界的道路。随着脱贫攻坚的逐渐深入，随着交通扶贫资金的规模越来越大，道路的修建难度也逐渐增大，虽然中央资金的扶持力度也不断加大，但由于贫困地区的整体配套措施难以落实，建设资金仍然处于十分紧张的局面，面临较大压力。

## 三 政策建议

### （一）强化“造血”能力

“造血”能力的增强是脱贫攻坚的关键所在，依靠国家的扶持只能解一时之贫，要打赢脱贫攻坚战，增强贫困地区以及贫困户的自我“造血”能力是关键。

#### 1. 开发脱贫，提升发展能力

切实做到一村一法、一户一策，确保资金用在产业开发上面，起到发展农业、引导发展特色农业的作用，同时提高农村贫困户的技能水平，解决其就业

的根本问题。精准定位落实以后，启动相应的扶贫项目，“以点带面”，即部分贫困户实现脱贫，最终达到全村致富的目的。在此过程中，资金短缺问题可能会抑制产业的发展，因此必须加大扶贫项目的资金支持力度，具体措施包括引入扶贫小额贷、推行“雨露计划”等。同时鼓励发展电子商务扶贫，拓宽特产农产品的销路，建立配套的物流体系，增加村集体经济收入。

2. 拓展资产收益，扩宽资金渠道

在前往临泉县途中，即使在公路两侧的土地也出现了大量的抛荒，可以想见其他区域土地抛荒状况。在城镇化的背景下，劳动力向城镇流动，导致农村因缺少劳动力而使得大量农田闲置，造成资源的浪费。一方面，资源的搁置会造成土壤肥力的下降，增加了再次投入为农田的成本；另一方面，闲置土地如果用于第二、第三产业的发展，会带来一定的收益。临泉县虽然是国家扶贫开发的重点县之一，但是临泉县人口达 237 万，远超一般县域，政府的扶持资金平均到个人后有所不足，同时水资源的缺乏也是制约农业发展的重要原因。木一公司的发展虽然对这种情况有一定的改善，但是单个企业相对于临泉县巨大的人口而言能力还是相对薄弱。为了解决资金抑制精准扶贫工作的问题，单纯地依靠低息小额贷款的惠民政策并不能取得良好的效果，可以发动社会力量，让社会资金支援家乡建设。

3. 助学启智，实现长线控贫

教育扶贫是扶贫工作的重点，它所具有的长远的经济效益、社会的综合效益，是脱贫攻坚工作的宗旨所在。因此，在教育扶贫策略上应当具有超前的意识，克服急躁的心理，使得教育扶贫具有持久性和可操作性。一是加大对贫困学生的支持力度，切实解决贫困学生的上学问题；二是将辍学的未成年成长劳动力纳入“雨露计划”，积极为其提供免费的技能职业培训或深造学习机会；三是加强对当地工人、农民的培训，锻炼提升他们的市场营销技能、经济知识的学习能力，拓宽农产品销路，提高种养殖科技含量和农副产品的附加价值，也可以加强青壮年农民的职业技能培训，增加农民收入。

4. 夯实基础建设，改善投资环境

一是加快交通建设，积极安排修缮损坏的道路，完善农村贫困地区的道路网络格局。一方面，加强贫困地区与其他地区交通运输的建设；另一方面，加大政府对贫困地区危桥改造的支持力度，解决公路安全隐患。二是加快水利电力建设，根据贫困地区的区位优势，完善水利水电基础设施的建设。具体措施包括做好贫困地区洪涝灾害和抗旱灾害管理工作、提高水资源使用效率、确保贫困地区饮水安全、解决贫困居民生产生活用电等问题。除此之外，要充分利用光伏产业促进贫困地区农业发展。三是加大“互联网+”扶贫力度，加强农村贫困地区电缆、光纤等基础设施建设，保证贫困地区宽带网络的全覆盖。政府应该大力投入电子商务人才培养项目，提高贫困地区网络信息的使用效率。鼓励贫困户积极参加电子商务培训，并对开设网上店铺的村民给予一定的资金支持或提供优惠的金融服务。同时，引导企业与当地政府、农户形成良好的互利合作关系，建立农村电商服务网点。

## （二）实现精准“输血”

在强化“造血”能力的同时，也不能忽略“输血”机制，如失去劳动能力的老人和残疾人、无劳动能力的特殊人群等要依靠自己实现脱贫是极其困难的，其中的大部分多要依靠政府的“输血”实现脱贫。但是政府能输出的“血”也是有限的，要将有限的“血”输送给最需要的人群，就是亟须解决的问题。

### 1. 精准识别，做到对象精准

要做到有限资源的最大化利用，就要实现精准扶贫，首先要解决的是对象精准，这是前提条件。不能仅仅依靠国家的相关系统，应建立阜阳市自己的贫困户建档立卡系统，并根据实际情况实时更新。根据实事求是原则，对新增贫困户进行及时更新，并对不符合贫困条件的人口进行剔除，使扶贫工作具有客观、公正性。

### 2. 修订制度，积极履行职能

村委会的各级干部应该恪尽职守，积极推动扶贫工作的开展，力争取得良好的扶贫效益。但是在扶贫的过程中，由于自身文化水平的局限性，在落实具体工作的时候可能会有所偏差。除此之外，应该增强村干部工作的积极性，增强他们开展扶贫工作的动力。一方面，在这些村干部圆满完成精准扶贫任务后，提供一定的晋升途径；另一方面，给予一定的物质奖励，激发这些牵头人员的工作热情，保证精准扶贫开发效率和工作开展的积极性。

3. 完善社保，保障基本生活

根据物价水平的变化，实时改变社保政策，要使社保政策能够切实保障无劳动能力或缺乏劳动能力人群基本的生活，保证政策兜底人员的基本生活质量。加强养老机构、农村福利机构的建设，真正做到托底线、惠民生，达到社会和谐稳定发展的目标。

4. 改造危房，改善生存环境

第一，政府应该加大对危房改造的资金投入，通过开展贷款贴息、建设集体公租房等方式，争取在三年之内完成所有贫困县居民危房改造任务，完善危房改造后续补偿机制。第二，优化农村生活的生态环境，解决好农村废水、废弃物、垃圾等污染问题。政府应落实好生态环境建设资金，监督每村每户职责范围内的环境治理问题。加强与企业的合作，集中加工处理农村生产生活中的垃圾，达到垃圾处理无害化、资源化的目的。省政府下拨财政资金，委托村委会自建自管，负责好贫困地区小范围内综合治理职能。

### （三）建立有效的防“失血”机制

已经脱贫但收入仍然较低和一些不是贫困户但收入较低的农户的状况是相对较脆弱的，一些突发的自然灾害、意外的伤害和疾病等多会造成新的贫困，在做好“造血”和“输血”的同时，防止“失血”也是必不可少的。

1. 健康饮食，健全医疗体系

一方面，改善村里的卫生条件，做到村容整洁。为防止由卫生状况引发的疾病，尤其要注意饮食习惯和村里的饮用水以及卫生状况，建议在村内建设自来水供给系统。另一方面，对于缺少劳动力的贫困户，政府应该加大对新型农村合作医疗资金的投入，帮助他们缴纳部分费用。并且严重残疾人群的参合费用应由政府资助，取消特困人群住院补偿的起付线，争取杜绝因病致贫或返贫的现象。

2. 强化法制教育，增强安全意识

落后贫困地区与发达地区的差距中，思想观念上的差距是一个很重要的方面，由于法制观念淡薄，一些邻里纠纷、经济纠纷和家庭婚姻冲突往往采取蛮干的办法，使一般民事纠纷发展成恶性刑事案件，加大整个家庭陷入贫困的风险。除此之外，酒驾、聚众赌博等活动的危害更是不容小觑。因此，在大力开展对贫困户的思想道德建设和科技文化教育的同时，突出对重点人群进行法制教育，减少违法犯罪行为，切实加强法制教育尤为重要。这不仅是解决农村贫困隐患问题，也是推进脱贫攻坚建设过程中必须做好的一项带有基础性、根本性和长远性的工作。一是宣讲团成员提前深入农民生活，收集农民生活中的现实法律问题，以这些问题为基础形成宣传资料，对农户进行培训教育；二是充分利用电视、广播、网络等资源，对农民进行法律普及教育；三是由村委会组织村民观看法制类宣传片，增强农民学习法律的积极性；四是将农民的实际法律问题改编成小品、相声等形式，让村民更好地吸收相关的法律知识。

## 参考文献


W. H. Locke Anderson, Trickling Down: the Relationship Between Economic Growth and the Extent of Poverty among Americna Families Families. *Quarterly Journal of Economics*, 1964（4）.

North D. C. , *Institutions*, *Institutional Change and Economic Performance*. London: Cambridge University Press, 1990.

M. Theis, etc. , The Long Term Sustainability of Poverty Reduction Programs-Kaduna Study: Final Report and Appendices. *Contemporary Clinical Trials*, 2014, 38（2）.

M. Sehrawat, A. K. Giri, Financial Development, Poverty and Rural-urban Income Inequality: Evidence from South Asian Countries. *Quality & Quantity*, 2016, 50（2）.

D. F. Frey, G. Macnaughton, A Human Rights Lens on Full Employment and Decent Work in the 2030 Sustainable Development Agenda. *Journal of Workplace Rights*, 2016（4）.

谭崇台：《论快速增长与“丰裕中贫困”》，《经济学动态》2002 年第 11 期。

陈锡文：《坚决打赢脱贫攻坚战，如期实现全面小康目标》，《劳动经济研究》2015 年第 6 期。

朱道才：《当前农民增收困难的制度因素分析》，《农业经济问题》2004 年第 5 期。

池振合、杨宜勇：《贫困线研究综述》，《经济理论与经济管理》2012 年第 7 期。

蔡昉等：《论中国西部开发战略的投资导向：国家扶贫资金使用效果的启示》，《世界经济》2000 年第 11 期。

刘清荣、程文燕、康亮：《试论我国扶贫开发的历程、模式及创新》，《老区建设》2013 年第 8 期。

邢成举、赵晓峰：《论中国农村贫困的转型及其对精准扶贫的挑战》，《学习与实践》2016 年第 7 期。

莫光辉：《精准扶贫：中国扶贫开发模式的内生变革与治理突破》，《中国特色社会主义》2016 年第 2 期。

汪三贵、郭子豪：《论中国的精准扶贫》，《贵州社会科学》2015 年第 5 期。

温铁军等：《中央支农资金配套制度对中国乡村负债的影响：一个初步估算》，《中国农村经济》2009 年第 2 期。

彭新、万程贤：《敏脆弱性与农村长期贫困的形成及其破解》，《江西社会科学》2015 年第 9 期。

唐丽霞、罗江月、李小云：《精准扶贫机制实施的政策和实践困境》，《贵州社会科学》2015 年第 5 期。

汪洋：《紧紧围绕精准扶贫精准脱贫深入推进脱贫攻坚》，《行政管理改革》2016 年第 4 期。

李裕瑞、曹智、郑小玉等：《我国实施精准扶贫的区域模式与可持续途径》，《地理学报》2016 年第 3 期。

毛婧瑶、葛咏、赵中秋等：《武陵山贫困片区扶贫成效评价与空间格局分析》，《地球信息科学学报》2016 年第 3 期。

杨德进、白长虹、牛会聪：《民族地区负责任旅游扶贫开发模式与实现路径》，《人文地理》2016 年第 4 期。

张琦：《通过精准扶贫完成扶贫脱贫任务》，《中国党政干部论坛》2015 年第 12 期。

亚当·斯密：《国民财富的性质和原因的研究》，商务印书馆，1974。

马尔萨斯：《人口原理》，商务印书馆，1992。

纳克斯：《不发达国家资本的形成》，商务印书馆，1966。

西奥多·W. 舒尔茨：《经济增长与农业》，北京经济学院出版社，1991。

速水佑次郎、神门善久：《农业经济论》，中国农业出版社，2003。

王介勇、陈玉福、严茂超：《我国精准扶贫政策及其创新路径研究》，《中国科学院院刊》2016 年第 3 期。

孙刚、王超、彭建涛、周晓改：《欠发达县域脱贫攻坚的实践与思考——以安徽省临泉县为例》，《安徽农学通报》2017 年第 17 期。

朱胜利：《为打赢脱贫攻坚提供有力组织保证》，《安徽日报》2016 年 9 月 28 日。

# B.18

# 城市化进程中合肥农村基督教问题调查研究

周典恩*

**摘　要：** 在合肥的城市化进程中，郊区的农村基督教受到冲击而逐渐萎缩，市区基督教会则日益膨胀，且信徒结构显现向年轻化和职业多元化发展的苗头，神职人员专业化趋势明显。教会和地方政府在教堂拆迁上有时因补偿标准和产权证归属问题发生纠纷。对于城市化过程中农村基督教衍生的新变化和新问题，建议有关政府管理部门妥善处理信徒聚会问题，严防家庭教会渗透；尊重信徒情感，理性看待农村基督教的发展；统筹协调，标准化教堂拆迁补偿办法；趋利避害、因势利导地发挥基督教的正面作用；加强法制建设，规范城市教会管理。

**关键词：** 合肥　城市化　农村基督教

## 一　研究背景与方法

### （一）研究背景

城市化是社会经济发展的必然趋势，也是国家走向现代化的显著标志，其表现形式为农村人口大规模向城市集聚，城市区域持续扩大，城市数量不断增

* 周典恩，安徽大学社会与政治学院人类学系主任，安徽省学术与技术带头人后备人选，教授，博士，硕士生导师，研究方向为台湾原住民、人类学理论与方法、宗教人类学。

加，城市功能日益完善。改革开放以来，随着社会主义市场经济的迅猛发展，我国的城市化也步入快速发展轨道，城市化率逐年攀升。然而，相对于西方发达国家，迄今为止我国的城市化率依然偏低，有待进一步提高。

合肥作为安徽的省会城市、皖江城市带的核心城市和长三角城市群的副中心城市，其城市地域空间的拓展、产业结构的优化、经济实力的增强和基础设施的改进，对于整个安徽省，乃至长三角社会经济的发展都具有至关重要的作用。合肥市政府为了全面落实中央和省委、省政府的重大战略部署，提升合肥市的核心竞争力和综合影响力，发挥其在地区社会经济发展中的引领和促进作用，提出了“大湖名城、创新高地”的城市发展定位，要全力将合肥打造成国家创新之都。在这个战略定位指导下，合肥加快了城市化的步伐，临近市区的农村地区，近年来都相继成片地被改造为新城区，合肥的城市化效果显著，成就斐然。

然而，合肥同其他地方一样，在城市化过程中难免会衍生出一些现实挑战与社会问题。例如，失地农民在城市的社会适应与就业问题、房屋拆迁和土地补偿问题、新市民的社会保障和精神文化生活问题等。如何合理而有效地处理城市化过程中出现的新情况、新问题，关系到合肥的城市化质量、经济发展和社会稳定，是政府管理部门无法回避且亟待解决的问题。

基督教作为西方的舶来品，自唐初至民国在华的传播与发展经历了四次传入与退出。对于基督教为何屡次竭力入华传道却始终难以立足的原因，学界通常将之解析为具有西方文化特质的基督教与中国传统文化之间存在着不可调和的矛盾之故，认为深受儒家文化浸染的中国人在心理上难以理解和接纳基督教。然而，改革开放以来基督教却出人意料地在华夏大地，特别是广大农村地区迅猛发展，其拓展速度不仅是前四次所无法比拟的，也是佛教、道教以及各种民间信仰所难以企及的。① 合肥周边农村地区也和全国一些地方的农村一样，存在着农民热衷于信仰基督教的社会现象。合肥在城市化过程中不可避免地会涉及教堂拆迁、信徒宗教生活安置等问题。如何妥善地处理农村基督教问题，避免引发社会矛盾，是政府管理部门面临的新问题。本课题将聚焦

① 周典恩、王学良：《文化传统、宗教生态与民间信仰化：基督教在一个皖南村庄传播的实证研究》，《北方民族大学学报》2012 年第 5 期。

于城市化进程中合肥地区农村基督教问题的调查研究，以便为有关决策部门提供咨询参考。

### （二）研究方法

本课题对合肥地区农村基督教问题的调查主要采用人类学田野调查方法中的“参与观察”与“深度访谈”，并辅以社会学的问卷调查法。所谓参与观察是指研究者深入研究对象的生活背景中，在实际参与其日常活动过程中所进行的观察。深度访谈也叫无结构访谈，是指访谈者不依据事先设计的问卷和固定的程序，而只有一个访谈的主题和范围，由访谈者与被访者围绕着这个主题或范围进行比较自由的交谈。[①] 此次调查中，课题组利用基督教徒做敬拜的时机，多次深入到他们中间去，实际参加他们的活动，近距离观察他们的言行举止、洞察他们的思想状况，并在此基础上筛选一些对教会事务了解较多、能言善道的信徒，围绕城市化过程中教会所发生的变化、城市生活的社会适应、教堂的拆迁补偿等问题进行深度访谈。此外，课题组还制作了100份问卷，分赴合肥郊区，以及肥西县、肥东县和长丰县的城镇和乡村教会进行发放，请信徒当场填写，实际回收94份。

为了详尽而深入地反映城市化进程中合肥地区农村基督教的实际状况，课题组还选取了四个基督教会作为重点调查对象。在查阅有关文献资料，咨询部分教会人士和政府部门管理人员之后，课题组决定选取肥西县上派胡湾教堂、肥东县晨光基督教堂、大杨镇路西基督教堂、大杨镇谢岗基督教聚会点作为重点调查的对象，这四个教会分别对应着位于城镇中心、即将面临拆迁的大教堂，拆迁后临时安置的社区聚会点，正在拆迁中的教堂和城市化中严重萎缩的农村教堂。

此次调查过程中，课题组成员在进行参与观察、个案访谈、问卷调查时，都尽量保持价值中立的态度，不对任何事情轻易进行价值判断，也没有对被调查者进行某些方面的价值引导，因此不会对资料的收集造成主观层面的影响。

---

① 孙尚扬：《宗教社会学》，北京大学出版社，2003，第50页。

# 二 案例陈述

## （一）大型教会——肥西县上派胡湾教会

课题组将其定义为大型教会，主要依据教堂的占地面积及其建筑式样、信徒数量和神职人员配备情况。胡湾教堂位于肥西县上派镇，由于这所教堂处于龙飞花园建设的关键位置，计划建立居民安置点，因而只有拆迁了教堂才能保证工程的正常进行。

胡湾教堂于2007年建成。据了解是为了周围基督教徒聚会方便而由原先的胡湾小学改建而成，占地面积3亩多，建成四层楼，一层、二层为日常信徒活动场所，包括组织唱诗、主日聚会等活动，大概能容纳1500人，三楼作为孩童娱乐场所。从访谈者口中得知，这是该教堂的一大特色，为了体现信仰的虔诚，不影响信徒的正常活动，特意设立教室给儿童们玩耍，并派专人看管，以减轻教徒负担，保证教堂秩序的顺利维持。课题组在和神职人员访谈过程中，他们拿出了教堂曾经获得过的各种荣誉证书，以此来证明教堂的合法性，同时陈述了当下他们遇到的问题：教堂拆迁问题。地方政府承诺于附近补偿3亩多地，用于重建教堂。但是他们认为，随着社会的发展，信徒层次的提高和生活条件的改善，原先规模的教堂已不能满足信徒的需求，新建的教堂须预留专用的消防通道，修建停车场，因此希望政府能补偿8亩地。就这一问题，他们还在与当地政府协商，但截至目前双方还没有达成一致。

至于城市化过程中教会的变化，从教会规章制度来说，管理较之以前更加规范，教堂墙壁四周都粘贴着基督教会规章、信徒守则、堂点管理组织条例和议事规则、探访事工守则等。信徒还向课题组展示了教堂日常活动的安排表，包括司琴、唱诗、青年聚会、茶间会、正道和晨祷等活动，日常活动形式更加多样，并且注重与其他教会的互动，比如邀请有声望的神职人员讲道，举办培灵会、慈善活动、圣诞节联欢晚会等。就神职人员配置来说，基本上都必须要有专业的神学知识，或者直接是神学院的毕业生。他们每年都必须外出交流，以提高自身的宗教认识水平，增强对教义的领悟力，丰富传教解惑的知识储备。就基督教信徒结构来说，涉及性别、年龄和道德素质。就2017年的受洗名单来看，课题组发现，新入教的信徒年龄有不少在30岁左右，学历大多在高中及以上，其中还不乏本科毕业者，这意味着信仰基督教的人群有年轻化、知识化的倾向。在谈到基督教在城市化过程中所起到的作用时，教会负责人认为，信徒原本在农村，其思想和行为都是农村的意识。现在到了城市里，首先接触的就是城市生活。教会对他们的影响主要是他们的言行。比如从道德方面来讲，现在教会对信徒素质的要求比较高。在教会首先信徒必须保持安静，保持干净，不说脏话，遵守纪律；思想上跟进教会，接受现代化过程带来的冲击并努力适应。这一点课题组在访谈过程中可切身感受到：信徒一般都比较有礼貌，态度温和，即使谈到他们较为不满的教堂拆迁问题时，也没有表现出激烈情绪，而是以一种信任的心态向课题组表达了他们的希望。

### （二）社区聚会点——肥东县晨光基督教会

肥东县晨光基督教会，课题组将其称为社区聚会点，因其处于城乡结合地带，依傍社区，设施较为简陋，且整个教会更像社区活动中心，信徒人数少，老年人居多。课题组从与神职人员的访谈中得知，此处是政府为他们租赁的临时聚会点，目前正在向相关部门申请固定聚集场所。信徒告知课题组，他们的教堂已经搬迁多次了。目前的地点是2016年圣诞节搬迁来的，因之前那个面向街道的聚会点要被用于商业开发。频繁的搬迁带来许多问题，比如经费浪费、信徒流失、神职人员流失等。

晨光聚会点日常活动形式丰富，除了聚会、练唱赞美诗之外，还会举行晨祷和主日敬拜等活动。在圣诞节、复活节的时候，还会组织信徒去乡镇的主会中参加活动。近年来，不仅教徒构成出现了年轻化的趋势，而且信徒的知识水平也有所提高，比如教徒中开始出现大学生，甚至有老师。教会为了满足高层次信徒的需求，安装了投影仪、电脑、LED屏幕等现代化的设施。通过PPT展示，解决信徒忘带或不便于携带《圣经》的问题。由于青年人大多忙于工作，因而白天的聚会以老年人为主，特别是以老年女性为主。据神职人员介绍，晚上年轻人才有时间，所以教会在晚上安排青年聚会。晨光聚会点是一个城乡结合部教会的典型代表，有三个特点：其一，教徒虽有年轻化趋势，但是并不非常明显；其二，由于拆迁，教会频繁改变聚会点；其三，虽有现代化设施，但又不太完善。另外，晨光聚会点与其他教会最显著的差别就是位置。不同于其他教堂有宽阔的场地，该聚会点位于住宅楼的一楼，显得狭小拥挤，就连基督教信仰标志物“十字架”也只能象征性地张贴在教会外墙上。

课题组在访谈过程中感觉到，晨光聚会点与大型教会相比，最明显的差异是信徒的整体素质参差不齐，表现在可利用的有效问卷较少、访谈态度模棱两可、对于城市化的感受不深等方面。信徒的关注点重心仍在家庭生活，教会生活偏向于一种附属品，主要是为了满足自身的精神寄托。

### （三）拆迁废墟中的教会——大杨镇路西基督教会

课题组把正处于拆迁状况中的庐阳区大杨镇路西教会作为调研的一个典型案例选取，主要是因为城市化体现在本地基督教问题上最主要的就是拆迁引发的矛盾，且拆迁涉及政府与教会关系的处理问题，此点也是调研关注的核心。

庐阳区大杨镇路西教会始建于2004年，目前由四位神职人员共同管理，拥有来自大杨镇及其附近地区的大量固定信徒。教会按照宗教生活惯例，每周举行祷告、唱诗、礼拜等活动。教堂虽然面积不大，设施陈旧，但尚可满足信徒的日常宗教活动。

由于合肥城市化进程的推进，大杨镇路西教会所处的地带正在进行整体拆迁。教会周边民居目前已经基本拆迁完毕。教堂周遭荒草丛生，废弃物品堆积如山。这一点是所有正处于拆迁中教堂的共同之处。

### （四）农村教堂——大杨镇谢岗基督教聚会点

农村教会作为城市化过程中的被动者，对于城市化的冲击力感悟更深，因此课题组将其作为调研的一种类型。谢岗聚会点的老教堂建于1998年，目前的聚会点是在原有教堂聚会点的基础上翻新的，最近一次翻新在2008年。不论是从外观上，还是内部设施配置上都显得十分简陋。据教会长老介绍，这里原来大概有200名信徒，而现在仅剩下40人左右，并且多是老年妇女。

据负责人介绍，他们的经济压力非常大，在这边侍奉的义工和神职人员都没有酬劳可拿，自己的几百块钱仅够来回的路费。若是教会里的设备坏了，也没钱维修，更不用说添置新的东西。现在又面临教堂的拆迁，而政府并没有承诺给予什么经济补偿，因此他们希望政府可以考虑教会面临的实际困难和信徒的感受，在经济方面给予一定帮助。

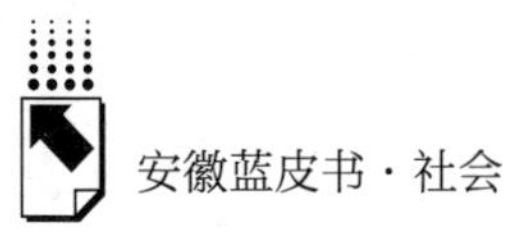


## 三 问题探析

课题组在实地调查过程中，采用问卷调查法对合肥地区农村基督教徒的信教原因、信徒构成状况、教会活动内容等教会基本情况进行了考察，并在此基础上探析城市化对合肥地区农村基督教所产生的冲击、导致的变化；采用深度访谈法对城市化进程中合肥地区农村基督教在土地征收、教堂拆迁、信徒聚会场所安置、城市文明建设和社会治安稳定等方面所衍生问题和挑战进行了剖析。

### （一）城市化进程中合肥农村基督教的基本情况及变化趋势

1. 基本情况

（1）信教原因

改革开放以来，基督教之所以能够在中国农村地区迅猛发展，最为根本的原因是基督教的民间信仰化迎合了农民治病驱邪、祈福求愿的功利性心理需求。绝大多数信徒都是因个人或家庭遭受重大变故才信仰基督教的，功利性和实用性色彩甚为浓厚。农民信仰基督教最为常见的情况是：本人或者至亲患上重症，药石无功，一筹莫展。恰在此时他的一个邻居、亲戚或朋友劝他信奉基督教。于是，在抱着试试看的心理驱动下，他本人或至亲就来到教会，经教徒祷告后，病痛竟奇迹般地好转了，从此他便开始信仰基督教。[①]

合肥地区农村基督教徒的信教缘由、入教途径与上述情形基本相同。就问卷调查情况来看，当前合肥地区农民信仰基督教的原因主要有以下四点。一是因为自己或者家人遭受病痛折磨或重大变故，为治病驱灾、强身健体而选择信仰基督教，通过信仰基督教获得“主”的庇佑，保障自身和家人的基本安全，因此而信教的比例高达 67%。二是因为社会环境的改变，人们无法继续从事被贴上“封建迷信”标签的民间信仰和宗族祭祀活动，不得不将自身对鬼神的信仰和敬畏转移到基督教上，希望借此驱鬼辟邪，因此而信教的人数占

① 蔡宇安、周典恩：《基督教在当代安徽农村传播的原因：基于无为县襄安镇的调查与分析》，《宜春学院学报》2012 年第 9 期。

17%。三是由于农民自身的文化生活和精神信仰比较匮乏，空余时间较多，因此而寻求基督教作为精神寄托的人数占10%。四是由于家中有亲人信仰基督教，自己受其潜移默化的影响而信教的人数占6%（见图1）。

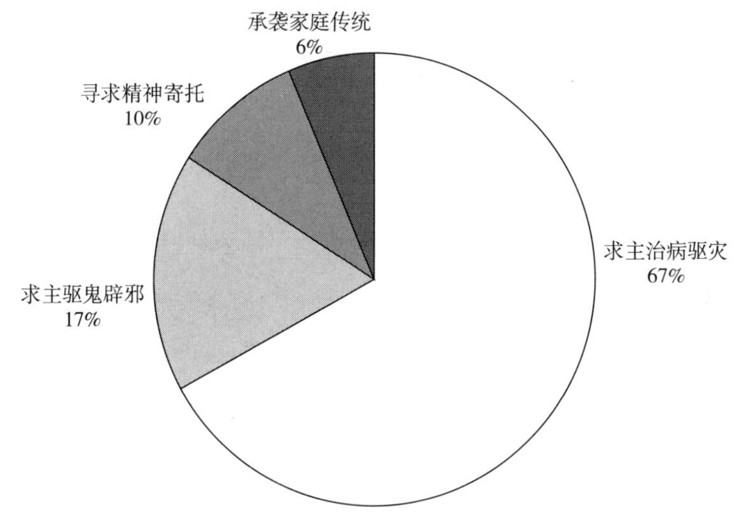


**图1　合肥地区农村基督教徒的信教原因**

（2）信徒结构

为了深入了解目前合肥农村地区基督教徒的实际构成状况，课题组针对信徒的性别、年龄、教育程度等个人基本情况，按照社会学的研究方法，制作了100份问卷，分赴教会发放，让信徒如实填写，最终实际回收有效问卷94份。课题组进行了统计分析，并绘制图表如下。

图表显示，性别构成方面，合肥地区农村基督教中信徒的性别比例严重失衡，女性信教的比例高达76%，男性比例仅占24%（见图2），女性信教的比重远远超过男性。年龄构成方面，合肥地区农村基督教徒的年龄主要集中在40岁以上，该群体所占比例高达82%，而青少年信徒只有18%左右（见图3）。教育程度方面，合肥地区农村基督教徒的受教育程度集中在初中及以下阶段，占被调查总人数的87%，大部分信徒的受教育程度偏低（见图4）。

（3）教会活动

当代中国农民之所以信仰基督教，实际上是鬼神观念极其普遍的他们在信

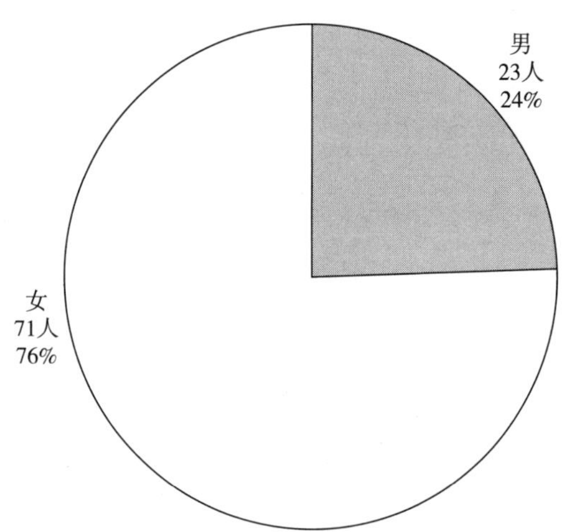


**图2　合肥地区农村基督教徒的性别构成**

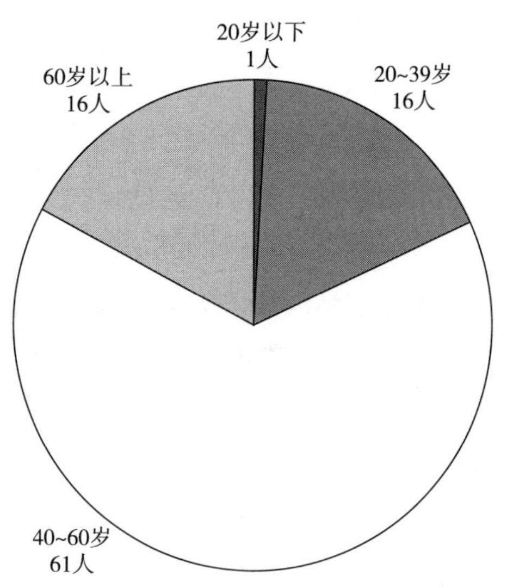


**图3　合肥地区农村基督教徒的年龄构成**

仰对象上的一种转移或移情。① 其实，绝大多数农民信徒在信仰基督教之初，对其教义与历史可谓一窍不通，只知道基督教的“主”法力无边，能驱鬼治

① 梁家麟：《改革开放以来的中国农村教会》，建道神学院，1999，第224页。

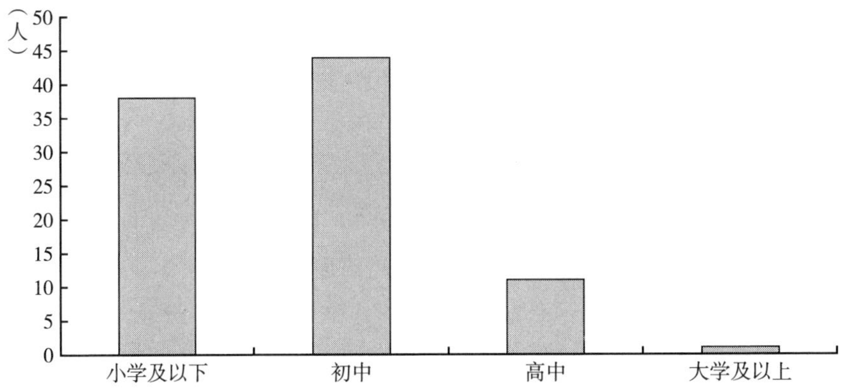


**图 4　合肥地区农村基督教徒的受教育程度**

病，保佑平安，信仰基督教后就不能给死人下跪，不能烧香拜佛，不能吃动物的血，基督徒死后能上天堂，等等。可以说，在多数信徒心目中“主”是个无所不能、无处不在的神灵，主宰世间一切，惩恶扬善，时刻保佑着自己的“羔羊”。基督教徒相信，如果要想获得“主”的眷顾和保佑，就必须按照基督教教义的规定，定期参加教会的各种活动，特别是周日敬拜。尽管他们到教会里只是似懂非懂地听牧师讲道，跟着领唱人后面哼唱赞美诗，为家里人的平安祷告而已。

课题组在调查过程中发现，当前合肥农村地区的基督教徒参加教会活动的内容和形式与中国其他地方没有明显区别。他们到教会里通常就是听牧师讲道、祷告、查经、参加唱诗班等。不过，各个教会的活动在时间和频率上存在较大差别。例如，大多数农村教会只是在周日的清晨举行敬拜活动，而且聚会开始的时间随农忙与农闲季节灵活调整，但最迟在早上八点之前都会结束。这是为了避免信徒因信仰基督教而耽误生产劳动。其他时间里，除了重大节日外，基本上不举办任何聚会活动。有些教会的聚会活动则相当频繁，例如肥东县晨光基督教会几乎每天都有活动：周日下午 14：00～15：30，主日敬拜；周一晚上 19：00～20：00，诗班练唱；周二早晨 5：00～6：00，晨祷；周三晚上 19：00～20：30，聚会查经；周四早晨 5：00～6：00，晨祷；周五下午 14：00～15：30，聚会查经；周六早晨 5：00～6：00，晨祷。

课题组发现，很多信徒虽然经常参加教会的各种活动，但多数情况下他们只是象征性、仪式性的参加。换言之，他们只是为了履行某种义务，完成某种责任，应付性地参加教会的活动。客观而言，很多农村基督教徒对牧师讲道的内容根本没有兴趣，经常在他们讲道时小声拉家常，打瞌睡，整个教堂闹哄哄的。虽然牧师反复强调纪律，要求大家安静听讲，但无济于事。有些信徒之所以耐着性子不离开，完全是因为怕“主”怪罪。讲道之后是祷告，此时信徒较为专心。他们认为，如果祷告心不诚的话，“主”就不会帮助自己。

近年来，随着农村基督徒与外界接触的增加，开阔了眼界，增长了见识，加之兄弟教会间互相帮衬，教会的活动内容逐渐丰富起来。譬如，现今每逢圣诞、元旦、春节等重大节日，多数农村基督教会都会组织信徒以《圣经》内容为题材，自编、自导、自演节目。

2. 变化趋势

（1）农村基督教逐步走向萎缩

当代中国城市化过程中，农村基督教会中的信徒因工作或其他原因而大量涌入城市，导致农村基督教会人数急剧下降，参加礼拜活动的人越来越少，基督教会呈现萎缩趋势是一种极其普遍的现象。[①] 课题组在调查中发现，合肥周边农村地区的基督教会也不例外，多数教会都显现衰败迹象。例如，大杨镇谢岗基督教聚会点，早先周日礼拜聚会时经常有200多名信徒参加，可是目前只剩下不到40人，而且都是老弱病残者。他们自己维持基本生活尚成困难，不可能有太多金钱奉献给教会，所以教会资金状况比较窘迫。大杨镇谢岗教会因资金紧张，教堂基础设施常年无法更新，非常简陋和破败。大杨镇谢岗基督教会的式微与合肥城市化进程中产业结构调整以及农村人口外流高度相关。

当代中国城市化过程中农村基督教会萎缩的另一种原因是教堂被拆迁后，信徒的礼拜活动聚无定所且条件简陋，由此导致信徒人心浮动，流失严重。在合肥推进城市化进程中，周边地区农村基督教的教堂有时会被征收、拆迁。尽管每个基督教会在拆迁过程中，都会尽力与政府讨价还价，争取更多的返还面积和经济补偿，但因城市整体规划或其他原因，通常是在较为偏远的地方给教会重新拨地，让其自行新建教堂。在新教堂建成之前，地方政府一般会给信徒临时安置一个聚会场所。临时聚会点往往条件简陋，还与其他社区活动场所混

① 金泽、邱永辉主编《中国宗教报告（2012）》，社会科学文献出版社，2012，第74页。

合在一起，一定程度上也影响了信徒的礼拜活动。例如，处于城乡结合部的肥东县晨光基督教会，因城市发展规划而多次搬迁。目前该教会被安置在县城郊区一处居民住宅楼的一楼，教堂面积狭小、低矮拥挤、设施简陋，类似于一个老人活动中心，信徒普遍感觉临时聚会点缺少基督教堂的庄严之感。

（2）信徒结构显现向年轻化和职业多元化转变的苗头

当代中国农村基督教徒是所谓的“四多”，即妇女多、老人多、病人多、文盲多。课题组调查发现，迄今为止合肥地区农村基督教徒的“四多”状况依然没有根本改变。不过，城市化对农村基督教也产生了一定的影响，主要表现在离城镇越近的教会，信徒“四多”的构成状况越有弱化的趋势。就庐阳区大杨镇路西基督教会、大杨镇谢岗基督教会、肥东县晨光基督教会和肥西上派镇胡湾基督教会四个教会来看，路西教会和胡湾教会因位于合肥市庐阳区和肥西县上派镇，离市镇中心很近，所以信徒的职业构成较为多元，年轻人在信徒中的比例比其他农村教会要高，信徒的受教育程度也相对较高。谢岗教会则因地处较为偏远的农村地区，信徒中“四多”的状况更加明显。

此外，信徒的职业构成状况也随着城市化发生了变化。早先农村的基督教徒基本上是清一色的农民，其他职业者可谓凤毛麟角。如今在城市化的影响下，信徒的职业构成发生了较大的变化，开始显现向多元化发展的趋势。[①] 据课题组统计，在本次被调查的信徒中，工人、个体户、医药卫生人员、公务员和其他从业人员所占的比重之和已达到57%（见图5）。

（3）神职人员专业化趋势明显

改革开放后，随着宗教信仰自由政策得以贯彻执行，基督教在中国农村地区快速兴起，农民基督教徒的数量成倍增长。与此同时，基督教的神职人员则出于历史上的多种原因而严重不足。在这种情况下，很多农村基督教会的讲道者都是由早先信教的人、认识字的人或能说会道的人自主担任。这些土生土长的讲道者根本没有经过系统的神学训练，他们只是凭借自己切身的宗教实践和自己对基督教教义、教规一知半解的认知，去给一批目不识丁、以中国鬼神观念理解基督教的农民信徒讲道。尽管农村基督教徒都亲切地称这些讲道者为老师，然而，这些老师的讲道质量和效果可想而知。

① 高师宁：《城市化过程与中国基督教》，《宗教学研究》2011年第2期。

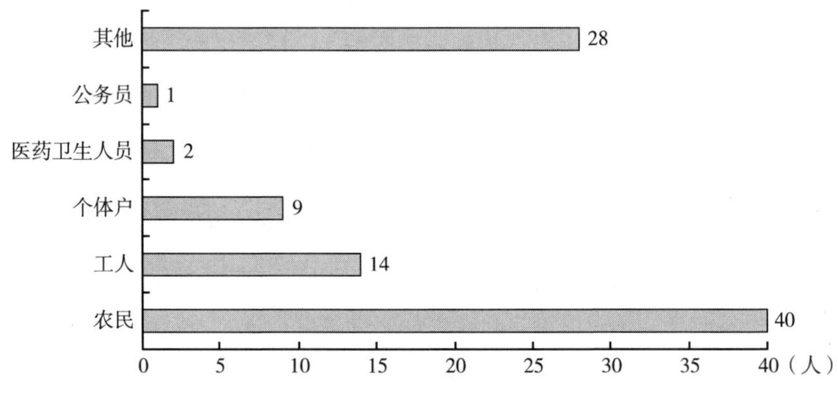


**图5　合肥地区农村基督教信徒的职业构成**

近年来，随着城市化的发展，农村基督教会神职人员的素质开始得到提高。三自教会定期、分批地对农村基督教会的神职人员进行培训，在很大程度上提高了他们的神学知识水平。目前，合肥地区农村基督教会一般都配备一至两个神职人员，负责讲道和管理教会事务。这些神职人员通常受三自教会的领导，听从三自教会的指派。他们不能像普通信徒那样随意流动，更不能对不同地区、不同经济条件的教会挑三拣四。如果有什么特别情况，都必须经由三自教会决定，不允许自己擅做决定。

由于三自教会实行“自治、自养、自传”方针，所以政府不会给基督教的神职人员发放工资，也不会给基督教会拨款。教会的一切开支完全依靠信徒的奉献。在城市化进程中，随着信徒大量向城市流动，农村教会的信徒人数越来越少，奉献金自然也随之大幅度减少。资金严重紧缺，甚至无法给神职人员发放工资是当下合肥地区农村基督教会普遍遭遇的困境。

## （二）城市化进程中合肥地区农村基督教产生的问题

### 1. 教堂的拆迁补偿问题

在城市化过程中，因教堂的拆迁和补偿问题而引发教会和地方政府之间矛盾和纠纷时有发生。通过对信徒的深度访谈，课题组了解到绝大多数信徒对合肥的城市化建设表示理解和支持，但对于地方政府的补偿标准则颇有微词。他们认为，地方政府应顾及教会的后续发展，在拆迁返还土地时要多划拨些面积，以便教会能够新建更大的教堂，最起码要按照“拆多少，补多少”的标准补偿。但实际上多数情况下，地方政府对于待拆迁教堂面积的认可与教会的要求之间存在较大的差距。例如，有的地方政府根据拆迁政策，对于有些教堂二楼以上的建筑面积不予认可，而教会则认为二楼是教堂实实在在的组成部分，必须要按照实际面积补偿。

此外，教堂的房屋产权问题也是教会和地方政府拆迁部门争论的焦点。教会认为，早期的教堂基本上都没有什么合法的手续，像土地证、使用证、房产证都统统没有，因为那时候地方政府不允许教会以它自己的名义去申请房产证这些东西。教会认为，教堂的土地是信徒自己花钱买的，教堂是信徒自己花钱修建的，教堂理应像其他房屋一样获得合法的房产证。教堂之所以没有产权证，是地方政府自己政策不完善所造成的。所以，按照常理，地方政府应该补发产权证给教会。教会担心，如果在没有获得地方政府承诺补发产权证的情况下，轻率地同意拆迁教堂，即使用地方政府的赔偿金可以重建一个新教堂，新教堂也只有使用权，没有房屋产权。假如日后地方政府要收回教堂的所有权，教会将会完全失去主动权，陷入被动地位。

课题组认为，在教堂拆迁过程中，如何化解教会和地方政府的矛盾和争议，一方面让教会对教堂拆迁无后顾之忧，另一方面又能让地方政府顺利推进合肥市的城市化建设，是一个亟待解决的问题。

2. 信徒的临时聚会问题

按照基督教教义教规的要求，信徒每周都必须去教会参加主日崇拜、查经、唱赞美诗等宗教活动。尽管多数信徒出于各种原因，无法经常去教会参加崇拜活动，但有些虔诚的基督教徒对此却极为重视，每次活动都必定参加。所以，地方政府在拆迁教堂时为了照顾信徒的宗教情感，保障他们能够正常举行宗教活动，通常情况下会临时为教会租赁一个活动场所。可是，地方政府租赁的地方往往面积狭小、条件简陋、地点偏僻。有的地方政府可能因条件所限，有时不得不将教会的临时聚会点与社区活动中心、老年人活动中心等混合在一起，信徒对于这样的安排甚为不满。

因教堂拆迁后，地方政府对于教会临时聚会点的安排欠缺考虑而引发信徒上访的事件在国内时有发生。目前，合肥地区虽没有在此问题上出现较大的群体事件，但信徒对于临时聚会点安排的不满之意确实存在。有关政府部门在拆迁教堂时，须顾及信徒的宗教情感，尽可能为他们正常举行宗教活动提供方便，未雨绸缪，消除社会不稳定因素。

3. 家庭教会的冲击问题

所谓家庭教会是指中国大陆没有经过政府批准认可的、由信仰基督教的群众自发组织建立的基督教会。此种教会因其产生初期没有教堂，多在教徒家里举行聚会，因而得名“家庭教会”。家庭教会不是宗教意义上的教派，不是一个统一的组织，而是一个政治上的概念。“家庭教会”不接受中国基督教三自教会的领导，常与国外有关教会保持千丝万缕的联系，对于中国政府及中国的宗教政策持批判态度，是一种非法教会。

在城市化过程中，有时信徒在教堂拆迁后可能会没有场所举行宗教活动，或者政府所安排的临时聚会点条件简陋、路途遥远，参加宗教活动甚为不便。在这种情况下，有的信徒便开始寻找新的场所。此时，一直处在社会阴暗处的家庭教会就乘虚而入，向这些教徒发起温情脉脉的攻势。

家庭教会在规模上远远小于三自教会，传道者可以投入更多的时间和精力去关怀基督教徒，给予教徒更多的心理安慰，且家庭教会距离较近、环境温暖、聚会便利，而三自教会由于信徒人员众多，神职人员无法兼顾到每一位信徒的心理需求。两相比较，家庭教会凭借其无微不至的宗教关怀、温馨舒适的聚会场所很快就博得了这些信徒的好感，导致他们最终放弃三自教会，加入家庭教会。

在城市化中因教堂拆迁而导致信徒流入家庭教会将造成严重后果。一方面，三自教会信徒的大量流失将直接导致其聚会人数减少，宗教活动氛围趋向冷淡，严重影响信徒之间的情感交流和凝聚力，间接导致神职人员的收入来源极不稳定，甚至是大量缩减，严重影响神职人员的积极性和向心力。另一方面，家庭教会因信徒的流入将导致其组织和规模迅速膨胀，他们所宣传的教会知识、政治理念会误导农村基督教徒，极大地增加社会的不稳定因素，且给政府的宗教管理带来阻碍。

4. 城市的文明建设问题

基督教是西方的舶来品，其文化特质与中国传统文化迥然不同。明末清初时期，基督教曾因中国信徒的祭孔拜祖、丧葬礼俗等问题与清政府发生礼仪之争，结果导致康熙帝下令将外国基督教传教士全部驱逐出境，禁止基督教在中国传播。鸦片战争后，基督教凭借不平等条约的庇护，再次进入中国传播。不过，此次基督教在传播的过程中不断在教义教规上进行调适，试图与中国传统文化相契合，以最终实现基督教的中国化。

当下，中国农村地区的基督教已经达到相当高的中国化程度。农民基督教徒在礼俗文化氛围浓厚的乡土社会中，在遵循当地的风俗习惯、为人处事方式的同时，从基督教的立场上对其重新加以诠释，创造性地将中国的传统礼俗与基督教的教义教规有机结合起来。例如，合肥农村地区农民过春节有贴“福”字的习俗，基督教徒并没有放弃这一习俗，他们过年时也贴“福”字。他们认为贴“福”字并不违背教义教规，因为非基督徒贴“福”字是向魔鬼祈求财富，那是迷信活动；而基督徒贴“福”字是向“主”求智慧，倒贴“福”字是企盼福音早点到来。[①]

尽管合肥地区的农村基督教已本土化较深了，但基督教徒为了标识其身份、履行其义务，在某些方面依然会刻意表现出与众不同。例如，每逢过年时，基督教徒都会贴赞扬基督教和耶稣的对联。例如，“救恩颂歌播五洲，福音钟声传四海”，横批“上帝恩典知足常乐”；“福音传四海，恩典播五洲”，横批“主爱世人”；“人信耶稣福自来，家靠上帝恩常在”，横批“主爱世人真神播福”等对联。假如城市化后基督教徒将这一习俗带进城市社区，则势必会影响市容市貌，对城市的文明建设产生负面影响。又如，传播福音是每个基督教徒的义务，所以基督教徒的传教意识都非常强。中国农村是熟人社会，基督教徒凭借“主”能够驱鬼治病的神迹，很容易引介患病或遭遇重大不幸的人信仰基督教，这就造成农村中同一教堂内的信徒之间普遍存在亲戚、朋友或邻居关系。城市化后熟人社会被打破了，基督教徒的传教方式必然会发生改变。课题组发现，目前合肥市已经出现基督教徒利用散发传单的方式传播基督教。这对城市的文明建设难免会造成不良影响。再如，基督教徒举办宗教活动的次数相当频繁。城市化后假如基督教徒的聚会场所在人口稠密的社区附近，他们的聚会活动难免会扰民，社区的治安也存在隐患。但如果将聚会地点安排到偏远地方，信徒聚会又很不方便，他们也会怨声载道。如何既能满足信徒的

① 周典恩：《随俗与立异：江淮地区一个乡村基督徒的春节习俗》，《民俗研究》2013 年第 6 期。

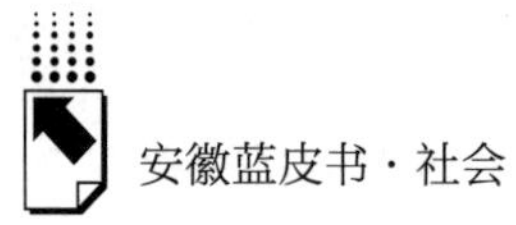


聚会需要，又能避免扰民，顺利推进城市文明建设，这显然是个两难问题。

不过，基督教的某些教义教规对城市的文明建设也可起到辅助作用。例如，基督教的教义一般要求信徒须孝敬父母、不可杀人、不可奸淫、不可偷盗、不可贪念别人的财物，要遵纪守法、家庭和睦、邻里和谐、服务社会、造福人群、对社会尽责。如何巧妙地利用这些教义教规促进城市的文明建设是一个值得进一步研究的课题。

5. 社会的治安稳定问题

农村基督教徒多是老弱病残的弱势群体，他们信仰基督教基本上都是为了治病驱邪、寻求精神寄托。他们没有意愿，也没有能力质疑政府的政策、抗议政府的举措，所以不会对社会的治安与稳定构成威胁。然而，随着城市化进程的推进，农村教会逐步转变为城市教会后，教会的信徒结构、受教育水平、职业构成，以及神职人员的素质都发生了变化，特别是有一批知识精英和维权人士加入了教会，他们与海外有着密切的联系，不管是在建堂、买堂、租堂问题上，还是在处理与政府的关系上，都有较强的法律意识。地方政府在处理教会问题时如果稍有不妥，就有可能会引起强烈反弹，甚至会引发群体性事件。

课题组调查发现，合肥地区的农村基督教在城市化过程中总体保持平稳，只是曾经因教堂拆迁问题引发了一次小型群体事件。不过，值得地方政府警惕的是，合肥地区的农村基督教徒虽然没有爆发大型群体事件，但他们在教堂拆迁与补偿、临时聚会点安置等问题上普遍存在不满情绪。假如地方政府不采取有效措施，合理及时地化解他们的不满情绪，而是任由其发展，抑或继续引发他们更大的不满。那么，少数对政府怀有敌意的人就有可能利用信徒的不满情绪，引发群体性事件。所以，地方政府在涉及教堂拆迁和临时聚会点安置问题上需谨慎对待。

课题组认为，地方政府在拆迁教堂时不能故步自封，僵化地执行某些可能已经不合时宜的地方政策；或者任性地按照某个地方官员的意愿，强力推行拆迁计划，完全无视国家的宗教信仰自由政策，做出严重伤害信徒情感的事情。在城市化进程中，对于农村地区的基督教问题，地方政府应防患于未然，先学习了解国家的宗教政策，在兼顾宗教政策与地方政策的情况下，合理开展教会的拆迁和改造计划，尽可能满足信徒的宗教生活需求。当然，地方政府也不能任由教会漫天要价，须将拆迁补偿问题与宗教信仰问题切割开来处理，防止不法分子利用宗教信仰自由问题在拆迁补偿问题上煽风点火，引发社会治安与稳定问题。

## 四 结论与建议

### （一）结论

课题组通过对合肥地区农村基督教会的调查和分析，得出如下结论。

其一，农村基督教会逐渐萎缩，城市基督教会日益膨胀。随着合肥城市化进程的推进，农村基督教会的信徒大量流入城市，其结果造成一方面农村教会参加敬拜活动的人数越来越少，场面冷清，信徒奉献金减少，教会资金紧缺、教堂的设备无法更新，条件简陋，呈现日益凋敝迹象；另一方面城市基督教会则因大量农村信徒的涌入而迅速膨胀，多数城市教会往往人满为患，教堂空间无法满足信徒的礼拜需求。尽管地方政府有时为了照顾失地农民信徒的宗教生活，为他们安置临时聚会点，但依然无法从根本上解决城市中信徒聚会难的问题。

其二，家庭教会渗透严重，宗教管控难度加大。家庭教会是未经中国政府认可，拒绝接受三自教会领导的非法教会。在城市化进程中，农村信徒蜂拥进入城市，造成城市教会人满为患。宗教活动参与度甚高的农村信徒在正式聚会场所严重不足的情况下，迫切需要寻找新的聚会点。此时，处于隐蔽状态的家庭教会便乘虚而入，对流入城市的农村信徒展开温情脉脉的攻势，为他们提供无微不至的宗教关怀，积极拉拢他们加入家庭教会，结果造成家庭教会的规模迅速壮大，这势必进一步加大政府对宗教管控的难度。

其三，教会和地方政府在教堂拆迁和补偿问题上纠纷较多，且难以调解。在合肥城市化过程中，虽然绝大多数信徒对合肥的城市建设表示理解和肯定，但对于地方政府的补偿标准则颇为不满。双方的纠纷主要集中在拆迁教堂的补偿标准和教堂的产权证问题上。教会希望地方政府多补偿些土地和资金，以满足教会的后继发展，坚持教会须持有新教堂的产权证。地方政府则认为，教堂没有产权证是历史遗留问题，目前也没有相关法律支持教会拥有教堂的产权，并坚持按照有关政策规定来执行教堂的赔偿标准。地方政府若无视教会的要求，强行推行既定的政策，必然严重伤害信徒的情感，甚至引发群体性事件。地方政府若向教会妥协，完全满足信徒的要求，则客观条件又不允许。教会和地方政府的纠纷恐一时难以解决。

其四，城市的文明建设和社会稳定在农村教会向城市教会的转化过程中面临挑战。农村基督教徒为了标识其身份、履行其义务，通常会恪守某些教义教规，在日常生活中显现某些与众不同的行为，如春节贴赞美基督教和耶稣的对联，频繁举办宗教崇敬活动，随处向周边人传播基督教。农村基督教徒的这些行为势必会影响市容市貌，对城市的文明建设产生负面影响。此外，农村教会转变为城市教会后，教会的信徒结构、受教育水平、职业构成和神职人员的素质都发生了变化，特别是可能会有知识精英和维权人士加入其中，这将显著提高教会的维权意识，从而造成地方政府在处理宗教问题时稍有不慎就会引起强烈反弹，甚至冲突事件，给社会的治安稳定带来挑战。

## （二）建议

对于合肥城市化过程中农村基督教出现的问题，课题组建议从以下几个方面进行处置。

1. 妥善处理信徒聚会问题，严防家庭教会渗透

农村基督教会多属于在宗教管理部门登记注册过的合法教会，农村基督教徒的信教自由受到法律的保护。所以，城市化进程中地方政府在拆迁了农村基督教堂后应该及时为信徒安置临时聚会点，以保障他们宗教生活的正常开展。在安置聚会点时须既方便信徒参加聚会，又顾及他们的宗教情感，将聚会点与老年人活动中心、社区休闲中心等机构合理分开。

与此同时，有关政府部门需密切关注城市化中失地信徒的举动，防止家庭教会渗透。在城市化过程中农村信徒可能会因政府安排的临时聚会点条件简陋、地点偏远而拒绝前往，加之他们自我感觉地方政府在教堂拆迁中对待教会不公，而产生愤懑之情。此时，家庭教会必然会向这些信徒伸出“橄榄枝”，以无微不至的宗教关怀，想方设法拉拢他们加入家庭教会。这必将给政府的宗教管理带来极大挑战。为了防患于未然，地方政府须密切关注城市化过程中失地信徒的举动，积极向信徒说明家庭教会的性质和危害。最好在市级宗教管理部门成立专门机构，或指派专人具体负责城市化过程中失地信徒的聚会问题，

严防家庭教会渗透。

2. 尊重信徒情感，理性看待农村基督教的发展

对于基督教在中国的迅猛发展，有些人颇为担忧，认为中国会成为“第二个耶路撒冷”。我们认为绝无此种可能性。改革开放之初，基督教之所以能够在中国农村地区快速发展，最为根本的原因是基督教迎合了农民治病驱邪、祈福求愿的功利性心理需求，所以信仰基督教的多是个人或家庭遭遇重大疾病或变故的所谓“四多”群体，即妇女多、老人多、病人多、文盲多。2000 年后，农村基督教信徒增长速度明显放缓。对于造成这种状况的原因，我们认为大概有以下两点。一是改革开放之初，基督徒人数之所以骤增是宗教信仰因特殊时期被禁锢后的反弹现象。二是农村中信仰基督教的人基本上都是遭遇变故、穷困潦倒的老人和妇女。这些潜在信徒在农村中数量肯定有限，而他们的后代又极少信仰基督教，所以造成基督教发展后继乏力。

在合肥城市化过程中，农村基督教会随着大量信徒流入城市而进一步式微。地方政府对于农村基督教大可不必担忧。在新农村建设和社区改造中，对于老弱病残的农村基督教徒应该适当照顾他们的宗教生活需求，满足他们的精神寄托需求，发挥农村基督教会的休闲养老作用。

3. 统筹协调，标准化教堂拆迁补偿办法

教堂的拆迁和补偿问题是地方政府和教会之间矛盾和纠纷的症结所在。双方在补偿标准和教堂的产权证上发生争执的根源在于标准的不统一、法规的不完善。为了彻底化解地方政府和教会在拆迁问题上的矛盾和纠纷，杜绝此类事件再次发生，有关部门要统筹协调，将拆迁问题和宗教信仰问题切割开来，按照合肥市的实际情况，制定统一的教堂拆迁补偿办法。这样一方面可以防止不同的地方政府执行各自的赔偿标准，造成教会之间相互攀比；另一方面可以阻遏少数别有用心的人将拆迁问题和宗教信仰问题混为一谈，混淆视听，大肆煽风点火，鼓吹政府打压基督教，干预宗教信仰自由，从而达到制造社会矛盾的目的。

4. 趋利避害，因势利导地发挥基督教的正面作用

作为西方文化的基督教与中国传统文化特质截然不同，农民信仰基督教后通常会因恪守某些教义教规而在言行举止上与普通民众存在差异。在城市化过程中，失地信徒的宗教习俗可能会对城市的文明建设造成一定的不良影响。对于基督教的这些负面作用，我们要采取合理措施，在不影响信徒宗教信仰自由

的情况下，尽量将其降低到最小范围内。当然，地方政府绝不能采取横加干涉、强行阻止的手段，而要循循善诱地引导信徒不要在公众场所进行宗教活动，不能影响市容市貌，不能干扰市民生活。

失地信徒进入城市后，丧失了原先农村熟人社会的生活方式，通常会产生归属感和社会认同感缺失现象，难以适应城市的社会生活。在这种情况下，适度参与宗教活动可以让他们在宗教场域中获得社会认同感和团体归属感，进而提高心理承受力和社会融入力。有关政府管理部门可趋利避害，因势利导地发挥基督教的社会认同和团结功能，为涌入城市的大量农村信徒尽快融入城市生活提供精神动力和政策支持。

5. 加强法制建设，规范城市教会管理

农村教会转变为城市教会后，信徒的结构状况、受教育水平、职业构成，以及神职人员的素质都发生了变化，特别是有少数知识精英和维权人士也加入其中，教会的维权意识明显提高。这就要求有关政府管理部门在处理宗教问题时须谨慎对待，稍有不妥就有可能会引发群体性事件。有关部门须持续加强涉及宗教信仰问题方面的法律法规建设，做到有法可依、有法必依，严谨规范地对城市教会进行管理，防患于未然，避免不必要的社会矛盾和纠纷，以达到民生昌盛、社会和谐、政通人和。

## 参考文献

周典恩、王学良：《文化传统、宗教生态与民间信仰化：基督教在一个皖南村庄传播的实证研究》，《北方民族大学学报》2012 年第 5 期。

孙尚扬：《宗教社会学》，北京大学出版社，2003。

蔡宇安、周典恩：《基督教在当代安徽农村传播的原因：基于无为县襄安镇的调查与分析》，《宜春学院学报》2012 年第 9 期。

梁家麟：《改革开放以来的中国农村教会》，建道神学院，1999。

金泽、邱永辉主编《中国宗教报告（2012）》，社会科学文献出版社，2012。

高师宁：《城市化过程与中国基督教》，《宗教学研究》2011 年第 2 期。

周典恩：《随俗与立异：江淮地区一个乡村基督徒的春节习俗》，《民俗研究》2013 年第 6 期。

# B.19
# 2016年安徽省及各市社会发展指数

田飞　毕磊*

**摘　要：** 根据测算，2016年安徽省的社会发展指数为0.37，较2015年的0.35略有上升。安徽省各个地区的排名较2015年有所不同，其中变化最为显著的是芜湖市、马鞍山市和合肥市，这三个地区经济发展迅猛，带动了社会的不断发展，三个市的排名都上升了，分列为第一、第三和第四。其他各市的发展指数变化不大，排名的顺序也没有太大的变化。总体来看，2016年安徽省大部分地区的发展水平超过平均值，即高于全省发展水平，但与2015年相比，又多了一个市的发展水平低于全省平均水平。

**关键词：** 安徽　社会发展指数　指标体系

此次对2016年安徽省及各市社会发展水平的衡量，依旧采用社会发展指数评价体系，该指标体系的建构充分考量了科学性和操作性两者的有机结合，应用性强，能够客观、定量、定时地反映每年安徽省及其各个地区社会发展的情况。根据安徽省2017年统计年鉴公布的数据，计算得出了2016年全省和各个市社会发展指数及其子指数的数值，并根据社会发展总指数进行了排名，具体结果见表1，根据此表绘制安徽省2016年社会发展指数图（见图1）、2016年安徽省各市社会发展水平排名图（见图2）和2016年各市社会发展子指数图（见图4至图19）。

* 田飞，安徽大学社会与政治学院教授，研究方向为社会科学研究方法；毕磊，安徽大学社会与政治学院研究生，研究方向为人口学。

表1 2016年安徽省各市社会发展指数及其子指数的数值与排名结果

| 排名 | 地区 | 人口指数 | 教育指数 | 科学指数 | 保障指数 | 卫生指数 | 自然环境指数 | 社会环境指数 | 生活指数 | 社会发展指数 |
|---|---|---|---|---|---|---|---|---|---|---|
| | 安徽省 | 0.380278 | 0.316399 | 0.495777 | 0.246659 | 0.493087 | 0.156582 | 0.703301 | 0.210947 | 0.36957 |
| 1 | 芜湖市 | 0.405675 | 0.369505 | 1.367178 | 0.370437 | 0.541153 | 0.196011 | 0.704623 | 0.298086 | 0.513315 |
| 2 | 黄山市 | 0.37404 | 0.374598 | 0.370468 | 0.259216 | 0.703577 | 0.578825 | 0.622384 | 0.699038 | 0.499918 |
| 3 | 马鞍山市 | 0.447437 | 0.305938 | 1.304701 | 0.416747 | 0.480712 | 0.213197 | 0.406423 | 0.552129 | 0.498222 |
| 4 | 合肥市 | 0.45344 | 0.472511 | 1.31254 | 0.517185 | 0.556907 | 0.077605 | 0.272711 | 0.268343 | 0.470502 |
| 5 | 铜陵市 | 0.378877 | 0.342179 | 0.486259 | 0.366279 | 0.53502 | 0.201479 | 0.735447 | 0.690036 | 0.463917 |
| 6 | 池州市 | 0.363698 | 0.378182 | 0.279799 | 0.183512 | 0.588843 | 0.412242 | 0.811722 | 0.659698 | 0.463527 |
| 7 | 宣城市 | 0.360937 | 0.283965 | 0.534971 | 0.243907 | 0.513456 | 0.332111 | 0.596351 | 0.586006 | 0.428353 |
| 8 | 蚌埠市 | 0.412833 | 0.308786 | 0.62889 | 0.261448 | 0.560122 | 0.059495 | 0.691832 | 0.213976 | 0.381542 |
| 9 | 安庆市 | 0.338032 | 0.331623 | 0.273544 | 0.196318 | 0.479394 | 0.211453 | 0.869214 | 0.338432 | 0.380362 |
| 10 | 六安市 | 0.30471 | 0.315297 | 0.175712 | 0.118348 | 0.472262 | 0.229388 | 0.801204 | 0.421032 | 0.357427 |
| 11 | 淮南市 | 0.414516 | 0.295547 | 0.236774 | 0.291919 | 0.525608 | 0.111279 | 0.635262 | 0.310719 | 0.349151 |
| 12 | 滁州市 | 0.349651 | 0.312388 | 0.455891 | 0.194886 | 0.460699 | 0.146632 | 0.566166 | 0.329555 | 0.347266 |
| 13 | 淮北市 | 0.423175 | 0.342084 | 0.232828 | 0.388821 | 0.502098 | 0.060372 | 0.439279 | 0.326466 | 0.33495 |
| 14 | 阜阳市 | 0.397409 | 0.217268 | 0.120114 | 0.09352 | 0.461298 | 0.026162 | 0.916869 | 0.303848 | 0.315827 |
| 15 | 亳州市 | 0.344853 | 0.202528 | 0.077031 | 0.087655 | 0.382151 | 0.070741 | 0.919273 | 0.275969 | 0.296226 |
| 16 | 宿州市 | 0.361298 | 0.207848 | 0.105718 | 0.105963 | 0.414264 | 0.035717 | 0.864635 | 0.240152 | 0.291203 |

由图 1 可见，2016 年安徽省社会各个方面的发展是不平衡的，社会环境发展得最好，其次是科学、卫生和人口方面的发展，这与 2015 年相同，而自然环境发展水平最低，教育、保障、生活三个方面的发展水平居中。

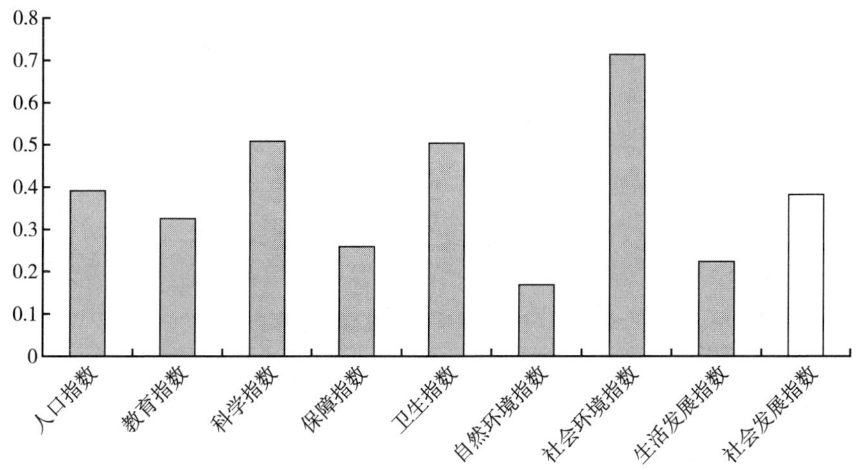


**图 1　安徽省 2016 年社会发展指数**

由图 2 和表 1 可见，排在前三位的地区分别是芜湖市、黄山市和马鞍山市。芜湖市社会发展指数已超过 0.5，在安徽省各市社会发展指数排名中位居

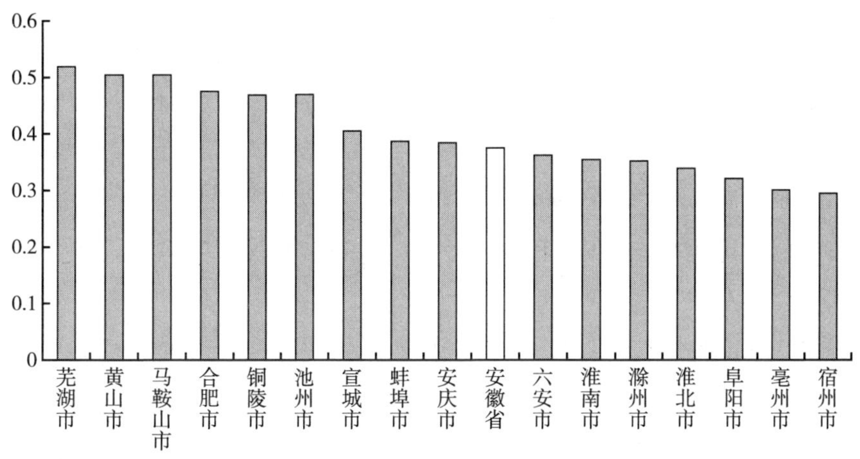


**图 2　2016 年安徽省各市社会发展水平排名**

第一。其次是黄山市和马鞍山市，社会发展指数超过了0.49，接近0.5，合肥、铜陵、池州、宣城四个市的社会发展指数均超过0.4，宿州市和亳州市的生活发展指数最低，仍然低于0.3。排在最后三位的分别是阜阳市、亳州市和宿州市。总体来看，2016年安徽省大部分地区的发展水平超过平均值，即高于全省发展水平，但与2015年相比，又多了一个市的发展水平低于全省平均水平。

根据过去六年的连续数据，可以得到16个市的社会发指数表（见表2）和16个市的排名情况变化表（见表3）。根据表2绘制了2016年安徽省社会发展指数变化趋势图（见图3）。

**表2　2011年以来各市社会发展指数**

| 地　区 | 2016年 | 2015年 | 2014年 | 2013年 | 2012年 | 2011年 |
|---|---|---|---|---|---|---|
| 安徽省 | 0.36957 | 0.350619 | 0.347812 | 0.335572 | 0.360301 | 0.351956 |
| 合肥市 | 0.470502 | 0.405188 | 0.3930 | 0.3642 | 0.3997 | 0.3694 |
| 淮北市 | 0.33495 | 0.318924 | 0.3325 | 0.3571 | 0.3449 | 0.3733 |
| 亳州市 | 0.296226 | 0.294359 | 0.3108 | 0.2772 | 0.3151 | 0.3061 |
| 宿州市 | 0.291203 | 0.296055 | 0.3156 | 0.3049 | 0.3182 | 0.3071 |
| 蚌埠市 | 0.381542 | 0.361766 | 0.3413 | 0.3459 | 0.3488 | 0.3341 |
| 阜阳市 | 0.315827 | 0.316552 | 0.3253 | 0.3184 | 0.3277 | 0.3198 |
| 淮南市 | 0.349151 | 0.307258 | 0.3792 | 0.3694 | 0.3935 | 0.3529 |
| 滁州市 | 0.347266 | 0.345057 | 0.3464 | 0.3652 | 0.3507 | 0.3360 |
| 六安市 | 0.357427 | 0.364212 | 0.3290 | 0.3313 | 0.3512 | 0.3242 |
| 马鞍山市 | 0.498222 | 0.42968 | 0.4022 | 0.3720 | 0.3669 | 0.3677 |
| 芜湖市 | 0.513315 | 0.45931 | 0.4433 | 0.4096 | 0.4149 | 0.3806 |
| 宣城市 | 0.428353 | 0.417785 | 0.3960 | 0.3750 | 0.4070 | 0.3849 |
| 铜陵市 | 0.463917 | 0.418428 | 0.5743 | 0.5302 | 0.4967 | 0.4917 |
| 池州市 | 0.463527 | 0.461816 | 0.4495 | 0.4553 | 0.4185 | 0.4083 |
| 安庆市 | 0.380362 | 0.384451 | 0.3639 | 0.3391 | 0.3628 | 0.3470 |
| 黄山市 | 0.499918 | 0.476682 | 0.4642 | 0.4579 | 0.4320 | 0.4226 |

**表 3　2011 年以来各个市社会发展水平排名**

| 排序 | 2016 年 | 2015 年 | 2014 年 | 2013 年 | 2012 年 | 2011 年 |
|---|---|---|---|---|---|---|
| 1 | 芜湖市 | 黄山市 | 铜陵市 | 铜陵市 | 铜陵市 | 铜陵市 |
| 2 | 黄山市 | 池州市 | 黄山市 | 黄山市 | 黄山市 | 黄山市 |
| 3 | 马鞍山市 | 芜湖市 | 池州市 | 池州市 | 池州市 | 池州市 |
| 4 | 合肥市 | 马鞍山市 | 芜湖市 | 芜湖市 | 芜湖市 | 宣城市 |
| 5 | 铜陵市 | 铜陵市 | 马鞍山市 | 宣城市 | 宣城市 | 芜湖市 |
| 6 | 池州市 | 宣城市 | 宣城市 | 马鞍山市 | 合肥市 | 淮北市 |
| 7 | 宣城市 | 合肥市 | 合肥市 | 淮南市 | 淮南市 | 合肥市 |
| 8 | 蚌埠市 | 安庆市 | 淮南市 | 滁州市 | 马鞍山市 | 马鞍山市 |
| 9 | 安庆市 | 六安市 | 安庆市 | 合肥市 | 安庆市 | 淮南市 |
| 10 | 六安市 | 蚌埠市 | 滁州市 | 淮北市 | 六安市 | 安庆市 |
| 11 | 淮南市 | 滁州市 | 蚌埠市 | 蚌埠市 | 滁州市 | 滁州市 |
| 12 | 滁州市 | 淮北市 | 淮北市 | 安庆市 | 蚌埠市 | 蚌埠市 |
| 13 | 淮北市 | 阜阳市 | 六安市 | 六安市 | 淮北市 | 六安市 |
| 14 | 阜阳市 | 淮南市 | 阜阳市 | 阜阳市 | 阜阳市 | 阜阳市 |
| 15 | 亳州市 | 宿州市 | 宿州市 | 宿州市 | 宿州市 | 宿州市 |
| 16 | 宿州市 | 亳州市 | 亳州市 | 亳州市 | 亳州市 | 亳州市 |

由表 1、表 2 可见，安徽省各个地区的排名较 2015 年有不同变化，其中芜湖市、马鞍山市和蚌埠市继续保持上升的态势，已经升为第一位、第三位和第八位，合肥市表现突出，从第七位一下跃到第四位，黄山市基本保持在前两名的位置。亳州市、宿州市连续六年保持不变地排在倒数后两位。

由图 3 可见，2012 年安徽省社会发展状况较好，2013 年跌入低谷，现在已经完成恢复，冲到这几年的最高点。

接下来根据 2016 年各个市的社会发展子指数图，分析它们总体及其分项与全省平均水平的差异，为今后进一步探讨各个地区社会全面发展指出相应的途径。

由图 4 可知，2016 年芜湖市社会发展各个子指数中，除社会环境发展水平约等于全省的平均水平外，其他各个方面均领先于全省平均水平，其中，科学发展水平优势最为明显，表明芜湖市的社会发展总体是均衡的。

2016 年黄山市的社会发展水平略有下降，但仍然处于第二位，整体水平已达到 0.49，进一步拉大了与全省平均水平的差距。具体分析来看，与上年

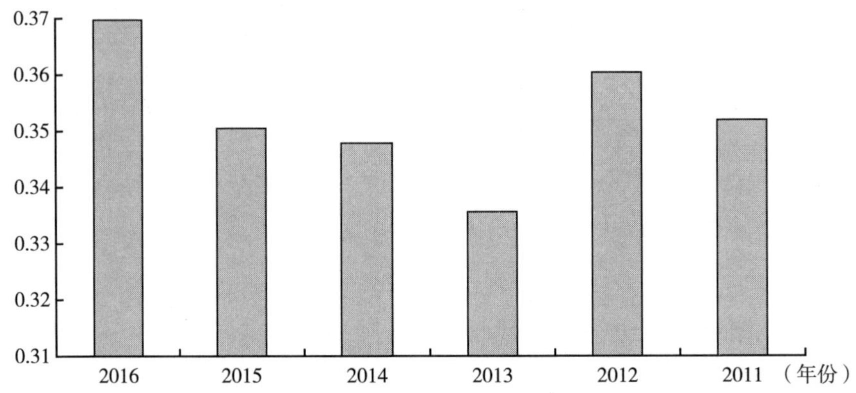


**图3　安徽省近六年社会发展指数变化**

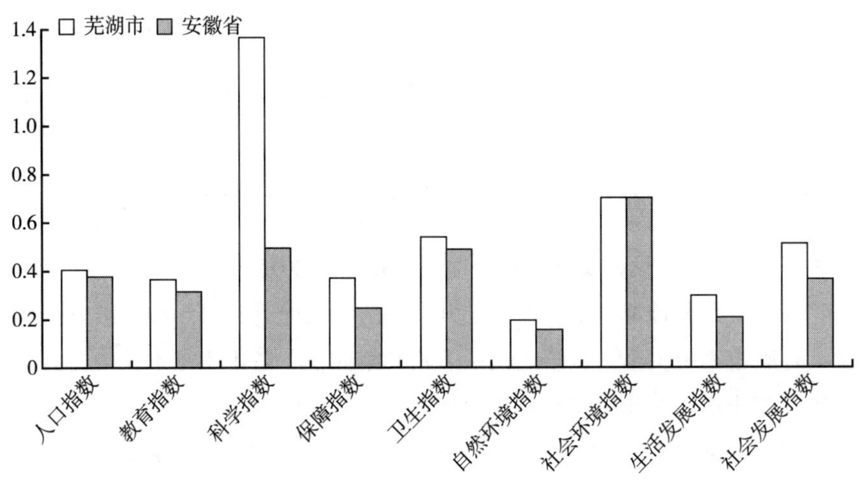


**图4　芜湖市2016年社会发展子指数分布**

相同，黄山市除了社会环境发展、科学发展、人口发展在全省范围内相对落后外，其他各个方面的发展均领先于全省平均水平，其中，卫生、自然和生活方面所占优势最大（见图5）。

由图6可知，马鞍山的科学技术发展水平远远高于全省平均水平，生活与保障两方面，相对于全省平均水平的优势地位也较为明显，但社会环境方面与全省相比则有较大落后，教育事业略落后于全省水平。马鞍山市的社会发展指数也是0.49，比黄山略低，可以推测2017年可能会超过黄山位居第二。

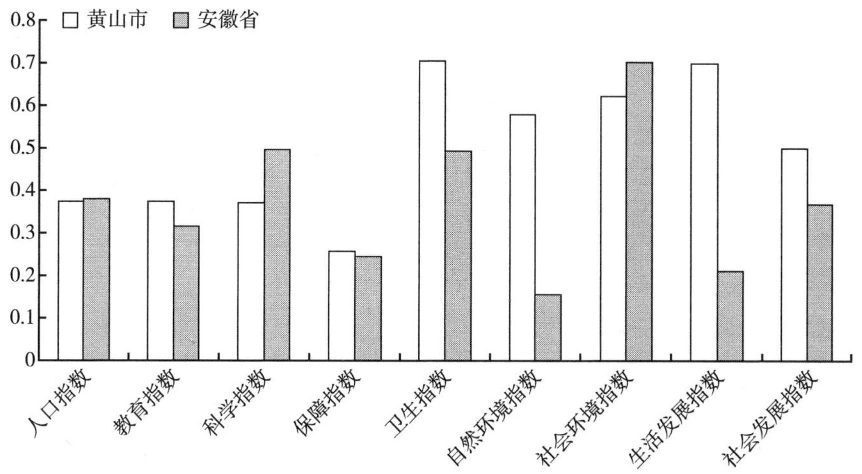


**图 5 黄山市 2016 年社会发展子指数分布**

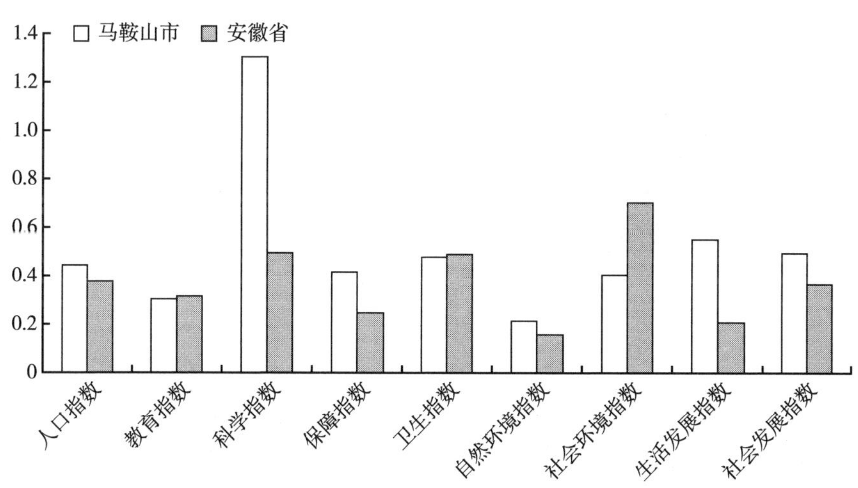


**图 6 马鞍山市 2016 年社会发展子指数分布**

由图 7 可知，合肥市 2016 年社会发展指数能够继续领先于全省平均水平，主要得益于合肥市在科学技术和社会保障方面的发展遥遥领先于全省平均水平。其次，教育事业、人口结构、卫生和人民生活方面的发展与全省平均水平相比也均处于优势地位。但是，自然环境和社会环境的发展严重滞后于全省发展水平。整体而言，合肥市社会发展的各个指标与全省相比，存在较明显的优势和劣势，发展严重不均衡。因此，合肥市想提高社会发展水平，则需在减少排放、降低污染，以及减少各类事故和刑事案件发生方面做出更大的努力。

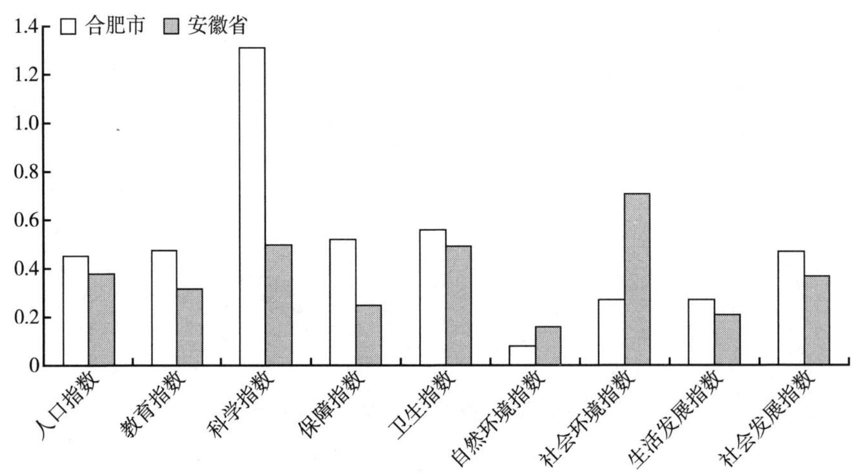


**图7　合肥市2016年社会发展子指数分布**

由图8可见，池州市除了人口发展水平、科学发展水平、社会保障水平低于全省平均水平外，其他各个方面的发展均高于全省平均水平，其中，生活发展水平和自然环境发展水平更是遥遥领先。

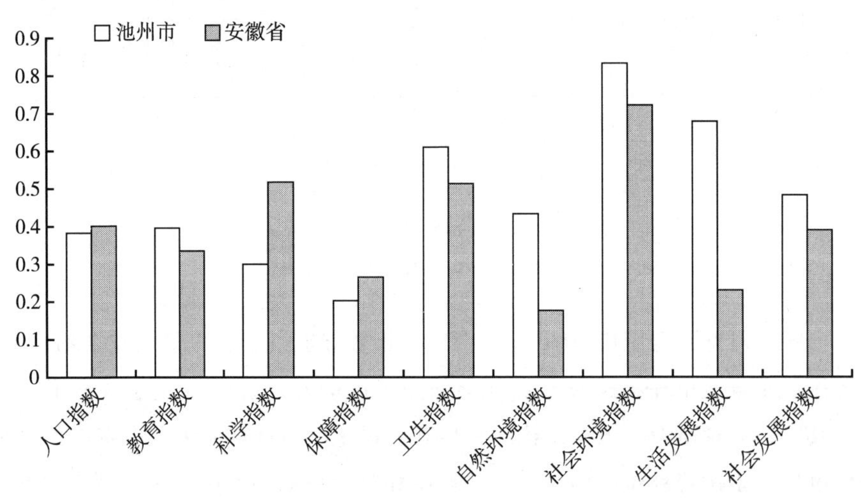


**图8　池州市2016年社会发展子指数分布**

由图 9 可知，铜陵市的科学、人口发展略落后于全省平均水平，而生活发展远超出全省平均水平，其他方面的发展则超过全省平均值。在 2015 年区域划分的影响下，铜陵市滑到了第五名，但 2016 年能够稳定在第五名，表明其社会发展的基础还是稳固的。

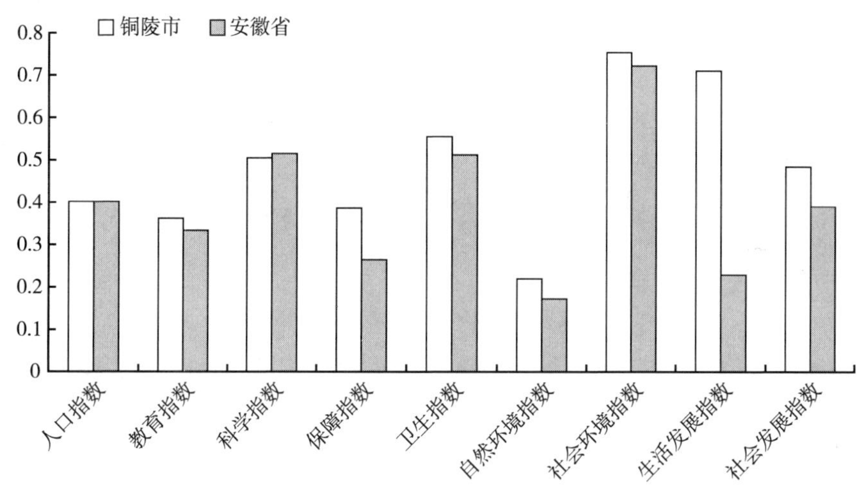


**图 9　铜陵市 2016 年社会发展子指数分布**

由图 10 可知，与全省平均发展水平相比，宣城市社会发展指数中生活和自然环境的优势地位最为明显，其次科技发展也较为突出，但社会环境发展水平明显低于全省平均水平。人口、教育和保障三个方面的发展也落后于全省平均水平。虽然整体来看社会发展超过全省平均水平，但发展的不平衡性会危及其进一步的发展，在今后的工作中，必须切实抓好社会环境与教育两个维度。

由图 11 可知，蚌埠市 2016 年社会发展水平略高于全省平均水平，这主要得益于蚌埠市的人口结构、科学发展、社会保障、卫生等均好于全省平均水平。但同时，蚌埠市的自然环境和社会环境指数较全省平均水平来看，又存在较明显的劣势。而且，与 2015 年相比，教育方面出现滑坡现象，指数已经低于全省平均水平。

由图 12 可知，安庆市的社会发展总体上略高于全省的平均发展水平，主

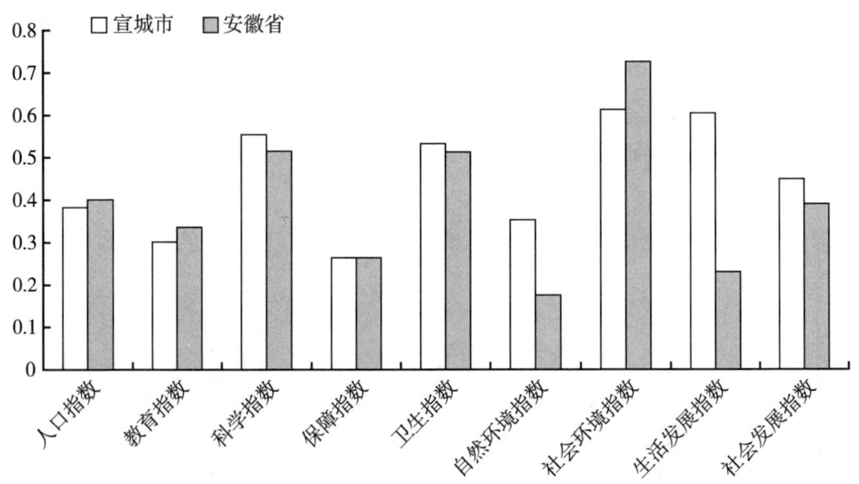


**图 10　宣城市 2016 年社会发展子指数分布**

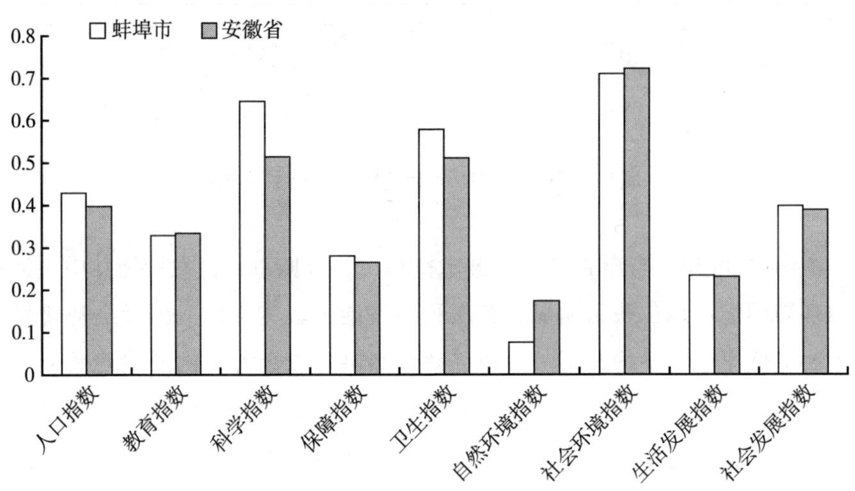


**图 11　蚌埠市 2016 年社会发展子指数分布**

要归功于社会环境、生活发展、自然环境、教育等几个方面的发展。而卫生、人口、保障、科学四个方面的发展均落后于全省的平均水平。

由图 13 可知，六安市的社会发展水平低于全省的平均值，其在社会发展的诸多方面都遇到挑战，例如，人口结构、科学技术、社会保障、教育、医疗卫生等方面。但是在自然环境、社会环境和人民生活等方面则占有优势。

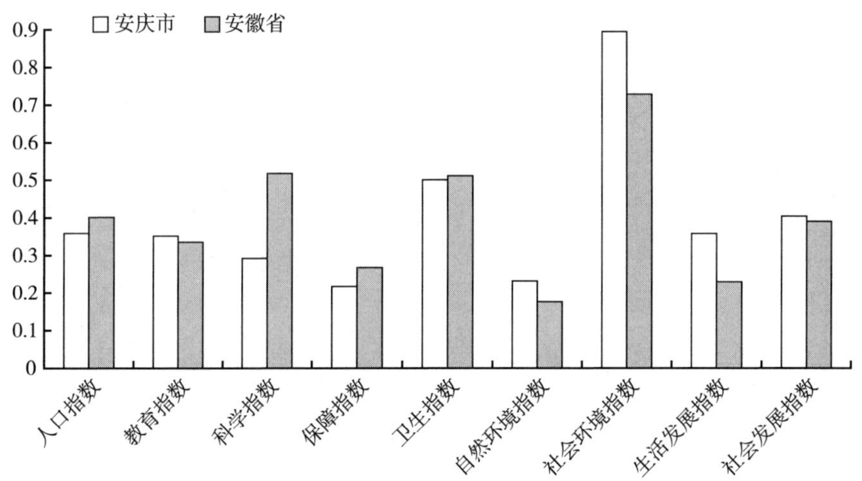


**图 12　安庆市 2016 年社会发展子指数分布**

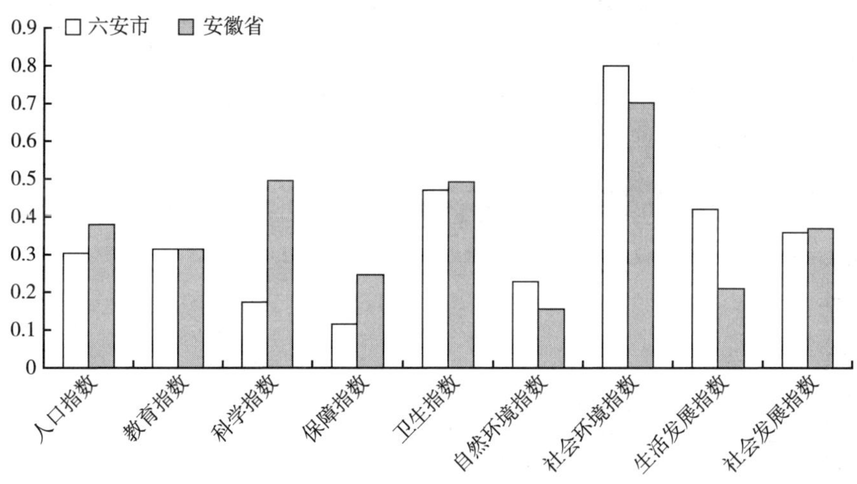


**图 13　六安市 2016 年社会发展子指数分布**

淮南市 2015 年社会发展排名从 2012 年的第七位急速降至第十四位，2016 年反弹回到第十一位。由图 14 可知，淮南市只是在社会保障、人口结构、医疗卫生和人民生活方面领先于全省平均水平，其他方面均落后，尤其是科学技术、社会环境、教育和自然环境等方面的差距较大。

由图 15 可知，滁州市的社会发展水平微低于全省平均发展水平。从各发

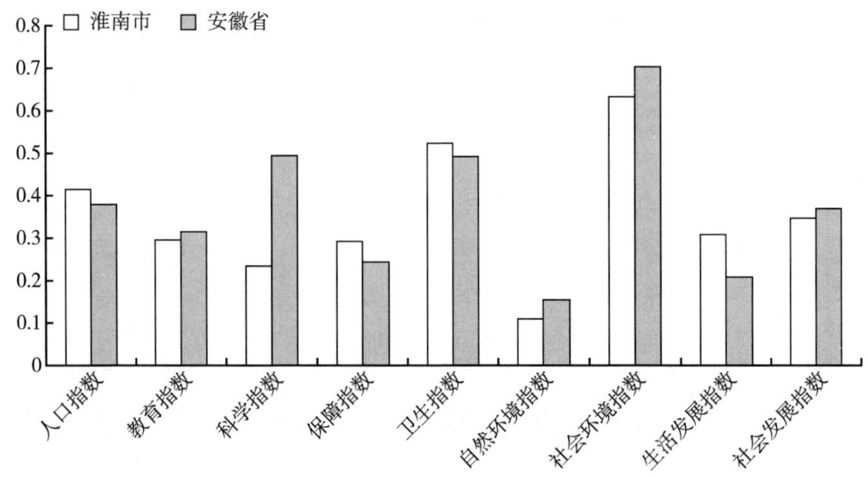


**图14　淮南市2016年社会发展子指数分布**

展指标来看，滁州市社会各方面的发展与安徽省平均发展水平也基本持平，并无突出优势或者劣势。实际上，只剩下生活发展略占优势，其他社会发展水平的各项指标均不高，有待于全面提高。总体来看，滁州市社会发展指数（0.35）及其各个子指标均与全省社会发展指数（0.36）及其各个子指标类似，可以说，滁州市是安徽省社会发展的一个缩影。

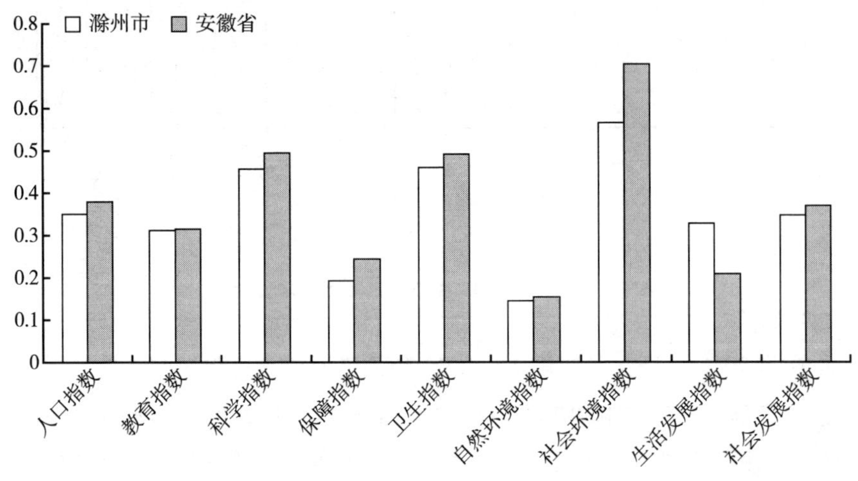


**图15　滁州市2016年社会发展子指数分布**

由图 16 可知，淮北市 2016 年社会发展水平略低于全省平均发展水平。淮北市各个发展指数中，科学与社会环境发展水平最为落后，其次是自然环境发展水平较为落后，其他方面则领先于全省平均发展水平，其中人民生活和社会保障方面的优势地位比较明显。

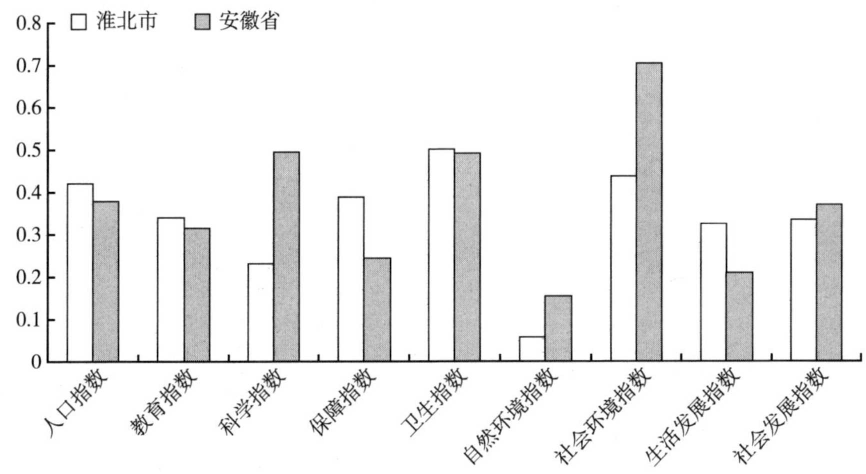


**图 16　淮北市 2015 年社会发展子指数分布**

由图 17 可知，阜阳市的社会发展水平稍微低于全省平均发展水平，社会发展面临的问题较多，主要是教育、科学技术、社会保障、医疗卫生、自然环

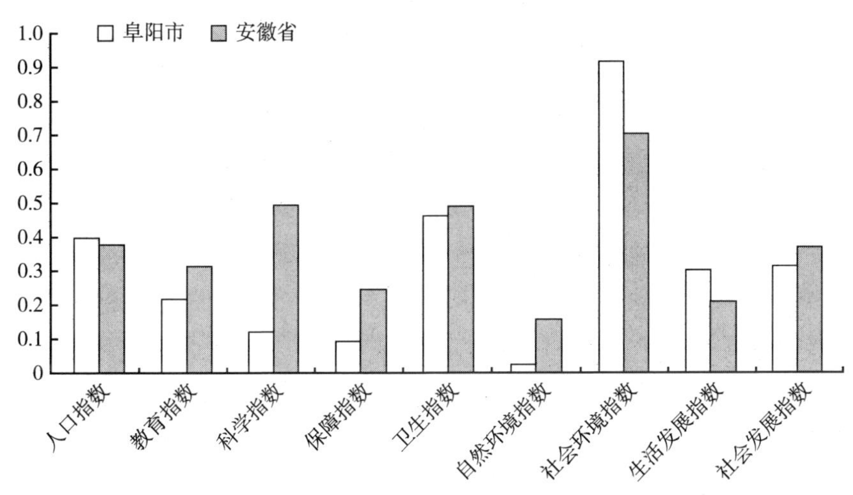


**图 17　阜阳市 2016 年社会发展子指数分布**

境等方面，其他方面则略领先于全省平均水平。

亳州市2016年的社会发展指数在全省各市排名中略有上升，排名倒数第二。由图18可知，与阜阳市类似，亳州市在多方面面临很大的挑战。除了在社会环境和人民生活发展方面占有一定优势外，亳州市其他方面均落后于全省平均水平。其中，最为落后的是科学技术、社会保障、医疗卫生和教育事业四个基础层面上，其次在自然环境和人口结构方面也有较大差距。

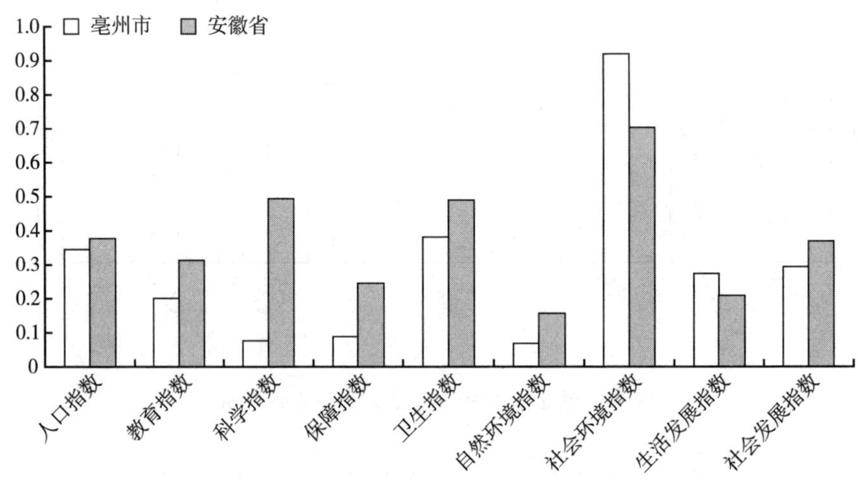


**图18　亳州市2016年社会发展子指数分布**

由图19可知，宿州市在2016年下滑至倒数第一。除了社会环境和人民生活发展方面具有优势外，其他各个方面都需要做出更大的努力来改变被动局面，其中，科学技术、社会保障、医疗卫生、教育事业、自然环境等方面必须做出更多的努力。

综合以上分析可见，2016年安徽省的社会发展指数为0.37，较2015年的0.35略有上升。安徽省各个地区的排名较2015年有所不同，其中变化最为显著的是芜湖市、马鞍山市和合肥市，这三个地区经济发展迅猛，带动了社会的不断发展，三个市的排名都上升了，分列为第一、第三和第四。其他市的指数变化不大，排名的顺序也没有太大的变化。

由于科学技术的快速发展，合肥市社会发展指数由2015年的0.405上升到2016年的0.47，排名快速上升至第四位。

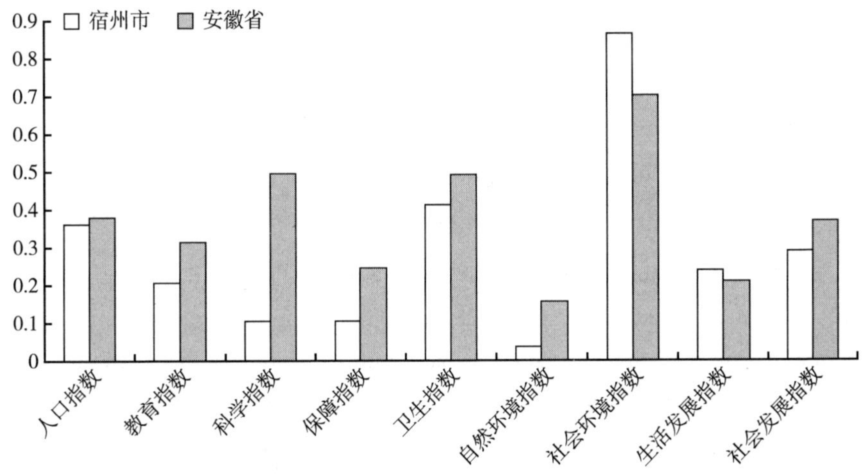


**图 19　宿州市 2015 年社会发展子指数分布**

## 参考文献

安徽省统计局：《安徽省统计年鉴》，http://www.ahtjj.gov.cn/tjj/web/tjnj_view.jsp?_index=1#，2018 年 1 月 29 日。

周长城：《生活质量的指标构建及其现状评价》，经济科学出版社，2009。

章友德：《城市现代化指标体系研究》（第 1 版），高等教育出版社，2006。

# Abstract

Since 2017, Anhui Province has vigorously implemented the spirit of the 19thParty Congress and actively practiced the Five Concepts for development. The economy has on the whole remained stable, with development shared by urban and rural residents; reform of administrative institutions is orderly carried out; key projects for development and people's livelihood are steadily advanced; high and new technology industries are steadily growing, and sci-tech innovation is leading the world; significant achievements have been made in precision poverty alleviation; the development of a culturally strong province has entered a new stage with outstanding achievements in ecological civilization; county-wide economy has made significant advances, with strategies for rural reinvigoration orderly implemented and regional economy continuously growing. This report objectively outlines the economic and social development of Anhui between 2017 and 2018, conducts a comprehensive empirical study of existing contradictions and problems in such development, and points out feasible paths for Anhui's economic and social development in the new era.

In the section on Transformation and Development, this report believes that Anhui Province has focused on key tasks and made a series of important achievements in economic, social, political, cultural and ecological development. In the context of the new era, Wuhu, Fuyang and other cities have constantly optimized industrial structures and steadily promoted supply-side reforms with positive momentum for innovation and enterprise, and significant boost of the capacity for regional economic development. In the section on Social Governance, this report selects models such as the fine governance of rural and urban communities in Tongling City, the development of urban smart communities in Hefei, community governance from the perspective of public spaces in Feidong County, and practices of county-wide social governance in Dangtu to demonstrate the new achievements in these areas. In the section on Cultural Development, this report, on the one hand, summarizes the current situation of the external promotion of Hui culture under the Belt and Road

Initiative and its problems, and points out paths and strategies for such promotion; on the other hand, it refocuses on the development of a culturally strong province, offering both a lucid discussion of plans for promoting Anhui regional cultural development and a culturally strong province during the 13th Five-Year Plan period, and an exploration of development trends and inheritance models of traditional cultures in rural Anhui during recent years. In the section on Public Services, this report begins with practices and investigations, and selects Nanling County as a sample to explore the strategies for boosting capacities for public services in county-wide digitalization; conducts a realistic study of the problems and countermeasures in the development of non-profit public cemeteries in Anhui Province, and with a particular focus on supply issues regarding public infrastructure in rural Anhui. In the end, this report constructs a system of social development index for Anhui, conducts precise calculation of Anhui social development in 2016 and provides a ranking of such indices of all cities in Anhui so as to grasp the real-time trends of social development in Anhui Province.

# Contents

## Ⅰ General Report



**Abstract**: In 2017, Anhui Province has actively practiced the new concept for development, and achieved a series of outcomes in areas such as economy, society, politics, culture and ecology. The economy has on the whole remained stable, with development shared by urban and rural residents; the spirit of the 19th Party Congress has been rigorously studied, and reform of administrative institutions is orderly carried out; investment in key projects is on the increase, which provides incentives for social development; high and new technology industries are steadily growing, and sci-tech innovation is leading the world; projects for people's livelihood are steadily conducted, and equality of basic public services is bearing fruits; multiple forces converge to fight poverty, and precision poverty alleviation is significant in outcome; development of a culturally strong province has entered a new stage, and Hui style and culture are resonating overseas; ecological civilization has refined itself, and Three Big Revolutions are contributing to new landscapes; county-wide economy is gaining momentum, and reform of ownership rights has promoted rural rejuvenation; a new pattern for coordinated regional development is taking roots, and hub cities accelerate its rise. Major problems facing Anhui economic and social development in the new era include: pressure for economic downtown is increasing, and there is still a long way from high quality development; despite effective sci-tech innovation, the province still ranks low nationwide; environmental quality remains to be improved, and situation for environmental management is rather grave; material poverty is alleviated, but spiritual poverty is becoming a headache; brain drain is on the increase, and population dividend is not sufficiently shared. Regarding the existing problems for Anhui economic and social development in the new era, this report offers corresponding policy recommendations.

**Keywords**: Anhui Province; Economic and Social Development; Basic Trend; Five Development; Existing Problems

# Ⅱ Transformation and Development



**Abstract**: This report begins with the transformation and upgrading of industrialstructure of Wuhu, and relies on the six-year data from 2010 to 2016 to make a vertical analysis of economic data of Wuhu during this period and a horizontal analysis of cities in the same region, which reveals a significant feature for Wuhu industries that are small in volume, rapid in growth, low in quality and big in development spaces. Therefore, the development of modern service industries, acceleration of industrial transformation and upgrading, construction of special urban industries, and introduction of external quality resources are inevitable paths to boost the quality and efficiency of Wuhu economic growth, and to promote the economic upgrading of Wuhu.

**Keywords**: Wuhu City; Industrial Structure; Transformation and Upgrading; Structural Optimization



**Abstract**: Traditional industries are a major force for economic growth of

Fuyang for a certain period of time in thefuture. The promotion of transformation and upgrading of traditional industries with the help of Internet Plus is an important strategic choice and strategic path to Fuyang to revolutionize conceptual models for economic development, address the bottleneck for growth shift for economic development, and coordinate the transformational fusion of economic change. There are a number of paths for traditional industries to transform and upgrade, among which is Internet Plus. According to demands of resource deposit adjustment and production element shift, and depending on the transformation and upgrading of industries, different industries have different paths for such transformation and upgrading in the context of Internet Plus. In order to accelerate the transformation and upgrading of traditional industries of Fuyang in the context of Internet Plus, efforts must be made to strength the guarantee of elements, and optimize and boost services; to promote all kinds of innovation, and trigger and create new energies for the economy; to scientifically plan and guide, and build new patterns for transformation and upgrading; and to promote integrative development, and construct new models for transformation and upgrading.

**Keywords**: Fuyang City; Internet Plus; Traditional Industries; Transformation and Upgrading



**Abstract**: New generation entrepreneurs are the most dynamic force for the supply-side reform of Anhui Province, and shoulder the hope for the future economic and social development of Anhui. However, pressure for business development has become the biggest problemthat faces new generation entrepreneurs. How to build a team of new generation entrepreneurs that are patriotic and bent on building beautiful new Anhui has become a dilemma that deserves our deliberation. This research is based on a review of research results of new generation entrepreneur theories both home and abroad, and empirically analyzes the dilemmas for the growth of new generation entrepreneurs of Anhui and relevant impact factors through visits to the five cities of Xuancheng, Wuhu, Suzhou, Huainan and Luan as well as questionnaire investigation and on-the-spot inspection, with constructive suggestions offered regarding both theory and practice.

**Keywords**: New Generation Entrepreneurs; Growth Dilemmas; Governance System; Anhui Province

## Ⅲ Social Governance



**Abstract**: The promotion of the modernization of national governance system and capabilities is not possible without fine governance of urban and rural communities. In recent years, Tongling City has persisted in treating the promotion of the modernization of grassroots governance system and capabilities as the critical aspect and guarantee for urban development, constantly promoted the innovation of grassroots governance of urban and rural communities, achieved considerably extensive theoretical, institutional and practice outcomes, and created Tongling Model and Tongling Experience. The summary and analysis of experiences, problems and countermeasures in grassroots work of urban and rural communities of Tongling City is undoubtedly of exemplary significance.

**Keywords**: Tongling City; Social Governance; Urban and Rural Communities; Refinement



**Abstract**: The achievement of Smart City development goal through smart community development is the cornerstone of the innovation of social governance institutions and mechanisms in China for the new era, which is also an important means to tackle all kinds of problems in China's grassroots society. The sub-district level Fangxing Community at Baohe District of Hefei City has implemented the principle of pluralistic co-governance, separation of residence and governance, and smart governance, adopted a three-in-one organizational framework consisting of One Committee, One Meeting and One Center as the institutional foundation, scientifically applied Smartness, organically integrated tough city management and soft social governance, and created a model of Big and Comprehensive Management for grassroots urban governance. It has actively carried the development of smart social services and community civility, forged a one-stop platform for social service management, established neighborhood activity center, offered multi-channel service terminals, comprehensively boosted service efficiency and accuracy, and promoted the smart development and morality and civility. It has actively innovated smart economic service mechanisms, constructed smart start-up platforms, developed smart system for agricultural trade, and implemented precise and smart help and assistance. Fangxing Smart Community Development has already formed a new pattern and model featuring high percentage of science and technology, high efficiency in governance, adequate management and fine service, and serves as an example for smart community development of Hefei City. This report summarizes the manifest characteristics of Smart Social Governance in Fangxing Community, while objectively analyzing its existing problems and proposing relevant countermeasure recommendations.

**Keywords**: Hefei City; Smart Community; Social Governance; Fangxing District

## B. 7 Research on Community Governance from the Perspective of Public Space -2——Based on an Empirical Study of Feidong County, Hefei City

*Wang Yunfei*, *Huang Min* / 123

**Abstract**: Community governance aims at the provision of public goods that satisfy the needs of cultural and spiritual lives of community residents, which in turn are carried out in certain public spaces. Due to the lack of spaces for public activities, there is a relative shortage of spaces for community residents to have recreation, entertainment and interaction, which leads to a general indifference to public affairs on the part of community residents and inadequate unity in community development. The strengthening of community governance requires on the one hand the full utilization of existing public spaces to create a benign atmosphere for resident participation, and on the other hand the building of new public spaces and the full consideration of enough land for public space development for communities under planning. The report attempts to carry out questionnaire investigation and interviews of residents in Zhennan Community, Yihe Community of Zuozhen Town, Luodian Community of Changlinhe Town and Fuxing Community of Qiaotouji Town of Feidong County, Hefei City, analyze the results of investigation, explore the dilemmas for residents to participate in community governance and causes, and propose relevant measures to strengthen community governance through the development of public spaces.

**Keywords**: Public Spaces; Community Governance; Public Affairs; Resident Participation; Feidong



**Abstract**: Social governance innovation at country level is an inevitable choice to tackle social challenges at grassroots, which concerns the long-term security and stability of the nation as well as the welfare and livelihood of the people, and presents itself as a critical test to the country's ability to achieve the modernization of governance system and capabilities at the grassroots. This report uses Dangtu County of Anhui Province as a research sample, a county that relies on the strategy of Peaceful Dangtu, Rule-of-Law Dangtu, Dynamic Dangtu, and Happy Dangtu, focuses on the four aspects of laying foundation, guaranteeing regulations, sustaining dynamics and relying on values, and achieves rather significant outcomes for social governance innovation. Regarding existing dilemmas in county-wide social governance, this report proposes referential suggestions for the improvement of social governance innovation in Dangtu, which includes: draw on the success experiences of other areas in terms of social governance; the transformation of government mentality and role; the coordination of pluralistic subjects including social organizations; the assistance role of market resources, etc. The study of Dangtu Sample may have certain revelations for the general probe into county-wide social governance innovation.

**Keywords**: County-Wide Social Governance; Innovation; Dangtu County

# Ⅳ Cultural Development

## B.9 Research on the International Dissemination of Hui Culture in the Context of Globalization *Lu Hua* / 161

**Abstract**: In the context of globalization, Hui culture as an important part of Chinese traditional culture should walk toward the world and strength itsinternational influence. In combination with the strategy of the "Going Out" of Chinese Culture, the international dissemination of Hui culture can adopt diverse, hierarchical and brand content, pluralistic paths and narrative methods focusing on the receivers, and teams coordinated by official and private actors, so as to forge a comprehensive pattern for international dissemination, highlight its contemporary significance while showcasing the unique charm of Hui culture, boost the "soft power" and competitiveness of Anhui, and further increase the international influence of Chinese culture concerning its regional cultures.

**Keywords**: Hui Culture; "Going Out" Strategy; Globalization; International Dissemination

**Abstract**: To scientifically plan the development of an innovative culturally strong province for Anhui, the project team has conducted field investigations and theoretical studies regarding the theme of regional culture, tried its best to provide a top design for regional cultural development of the province, and explored and planned on several important issues such as the environment and realistic basis for the strategic planning of regional cultural development of the province during the period of the 13th Five-Year Plan, its strategic objectives, strategic choices, strategic thinking and strategic guarantees for implementation.

**Keywords**: Anhui Province; Regional Cultural Development; Culturally Strong Province Construction



**Abstract**: Imbalances exist in the development of traditional religious cultures among rural areas in Anhui, which relates to regional economy, government support and cultural background, and also reflects regional differences in the perception of traditional cultures on the part of villagers. Clan culture as a core aspect of Confucian culture exhibits significant north-south differences in terms of clan activities. As for the spread of Buddhist culture, urban Buddhism is quite active, while rural Buddhism is characterized by its grassroots and diffusive nature, with the gender, age, education, profession and other profiles of villagers somehow correlated with the rejuvenation of Buddhism. Daoism in Anhui spreads itself mainly in the form of an institutionalized religion, and remains unpopular in rural societies. Temple festivals originated from folk God worship, and have lost religious significance, but can still be considered as an important medium for villagers to worship gods, which is significantly less popular in North Anhui as compared with Central Anhui and South Anhui. Currently, state forces are paying great attention to the inheritance of excellent traditional cultures, which provides a good opportunity to develop traditional religious culture in rural areas.

**Keywords**: Anhui Province; Rural Areas; Traditional Religious Culture; Cultural Inheritance

# V Public Services

## B. 12 Nanling Sample for the Development of County-Wide Information Service

*Ji Yuanyuan* / 230

**Abstract**: Information development is a strategic task to promote the modernization of national governance, and also an inevitable choice to boost county-wide public service capabilities. In recent years, Nanling County has greatly promoted information development, and its effective practices in aspects such as social service management information, agricultural and rural information, and online administration have provided useful experiences and revelations to boost county-wide information development and information service capabilities. Information service requires excellent professional teams, complete information infrastructure, integrated digital information resources, advanced information release mechanisms, effective technical training and sustained extensive promotion. Local governments should take full advantage of information development, make development strategies, boost service awareness, integrate business resources, nature information industry, accelerate the development of information service capabilities and put the concept of service-oriented government into practice.

**Keywords**: Nanling County; County-Wide Information; Information Service Capabilities

**Abstract**: The Implementation Advice by CPC Anhui Province Committee and Anhui Province Government regarding the Execution of New Concept for Development to Accelerate Agricultural Modernization and Realization of the Goal of All-Round Moderately Well-Off Society released in May of 2016, and the Rural Rejuvenation Strategy proposed in the Report of the 19th Party Congress in October of 2017 both demand that: in order to promote agricultural and rural development, new concept for development must be adopted to tackle supply dilemmas in rural public infrastructures. Investigations reveal serious problems of empty nests and aging in rural Anhui, weak supply of rural infrastructures in multiple places, and chronic lack of maintenance and dilapidation, which all fail to cater to the realities of modern agriculture and new-type farmers. An analysis of the causes points to the urgent needs to remedy four shortcomings in the supply of rural infrastructures in Anhui Province, namely, appearance rather than quality; more construction, less maintenance; short-term instead of long-term planning; and more hardware, less software. Based on that, this report explores countermeasures and recommendations to improve quality and increase efficiency in the supply of rural infrastructure for Anhui Province in the new era.

**Keywords**: Anhui Province; Rural Public Infrastructure; Supply; Government-Led



**Abstract**: Public interest cemeteries are non-profit facilities for the burial of ashes led by government that aim at satisfying the basic burial needs of the masses of the people, while saving land resources. Certain problems exist in public interest cemeteries of Anhui Province regarding aspects such as numbers, planning, construction land, and cemetery management. The problems are rooted in the contradictions between traditional burial customs and funeral reforms, between land demands for cemetery construction and limited land resources, and between market environment and its nature of public interest. To promote the benign operation and coordinated development of public interest cemeteries, governments need to improve policies and regulation, increase investments and strengthen management; departments for cemetery management need to promote land-saving ecological burial and increase funeral services; and society and individuals need to transform funeral concepts and change burial customs.

**Keywords**: Anhui Province; Public Interest Cemetery; Cemetery Development; Funeral Reform

# Ⅵ Special Reports

## B. 15 Exploring the New Model of Double-Collective Party Building in Feixi County



**Abstract**: In recent years, Feixi County has come up with a new model of Party building that features collective forces for collective development, which is characterized by the concentration of all forces and resources conducive to social development with Party organizations at the center; and the deep integration of Party work and social development, with Party building leading development and development promoting Party building. It is manifested in three aspects, namely, the implementation of Party-led personnel strategy that features the concentration of first-class talents for the promotion of first-class development, which serves as the core competitive force of Feixi County; the development of Party cadres through spiritual training, professional enhancement, talent practice and moral development; and the promotion of the integrative optimization of grassroots political ecology through the organizational, developmental and service abilities of grassroots Party organizations. The development of the three aspects promotes sustainable economic and social development of Feixi County.

**Keywords**: Feixi County; Double-Collective Party Building; New Model; Collective Development; Professional Enhancement

**Abstract**: National Civil City is the highest honor among all comprehensive evaluations for Chinese cities, and represents the soft power of a city. Currently, a number of Chinese provinces and municipalities are conducting or intensifying the work of civil city construction that draws increasing public awareness. Anhui Province has achieved significant outcomes since the beginning of civil city construction. This report is based on a comprehensive review of the current situation of civil city construction in Anhui Province, and analyzes the advantages of Anhui from aspects such as economic development, cultural heritage, ecological civilization and mass participation, while pointing out weaknesses in construction work, such as inadequate awareness of construction work, lack of coordination among departments, insufficiency in unique development and low public participation, and proposing corresponding countermeasures and recommendations regarding aspects such as construction mechanism, governance of key areas, exploration of local speciality, and development of volunteer services, in the hope to provide revelations for the promotion of efficiency in civil city construction of Anhui Province.

**Keywords**: Anhui Province; Civil City; Construction Mechanism; Current Situation; Countermeasure



**Abstract**: Based on a summary of theoretical research and practice both home and abroad, this report outlines the research trend in poverty alleviation. It exposes the effects and practices of poverty alleviation in the poverty-stricken LinquanCounty, analyzes the difficulties in its work of poverty alleviation and proposes policy measures to improve the self-help of poor areas and poor households.

**Keywords**: Linquan County; Precision Poverty Alleviation; Poverty-Stricken Areas; Self-Help



**Abstract**: During the process of urbanization of Hefei, Christianity in rural suburbs has undergone impact and gradually shrunk, while Christian churchin urban areas is expanding, with followers that are increasingly young in age and diverse in professions, and priests becoming more and more professional. Churches and local governments often come into conflict due to compensation and ownership in the process of church demotion and relocation. Regarding the new changes and problems related to rural Christianity in the process of urbanization, relevant government departments are advised to properly handle the congregation of followers, and guard against the generation of home churches; respect should be given to the followers' sentiments, and the development of rural Christianity should be viewed with reason; general planning and coordination needs to be done to standardize the compensation for church demotion and relocation; care must be made to play the positive role of Christianity accordingly and minimize its negative impact; and management of urban churches should be standardized through legal development.

**Keywords**: Hefei; Urbanization; Rural Christianity



**Abstract**: According to calculations, social development index for Anhui Province in 2016 is 0. 37, a slight increase over the 0. 35 of 2015. The rankingsof different regions in Anhui Province are also different from that of 2015, with Wuhu City, Maanshan City and Hefei City exhibiting the most significant changes, all of which are strong in economic development, which in turn promotes constant social development, and boosts their ratings, ranking first, third and fourth respectively. The development indices of other cities show no significant changes, so do the rankings. Taken as a whole, the level of development for most regions of Anhui Province in 2016 is above average, namely, above provincial average, but compared with 2015, one more city ranks below provincial average in terms of development level.

**Keywords**: Anhui Province; Social Development Index; Index System

## 中国社会发展数据库（下设 12 个子库）

全面整合国内外中国社会发展研究成果，汇聚独家统计数据、深度分析报告，涉及社会、人口、政治、教育、法律等 12 个领域，为了解中国社会发展动态、跟踪社会核心热点、分析社会发展趋势提供一站式资源搜索和数据分析与挖掘服务。

## 中国经济发展数据库（下设 12 个子库）

基于“皮书系列”中涉及中国经济发展的研究资料构建，内容涵盖宏观经济、农业经济、工业经济、产业经济等 12 个重点经济领域，为实时掌控经济运行态势、把握经济发展规律、洞察经济形势、进行经济决策提供参考和依据。

## 中国行业发展数据库（下设 17 个子库）

以中国国民经济行业分类为依据，覆盖金融业、旅游、医疗卫生、交通运输、能源矿产等 100 多个行业，跟踪分析国民经济相关行业市场运行状况和政策导向，汇集行业发展前沿资讯，为投资、从业及各种经济决策提供理论基础和实践指导。

## 中国区域发展数据库（下设 6 个子库）

对中国特定区域内的经济、社会、文化等领域现状与发展情况进行深度分析和预测，研究层级至县及县以下行政区，涉及地区、区域经济体、城市、农村等不同维度。为地方经济社会宏观态势研究、发展经验研究、案例分析提供数据服务。

## 中国文化传媒数据库（下设 18 个子库）

汇聚文化传媒领域专家观点、热点资讯，梳理国内外中国文化发展相关学术研究成果、一手统计数据，涵盖文化产业、新闻传播、电影娱乐、文学艺术、群众文化等 18 个重点研究领域。为文化传媒研究提供相关数据、研究报告和综合分析服务。

## 世界经济与国际关系数据库（下设 6 个子库）

立足“皮书系列”世界经济、国际关系相关学术资源，整合世界经济、国际政治、世界文化与科技、全球性问题、国际组织与国际法、区域研究 6 大领域研究成果，为世界经济与国际关系研究提供全方位数据分析，为决策和形势研判提供参考。

# 法律声明